上海市法学会海关法研究会

Review of Customs Law

海关法评论

第11卷

Volume XI

陈 晖 主编

法律出版社
LAW PRESS·CHINA
北京

图书在版编目(CIP)数据

海关法评论. 第11卷 / 陈晖主编. -- 北京 : 法律出版社, 2023
ISBN 978-7-5197-7471-4

Ⅰ. ①海… Ⅱ. ①陈… Ⅲ. ①海关法-文集 Ⅳ. ①D912.204-53

中国国家版本馆CIP数据核字(2023)第005114号

海关法评论(第11卷)
HAIGUANFA PINGLUN(DI-11 JUAN)

陈 晖 主编

策划编辑 刘秀丽
责任编辑 刘秀丽
装帧设计 汪奇峰

出版发行 法律出版社
编辑统筹 法商出版分社
责任校对 王晓萍 王语童
责任印制 胡晓雅
经　　销 新华书店

开本 A5
印张 18 **字数** 463千
版本 2023年3月第1版
印次 2023年3月第1次印刷
印刷 唐山玺诚印务有限公司

地址:北京市丰台区莲花池西里7号(100073)
网址:www.lawpress.com.cn
投稿邮箱:info@lawpress.com.cn
举报盗版邮箱:jbwq@lawpress.com.cn

销售电话:010-83938349
客服电话:010-83938350
咨询电话:010-63939796

书号:ISBN 978-7-5197-7471-4 **定价**:78.00元

海关法评论
(第11卷)

主　　办:上海市法学会海关法研究会、上海海关学院海关法研究中心

主　　编:陈　晖

执行主编:朱秋沅

责任编辑:王　珉

撰 稿 人:(以姓氏拼音为序)

曹艳华　陈　晖　陈鹿林　陈淑国　陈友武　龚　玲
管伟星　韩昭纲　何　力　何抒灵　胡文华　黄　迪
黄　强　黄雅理　黄跃飞　姜康康　李　硕　李　繇
廖　佳　林　弘　林　宜　刘　丹　刘　勇　沈红宇
苏　铁　童天骄　万曙春　王传斌　王洪波　王懿敏
王宇龙　王祉浩　伍卓芳　肖　春　徐　璐　徐珊珊
严晓莉　闫振国　杨　旭　杨　宇　叶　倩　张　鹏
张　心　张严锋　郑玉萍　周宜俊　朱秋沅　祝少春
Frank Altemöller

译 校 人:(以姓氏拼音为序)

王　珉　郑继正　朱秋沅

主编絮语

密涅瓦的猫头鹰应该这样再次起飞

——写在2021年第十四届海关法论坛征文之际

陈　晖*

[摘　要]　海关法是国家实现更高水平开放的重要法律，立足新发展阶段，贯彻新发展理念，构建新发展格局，特别是自由贸易港、一带一路建设、口岸开放等，须臾离不开海关法，一部统一的海关法典有助于实现更高水平的对外开放。为贯彻习近平法治思想“统筹国内法治和涉外法治”的需要，海关法典不仅有利于总结我国海关法律成功经验和做法，扩大我国海关法的国际影响，保护国家的经济利益，也有利于域外认识我国海关法律制度，进一步扩大开放。海关法的法典化可充分借鉴《民法典》编纂的思路和步骤，将海关法法典化的基本思路界定为编订纂修式性质的法典编纂，是基于现行海关法律法规体系的整合，是介于起草和汇编之间的立法活动。这一基本思路维持了现有海关法律体系的稳定性和连续性，也能在短时间内实现海关法的法典化，将海关法治的现代化提高到一个新的水平，将海关法律制度创新和变革通过渐进的方式在未来逐步加以实现。海关法法典化的步骤

* 陈晖，中国海关管理干部学院院长，教授，上海市法学会海关法研究会会长。

更可复制《民法典》的步骤:第一步,制定海关法总则,作为未来海关法典的总则编;第二步,编纂海关法典各分编,及纂修现行《海关法》《国境卫生检疫法》《进出境动植物检疫法》《进出口商品检验法》《食品安全法》,与海关法总则合并为一部完整的海关法典。这里最为困难的当是如何编纂一部海关法典总则编,其要害是找到海关法典编纂的"潘德克顿式"方法,这也是对海关法法典化的最大挑战。

[**关键词**] 海关法;法典化;民法典;理性反思

又到了一年中举办各种学术年会的高峰季节,海关法论坛也是一样,即将迎来海关法律人一年一度的学术嘉年华。

今年的海关法学术嘉年华将延续主论坛和分论坛,主论坛以某一个海关法研究热点问题作为主题,开放式进行;分论坛依然以走私犯罪研究为主题,定向邀请公、检、法和高校、研究机构学者专家参加。尽管受到新冠肺炎疫情的影响,但以线上线下模式开展的论坛活动想必还会热闹地进行,来自上海乃至全国各地的海关法律学者专家应该会一如往昔地踊跃参加,争相发言,参会的论文数量也一定不会输给往年。这种热闹的学术场景是我喜于见到的,因为只有百花争艳,春天方能真正来到。

但是,如何能保持海关法论坛的学术性和进步性,避免只是简单地用"圆满""成功"等词汇来形容论坛的举办,特别是若干年后回顾起来,论坛不是简单的论文汇编,也不是参与者的自说自话,更不是达人们的学术秀呢?

在第十三届海关法论坛闭幕时我讲到,海关法学要成为一门法律科学,应该像密涅瓦的猫头鹰一样,经过理性的反思,在黄昏之后起飞。是的,海关法论坛需要理性的反思和精神的指引,唯有如此,海关法论坛才能摆脱幼稚,走向成熟。如果说2007年它的第一次起飞是为了搭建海关法的学术平台,出版海关法学术著作,号召海关法律人的话,那么2021年它的第二次起飞应该是为了实现海关法的法典化,促进海关法的体系化和科学化,形成真正的海关法律共同体。

一、为什么要实现海关法法典化

人类法律进化的历史，从法律形体上看就是从单行的法律文本走向法典化的历史。日本近代著名法学家穗积陈重在其经典之作《法典论》中区分法律有实质和形体两种元素，并说法律是否实现国家利益，促进人民幸福，这是法律的实质问题。法律条文是否简明正确，是否让国民容易知其权利义务，这是法律的形体问题。他形象地比喻，有实质美而不具形体的法律，是“多病的才子”；形体完备而不善良的法律，是“妖娆的毒妇”；实质、形体皆不具备的法律，是“不具的痴汉”。法典化的历史，实际上就是人类追求法律实质和形体统一，达到法律“神”“形”一致，实现法律“真”“善”“美”的历史。

法典编纂属于法律的形体，是指立法者按照一定程序，运用一定的立法技术，在整理、改造和完善现有规范性法律文件的基础上，以法典为立法目的的立法活动。拉丁文中的“法典”（*codex*）一词最初是“书”（*libro*）的意思，是指用羊皮纸折叠起来缝制的书。罗马法时期，开始重视法典编纂，最有名的当属《查士丁尼法典》《学说编纂》《法学阶梯》三部编纂成果，源于《学说编纂》的“潘德克顿”编纂体例更是成为后来《民法典》编纂的主要方法。从18世纪末开始三次民法典编纂浪潮，诞生了著名的《法国民法典》《德国民法典》，影响至今。

我国2015年3月启动《民法典》编纂工作，2020年5月全国人大通过《民法典》。2020年11月习近平总书记在中央全面依法治国工作会议上说：“民法典为其他领域立法法典化提供了很好的范例，要总结编纂民法典的经验，适时推动条件成熟的立法领域法典编纂工作。”这实际上提示我们，法典化的过程实际上是一个国家及其立法走向成熟的过程，我国“两个一百年”建设需要更多像《民法典》一样的法典编纂及立法。

我们提出海关法的法典化，是因为海关法是国家实现更高水平开放的重要法律，立足新发展阶段，贯彻新发展理念，构建新发展格局，特别是自由贸易港、一带一路建设、口岸开放等，须臾离不开海关法，一部统一的海关法典有助于实现更高水平的对外开放;我们提出海关法的法典化,是因为海关是中央事权,海关法是一国关境统一适用的法律,随着我国自由贸易试验区的设立,自由贸易港的立法,将出现更多的海关特别法,一部"统一策略的法典编纂"——海关法典就显得尤为重要;我们提出海关法的法典化,是因为随着国家机构改革,检验检疫职责和队伍划入海关,海关的内涵外延发生了重大变化,海关法已从过去对货物、物品、运输工具实行进出境监督管理的法律扩展到国境卫生检疫、进出境动植物检疫、进出口商品检验、进出口食品安全检验等领域,海关法领域的扩大和相关立法的分散性特点,需要一部统一的海关法典。

二、海关法的法典化意味着什么

海关法的法典化意味着海关法的体系化。海关法的法典化是将分散的、零碎的海关法律规定,通过一定的方法将其体系化,形成内在一致的逻辑知识体系。这种知识体系对照和关切海关法律实践活动,并将这些活动囊括其中,能给予实践的指导和说明,犹如牛顿三大定律对物理世界的解释和说明一样。卡尔·拉伦茨曾将民法体系分为内在体系和外在体系,内在体系是指渗透在具体概念和制定之中的法律思想体系,外在体系是指法律的概念、规范和制度体系。内在体系最有名的代表就是德国的"潘德克顿式"体系方法,将知识进行分门别类会后采取总分式的结构,即所谓提取公因式的方法,编纂民法总则,将民法制度归入其中,关照大千世界形形色色的民法问题,以不变应万变。海关法的法典化也应该有自己的"潘德克顿式"体系方法,有了这种体系化的方法,就能将分散的海关法律法规归于统一的逻辑体系之下,回答实践中的各种海关法律问题。

海关法的法典化意味着海关法的科学化。康德曾说,法学是一部有关公正的科学。该"公正的科学所研究的对象,是由立法机构公布的一切法律的原则……所以,公正的科学指的是一个自然公正原则哲理的且有系统的知识,从事实际工作的法学家或立法者必须从这一门科学中推演出全部实在法的不可改变的原则”。海关法的法典化将极大地促进海关法科学化发展，海关法的法典化通过对法律法规整理、编订和纂修，必将极大促进对法条本身实质性和形式性的法理解释，其后果将是直接催生海关法解释学，使海关法成为一门真正的关注“不可改变的原则”的法律科学。唯有海关法解释学，才能使海关法学成为真正的科学，成为一部“公正的科学”。

海关法的法典化还意味着海关法的现代化。海关法的法典化不是立法者的独白，而是集中立法者、司法者、法律工作者和学者的智慧于立法之中相互对话的过程，这种对话和沟通，必将进一步推动海关法律共同体的形成。唯有法律共同体的形成，立法和法律教化的良性循环，才能实现真正的法治。著名的罗马法《查士丁尼法典》《学说编纂》《法学阶梯》三部编纂成果中，《法学阶梯》就是由查士丁尼组建的三人委员会（其中两人是法学教授）编写的法学著作，只有编写完《法学阶梯》，查士丁尼才认为法律编纂工作最终完成。当海关法典编纂完成之际，也应该是海关法学的《法学阶梯》出版之时，海关法学的发达必将促进海关法治的现代化。

三、海关法法典化需要面对的问题

要实现海关法的法典化，逃脱不了法典编纂的一般规律。穗积陈重在《法典论》中总结了法典编纂的基本要素和基本问题，对海关法法典化依然具有启发意义。举其要者，海关法法典化需要面对的主要问题有：

海关法法典化的范围。“法典包含法律之全体”，一部理想的法典应该涵盖该部门法律的全部，是该部门法律的集大成者，国民阅读该法典即可知晓其全部权利义务。反对者认为，法典包含法律之全部的思想过于理想化，法典一经制定，就不易变更。若依据形势变化频繁修改法典，则必将破坏法典之秩序，单行法不可避免。因此，海关法法典化从大的方面来讲，要面对“法典化”和“去法典化”这两种思潮之斗争；从小的方面也必须面对海关法律法规的范围、海关法典的稳定与对外经济活动之流变的关系、海关法典之简明扼要与进出境监督活动之细致和琐碎的关系等。

海关法法典化的主义。法典之主义,是指法典的基本立场,“在编纂之际,在尚不能确定法典主义,且无贯通全典之脉络的,则定会彼此自相矛盾”。刑法典中“罪刑法定”“罪刑相适应”之原则和主张,不仅是刑法之特有,而且贯穿于刑法始终,《刑法》总则和分则之具体规定,都是其基本原则的展开。《民法典》中平等、自愿、公平、诚信、守法和公序良俗等基本原则,也发挥着同等作用。海关法法典化有无主义,主义和基本主张是什么,这些主义和主张如何能够贯穿于海关法的全过程,这都是值得我们深入研究的问题。

海关法法典化的本位。法典以权利为标准对法律规范进行排列,义务与之对应,是为权利本位之法典;与之相反,为义务本位之法典;法典某些部分以权利为本,某些部分以义务为本,则为复本位的法典;若以法律行为为标准,则为行为本位的法典。我国《民法典》编纂过程中,民法学界关于是否一定要制定“潘德克顿式”的民法总则,以及如何对待法律行为的探讨,还有所谓“意思表示说”“民事权利说”“法律关系说”的讨论,都关系到法典化的本位问题。海关法主要属性是行政法,法典化过程中,是以行政行为为本位,还是以海关权力为本位,抑或以海关管理相对人权利为本位。本位不同,得出的是不同形体的海关法典,因此需要认真对待。

海关法法典化的文体。法典的文字用语应精确,避免含混不清,留下自由裁量空间;法典文字用语应平易、简明,使多数人能够理解,避免生僻晦涩,不能成为执法者或学者的垄断用语,因为这既不符合现代法制的要求,也为擅权留下了可能。因此,边沁将法律的文辞比作宝玉,法典的价值取决于其文章用语。海关法是专业性的法律,专业性的法律避不开专业术语和专业性的表达,但这种表达必须为专业性人士所理解和接受。倘若海关法法典化的文体阳春白雪,专业性表达超过了海关法律共同体的认知,这不是完美的海关法典,一个不恰当的比喻,乃周敦颐在《爱莲说》所描绘的“莲之出淤泥而不染”“可远观而不可亵玩焉”。

四、海关法法典化的基本思路和步骤

海关法的法典化是一个浩大的法治工程,更是海关法治现代化的路线图。这样一个工程如何设计、如何实地测量、如何安排建造的先后顺序、如何具体施工、如何监理,每一步都关系到工程质量之优劣,法典之好坏。

我国《民法典》编纂着手之际,就将编纂《民法典》界定为不是制定全新的民事法律,也不是简单的法律汇编,而是对现行的民事法律规范进行编订纂修,对已经不适应现实情况的规定进行修改完善,对经济社会生活中出现的新情况、新问题作出有针对性的新规定。因此,我国《民法典》的编纂采取了“两步走”的步骤:第一步,制定民法总则,作为《民法典》的总则编;第二步,编纂《民法典》各分编,再与民法总则合并为一部完整的《民法典》。

海关法的法典化可以充分借鉴《民法典》编纂的思路和步骤,将海关法法典化的基本思路界定为编订纂修式性质的法典编纂,即不是起草一部崭新的海关法典,也不是对现行海关法律法规的汇编,是基于现行海关法律法规体系的整合,是介于起草和汇编之间的立法活动。

这样一个基本思路符合目前我国海关法律法规的现状。我国海关法律领域立法有《海关法》《国境卫生检疫法》《进出境动植物检疫法》《进出口商品检验法》《食品安全法》等主要法律法规。这些法律大体上适应海关法律实践活动的需要,但也确实需要修改一些不相适应和矛盾冲突的条款,因此采用“汇编 + 纂修”的方式,是符合我国海关法律现状的最优方式;这样一个基本思路也维持了现有海关法律体系的稳定性和连续性,不至于制定一部崭新的海关法典打乱现有的法律体系框架,使海关法律实践活动无从适应,造成海关法律的动荡和不安;这样一个基本思路也能在短时间内实现海关法的法典化,将海关法治的现代化提高到一个新的水平,将海关法律制度创新和变革通过渐进的方式在未来逐步加以实现。

海关法法典化的步骤更可以复制《民法典》的编纂步骤:第一步,制定海关法总则,作为未来海关法典的总则编;第二步,编纂海关法典各分编,及纂修现行《海关法》《国境卫生检疫法》《进出境动植物检疫法》《进出口商品检验法》《食品安全法》,与海关法总则合并为一部完整的海关法典。当然,这里最困难的当是如何编纂一部海关法典总则编,其要害是找到海关法典编纂的"潘德克顿式"方法,这也是对海关法法典化的最大挑战。鉴于海关法非民法浩如烟海,海关法典编纂上可以分两步草拟海关法典,而在法典立法环节两步并一步,省去颁布海关法典总则的步骤,直接颁布统一的海关法典。

密涅瓦的猫头鹰之所以在黄昏起飞,是因为只有在黄昏以后起飞才可以看见整个白天所发生的一切,才可以追寻其他鸟儿自由翱翔的足迹。

海关法学要成为一门法律科学,也应该像密涅瓦的猫头鹰一样,经过理性的反思,在黄昏以后,悄然起飞。

Minerva's Owl Should Start to Fly Again in This Posture

—For the 14th Session of Customs Law Forum 2021

CHEN Hui

[**Abstract**] The Customs law is important legislations for the country to achieve a higher level of opening up. Based on the new development stage, the implementation of the new development concept, the construction of a new development pattern, especially the free trade port, the development of the Belt and Road initiative and the opening of ports, cannot be achieved without the enforcement of Customs laws. A unified Customs code is conducive to achieving a higher level of opening up. To meet the demand of "coordinated development of legal systems for domestic and foreign-related affairs" according to Xi Jinping's Thought on the rule of law, the Customs code is not only conducive to summing up the successful experience and practices of China Customs' legislations, expanding their international influence, and protecting the national economic interests, but also beneficial to a further understanding of legal system of China Customs and further expand the opening up. The codification of the Customs law can fully draw on the ideas and steps of the codification of the civil code. The basic idea of the codification of the Customs law is to compile and revise customs law. As a legislative activity between drafting and collection, it consolidates the current customs laws and regulations. This basic idea can maintain the stability and continuity of the existing customs legal system, and can also realize the codification of the Customs law in a short time, and raise the level of modernization of the customs rule of law. As a result, the innovation and reform of the customs legal system can be gradually materialized step by step in the future through a progressive way. The steps of the civil code can be replicated for the codification of the customs law: first, formulating the general provisions of the Customs law as the general provisions of the future customs code; second, compiling various titles of the customs code, and revising and compiling the existing Customs Law, Frontier Health and Quarantine Law, Law on Entry and Exit Animal and Plant Quarantine, Entry-Exit Commodity Inspection Law, and Food Safety Law, and then merging them with the general provisions of the Customs law to form a complete customs code. What is the most difficult is how to compile a title as general provisions of the customs code. The key is to find the "Pendekton" method of compiling the customs code, which is also the biggest challenge to the codification of the customs code.

[**Key words**] Customs law; codification; civil code; rational reflection

目录

Contents

海关法的法典化

国门安全与海关法

关税法律问题

海关法专题研究

海关刑事法律问题

国际与外国海关法

研究综述

判例研究

域外视野

CONTENTS

Codification of Customs Law

Border Security and Customs Law

Legal Issues of Tariff

Specific Research on the Customs Law

Customs Criminal Law Issues

International and Foreign Customs Law

Research Overview

Case Study

Overseas Horizon

海关法评论(第11卷)

海关法的法典化

Codification of Customs Law

我国海关法律法典化目标和模式探究

——对主要经济体海关考察之镜鉴

苏　铁*

[摘　要]　法典化重要规范功能就是将部门法律完备化及体系化。迄今,我国海关法因尚未经法典化所要求的集成化编纂程序,典范化、体系化不足尤显。为完善中国特色社会主义法律体系,构建完备的海关法律制度,须制定真正意义上的法典化,实现新时代海关法治的跨越式发展。

[关键词]　海关法律;法典化;目标选择;编撰模式;国外经验

一般理解,成文法发展到法典形式构成其高级形态。然而长期以来,基于中国立法环境诸多因素的叠加影响,以及海关法调整对象、范围和边界的广泛性和变动性等客观原因,海关法之法典化鲜有人问及。当前,随着《民法典》在我国落地生效,海关法如何法典化的问题亦开始涉及。毕竟,作为规范体系成熟标志的海关法律法典化具备域外国家立法实践的借鉴及相关研究的理论支撑等有利条件,亦应成为我们不懈追求的目标。

* 苏铁,宁波海关一级总监,上海市法学会海关法研究会顾问。

一、"法典"及"法典化"

词源学(etymology)上,"法典"的英文"code"可溯源于 13 世纪的古法语同形词,俄语"кодекс"为也一样,来自拉丁语 *codex*。"Codex"则可被进一步追溯到"caudex"一词,本义是指"草本植物主干",后来被引申为书写于覆蜡的莎草纸、羊皮纸等材料之上,并且联结在一起形成可反复翻阅的书籍。① 古罗马帝国进入 5 世纪时,国王的敕令被汇编成册以"书"的方式出版(a book of law),被称为"法典"(codices)②;但最终确定罗马法中"法典"的完整含义是在 6 世纪时,拜占庭皇帝查士丁尼一世(Justinianus)期间完成的三部法律汇编,即《查士丁尼法典》、《学说编纂》和《法学阶梯》(codex, digesta, institutiones),被通称为"codici"。

中国成文法产生于春秋时期。"法"是春秋战国时期,各诸侯国常用的法律形式,如魏国的《法经》。到商鞅变法后,"法"仅仅存在于广义的含义中,"律"反而得到了较为广泛的应用。③ 东汉时期蔡伦(63~121 年)发明造纸术致使纸张得以广泛使用。如果说以纸张承载为法典正意的话,那么"典"④最早可追溯到唐朝的《唐六典》,而"法

---

① From old French code ("system of law"), from Latin cōdex, later form of caudex [the stock or stem of a tree, a board or tablet of wood (sheets of vellum, papyrus) smeared over with wax, on which the ancients originally wrote; hence, a book, a writing.]. —adopted from Wikipedia, surfing time: 2011 - 10 - 11. (以下英文注释中若无标明者,其出处皆如是。作者注)

② 法学研究者普遍认为,世界上最早的法典应是古代西亚乌尔第三王朝(约公元前 2113~前 2008 年)《乌尔纳姆法典》(或称《苏美尔法典》;The Sumerian Code of Ur-Nammu),另,比较著名的还有《汉谟拉比法典》(约公元前 1792~前 1750 年)、罗马时期(公元前 5 世纪)的《十二铜表法》,只是因为法典记述于泥版或铸于铜柱上,表现的形式与书籍有所不同。

③ "律"在当时应用广泛,延续长久,如秦《田律》。汉朝,出现《九章律》;魏晋之后,则有《魏律》《晋律》《北齐律》《隋律》《唐律》《大明律》《大清律》等。

④ "典"是三皇五帝赖以成功治国的书籍,引申为国家之常法。《周礼·天官·大宰》中记载:"大宰之职,掌建邦之六典,以佐王治邦国。"《说文解字》中"典"是会意字。甲骨文像双手郑重地捧献典册之状。金文发生讹变,把手变为"丌"形之物。字形采用"冊、丌"作边旁,表示"册"在"丌"架上,尊敬地搁置重要文牍册子。

被典化”则正式开启于魏晋之际,首推曹魏《新律》,而晋令则占据了古代中国第一部令典的历史地位。① “唐宋明清,承流蹈轨,滋粲然矣。”②也有人认为,若论我国现存最早、最完整的法典,《唐律疏议》(公元652年)因篇幅完整,构思缜密,取代了唐武德七年(公元624年)的《武德律》,可谓第一。至于海关法典方面,元至元三十年(公元1293年),元朝参考宋《市舶条法》,制定颁布了至元《市舶则法》③,对市舶的职掌、舶商出海手续、查验办法、抽分抽税比例、禁止出口的货物种类、船商来元的处置办法等作了较为系统的规定。但毋庸讳言,中华法治文明底蕴深厚,中国古代各类法律“法典化”饱受儒家文化影响,视“正统”为首要。在其之上而开启,兼具了法律与财税、政治与文化内涵并相互交织在一起。尽管如此,所谓的中国古代法典与19世纪西方之比较,既不可同日而语,也不能等量齐观。然而,中华民国的民法体系由于深受1900年《德国民法典》(Bürgerliches Gesetzbuch)的启发,甚至发展到了继受的程度,可算是一个例外。

欧洲近代的法典编纂始于15世纪以后,随着民族国家的崛起,欧陆国家开始把发展独立法制视为一国主权的象征。“法典”经过时代演绎更迭,到了16世纪才具备现代意义,被理解为:一种通过法典化之制定程序彻底涵盖完整的法律体系或特定法律领域的立法。④ 简言之,通过法律编纂收集有关特定主题的各种规范性文本、法律或法律规则(道德守则),按照每个类别划分使之成为“法典”。

---

① 魏晋南北朝时期,形成了律、令、科、比、格、式相互为用的法律形式格局,并将律和令作为定型化的法典,由此开启并延续了中国后代法典的基本形式。

② 梁启超:《论中国成文法编制之沿革得失》,载《梁启超法学文集》,中国政法大学出版社2000年版,第122页。

③ 至元《市舶则法》原名《整治市舶司勾当》,又称《市舶抽分杂禁》,全文录于《元典章·户部·市舶》内。元延祐元年(公元1314年)修订并颁布了延祐《市舶则法》。

④ A code of law, also called a law code or legal code, is a type of legislation that purports to exhaustively cover a complete system of laws or a particular area of law as it existed at the time the code was enacted, by a process of codification. —extracted from Wikipedia eng version.

“法典”一词在《中国大百科全书·法学》中被简约解释为“就某一现行的部门法进行编纂而制定的比较系统的立法文件”,强调内在本质联系的整体性特征,同时还认定,作为成文法的高级形态,法典应兼具学理性、系统性和确定性。从编纂的视角切入,经过规范系统性编纂的法律文本就是法典,而不必非要涵盖一个国家部门法律体系,单行法律(海关法律领域)亦可。法典可以包含各种规范性规定,但主要是法律法规。法国官方法典明确规定载体只为法律法规,而不是更下级层次的规定。但在其他法律制度中,有可能纳入案法或学说的内容。①

事实上,编纂的概念涵盖了许多方面不同的做法,法学家和历史学家在阐述和内容上都注意到了这些做法的多样性。② 近年来,尽管中国法学界对“法典”的基本概念尚未达成一致意见,但在某些法律领域选择走法典化之路似乎已成为共识。

与此相对应,另一重要概念就是“法典化”(codification)③。随着宗教改革推进、欧洲国家内部的统一以及民族主义的兴起,欧洲各国开始了编纂国家法律,并逐次打破了公共法在欧洲大陆的统一。17 世纪晚期开始,丹麦(1683 年)、挪威(1687 年)、瑞典(1734 年)、普鲁士(1794 年)等国,均尝试将法律法典化。但广义上的“法典化”主要是指发轫于 18 ~ 19 世纪席卷欧陆国家的法典编纂运动,发起者首推拿破仑。法国法典的核心是 1804 年的《民法典》(《拿破仑民法

① Un code peut contenir des dispositions normatives de natures diverses, dont les principales sont les lois et les règlements. Les codes officiels français ne contiennent d'ailleurs que cela, mais il serait possible, dans d'autres systèmes juridiques, d'intégrer des éléments de jurisprudence ou de doctrine. *Temps de surf sur Internet cherchant Wikipedia*: *Code des Douanes* 2021 – 10 – 31.

② Formes et types de codification La notion de codification recouvre en fait des pratiques différentes à bien des égards, dont les juristes et les historiens ont noté la variété, tant dans l'élaboration que dans le contenu. *-Ditto-*

③ In law, codification is the process of collecting and restating the law of a jurisdiction in certain areas, usually by subject, forming a legal code, i. e. a codex (book) of law.

典》),拿破仑治下编撰的法国法典还包括1806年《民事诉讼法典》、1807年《商法典》、1808年《刑事调查法典》和1810年《刑法典》。虽然德国的全国性法典编撰比法国晚了许多,如《刑法典》于1871年方才生效,《德国民法典》于1896年才完成(1900年生效),但其立法技术更成熟,结构排列更合理。在这一时期,法典化的典型特征在于完整性,强调成为无漏洞的规范。人们追求全面丰富、构造清晰的立法来取代漫无头绪、零散纷扰的法律。不难看出,法典化运动,作为理性和科学思想的启蒙运动的产物,其目的是创建更加条理化和系统化的法律体系。广义的"法典化"包括法律汇编,而狭义的"法典化"是编纂体系型法典,指为调整一定法律关系的相关规则、规范,以按照一定分类标准和编纂方法把众多单行法汇集的过程,强调内涵、逻辑排列组合,力图就法律原则进行完整的立法阐述。在普通法体系中,法典还特指将法官制定的法律转化和合并成成文法的过程。①

二、欧美主要经济体法典编纂及海关法典现状

(一)法典编纂概况

1.美国联邦法典

尽管历史上美国也制定过为数不少的法典,例如,《统一商法典》、《统一信托法典》和《模范刑法典》等,对整个世界都产生过一定的影响,但事实上,由于传统法律文化的强大基因,美国完全继承了200多年的"盎格鲁-美利坚"法律体系,全然没有受到欧洲大陆全面法典化的影响。② 普通法的判例传统和司法技术并没有因法典化而有所改

① Codification is one of the defining features of civil law jurisdictions. In common law systems, such as that of English law, codification is the process of converting and consolidating judge-made law into statute law.

② 当法案被总统批准就成为法律(act)。当一部法律通过后,在发行单行本的同时,由设在国会众议院内的承担法典编纂工作的法律修订委员会办公室将这部法律分解为若干部分,根据其规范的不同内容编排到相应主题的相关卷中。

变。以法典(code)的形式编纂美国法律①,其出处或背景比较简单:为了有效缓解立法数量激增与检索越发困难的矛盾。“法典”编撰得以流行,开始有以法典名称出现的规范性法律文件。有人称,20世纪50年代以来,美国法典化过程基本属于“索引”模式,注重简洁实用,仅仅是按照法典的式样编排而已。

《美国法典》(United States Code,USC)②是联邦对生效的公法、一般法以及永久性法律的合并和编纂的官方法典,由参众两院法律修订委员会编纂、国会图书馆协助完成。以法律规范所涉及的领域和调整对象为主线加以整理编纂,1926年,美国着手将建国200多年以来国会制定的所有立法(除独立宣言、联邦条例和联邦宪法外),按部门、性质的不同分为51个主题项目,称为“编”(title),系统地分类编排。③众议院法律修订顾问办公室(Office of the Law Revision Counsel)每6年出版一次该法典的完全版,但每年亦有增补。然而,法律修订委员会不是立法部门,无权对已制定的法律做实质性的变动,所以,西方法

---

① Because each Congressional act may contain laws on a variety of topics, many acts, or portions thereof are also rearranged and published in a topical, subject matter codification. —*Ditto*.

② The official codification of Federal statutes is called the United States Code.《美国法典》的内容可以在美国政府出版局(Government publishing office, GPO)的官方网站https://www.gpo.gov/上查询。

③ 《美国法典》第51卷(title)依次是:总则、国会、总统、国旗,国玺,政府部门和联邦各州、政府组织与雇员、担保债务(现已废除)、农业、外国人与国籍、仲裁、武装力量、破产、银行与金融、人口普查、海岸警卫、商业与贸易、资源保护、版权、犯罪与刑事程序、关税、教育、食品与药品、对外关系、公路、医院与收容所、印第安人、财政收入、麻醉性酒精、司法和司法程序、劳工、矿藏和采矿、货币与财政、国民警卫、航运与可航水域、海军(现已废除)、专利、宗教习俗、规制行业薪金与津贴、退伍军人救济金、邮政事业、公共建筑、公共合同、公共卫生与福利、公共土地、国家印刷品与文献、铁路、航运、电报,电话和无线电报,领土与岛屿所有权、交通、战争与国防、国用和商用空间项目。外加4个预备卷:第52卷“投票与选举”,第53卷“小型企业”,第54卷“国家公园系统”,第55卷“环境”。除前6个总领性主题外,其余主题均按照A、B、C、D……的字母顺序依次排列。《美国法典》每隔6年重新编纂颁布一次,在6年期间,每年将国会当年通过的法律按照法典编排的序号,编辑成一个预备卷。在新的法典尚未编纂之前,人们可以通过预备卷来查阅和引用最新的法律规定。

典学家认为,法典中的法律也已不再是“实在法”(个别大标题除外),不再是“法律的证据”,而蜕变成“法律表面上确凿的证据”(prima facie evidence of the law)。

然而,即使以法典形式,许多法规的内容性质也可能涉及不止一个主题(title)。例如,规定逃税为重罪(felony)的法令既涉及刑法也可归属于税法,但却只在“国内税收”中发现。其他与税收有关的法规不仅仅在“国内税收”中,例如,可在《美国法典》第11编的“破产”或第28编“司法”中找到具体条文。

至于体例结构,由于内容过于庞杂,安排的章节条目款项与很多国家大相径庭。在“编”下位可设“分编”,“部”下位可设“分部”,“章”下位可设“分章”,“章”下再分“节”(section),“节”即为整个法典的基本连贯单元,用符号 § 表示(此处按中国法律习惯,则应称为“条”)①,“节”之下还可通常被分为(从最大到最小)段落、分段,条款、子条款,项和子项。②

需要补充说明的是,在法律颁布后,原始法案被送到国家档案和记录管理局(the National Archives and Records Administration,NARA)的联邦登记办公室(the Office of the Federal Register,OFR)。经 OFR 授权后,副本由政府出版办公室(the Government Publishing Office,GPO)正式分发。然而,《美国法典注释》(U. S. Code Annotated,USC A)并不是该法典正文的组成部分。

《美国法典》并不是美国议会一次性整体通过并使用该名称命名的,而是由其下属机构陆陆续续进行编撰地放入《美国法典》这个筐子里,是一个集大成的概念,与欧洲的立法形式和出版形式完全不同。

---

① 例如第1条“海关的设立”(§ 1. Organization of customs service)—adopted from USC。

② Titles may optionally be divided into subtitles, parts, subparts, chapters, and subchapters. All titles have sections (represented by a §) as their basic coherent units. Sections are often divided into (from largest to smallest) subsections, paragraphs, subparagraphs, clauses, subclauses, items, and subitems.

在论及《美国法典》时，需要关注《美国法律总汇》(United States Statutes at Large)(以下简称《总汇》)[①]与其的对应关系。通常私法不会被法典化;一些未被美国法典收录的法律、很大一部分公法是作为美国法典的修正案立法的。当一法案通过生效后，它会被编入《总汇》，并对现有的《美国法典》中的相应内容进行添加、修改或删除的处理。《总汇》是通过编年体的方式，由 OFR 编撰的官方法律汇编。根据法律，《总汇》中有所有美国建国以来通过的法律，至今已经有 125 卷《总汇》出版。所有经由国会通过的法律以单行法的形式发布，每次国会会议结束后，再被统一收录在《总汇》中。这些法律会被分类为私法和公法，经过编号后发布，再编入《总汇》，最后部分编入《美国法典》。《总汇》与《美国法典》对于使用者来说各有千秋。前者检索起来非常不方便，因为它们严格按时间顺序排列，而且涉及相关主题的法规可能分散在许多卷中。法规通常废除或修改早期的法律，因此需要广泛地交叉参照才能确定法律在任何给定的时间阶段是否有效。而后者是通过按主题重组相关和修订的法规，使寻找相关和有效的法规更简便和有效。但就法律效力而言，当后者中非实在法的条款和前者中的条款起冲突时，前者要大于后者。[②]

2. 旗帜意义的欧洲行政法典

在大陆法系[③]国家，成文法更加眷顾体系化的要求，体系化也更加适应成文法的发展。除了具有里程碑意义的《拿破仑民法典》之外，近代德国、法国在推进行政法建设方面，也一贯秉持采用法典形式的原则，德国行政法总则的法典化在 1976 年该国颁布的《行政程序法》中

---

① 其法律体系在结构上是以单行法(slip law)和判例法为主干，经过汇编后的联邦成文法律(session law)编录其中。

② 因《美国法典》中有一部分不是作为实在法(positive law)立法的，尚未成为正法的标题仅仅是现行法律的初步证据，而《总汇》仍然是最终的权威。如果对未颁布标题的法规编纂的准确性或完整性发生争议，法院将转向《总汇》，以其文本为优先选择。

③ 法系是比较法中用来对各种法律进行划分的概念，意指具有相同或相近的传统、原则、制度和特征等要素的一类法律制度的总和。目前限于学术层面，并没有绝对的划分标准。

可以一窥全豹。法国也相继制定了一系列的行政法典,涉及公众与行政机关之关系、行政诉讼、教育、农村问题、环境和交通等领域,《海关法典》也自然列于其中。上述法典已超过了规范性文件汇编的范畴,而成为新的立法文件,从而代替了以往调整同一类关系的规范。

与之相比,近代欧盟的产生导致了独特的欧盟法律(European Union laws)。欧盟法建立依存的是《欧洲共同体条约》①和《欧盟运行条约》(Treaty on the Functioning of the European Union,TFEU)等基本法律框架文件。整体上,法律的补完性、比例性、授权和法律确定原理,明显已经形成了一个全新的法律体系,既不同于一个国家的国内法,也非一般的国际公法,它可以称为自成一类的法律体系。事实上,欧盟法律实体部分主要是围绕内部单一市场的商品、服务、资本和劳动力流通四大自由而展开的,在欧盟各成员方的法律系统有直接效力,其经济政策和社会政策方面显然高于成员方国内法。欧盟法律不仅是各个成员方国内法的上位法或组成部分,同时还构成欧盟层面独立的法律制度和法律规范。在经济领域,随着全球化的演进,国际规则上升为国际性法典,其地位日益巩固。

3. 历史传统悠久的俄罗斯法典

历史上,俄罗斯以统一的法典作为其国家立法形式而著称。12 世纪初,弗拉基米尔·莫诺马赫(Vladimir Monomakh)统治时期,巨幅《罗斯真理》(Russkaya Pravda)问世,其中包含刑事、程序和民法规则,涉及贸易、家庭和担保义务方面。之后,世俗法律出版具有法典意义的综合性法律汇编(судебник)。13 世纪俄罗斯完成了第一部成文法典——《罗斯法典》②的编撰工作。该法典大多源于 9 世纪的《罗斯

---

① 即《马斯特里赫特条约》,于 1992 年 2 月 7 日欧共体 12 国外长和财政部长正式签订。这一条约是对《罗马条约》(Treaty of Rome)的修订,它为欧共体建立政治联盟和经济与货币联盟确立了目标与步骤,是欧洲联盟成立的基础。

② 《罗斯法典》(或曰《东斯拉夫法典》),是基辅罗斯和罗斯公国封建割据时期的一部法典,初稿写于 12 世纪早期,后经多次修改。内容涉及刑法、继承法、商法和诉讼法。

条例和法律》,内容涉及刑法、继承法、商法和诉讼法,源于旧的斯拉夫、斯堪的纳维亚习惯法、东正教法、拜占庭法和保加利亚《审判法》。

俄罗斯法律的发展经过了一个较为复杂的过程,充分保留了俄罗斯独有的特征。以彼得大帝"全盘西化"为界划分,在其执政后期大幅度倾向于欧洲,由其引导并逐步靠近罗马—日耳曼法系日耳曼支。有关沙皇俄国国家制度基本原则的法律汇编在 1826~1832 年编成的《俄罗斯帝国法典》,在按年代编排的基础上,按各个法权部门加以系统编纂,分 15 卷,共计 42,000 条。截至 1917 年十月革命前,该法典一直是俄罗斯帝国的通用法典。1864 年,亚历山大二世进行了较大规模的司法改革,自此,西方法律才较大规模地渗透或者移植到了俄罗斯法中。

作为一个独立的社会主义法族或法系,苏联国家法律自"十月革命"后苏维埃建立政权至 20 世纪 90 年代初解体,存世超过了半个世纪。世界上最早出现的社会主义法典,或曰社会主义法族或法系是在 1918 年开始进入大规模的法典编纂,20 世纪 20 年代得到非常广泛发展。例如,1922~1923 年,基本上完成了刑法和刑事诉讼法、民法和民事诉讼法,以及劳动法、土地法等一系列重要法典的编纂工作,并对经济法典着手进行编纂。尽管难以摆脱大陆法系的诸多痕迹,但苏维埃国家法律是在不断继承、扬弃俄罗斯法律和系统化自我进化过程中加以确立和发展的社会主义性质法律,是存在于西方法律传统之外的。俄罗斯法律系统和苏联及后苏联时期的法源系统之所以经受了重大的演变,原因在于直接受到俄罗斯法律制度的固有特性、国家意识形态以及西方法律标准规范的影响。①

(二)海关法典

纵观世界,所有主权国家(包括单独关境地区)都有海关法,但拥

---

① 参见[俄]Sargaeva ALLA:《苏联与俄罗斯法律渊源变迁研究》,大连理工大学 2016 年硕士学位论文,第 41 页。

有海关法典①的,却寥寥无几,屈指可数。大多数国家不以法典的形式来编纂自己的海关法律条例,可以设想的情况是:(1)法律体系及法系问题;(2)海关法作为行政法组分之一,调整的法律对象呈现广泛性且多变性;(3)或个别国家国际贸易(进出口货物)体量不大,而海关监管协调目标的复杂性较大;(4)个别国家,例如日本,由于保守性强,海关部门在行政体系中的地位相对低,以及海关法的良好运行,没有遇到现实的重大挑战,以至于缺乏法典化的动机和动力。②

尽管海关法典地位凸显,被视为汇集了与海关相关的法律准则之大全,但目前国际上并没有约定俗成的关于海关法典的统一注释或说明。一般理解,海关法典是指运用法典规范的形式,对于海关这个特定的部门之法律行为进行规范,属于海关这个特定领域的法典化成果。

1.《欧盟海关法典》的内涵和特点

欧盟海关法律以法典的形式出现,完全是基于建立统一市场的需要。以关税同盟为基础,为建立欧洲统一大市场,1992 年 8 月 1 日通过的《共同体海关法典》(Community Customs Code),钟情于"把当今分散于众多共同体规则和指令中的海关法条款集中在一个法典中"。《共同体海关法典》的诞生,从海关法学上来讲,已经把关税联盟发展到一个新的层次,将形成一个紧密型的海关联合体,它是统一大市场的重要内容,又是统一大市场彻底实现的基本保证。③

出于《里斯本条约》生效、欧盟全境电子申报环境并未形成等因素的限制,新一代欧盟海关法典必须符合《欧盟运行条约》,尤其是第 290 条和第 291 条的现实需要,以及海关角色的转换的考虑,促成"内部市场的建成,国际贸易与投资壁垒的减少及保证欧盟外部边境安全的迫切需要,已经使海关当局的角色转变为在供应链发挥主导作用,并在其对国际贸易进行监督和管理的过程中,海关当局已成为促进国

① 通行的关于海关法律的对应英文,除了 Code 之外,还有 Act 或者 Law 之称谓。

② 参见何力:《日本海关立法及法典化》,第十四届海关法论坛会议论文,2021 年 11 月于秦皇岛。

③ 参见黄胜强:《欧洲共同体海关制度》,中国社会科学出版社 1993 年版,第 6 页。

家和公司竞争力的重要因素。海关法规应当反映经济方面新的现实情况以及海关当局新的角色和使命”①。于是,经过长期酝酿,欧盟于2013年10月9日最终通过了《欧盟海关法典》(Union Customs Code, UCC)②,并与2015年7月通过的《欧盟海关法典授权法》(Union Customs Code Delegated Act,UCC-DA)以及2015年11月通过的《实施条例》(Implementing Regulation)一道,构成了完整的一揽子欧盟海关法典,确立了欧盟各成员国在关税同盟内统一适用的海关法律规范。

正如UCC在类似“前言”中的说明那样,“海关同盟是欧盟的基础。为维护欧盟经营者和海关当局的利益,应该将现有海关法规汇编成一部法典。基于内部市场的概念,此法典应当在考虑到共同政策要求的前提下,包含确保欧盟层面有关欧盟国家间或者与欧盟关境以外地区之间货物贸易的关税和其他共同政策得以实施的一般规则和业务制度。海关法规应当在不改变现有税收规定的范围的情况下,更好地与进口税费征收的相关规定相协调”③。欧盟委员会也一再强调,制

---

① The completion of the internal market, the reduction of barriers to international trade and investment and the reinforced need to ensure security and safety at the external borders of the Union have transformed the role of customs authorities giving them a leading role within the supply chain and, in their monitoring and management of international trade, making them a catalyst to the competitiveness of countries and companies. The customs legislation should therefore reflect the new economic reality and the new role and mission of customs authorities. —Extracted from UCC.

② 《欧盟海关法典》于2013年10月9日以第952号法令(No. 952/2013)发布,于10月30日生效。

③ The Union is based upon a customs union. It is advisable, in the interests both of economic operators and of the customs authorities in the Union, to assemble current customs legislation in a code. (下划线,作者加注) Based on the concept of an internal market, that code should contain the general rules and procedures which ensure the implementation of the tariff and other common policy measures introduced at Union level in connection with trade in goods between the Union and countries or territories outside the customs territory of the Union, taking into account the requirements of those common policies. Customs legislation should be better aligned on the provisions relating to the collection of import charges without change to the scope of the tax provisions in force. —Extracted from UCC.

定UCC的目的就是达到“3S”的目标，即“简化、服务和效率”(simplicity,service,speed)。

UCC共计9编(电子系统、简化措施、授权、委员会程序及附则)，体系内容结构庞杂，效力层次多元；法律条文288条，几乎囊括了海关事务涉及监管(申报、查验、放行)、征税(征、减、免、退、补)和信息化以及企业管理的方方面面；大部分条款于2016年5月1日实施，其余也已于2020年年底前全面实施。UCC的基本目的没有变化，依旧在于：保护欧盟社会和欧盟财政利益，提供更大的法律确定性和统一性；最大限度简化海关程序，为诚信守法经营者提供更为快捷的通关流程；系统地共享风险信息，控制、管理供应链，使海关工作方法更加现代化。较之以往的欧盟海关法典，UCC最大的特点在于考虑与欧盟海关法律发展变化相衔接，保证法典自身法律体系逻辑自洽性，更加强调电子申报平台和环境建设。

2.《欧亚经济体海关法典》缘起、发展及特点

苏联时期，《苏联海关法典》和《苏联海关税则法》全境施行。1991年12月26日，苏联正式解体。苏联解体后，俄罗斯设立了直接隶属于俄总统的正部级机构——俄国家海关委员会。1993年6月18日，俄罗斯联邦最高委员会通过了《俄罗斯联邦海关法典》，该法典从1993年6月21日起生效；2003年4月25日，俄国家杜马批准了新版《俄罗斯联邦海关法典》①，自2003年5月28日起生效。2003年版的《俄罗斯联邦海关法典》共6编42章439条，中文译文约16万字，包括总则、海关手续、海关税费、海关监管、海关以及附则等部分。尽管1993年在单一国家层面，俄罗斯早就制定了《俄罗斯联邦海关法典》，2009年11月27日，俄、白、哈三国依旧率先在欧亚经济共同体(The Eurasian

① 为了与国际海关规范保持接轨，俄罗斯自1999年开始修订海关法典，当年11月俄国家杜马一读通过新海关法典。在2003年4月一个月之内国家杜马二读、三读通过了新修订的海关法典，5月14日获得俄上院批准，5月28日由俄总统普京签字生效，自2004年1月1日起，《俄联邦新海关法典》开始实施。但该法已于2010年7月1日终止。(作者注)

Customs Union,EACU; Таможенный союз,ЕАЭС)①框架下成立关税同盟,并于2010年1月1日正式启动。2010年7月6日,《关税同盟海关法典》在俄、白、哈三国全面生效。该法典是在遵循《关于简化和协调海关制度的国际公约》(又称《京都公约》)的基础上由三国共同研究制定的,是关税同盟得以实现最为重要的法律基础,主要包括基本规定、海关税费、海关监管、海关作业、海关制度等内容。此外,该法典还就有关海关事务领域内统一经营条件及认证程序、推行货物电子申报、在关税同盟之关境内开展行政互助等作了专门规定。②

2015年1月1日欧亚经济联盟成立后③,迫切需要一部与之相适应的海关法典。《欧亚经济联盟海关法典》终于2018年1月1日正式施行。《欧亚经济联盟海关法典》施行后,《关税同盟海关法典》同时废止。较之《关税同盟海关法典》,《欧亚经济联盟海关法典》主要变化是内容更加丰富,规定更为详细。《关税同盟海关法典》共有8编50章372条,中文译文约13万字;而《欧亚经济联盟海关法典》共有9编61章465条,且有2个附件(共计838条),中文译文约43万字。

《欧亚经济联盟海关法典》开宗明义地指出:该法典调整的原则是,货物物品通过联邦海关边界时,保障人的权利平等,准确明晰和一致性地实施海关监管手续,公开透明地制定和适用在海关调整领域的国际条约和法律文件,并与国际法准则相协调,以及采用现代海关监管方法和在海关监管活动中最大限度地使用信息技术。除了法律条

---

① 俄罗斯、白俄罗斯、哈萨克斯坦三国曾于1996年成立过关税同盟,随后,吉尔吉斯斯坦和塔吉克斯坦相继加入。后因该同盟未能建立统一关境,也未能协调好成员国在加入世界贸易组织问题上的立场,2000年,上述国家决定成立欧亚经济共同体取代五国关税同盟,旨在建立统一经济空间,实现经济一体化。欧亚经济共同体运行后,但由于各国经济发展水平差异较大,具体利益需求难以协调,五国一致同意在一体化进程中走在前列的俄、白、哈三国先行建立关税同盟,其他成员国待条件成熟后再视情加入。(作者注)

② 参见《关税同盟海关法典》,白石、将小林译,中国海关出版社2011年版。

③ 2015年1月1日,欧亚经济联盟正式成立,欧亚经济共同体同时终止运行。欧亚经济联盟最初成员国为俄罗斯、白俄罗斯和哈萨克斯坦三国。2015年1月2日,亚美尼亚加入欧亚经济联盟,同年8月6日,吉尔吉斯斯坦加入欧亚经济联盟。(作者注)

文体量之外,《欧亚经济联盟海关法典》最大的变化,概括地讲,就是要求实行电子申报、在大多数情况下不需要向海关提交申报所需的纸质单证、海关电子信息化系统不需海关公职人员参与可以自动作出货物放行决定、货物放行时间从过去的一天减少至4小时、最大限度地将海关监管置于货物放行之后、可以延期缴纳海关税费以及给予经授权的经营者更多的优惠和便利等。

《欧亚经济联盟海关法典》另一个特点是大量吸收与海关相关的国际协定与联盟协议,安排专门的章节对海关保税制度项下的货物监管作了规范,单独设立第27章(包含10项具体条款)对自由海关区(自由港的概念或保税区)进行规范。此外,在该法典第6编"海关监管的实施"中,特别强调吸收世界海关最新发展,例如,对海关实施稽查手段进行了明确,以法条的形式明确了海关官员和被稽查人的权利和义务,并单独列了第337条"开展海关稽查时所必需的单证和信息的提供",以法律的形式保障稽查手续和程序的顺利开展。在第7编"海关"中,除了用专门的条款规定了海关组织风险管理过程以及海关使用风险管理系统的要求之外,特别强调海关使用信息系统和信息技术以及海关信息协作的重要性,分别规定了在联盟框架下的海关协作,以及与非联盟成员国海关和其他机关及国际组织的协作与合作,对海关协作框架下获取的信息的使用也有专门的条款加以规范,使海关行政互助,从法律的层面加以固化。这代表了近些年来欧盟和欧亚经济联盟在海关立法方面的新趋势。需要指出的是,依据联盟立法者的理解,分别将商品归类原产地确认和海关估价,放在第1编"一般规定"之内,强调了其高于海关征税的特殊意义,因为在第2编"海关税费、保障措施关税、反倾销和反补贴税"之中对海关税费计算有具体的规定。

尽管在该法典中充满行政色彩,但也较好地表达了公法和私法、行政法和民法的结合,如在其第8编中,"在海关事务领域的活动,经认证的经营者",除了列举一般的规定之外,还明文规定了报关代理人,海关货物承运人,各类仓库占有人、管理者,免税商店经营人,和经认证的经营者的权利义务,这样就无形扩大了海关业务"攸关人"的范围。可以说,《欧亚经济联盟海关法典》不仅专注于海关事务本身,考虑问题的视角和范围还是充分周全和扩大的。

3.《美国法典》中海关立法的框架和内容

所谓的《美国海关法典》,确切的称谓应该是《美国海关及对外贸易法典》①,在林林总总的《美国法典》中,仅仅是其中的一编(第 19 编——海关关税)(Title19—Customs Duties)。总体框架结构由 26 章构成②,目前该法典法条超 4112 条,英文文字容量超过 4000 多页。就该法典汇集的内容而言,包罗万象,即使查阅与海关最为紧密联系的《1930 年美国关税法》,其所涉海关管理的条目也是跳跃性极强,跨度极大。不管怎样,《美国海关法典》内容大致包括三部分:(1)以海关关税为主线展开的,例如,第 2 章"关税委员会"、第 3 章"关税及有关条款"、第 4 章"1930 年关税法";(2)较多的国际贸易、贸易协定或单项商品管理以及与贸易管理相关的杂项方面的法律规范,其中与海关执法关联比较紧密的,例如,第 1 章"海关关区口岸机关员"、第 5 章"反走私法"、第 10 章

① 2015 年,国家口岸办公室将第 19 编主要内容翻译整理,分为上下两册,由中国海关出版社出版:上册命名为《美国海关法典》(U. S. CUSTOMS LAWS)将第 19 编的第 1 ~6 章囊括其中;而下册命名为《美国对外贸易法典》(U. S. TRADE ACTS),包含了第 19 编第 7 ~26 章。这种拆分命名方法若为照顾中国读者理解及阅读习惯,或为检索方便尚情有可原,事实上编辑部门并没有顾及其关联性与庞杂程度,割裂了《美国法典》将对外贸易以及海关管理作为一个整体看待的做法。

② 1. Collection Districts, Ports, and Officers(1A. Foreign Trade Zones);2. The Tariff Commission [Repealed or Omitted];3. The Tariff and Related Provisions; 4. Tariff Act of 1930;5. Smuggling;6. Trade Fair Program;7. Trade Expansion Program;8. Automotive Products;9. Visual and Auditory Materials of Educational, Scientific, and Cultural Character; 10. Customs Service;11. Importation of Pre-Columbian Monumental or Architectural Sculpture or Murals;12. Trade Act of 1974;13. Trade Agreements Act of 1979;14. Convention on Cultural Property; 15. Caribbean Basin Economic Recovery; 16. Wine Trade; 17. Negotiation and Implementation of Trade Agreements;18. Implementation of Harmonized Tariff Schedule; 19. Telecommunications Trade;20. Andean Trade Preference;21. North American Free Trade;22. Uruguay Round Trade Agreements;23. Extension of Certain Trade Benefits to Sub-Saharan Africa;24. Bipartisan Trade Promotion Authority;25. Clean Diamond Trade; 26. Dominican Republic-Central America Free Trade. —Extracted from U. S. C.

“海关署”、第18章“关税税则的协调制度实施”、第21章“北美自由贸易”;(3)在其他贸易相关的章节安排与海关管理交叉,例如,第7章“贸易拓展计划”、第3分章为“关税调整及其他调整援助”、第12章“1974年贸易法”(涉及关税税率和其他贸易壁垒的安排和执行)、第13章“1979年贸易协定法”(涉及卫生及动植检疫措施)等。

当然,除了形式上的变化,《美国海关法典》的编纂还经历了一个较为复杂的过程,除了重新审定全部法律规范之外,还需要标明、修改相互抵触的部分,弥补其缺陷或空白。不仅如此,《美国海关法典》还是海关和对外贸易法律的混合,高度反映了两者之间的交互性和匹配性。当然,这些仅仅反映了美国立法者的独特思维而已,并不代表世界海关法立法的主流。

由于《美国法典》不包括行政分支机构发布的法规、联邦法院的裁决、州或地方政府颁布的法令或法律。由行政分支机构发布的法规,按照联邦机构管理的内容作为分类标准,可在《联邦法规法典》(the Code of Federal Regulations,CFR)中获得。① CFR是美国联邦政府执行机构和部门在《联邦公报》(Federal Register,FR)上发表与公布的一般性和永久性规则的法规汇编,具有普遍适用性和法律效力。按照法律规范所涉及的领域和调整对象,CFR分为50个主题。由于对于国家基本制度等方面的事项,联邦政府无权立法,因此CFR的主题分类并不完全等同于《美国法典》主题,但二者在很多主题的名称上是完全一致的。CFR代表了受联邦法规管辖的广泛领域,编写模式和《美国法典》几乎完全吻合,各联邦执行机构可以在该框架下补充填补相应的法条内容。② 由此可见,广义上的美国海关法典其实包括了上述两

① The U. S. Code does not include regulations issued by executive branch agencies, decisions of the Federal courts, treaties, or laws enacted by State or local governments. Regulations issued by executive branch agencies are available in the Code of Federal Regulations.

② The CFR is structured into 50 subject matter titles. Agencies are assigned chapters within these titles. The titles are broken down into chapters, parts, sections and paragraphs.

个部分,即除了从《美国法典》(Title 19)得到的内容外,也包括CFR相应的这一部分法规法令。

(三)欧、俄、美海关法典差异比较

欧、俄(特指欧亚经济联盟)、美海关法典形式和内容上的差异,可以说完全源于大陆法系和英美法系(或曰大陆法系和普通法系)之故。这两种法系的本质和理念有很大差异,涉及社会背景、文化、历史、信仰立场等。大陆法系承袭古代罗马法的传统,法学理论崇尚理性主义、倾向于建构重视逻辑,抽象化、概括化的概念体系,并坚持从抽象到具体,从理论到实践的唯理论原则来展开法典的编纂。

大陆成文法系演进并集大成的表现形式,别无他致,唯有法典。可以断言,欧洲近代法典化的成功是因为全面继承了罗马法的遗产,同时也应归功于特定时期某种特定的政治内在需求。近代欧洲联盟作为一个新型的、独特的区域性实体,与一般的政府间的国际组织不同,它以"关境同盟"为圈子,并在有关事物上超出了同盟的范围,具有超国家的属性和特征。① 其中,《欧盟海关法典》也同样反映出超国家的法律形式,试图以大的约束力、统一性来确保共同市场建立和运作。故而,在法律研制、法律条文技术处理方面,法条更趋向抽象和概念化,注重架构整体性和理论系统性。

但是,由于是基于关税同盟层面的立法,故《欧盟海关法典》依旧没能涉及缉私及处罚领域,尤其是对于涉及本国执法和司法问题。对于这一特殊领域,因大多保留在本国立法层级加以解决,可从欧洲大陆相关国家海关法典寻找立法参照依据。例如,《法国海关法典》②单设一编,即第12编"海关诉讼法",共计法条118条(其中数条已废止,

① 在欧洲一体化过程中,欧盟不仅在经济与货币上先后实现了关税联盟、共同农业政策、欧洲货币体系、欧洲经济与货币联盟,而且在政治制度和机构建设以及法律体系方面取得了重大进展,形成了完备的法律体系,即欧盟法。(作者注)

② 《法国海关法典》共计17编,470条,内容涉及对外贸易管控及禁限规定、进出口关税、商品分类、海关估价、报关、转关运输、自由贸易区、海关诉讼等。实体与执法程序兼重,规定详尽。

但存有为数不少的衍生条款,其中还做了一个有关“法律文书无纸化”特别的预备章的安排),占据该法典全部法条的25%,用了较大的篇幅。从证明违反海关法行为的材料、扣押、调查取证,一直到在诉讼程序中法院、海关方面的管辖权(判决、执行和保全)、诉讼时效和程序,以及对其中的法律责任及连带责任——刑事责任、民事责任(类似国家赔偿),违反海关法行为分级及主刑、附加刑,处罚适用的特殊情形等都予以罗列并进行原则性规范。可以看出,它在很大程度上综合了民法、民事诉讼法、刑法、刑事诉讼法等多部门法的基本元素。又如,2003 年版《俄罗斯联邦海关法典》第 403 条“海关职能”第 7 项规定,俄海关“打击在海关事务领域的走私和其他犯罪、行政违法行为,查缉非法出入海关边界的麻醉品、武器、文物、放射性物质、濒危动植物种及其部分和衍生物、知识产权客体、其他货物,以及协助打击国际恐怖主义活动和协助制止在俄罗斯联邦机场内对国际民航活动的非法干涉”。可见,打击走私违法行为是俄海关的一项重要职能。但对违反俄海关法典的走私违法行为如何处理,俄海关法典并未明文规定,这主要是《俄罗斯联邦刑法典》和《俄罗斯联邦行政违法法典》对此已有专门规定。如《俄罗斯联邦刑法典》第 188 条,对“走私”行为进行了界定,并对走私如何进行刑法处理进行了明文规定。《俄罗斯联邦行政违法法典》第 16 章“海关事务领域(违反海关规则)的行政违法行为”对海关事务领域里的违法行为如何处理予以了十分详细的规定,对走私违规行为列出了 22 个具体的情形进行处理。

《欧亚经济联盟海关法典》与《欧盟海关法典》接近,尽管也是建立在一个关境同盟上的海关法典,但是以俄罗斯为主导的,较多反映其立法的血脉和传统特色。《欧亚经济联盟海关法典》在有关海关管理规定方面也显得更加系统全面。如将欧盟成熟的货物原产地、海关估价、海关税收和监管等诸多海关管理规定直接在《欧亚经济联盟海关法典》中予以详细规定,使得海关的有关规定更加系统和全面,“一典在手,海关规定全知道”。海关的诸多管理规定上升为法律。海关的管理规定基本上都上升为法律,而且是欧亚经济联盟5国必须遵守的国际法,这无疑是提高了海关管理规定的权威。同时,海关管理规定因此也更加稳定,难以朝令夕改。①

尽管苏联立法的影子在《欧亚经济联盟海关法典》中早已荡然无存,但当我们以继承和发展的眼光,将苏联时期作为俄罗斯发展的特定历史阶段来进行整体性审视时,还应对苏联海关的法律进行必要的研究和审视。不难看出,20世纪50年代《中华人民共和国暂行海关法》虽不是苏式法律遗产,但在很大的程度上还是受到了苏联法典主义的影响。② 当年如此,未来几何?

虽然英美法系很少制定法典,但《美国海关法典》还是将法规章节主题进行编纂加工而得到了新的升华。如果细读《美国海关法典》,不难发现它不是新的制定法,但其法条具有事实本位的特征,更看重司法中对判例的引用,将现有判例法、惯例和规则集成化,并作为法律原文的内生部分。为充分发挥此种法律功能,除了正式条款之外,《美国海关法典》在大部分条款之后单列了事先条款(prior provisions)的安排,对涉及本条款历史上存有的有关的条款,不惜动用大量篇幅予以详细陈列,以便参阅者能够较为集中地对条款核心内容变化的历史脉络有详细的了解。对诸多修正案的起效日期(effective date)也予以记载。例如第6条:"驻外国海关专员的提名、身份确定;否决海关专员的提名,皆应参照公务员法的适用。"(Designation of customs officers for foreign service; status; rejection of designated customs officer; applicability of civil service laws)为便于读者对相关条款的理解,在具体条款后还注加了文本中的引用法律参考之处(references in text),以

---

① 因为修改多边联盟性质的法典内容,必须经过各成员国议会3读通过,且各国总统联署法令后方可颁布实施。(作者注)

② 新中国成立初期,法律体系的建构完全以苏联法体系为模板,大量移植了苏联的法律制度,包括宪法、刑法、土地法、婚姻法、经济法和刑事法律方面,就连部门法也深受苏联影响。《中华人民共和国暂行海关法》大量参考借鉴了苏联海关法,共分八篇、十九章、二百一十七条。(作者注)

便进行交叉复核,"文中提到的《公务员法》载于第5编'政府组织及其雇员',特别参见其第3301节及以下,等"①。

此外,《美国海关法典》中增加了冗长的修正案(amendment),不仅反映历史节点上条文的变化,还对本条文制定及修改过程加以列明,并列与此条文有关的其他法律性说明或渊源解读。仅从法条正文最简洁的两个例子加以说明,《美国海关法典》第2条【关区的调整及范围、地址变更】(§ 2. Rearrangement and limitation of districts; changing locations),仅仅是阐述授权总统行使的权力。却在该条之后附上了修正案、对历次法律变更的索引,以及按照字母顺序查找海关关区的办法。② 第3条【征收进口关税的主管】财政部长应选择最佳人选担任负责进口关税征收的主官。(§ 3. [Superintendence of collection of import duties] The Secretary of the Treasury shall direct the superintendence of the collection of the duties on imports as he shall judge

---

① The civil service laws, referred to in text, are set forth in Title 5, Government Organization and Employees. See, particularly, section 3301 et seq. of Title 5.

② AMENDMENTS 1970—Pub. L. 91 – 271 struck out provisions limiting the number of customs-collection districts and ports of entry to those established and authorized as of Aug. 1, 1914, except as thereafter provided by law, and provisions requiring the collector of customs of each customs-collection district to be officially designated by the number of the district for which appointed.

1928—Act May 29, 1928, provided for discontinuance of the statement or report as required by a proviso at end of section which read as follows: "That the President shall, at the beginning of each regular session, submit to Congress a statement of all acts, if any, done under the provisions of this section and the reasons therefor."

CUSTOMS DISTRICTS AND PORTS OF ENTRY

An alphabetical index of ports of entry is contained in Schedule D of the Harmonized Tariff Schedule. See Publication of Harmonized Tariff Schedule note set out under section 1202 of this title.

For list of international airports of entry, see section 6. 13 of Part 6 of Chapter 1, United States Customs Service, of Title 19, Customs Duties, of the Code of Federal Regulations. —from U. S. C.

best.)但同时又对关税之外的船舶吨税予以排除做了一定的说明。① 与此同时,还对部门称谓的转换涉及的人员的转换加以同步说明。[为转让美国财政部海关的职能、人员、资产和负债,包括财政部的职能与此有关的财政部长给国土安全部部长,并处理有关参考资料,见第6条第203(1)、551(d)、552(d)条,以及修改后的2002年国土安全部11月25日重组计划,作为第6条、第542条规定的说明。]②上述这种扩张性解释或说明的安排是英美法的固有特点,在其他成文法系的法典中是绝对难以发现的。

三、我国海关法典编纂基本思路和模式选择

法律的每一次改进无不是在更高层次上追寻和实现公平正义、秩序效率。站在新的历史起点上解决海关法治建设中的立法难题和实践难题,制定好海关法典是重中之重。从维护社会主义法制的统一、尊严、权威这一角度出发,在进入全面建设社会主义现代化国家、向第二个百年奋斗目标进军的新征程中,我们要全面深刻领悟习近平法治思想的核心要义,增强全面依法治国系统性、整体性和协同性,从政治和全局的高度来把握新时代海关法法典化的重要性,不断研究海关立

---

① CODIFICATION, R. S. § 249 derived from act May 8, 1792, ch. 37, § 6, 1. Stat. 280.

Section, prior to its incorporation into the Code, contained the words "and tonnage", after "duties on imports". These words were omitted as superseded by section 3 of the former Appendix to Title 46, Shipping, which charged the Chief of the Bureau of Navigation and Steamboat Inspection with the execution of the laws relating to the collection of the tonnage tax. Section 3 of the former Appendix to Title 46 was repealed by Pub. L. 109 - 304, § 19, Oct. 6, 2006, 120 Stat. 1710. —from U. S. C.

② [For transfer of functions, personnel, assets, and liabilities of the United States Customs Service of the Department of the Treasury, including functions of the Secretary of the Treasury relating thereto, to the Secretary of Homeland Security, and for treatment of related references, see sections 203(1), 551(d), 552(d), and 557 of Title 6, Domestic Security, and the Department of Homeland Security Reorganization Plan of November 25, 2002, as modified, set out as a note under section 542 of Title 6.] —from U. S. C.

法面临的新问题、总结新经验、挖掘新资源,形成新概念,尽快走上海关法法典化之道路。

(一)认识论上,构建海关法法典化的基本设想

随着科技的进步,从浩瀚文件中查找所需的资料,变得越来越简单和可行。此时,探讨法典的意义,重要是如何遵循法律的精神,使之成为共同推进建设法治国家、法治政府、法治社会的有力抓手,使之成为更多的群体维护自身利益的有力工具,使之成为执法、司法和守法三者之间共同寻求的精神家园。海关法法典化固然涉及许多问题需要解决,诸如,法典架构参照模式的选择、内在体系结构的安排、相关制度的建构、具体规范的设计(法典的编纂方式)等立法规范和技术,但首先需解决的是海关法的法典化到底追求一个什么样的目标,实乃海关法典价值取向问题。

1. 海关法典应体现的价值理念

法的价值取向是法典的灵魂。海关法典的编纂,客观上除了需要具备相当数量的单行法等硬性条件之外,更为主要的是价值取向的确立。海关法的价值取向,即海关法在全面建设社会主义现代化新征程的历史过程中包含的内在精神,为海关法典的根本。未来的中国海关法律法典化应当以习近平法治思想为根本遵循,吸收中华法治文明之养分及社会主义法族之精髓,借鉴主要经济体海关法典编撰经验,由此开创我国海关法律法典化之先河,体现良法善治之根本,为促进贸易和投资自由化便利化,推进建设开放型世界经济做出贡献。

在海关系统推进全面依法治国,根本目的是充分体现人民共同意志,依法保障人民权益,回答好对海关立法法典本位的质疑。中国海关的属性是人民海关,人民海关首先考虑是人民的利益,必须坚持“以人民为中心”的理念,高度彰显公平正义的价值观,把握当前社会主要矛盾变化对海关法治工作提出的新要求,以法治思维回应人民群众新要求、新期待,以海关管理相对人权利为本位,立足时代所需、民心所望,系统研究和解决人民群众高度关注的问题,实现保护广大人民群

众正当、合法、合理权益的立法宗旨。

由此,结合国内国际贸易、商务法律的变化,建立与我国国家治理相匹配的海关法体系,以提高海关管理效能,维护契约精神、统一市场,营造稳定公平透明、法治化、可预期的营商环境为导向,进一步降低进出口环节制度性交易成本提高我国外贸综合竞争力。同时,海关的角色定位要从执法管理者向公共管理服务者转变,海关监管方式要适应不断调整和改进的经济生产方式和经济管理模式。作为口岸监督管理部门,海关还必须强化风险防控,全面落实好"总体国家安全观",积极应对贸易全球化引发的不确定性和风险性对边境安全管理的新挑战,维护经济、政治、文化、社会、生态安全等方面的职责,同步发挥好传统职能和非传统职能作用,将危害国家安全、社会稳定和人民生命健康的威胁防御于国门之外,坚决维护国家主权、安全、发展利益。

笔者认为,制定一部具有中国特色社会主义海关法典应当放在"中华民族伟大复兴战略全局和世界百年未有之大变局"这两个大局中进行价值定位和战略谋划;坚持"四个自信",始终围绕社会主义法治核心原则,从打造制度优势激发竞争优势的高度出发,夯实法理基础,探寻法治化发展脉络,按照法律关系的逻辑线索创新制度性架构,解决好海关法律规则的滞后性,减少法条含义模糊带来的非必要矛盾和冲突;坚持守正创新,构建具有鲜明中国特色、实践特色、时代特色的海关理论体系和话语体系,不断提高立法质量,保证立法结果具有极大的现实性和完全的正当性。"建设中国特色社会主义法治体系"成为全面推进依法治国的总目标,既然中国海关立法选择适度法典化作为未来目标定位,就必须坚守面向中国、面向世界、面向现实、面向实践的新理念。

2. 海关法典的本质是为了实现法律制度的体系化和完备性

全球后疫情时代,经济全球化的态势不会改变,而电子商务全球化,海关国际合作双边、多边,小多边之多元化的倾向更加明显。这就需要在全面深入研究国际海关制度体系、通行规则和监管模式的基础上,对已经出台了海关法律法规等进行彻底检视,亟待解决困扰我国海关法律建设制度化、现代化的若干问题。

目前,广义的海关监管已经扩大到检验检疫、认证,核查和稽查。业务重构基础上的中国海关法律法规数量巨大,条文浩瀚,足以成为法典编纂的源头活水。① 基于海关历史积淀和现实发展扩容,只要不限定条件和时效,编辑几百条原则性框架意义的法条毫无问题。通过兼顾海关监管对象[物(品)、来自疫区的人]的流动性以及管理内容的国际性,整合完善现有海关(检验检疫)法律规范,改变以往分散状态,形成一部内容联系更加紧凑、内在逻辑更加严密的海关法律规范体系,将海关监管(查验、检验、检疫为中心)内在固有属性、毫无悬念的原则规范(norms)、框架性标准(standards)和行政措施(measures)以法典的形式固化下来,即长此以往海关业务流程(procedures)、制度性手续(formalities)和经过实践证明运行平稳且效益良好的高效监管模式,无论是程序或实体部分,以法典编纂为视角重新整合,达到规范化、完备化与体系化要求,实现各要素组合结构的嬗变,最终在实质层面实现海关法的法典化。

海关法典应集中了该特定领域的各种法律规范,对海关领域问题的诸多综合性法律问题进行调整,起到纲要性、通则性、基础性作用。通过挖掘中国特色,方能彰显中国风格,展示中国气概。当前,海关法律实践之充沛智慧,使法典化具有充分的养料,加之运用新的法学阐释方式,大力借鉴世界海关成功经验,这些都为日后做好立法法典化打下了很好的基础。

(二)方法论上,确立海关法法典化模式

总体上,尽量把握好前瞻性与阶段性、稳定性与变动性的关系,将社会主义海关法的现行法律规范全部集中在一个法律体系之中,通过

---

① 初步估算,海关现行法律体系大致由《中华人民共和国海关法》等 7 部法律、23 部行政法规、180 余部规章和其他庞杂的内部规范性文件构成,而我国现行有效法律为 286 部。(作者注)

分阶段、渐次推进法典化,将海关法律文件形式和结构在最大限度上做到集约化、系统化和规范化,达到一般意义上法典的要求。海关法的法典化通过对法律法规整理、编订和纂修,必将极大促进对法条本身实质性和形式性的法理解释,其后果还将直接催生海关法释义学,使海关法成为一门真正的法律学科。

1. 立法体系的甄别

现代大陆法系国家通常按照部门编纂法典。不仅如此,欧盟法典其宏达气势之布局,整齐闭环之体系、紧密相连之篇章、高度概括之术语、简约浓缩之法条、精玄奥妙之法理,将成文法的发展始终保持处于世界前沿。我国是成文法国家,多年以来,中国法律体系在很大程度上接纳吸收了大陆法系的精华。故而,在构建中国海关法典时,应借鉴大陆法系立法的经验,尤其应当更多地参考欧盟在构建其海关法典时所使用的法律智慧和技巧,以保障中国海关法典的通用性和实用性。

通过对美国、欧盟以及俄罗斯为代表的主要经济体海关法典修炼的进程中所得出的结论的基本判断,笔者认为,在法律内容实质上,可对标《美国海关法典》,实现法律渊源体系的理性化,符合内在的整体性的标准;而在表达形式上,具体讲究法条的严谨性上,则当对标《欧盟海关法典》,达到形式的一致性,将一系列存在内部关联的法源汇集一体,从而实现法律渊源的统一。同时,兼顾欧亚经济共同体(俄罗斯联邦)海关法典的特有长处和优点。我国海关法典编纂步骤的选择上可分两步走——“美国 + 欧盟”,在收集《美国海关法典》中必要细节描述的基础上,参照欧盟的立法技巧逐项展开,保持逻辑上的自洽性、内在一致性和内容的全面性。抑或直接采取美国较为灵活变通的立法机构《修正案》+ 行政部门《总汇》的复合式办法:对于属于前提、基本原则和关务事由性质的保持稳定;对于相关条件、假设可随时变化调整;对于依旧处在行政法规层面的,注重动态调整,采取 CFR 的做法,保持双层级架构,同步运行。

2. 编纂方式的选择

法典编纂模式选择取决于海关根本目标的实现——法治之下的治理，满足回应海关治理现代化所蕴含的全部立法需求。[①] 对于单行法或海关法而言，则不必寻求走上所谓的行政“程序主义进路”[②]。从海关立法的阶段性、海关立法对社会情势的适应性以及海关立法在形式和实质上的要求等角度出发，海关法典的目标定位应当以实体优化为主，兼顾形式优化，确保体系的稳定性和实践的开放性。海关法法典化的目标是要建成体系型法典，即重构的一个明确、稳定的融贯体系，实现形式体系和价值体系的统一。

因此，采取编纂整合式[③]是海关法法典化的最佳选择，因为在当代法律实践中，法律规范碎片化特征越发明显，可从海关法律与政策的有效整合到单行立法的精致化、科学化，再到关检融合后内部循环自足性特征得到满足的编纂整合式海关法典的形成而逐次展开。在编纂法典具体内容时，宜选择存量规范分散但同质性较强的部分进行法典化，力求涵括法律、行政法规、部门规章及司法审判经验。具体法典的编纂可将完整连贯的法令压缩成了条块(部分)，法律语言基本上可以原文套录。当然，编纂海关法典绝不仅仅局限于“编”，而更应当重视“纂”。要结合我国改革开放海关监管实践中出现的各种新情况、新问题，进行适应社会变革的调整，根据法典的逻辑体系和价值体系，对纳入海关法典中的法律法规进行必要的修改和补充。

---

① 此处所涉及的法典编撰跟法律汇编在属性上是完全不同的，后者只是将有关法律文件进行梳理和整合，且大多数是由学术出版社、研究机构或智库完成，并没有经过一个严格意义的立法过程。

② 如学术观点理解，普遍以行政活动遵循的一般性行政程序法律规范为法典的核心内容，同时对行政组织法、行政实体法和行政救济法，部分实现法典化。(作者注)

③ 该模式主要是指在既有单行法的基础上，修改相关法律条文和法律制度，从而使这些既定的法律形式融合成为一个体系性的有机体，成为一部综合性法典。(作者注)

四、结语

制度博弈是大国博弈最突出的表现。作为崛起的大国,中国正经历着人类历史上最为宏大而独特的实践创新,更应该在制度上保持自身优势,做到法律体系完整、科学完备,与发达经济体并驾齐驱。随着我国开始进入“建设中国特色社会主义法治体系”总目标的实现阶段,高等级法律规范体系和样式的地位与作用日益凸显出来。习近平法治思想致力于推进全面依法治国、建设社会主义法治国家,不断开拓中国特色社会主义事业更加广阔的发展前景,而海关法法典化作为国家法律制度构建之创新重要组成部分,无不为“推动实现‘两个一百年’奋斗目标,为实现中华民族伟大复兴中国梦提供法治保障”。

尽管现代意义上的法典作为一种规范存在,只是特定历史阶段的选择,但我们有理由相信,独立自主、兼收并蓄地探索法治规则并加以实践也是顺应历史发展的过程。随着我国法治建设的日益精进,海关法法典化这一历史性的法治目标终将在全面建设社会主义现代化国家的新时代成为现实。

A Probe into the Goal and Mode of Codification of Customs Law in China

—Taking Reference from Customs of Major Economies

SU Tie

[**Abstract**] Codification is an advanced form of national legislation, with the function of standardization, completeness and systematization of departmental law. So far, China's Customs Law has not gone through any codified compilation procedures, and therefore insufficiency of internal integration, modeling and systematization are particularly obvious. In order to improve the socialist legal system with Chinese characteristics, it is of great importance to codify Customs law in the real sense so as to build up a complete customs legal system, and realize the leapfrog of Socialist Customs rule of law in the New Era.

[**Key words**] Customs Law; codification; target selection; compilation mode; foreign practice

日本海关立法及法典化*

何　力**

[摘　要]　日本作为大陆法系国家其法律已经基本法典化;但是日本海关法并没有纳入日本法律的法典化进程之中,然而日本海关法同时具备法典化和非法典化的要素。日本的海关法制的建立经过了明治维新后的近代西方式法律体系的建立和第二次世界大战后的法制建设,海关法也发展完善起来。日本现行海关立法由《关税法》《关税定率法》《关税暂定措施法》三部构成,其中《关税法》是核心,尽管名称上不叫"海关基本法",但实质上起着"海关基本法"的作用。但是,日本的海关立法毕竟还是没有统一,非法典化的特征更加明显。日本海关立法的非法典化的原因主要在于保守性强,海关部门在行政体系中的地位相对低,以及海关法的良好运行没有遇到现实的重大挑战,以至于缺乏法典化的动机和动力。

[关键词]　日本海关法律体系;法典化;非法典化

一、日本法律的法典化

"法典化"并无严格定义,一般是指将一定法律领域的法律规则以

---

* 本文为2020年度教育部哲学社会科学研究重大课题攻关项目《境外投资重大问题研究》(20JZD08)阶段性成果。

** 何力,复旦大学法学院教授,博士生导师,上海市法学会海关法研究会顾问。

及一般原则按照一定体系编撰成为成文法，也指将以往的法律法令通过一定的立法程序进行系统编纂。自《拿破仑法典》开始，成文法主义是大陆法系的主要特征之一，因而法典化一般成为大陆法系国家建立法律体系的常见进程。在这个进程中，首先法典化的是一个国家法律体系中最基本的法律部门，它们构成法律体系的基本框架。从拿破仑的法典化开始，就是建立“六法”体系，即以六部基本的法典作为几大部门法的核心（宪法一般不称为“宪法典”），将其他立法都归入这六大法典之中。[①] 当时法国的“六法”是宪法、民法、商法、刑法、民事诉讼法和刑事诉讼法。后来因为有的国家实行民商合一，所以“六法”中的商法的位置就由20世纪新出现的法律部门所取代，也许是行政法，也许是经济法或社会法等，但这些新兴的部门法一般并无一部统一的法典。

一个国家的法典化的标志就是“六法”体系业已建成，几部基本的法典也制定完毕。但从法典化的进程看，这只是第一阶段的法典化。法典化还在继续进行，甚至英美法系的立法也有法典化的趋势。除了补充完善构成“六法”核心的基本法典之外，还有一些相对重要法律部门也进行法典化。这样的立法活动的结果就是形成若干“基本法”或者“基本法律”（与中国的《香港特别行政区基本法》以及全国人大制定的“基本法律”的含义不同），以适应现代社会的多样性和发展变化。这是法典化的第二阶段，产生的大型立法比第一阶段的核心法典数量更多，如教育法、卫生法、环境法等。它们也许不叫法典，但本质也是一样的，而且很多立法规模也很大，条文与内容之多并不亚于有些“六法”中的法典。一般而言，海关法也是比较重要的法律部门，其法律规范繁多复杂，在各国的法律体系中位阶和规模各有不同。它在一些国家也有必要法典化，而且也已经形成所谓“海关法典”。

日本近现代法律制度和体系的建立过程漫长曲折，经过长期的

① 参见杨联华：《法国法律模式成因浅析》，载《现代法学》1988年第2期。

摸索,最终确立了以德国法模式为对标建立日本的法律制度和体系。因此,日本受到大陆法系的极大影响,也可以说是一个大陆法系国家。日本也有与法国和德国的部门划分类似的“六法”体系,并制定有相应的法典,可以说已经完成了第一阶段法典化的进程。除了“六法”所包含的几部基本法典外,日本也进一步深化法典化进程,并在第二次世界大战后开始了新的一轮法典化,即制定“基本法”。在日本,冠名为“基本法”的立法,其地位在“六法”的法典之下,但在一般的单行立法之上,介于中间层次。① 日本的基本法体系几经废改立等立法活动,现在生效的基本法一共有52部,其中比较重要的有《中小企业基本法》《灾害对策基本法》《消费者基本法》《教育基本法》《海洋基本法》《体育基本法》等。然而在这个基本法清单里并无“海关基本法”。这说明日本的海关法领域还没有达到日本法律体系中的“基本法”层面。这是不是说日本海关法没有法典化呢?实际上,日本海关法的情况比较复杂,不能一概而论是否法典化。更何况“法典化”一词也并无确切的含义。因此,有必要追溯日本海关法的由来和发展。

二、日本海关法的由来和发展

毫无疑问,海关法是日本的重要法律。海关和关税是日本明治维新后建立与西方国家关系的重要方面,也是日本被打开国门丧失关税自主权的领域,是日本受列强欺辱丧权辱国的一个象征。这点和中国半封建半殖民地的悲惨经历比较相似。但对于如何从中走出来,日本和中国走的是不同的道路,那就是脱亚入欧和富国强兵,实现自身在经济产业和法制的近代化。在明治维新后的文明开化和仿照西方国家建立法治的“泰西主义”②潮流中,海关法成为日本最早制定的西方

① [日]参議院法制局:法制の窗「基本法」,2020年4月,https://houseikyoku.sangiin.go.jp/column/column023.htm,2022年8月7日访问。

② 泰西主义是指日本明治维新后所实行的仿效欧美各国立法和各种制度的原则。这是日本与欧美列强之间达成的某种妥协,以法制西方化换取不平等条约的废除。

化的重要立法之一。日本的《海关法》制定于1890年。这是部大型立法,甚至与同时进行的“六法”体系的法典不相上下,体系和条文都比较完全。为了施行该法,同年制定了《海关规则》,即相当于后来的海关法实施细则。1899年,日本制定了《关税定率法》,作为如何确定关税税率的基本法律。同年制定了《关税法》①,作为海关和关税方面的基本法律。在海关法律的单行立法方面,1899年制定了《吨税法》②,1901年制定了《海关货物处理人法》(相当于现在的通关员法)。1910年对《关税定率法》进行了全面修改。③ 从这里看出,日本海关法在创建阶段并没有采取综合法律的方式,而是制定若干平行的海关关联法律。而《海关法》和《关税法》两部基本的法律并列存在,成为这一时期日本海关法体系的两大支柱。同时还有若干配套的海关立法,一起构成日本海关法的完整体系。

第二次世界大战是日本的重要历史转折点,日本用美国主导下制定的《日本宪法》取代了旧的宪法,并在此基础上开始了民主宪政下的法制构建和以“基本法”立法为特征的新一轮法典化。日本的海关法领域也进行了大规模的立法活动,重构了海关法律体系。1951年,日本通过修改《关税定率法》的方式重新复活起源于明治时代的海关法律。这部法律的修改比较彻底,使之能够适应日本战后的新时期的经济贸易体制和海关行政机制。1954年,日本全面修改《关税法》,将《特殊监管仓库法》(日语称《保税放置场法》)的内容包含进来,成为关于海关手续的通则性法律。

1955年,日本加入关税及贸易总协定(General Agreement on Tariffs and Trade,GATT)。这一加入行动表明了日本开始融入美国主导下的多边自由贸易体制。这一举动对日本而言意味着关税自主权将受到该协定的约束,而日本曾在列强威逼下丧失关税自主

① 关税法,1899年第61号法律。现行《关税法》为1954年第61号法律。

② 吨税、特别吨税是日本对于进入港口的外国贸易船按其吨位征收的税,即船舶税。

③ 关税定率法,1910年第84号法律,为现行海关法律。

权,经过多年的努力才重新获得。但这次日本放弃关税自主权的性质不同。它是和关税及贸易总协定所有的缔约方一起放弃,并一起共同享受相互放弃所带来的最惠国待遇。因此,日本也必须在海关法上进行很多重大的立法活动和修改法律。日本在 1960 年颁布了《关税暂定措施法》①,并于次年对《关税定率法》和《关税暂定措施法》进行大规模的修改,采用了当时作为关税税则分类国际标准的《布鲁塞尔关税商品归类目录》的进出口商品归类,并且规定了关税配额制度和关于保障措施的特殊关税制度。1964 年,日本加入了海关合作理事会。所有这些表明,日本已经成功地摆脱了在日本国内法范围内发展的海关制度和法制的局限。日本的海关法与国际社会的海关法律发展方向有了联动,并从此开始走向海关立法的前沿。

三、日本海关法的法律体系和法典化的成分

日本海关法就是关于海关的国会立法及其现行立法各种修正案的总和。海关法律大体上有三个方面的特征:一是作为税法的一种,是关于关税的课税、征收的要件和程序的法律规定。二是作为国际经济法的一部分,是关于贸易的国际规则的法律规定。三是特别行政法和特别刑法的一种,是关于货物的边境取缔的程序及处罚等方面的法律规定。②

海关法令所指的是宽泛意义上的海关法,是在关于海关的日本国会立法之外还要加上海关行政法规,范围大于海关法律。

根据《日本宪法》的规定,条约等国际法规经批准公布也构成日本法的一部分,地位高于日本法律,但低于宪法。因此,日本的法律渊源也包括了条约等国际法规。条约既符合严格意义上的法律渊源,也符合宽泛意义的法律渊源。

《关税法》是关于关税的征收与纳税以及通关的法律。在日本的

---

① 关税暂定措施法,1960 年第 36 号法律。

② [日]青山幸恭:《変革期の関税制度》,日本関税協会 2009 年版,第 9 页。

法律体系中属于行政法中的税法类别。[①] 制定于 1954 年 4 月 2 日。在海关法律领域,第二次世界大战前的各项海关立法有的已经不合时代要求,其他的相关法律则相互竞合,[②]显得比较混乱,有必要进行法律的整合,制定一部比较综合的海关基本法律。日本在海关法律的立法构想是,关税税率方面的法律仍然沿用明治时代制定颁布的《关税定率法》,并于 1951 年进行了大规模的修改,使之适合战后时代的要求。而关于关税的征收、纳税和通关,则另行制定《关税法》,以取代明治时代制定的《海关法》《关税法》,并统合《保税放置场法》等单行法规。这部新的《关税法》并不是对旧的《关税法》的修订,而是属于后法废前法的立法活动。因为,以前的日本海关立法的两大支柱《海关法》和《关税法》并立存在,各司其职,而如今要将其合并为一部《关税法》,不仅是条文的合并,更多的是海关法律制度和机制的整合。所以,它是一部全新的立法。《关税法》由 11 章和附则构成,一共 140 条,总字数超过 14 万字,属于日本的一部大型立法,规模不亚于六法体系的基本法典。

1911 年《关税定率法》是一个特殊的存在。它之所以能够在战后重生,是因为它与《海关法》《关税法》等战前旧法不同,并不涉及政治、法律体制,而只是如何确定关税的税率、课税标准以及减免等极其具有海关技术性的规定。本法在 1951 年日本摆脱美军占领前一年修改重新生效,为日本以后自力开展对外贸易的关税机制打下了法律基础。

1960 年日本制定了《关税暂定措施法》。这一法律是为了应对日本加入 GATT 后,在经济高速增长背景下对外贸易大发展后的新形势

---

① 日本的法律体系也被称为"六法",承袭了拿破仑五法典加宪法的"六法"体系,即宪法、民法、商法、刑法、民事诉讼法、刑事诉讼法。但随着时代的发展,六法的分类和内容也有所变化。现在基本上将行政法归入宪法行政法类,把经济法归入商法类。包括海关法律的税法属于行政法,因而属于宪法行政法类。

② 在日本,法律竞合是指国内法的冲突。如果是各国间的法律冲突,则属于国际私法的冲突法领域。

下关税政策调整之需要。之所以叫“暂定措施”,是因为该法的规定与《关税定率法》和《关税法》规定中所体现的关税主权大相径庭:一是要不断紧跟GATT的关税减让措施,以往的相对稳定的关税税率规定和确定机制已经不合时宜。二是要随着日本积极参加海关合作理事会活动,开始有意识地引入国际通行的进出口商品归类做法也要体现在法律之中。又由于日本海关法领域奉行的是税收法定主义,所有这些关税法上的重大变动并不能通过行政机关的政令或省令的方式完成,所以采用了暂定措施法这样一种既灵活又坚持了国会立法的形式。这部法律的制定也标志着日本的海关法开始向国际接轨,是海关法国际化的一个重要的里程碑。后来进入WTO时代,这部法律也同样发挥着重大的作用。

所以,日本的海关立法体系是由三部法律构成:其中《关税法》是核心,是规定日本海关法的基本制度的综合性法律,相当于中国法律体系中的《中华人民共和国海关法》。而另外两部法律《关税定率法》和《关税暂定措施法》则是关于具体确定关税征收的法律。根据税收法定主义,征税属于日本国会的专有权限,因此必须采用国会立法的形式,成为日本海关法体系中另一部分。与日本其他制定了基本法的法律领域相比,海关法领域的法律相对集中,而且并无其他法律具有和日本的《关税法》相同的地位和作用,所以从这个意义上说,日本的海关法实质上已经法典化了。

四、日本海关法的非法典化成分

日本毕竟没有一部“海关基本法”来统一海关和关税,而是将决定关税的部分放到另外两部单行法规之中。这样就形成了海关三部立法平行的状态。它们被称为“海关三法”。因此,日本的海关法领域并没有实现法律的统一化。

不仅如此,与海关相关联的法律也有很多散在于其他法律部门中,只一部《关税法》也无法将其统一起来。比如,1954年制定的《通关业法》,是规定通关业和通关员及其考试的基本法律。对外国船舶按照吨位入港征税以及相关事项的1957年《吨税法》[①]、《特别吨税法》[②]、《特别吨让与税法》[③]。1977年《关于电子情报处理组织进行的进出口等关联业务处理等的法律》[④]是为了适应通关信息化而制定的基本法律。其他现行单行法规有:1991年《关于实施为防止助长与国际合作下规制毒品相关的不正当行为实施的麻醉药以及镇静剂药品等特例的法律》[⑤];1971年《关于实施集装箱关务公约以及TIR公约的关税法特例的法律》[⑥];1964年《关于实施自用汽车暂准进口关务公约的关税法特例的法律》[⑦];1952年《关于实施日美互助条约以及基于日美安全条约第六条义务的设施和区域以及驻日美军地位相关协定的关税法特例的法律》[⑧];1954年《关于实施日美相互防卫援助协定相关的关税法等临时特例的法律》[⑨];1995年《关于阪神淡路大震灾的受灾者相关国税关系法律的临时特例的法律》[⑩];1973年《关于实施ATA

---

① とん税法,1957年第37号法律。

② 特別とん税法,1957年第38号法律。

③ 特別とん譲与税法,1957年第77号法律。

④ 電子情報処理組織による輸出入等関連業務の処理等に関する法律,1977年第54号法律。

⑤ 国際的な協力の下に規制薬物に係る不正行為を助長する行為等の防止を図るための麻薬及び向精神薬取締法等の特例等に関する法律,1991年第94号法律。

⑥ コンテナーに関する通関条約及び国際道路運送手帳による担保の下で行う貨物の国際運送に関する通関条約(TIR条約)の実施に伴う関税法等の特例に関する法律,1971年第65号法律。

⑦ 自家用自動車の一時輸入に関する通関条約の実施に伴う関税法等の特例に関する法律,1969年第101号法律。

⑧ 日本国とアメリカ合衆国との間の相互協力及び安全保障条約第六条に基づく施設及び区域並びに日本国における合衆国軍隊の地位に関する協定の実施に伴う関税法等の臨時特例に関する法律,1947年第112号法律。

⑨ 日本国とアメリカ合衆国との間の相互防衛援助協定の実施に伴う関税法等の臨時特例に関する法律,1949年第112号法律。

⑩ 阪神・淡路大震災の被災者等に係る国税関係法律の臨時特例に関する法律,1995年第11号法律。

条约的关税法等特例的法律》[1];2004年《关于武装攻击事态中俘虏等待遇的法律》。[2] 这些与海关相关的法律遍布各领域,其主管部门也分属日本各个省厅。虽然涉海关部分的法律规则由海关统一执法,但其相关的前置审批和介入程序也是在相关省厅进行。关于冲绳地区的海关措施,还有1971年伴随冲绳归还日本制定的《冲绳复归特别措施法》,2002年制定的《冲绳振兴特别措施法》。后者为了振兴冲绳的经济,促进雇佣,大力发展旅游事业,在冲绳地区推行一种外国游客免税的制度,并授权冲绳县可以设置自由贸易区或特别自由贸易区,还有可能会出现自由贸易区或特别自由贸易区内指定保税区这样的海关特殊监管区。由此就产生了冲绳与日本本土之间的通关问题,以及保税区内和区外的海关特殊监管问题。但是,日本并没有像中国一国两制那样,在冲绳设立单独关税区,因此日本海关法还是保持了全国统一。

日本的海关行政法规也无法做到在《关税法》框架内的统一。在日本委任立法方面,海关行政法规因其海关行政的特殊性而特别活跃。现行有效的政令达33部,省令达21部,其规模、内容和可操作性远远超过了海关法律。在海关行政法规领域,政令是最主要的行政法规,并多数都具有委任立法性质,即可以规定处罚罚则。作为海关行政法规的政令主要有以下几个类别:第一,海关法律的施行令,即相当于我国的法律实施细则。前述的各项海关立法都有作为施行令的政令颁布。第二,根据委任立法原理制定的海关实体性政令,包括关税配额制度、紧急进口关税、基于经济合作协定的关税配额制度、反倾销、反补贴等规定具体海关及关税制度的政令。第三,发动贸易救济等特别关税措施的个案处理政令。这实际上是以日本内阁名义作出的行政决定,不属于委任立法。第四,其他委任立法性质的政令,比如

---

① 物品の一時輸入のための通関手帳に関する通関条約(ATA条約)の実施に伴う関税法等の特例に関する法律,1973年第70号法律。

② 武力攻撃事態における捕虜等の取扱いに関する法律,2004年第117号法律。

1972年《伴随冲绳复归适用相关国税法令的特别措施的政令》[①]、1954年《海关关系手续费令》[②]。第五，海关程序性政令，比如2000年《关税等不服审查会令》[③]。

海关行政法规主要采用了通达和指针两种法规形式。通达是行政机关内部上级机关对下级机关基于其上下级领导关系就其主管事务所发出的指示。通达的作用极大，有"通达行政"之称。这是由于海关职能的需要要求行政法规更加具体，更加明确，更加具有专业性和可操作性，往往是通过数目巨大的通达才达到这样的目的。这样的通达中有很多事实上已经对于海关法律关系创设了无数的新的权力和职责、权利和义务，包括对海关的行政相对人，其效果与正式的海关行政法规已经相差无几。目前仍然有效的海关行政方面的通达数量多达140余件，内容涵盖海关法律的具体解释、各种具体货物的申报和课税问题、通关事务的处理、各种具体货物或船舶等的入境处理、海关估价、海关监管等诸多的事项。指针的法律效力最弱，应该说没有实际的规范效力。2009年4月财务省一下子推出了三部大型的指针，即《关于补贴与反补贴程序的指针》、《关于反倾销税程序的指针》和《关于紧急进口关税(保障措施)程序的指针》。

五、日本海关法非法典化成分的形成原因分析

为什么日本不能像某些海关法法典化比较成功的国家那样完成海关法的法典化呢？其主要原因有以下几点：

第一，日本在法制和法律改革中一直比较保守。日本是一个封建传统很深厚的国家，进入近代资本主义社会不是通过革命，而是通过维新(明治维新)来实现的，其近代法制也是为了应对帝国主义列强的外压才建立起来的。作为海关立法，当时的《海关法》和《关税法》就

---

① 沖縄の復帰に伴う国税関係法令の適用の特別措置等に関する政令，1972年第151号政令。

② 日文为《税関関係手数料令》，1954年第164号政令。

③ 日文为《関税等不服審査会令》，2000年第277号政令。

是在这样的背景下制定出来。在这样缺乏重大社会激变的国度,法律一旦制定,一般都有相当的稳定性。如果没有新的重大变化,日本的这个封建传统使其不愿意对海关法进行重大修正。出现了新的情况和要求,则可以通过制定新的法律来处理,没有必要将海关方面的法律进行统一梳理而法典化。因为法典化是非常重大的立法活动,包含着法律的废改立和相关机制的重大变革。虽然第二次世界大战前日本也参加过很多次战争,社会也有很多变化,但始终没有达到制定海关法典那样的必要程度。第二次世界大战后日本面临新的法制建设和新一轮法典化的机遇,其实就是将海关法法典化的机遇,但日本也进入到基本法立法的新一轮法典化的高峰,而海关法方面则是将《海关法》和《关税法》统一到《关税法》的名称下,而保持了《关税定率法》和《关税暂定措施法》的并列存在,并没有实现海关法的真正统一。

第二,日本海关在日本政府体系中的地位相对较低,决定了海关法部门在法律体系中也不太可能获得比较重要的地位,从而在新一轮法典化潮流中获得"基本法"的地位,进而统一海关法并法典化。海关在各国行政系统里地位各不相同。在中国,海关总署一直都是正部级别,俄罗斯等国则更高,但日本的海关总署仅仅是财务省(相当于中国的财政部)属下的关税局,与其9个直属海关是同一级别。这样的地位就决定了海关在行政主导的海关法立法的发动方面并不占优势。而日本其他一些重要法律领域法典化(基本法)则是有着其相对重要的相应政府部门的积极推动。比如,文部省(现为文科省)推动了《教育基本法》,环境省推动了《环境基本法》,农林水产省推动了《食料农业水产基本法》,等等。

第三,日本海关领域缺乏法典化的动力和动机。日本是一个法治主义国家,长年来形成的法治传统使得海关职能一直在正常高效运行。目前已有的海关法律体系和机制能够为其提供法治保障。日本多年来在海关方面并没有遇到重大的法治困境。在国际方面,日本虽然加入了很多国际条约和国际贸易协定,但在现有的海关法框架内都能够很好地处理相关关系,并适应国际形势的重大变化和新的发展。

而且日本在处理贸易关系方面很少采取积极行动,其海关法制度和规定很少受到外来的改革压力,因此目前并无进行清理改革、实行彻底法典化的必要。日本相关政府机构和智囊也没有提出过相关的改革和法典化的构想。

总体而言,日本的海关法体系和制度早已定型,目前的状态还将持续一定的时期。这也是日本以外的其他一些国家的状态。认识到这一点,对中国的海关法法典化动向也有一定的参考借鉴意义。当然,中国有中国的国情。中国不但经济社会发展变化很快,而且作为一个快速崛起的大国,面临国际社会的压力也非常大,从而也有海关法法典化的充分动力。中国海关法法典化也可能是中国海关法的立法水平和社会经济效果得到极大提升的机遇。

Japanese Customs Legislation and Codification

HE Li

[**Abstract**] Japan, as a civil law country, has codified its law. However, the Japanese customs law has not been included in the codification process of Japanese law, but it encompasses the elements for codification and non-codification. The establishment of Japan's customs legal system has gone through the establishment of the modern western legal system after the Meiji Restoration and the development of the legal system after the Second World War. During the process, the Customs law has also been improved. Japan's current customs legislation consists of three parts: Customs Tariff Law, Tariff Rate Law and Temporary Tariff Measures Law. Among them, the Customs Tariff Law is fundamental. Although it is not called "the basic customs law", it essentially plays the role of the "basic customs law". However, Japan's customs legislation is not unified after all, and the characteristics of uncodification are more obvious. The reasons for the uncodification of Japanese customs legislation mainly lie in the strong conservatism, the relatively low status of the Customs administration in the administrative system, and the sound operation of the Customs law, which has not encountered any major challenges in reality, and as a result lacks the motive and motivation for codification.

[**Key words**] Japanese customs legal system; codification; uncodification

欧盟海关法典的演进及其对欧盟的价值

——记欧盟海关法典30年*

朱秋沅**

[摘　要]　迄今欧盟的海关法典共有3部,即1992年《共同体海关法典》、2008年《现代化海关法典》和2013年《欧盟海关法典》。这三部法典演进更迭,关系较为复杂。长期以来,欧盟海关法典为核心所形成的欧盟海关法体系是欧盟海关同盟的捍卫者。欧盟通过综合执行《海关同盟演进战略》、海关行动方案等结构性方法使得海关法典在欧盟各成员国得以协调统一地实施。在过去的30年间,以海关法典为主的海关法体系承接与落实了欧盟总体经济规划,对欧盟海关制度改革与协调成果的确认与巩固,成为欧盟坚固的外部围墙,有效捍卫了欧盟内部统一市场和保证了市场要素的充分流通,有力地推动了海关同盟的贸易便利化与竞争性。欧盟三部海关法典立法演进过程对我国海关法的体系化乃至今后法典化的参考经验在于:海关法典的

---

* 本文是海关总署政法司2022年委托课题《经修订〈京都公约〉、CPTPP协定等国际条约、协定对〈海关法〉修订的影响》的阶段性成果。

** 朱秋沅,上海海关学院海关法律系教授,上海市法学会海关法研究会副会长兼秘书长。

形成是一个长期的过程。一旦形成后,其在海关法律体系中处于母法的地位,是统一大市场的基石与涉外经贸的屏障。鉴于其关键性与基础性法律地位,海关法典制定与修改需要适度前瞻,但不能过于激进,并与不断发展的其他基础性立法动态协调。

[**关键词**] 欧盟海关法典;法典化;海关同盟

一、欧盟海关法体系概览

欧盟海关法是欧盟内部统一市场的外部围墙,有效保护了内部统一市场利益,是欧盟内部市场要素的充分流通的前提。欧盟海关法所缔造的海关同盟是欧盟内部大市场的外在表现,是欧盟更高层级的经济一体化的基石。换言之,欧盟海关法及其缔造的海关同盟是欧盟得以存在和发展并向更高层级演进的根本。

欧盟海关法是以其海关法典为中心所形成的一套体系庞大、结构复杂的法律规则与文书体系,包括基础性海关法律,以及海关统计类、共同海关税则实施类、专项制度类、欧盟内部互助类、海关事务的诉讼与处罚类、国际海关合作类等方面的硬法和软法规则。

在欧盟海关法体系中,最主要的就是欧盟的二级立法或派生法(secondary legislation),可以理解为基于基础立法(条约)的基本原则与规定所产生的,欧盟机构按照法定程序所通过的法律规则,其中包括:立法性法案(legislative acts)和非立法性法令(non-legislative acts)。立法性法案是指通过普通或特殊立法程序(《欧盟运行条约》第289条)所通过的法案。《欧盟海关法典》《欧盟商品分类目录与税则》等基本制度都是采用了这个层级的立法。非立法性法案主要包括授权法案(delegated acts)和执行法案(implementing acts)。授权法案是由委员会通过的具有普遍约束力的,用于补充或调整立法性法案中一定非关键性内容的非立法性法案。只有在立法性法案中对委员会明确授权,并明确规定了授权的目标、内容、范围和期限,授权法案才是合法的。欧盟理事会和欧洲议会可以在任何时候撤销授权。授权法案只有在欧盟理事会和欧洲议会在立法性法案规定的一段期间内没有反对意见才能生效。执行法案是作为“所有欧盟法案都应当由成员国根据国内法予以实施”原则的例外。如果对有法律约束力的欧盟法案需要统一的实施条件，则采取执行法案的方式。一般情况下，执行法案由欧盟委员会通过，在一些特定的情况下，也可以由理事会通过。但是欧洲议会和欧盟理事会应当事先规定成员国监控欧盟委员会履行实施权力机制的一般原则与规则。[①] 现行《欧盟海关法典》的两个主要细化规则就分别采用了授权法案和执行法案形式。

二、欧盟三部海关法典及其配套细则的更迭演进

（一）欧盟三部海关法典的更迭演进

迄今欧盟的基础性海关法典共有 3 部，即 1992 年《共同体海关法典》、2008 年《现代化海关法典》和 2013 年《欧盟海关法典》。这三部法典更迭交替的关系较为复杂。

1. 1992 年《共同体海关法典》

1958 年 1 月 1 日生效的《罗马条约》建立了关税同盟和农业共同市场，实现商品、人员、劳务和资本的自由流通。该条约经六国会议批准。经过 10 年努力，欧洲经济共同体（以下简称欧共体）统一对外关税与主要贸易措施，统一的关税同盟建立。1985 年 6 月，新上任的欧共体委员会主席雅克·德洛尔斯（Jacques Delors）推出了《完全建立内部大市场》的白皮书。该白皮书确定了 280 项左右建立完全的内部市场的立法措施，并设定了在 1992 年 12 月 31 日前实现内部市场的时间表。1988 年欧盟开始在所有成员国实施统一的海关通关单证，称为欧盟的单一行政单证（Single Administrative Document，SAD）。

为了确认上述不断统一与改革成果，保护来之不易的统一关境区和内部大市场，1992 年 10 月，欧盟通过了其第一部完整全面的、包括

---

① See Klaus-Dieter Borchardt, *The ABC of European Union law*, EU Publications Office, 2010, p. 81 – 86.

各类海关制度在内的海关法典,即"规定欧盟海关法典的第2913/92号理事会条例"(Community Customs Code,CCC,中文简称《共同体海关法典》)。[①] 该海关法典明确规定了欧盟的统一关境,采用了统一的关税制度、通关制度,采用了当时国际上通行的保税仓储制度和更加便利化的海关转运制度,并将SAD以立法的形式予以了确认。《共同体海关法典》共分为9编,对欧共体海关的基本权利义务、关税政策与税则、原产地、海关估价、海关债、各类海关程序作出详细的规定。在《共同体海关法典》颁布后,其作为欧盟海关制度基础法律依据运作了24年之久。该法典共250多条,并配有实施细则。该法典在欧盟各成员国完全、强制性的适用,是协调和统一各成员国的海关制度的主要区域立法,同时也是欧盟海关执法权利义务与程序等问题的主要依据。该法典经过8次修改[②],3次更正,于2016年4月30日废止。

2. 2008年《现代化海关法典》

进入21世纪,1992年的《共同体海关法典》的实施背景发生了重要变化。一方面当时《简化与协调海关制度的国际公约》于1988年生效,欧共体也通过了加入该公约的2003/231/EC(4)号理事会决定;另一方面,当时的欧盟开始步入了海关制度流程化时代,电子申报和电子数据(处理)已是通行规则,而纸面的申报与处理已是例外。基于所有的这些原因,仅仅对现有法典进行进一步修改是不够的,必须进行

---

① Council Regulation (EEC) No 2913/92 of 12 October 1992 establishing the Community Customs Code, OJ L 302, 19. 10. 1992, p. 1-50.

② M1(意指第一次修改,下同): Regulation (EC) No 82/97 of the European Parliament and of the Council of 19 December 1996; M2: Regulation (EC) No 955/1999 of the European Parliament and of the Council of 13 April 1999; M3: Regulation (EC) No 2700/2000 of the European Parliament and of the Council of 16 November 2000; M4: Regulation (EC) No 648/2005 of the European Parliament and of the Council of 13 April 2005; M5: Council Regulation (EC) No 1791/2006 of 20 November 2006; M6: Council Regulation (EC) No 1186/2009 of 16 November 2009; M7: Council Regulation (EU) No 517/2013 of 13 May 2013; M8: Regulation (EU) No 952/2013 of the European Parliament and of the Council of 9 October 2013.

彻底的改变。[①] 因此，欧洲议会和理事会于2008年通过了欧盟《现代化海关法典》(Modernised Customs Code, MCC)。[②]《现代化海关法典》于2008年6月24日生效，但没有立即实施，计划经过技术和配套规则都具备后，待2013年6月24日《〈现代化海关法典〉实施细则》生效后才实施。

但在《现代化海关法典》即将全面实施之际，法典所规定的实施条件却并未具备。由于欧盟各国不同的发展程度和对电子化项目的落实程度，欧盟一体化协调化的电子海关环境并未完全形成。同时，《里斯本条约》生效后，现代化海关法典又面临着与《里斯本条约》一致的问题，所以其又面临着修改的提议。对于修改《现代化海关法典》的提案有两项：其一，欧洲议会和理事会关于制定《欧盟海关法典》的提案。[③] 该提案是考虑到欧盟无纸化海关与贸易环境的发展节奏并未像预期的那样乐观，且《里斯本条约》生效后与该条约的协调问题以及《现代化海关法典》本身的一些条文中存在问题，因此需要在该法典实施之前予以修订。其二，欧洲议会和理事会关于修改《现代化海关法典》实施期限的提案。[④] 该提案建议将《现代化海关法典》的实施日期延长至2013年11月1日，并将以《欧盟海关法典》替代《现代化海关法典》。[⑤]

3. 2013年《欧盟海关法典》及其过渡安排

在《现代化海关法典》延缓实施的最后期限即将到期之时，2013

---

① 参见朱秋沅：《欧盟海关同盟战略及其执行评析》，载《海关与经贸研究》2014年第1期。

② Regulation (EC) No 450/2008 of the European Parliament and of the Council of 23 April 2008 laying down the Community Customs Code, OJ L 145, 4.6.2008.

③ Proposal for a Regulation of the European Parliament and of the Council laying down the Union Customs Code, COM/2012/064 final – 2012/0027 (COD).

④ Proposal for a Regulation of the European Parliament and of the Council amending Regulation (EC) No 450/2008 laying down the Community Customs Code (Modernised Customs Code) as regards the date of its application, COM/2013/0193 final – 2013/0104 (COD).

⑤ 参见朱秋沅：《欧盟海关法律体系及其演进发展》，载倪受彬、殷敏主编：《国际贸易法论丛》第7卷，中国政法大学出版社2017年版。

年10月9日欧盟通过了《欧盟海关法典》(Union Customs Code, UCC)①以替代《现代化海关法典》。该法典于2013年10月30日生效,同时部分条款开始实施,大部分条款于2016年5月1日实施。

当时的欧盟预计,即使到2016年5月1日,欧盟一体化协调化的无纸化贸易环境和电子化海关环境也不能完全形成。因此,2015年12月欧盟通过了"联盟海关法典过渡规则的(EU)第2016/341号委员会授权条例"②,并于2016年5月1日实施。该过渡规则规定了在2020年12月31日前,欧盟当前正在使用的以纸质为基础的海关手续,或者尚未更新或新程序尚未运作前,原电子海关程序或信息交换方式根据相应条件继续运作。(具体过程见下文)

(二)现行《欧盟海关法典》的主要变化

《欧盟海关法典》共计9编,288个条款,是典型的大陆法系法典风格的立法。相对于《共同体海关法典》,《欧盟海关法典》的重大改变涉及以下方面:

一是电子报关和受理,即贸易经营者和海关之间所有数据、附带文件、决议和通知的往来,均须利用电子资料处理技术进行。只有在附加措施内明确指定的若干情况下(如海关当局或贸易经营者的电脑系统暂时出现故障),才可采用纸张的方式处理。

二是集中通关,即不论有关货物经由哪个成员国进出欧盟关税地区,或在哪个成员国内使用,认可商号将可在其业务登记注册的地方,以电子方式为货物报关和缴付关税。当地的海关办事处须就该项申报进行核实手续,以及征收关税。

---

① Regulation (EU) No 952/2013 of the European Parliament and of the Council of 9 October 2013 laying down the Union Customs Code, OJ L 269, 10. 10. 2013, p. 1-101.

② Commission Delegated Regulation (EU) 2016/341 of 17 December 2015 supplementing Regulation (EU) No 952/2013 of the European Parliament and of the Council as regards transitional rules for certain provisions of the Union Customs Code where the relevant electronic systems are not yet operational and amending Delegated Regulation (EU) 2015/2446 (C/2015/9248), OJ L 69, 15. 3. 2016, p. 1-313.

三是授权的贸易经营者,即在欧盟关境内登记成立的贸易经营者,可要求给予以下两类认可贸易经营者(Authorized Economic Operator,AEO)的身份,以受惠于经简化的清关程序: A 简化通关的认可贸易经营者(AEO-Compliance,AEOC),可根据海关法例受惠于若干简化措施;B 安全的认可贸易经营者(AEO-Security,AEOS),有权享用与保安和安全有关的便利措施。当然,贸易经营者也可以同时获得2种AEO的身份。欧盟授予认可贸易经营者身份的总体要求包括:遵守海关和税务规定的良好记录;妥善管理商业记录系统和(如适用的话)运输记录系统,以便进行适当的海关管制;偿债能力证明。对于两类不同的AEO,就"简化通关"的认可贸易经营者身份而言,须达到与所从事活动直接有关的实际技术标准或专业资格;就"保安和安全"的认可贸易经营者身份而言,须达到适当的保安和安全标准。

(三)海关法典实施细则的更迭演进

1.《〈共同体海关法典〉执行条例》

在1992年《共同体海关法典》颁布后,1993年其相应的执行条例随之颁布。《〈共同体海关法典〉执行条例》[①](The Community Customs Code Implementing Provisions,CCIP)共分5部分,913条以及大量的附件。该执行条例自1993年制定以来,经过了57次内容的修改和两次加入法案的修改,以及16次更正,以适应《共同体海关法典》的修改与实际情况的变化。在2008年《现代化海关法典》颁布后,相应的执行条例一直处于酝酿草拟中。但由于《现代化海关法典》并未真正实施,其相应的执行条例也没有正式公布过。因此,《〈共同体海关法典〉执行条例》一直适用至2016年4月30日。该执行条例内容详细全面,具体包括有约束力的预归类、原产地规则、海关估价、海关债、进出境加工、简化通关、AEO、自由区与海关仓储、暂准进口、最终

---

① Commission Regulation (EEC) No 2454/93 of 2 July 1993 laying down provisions for the implementation of Council Regulation (EEC) No 2913/92 establishing the Community Customs Code.

用途制度等。该执行条例几乎将欧盟海关制度中可以具体操作实施的主要规则都已囊括其中,其大陆法系的法典化倾向十分明显。①

2.《欧盟海关法典》的授权条例和执行条例

按照《里斯本条约》的规定,可以分为两类非立法性条例。一类是对补充和调整立法性条例中非关键性内容的委员会授权条例(delegated regulation);另一类是对如何在各成员国统一实施立法性条例的实施条件作出规定的委员会执行条例(implementing regulation)。因此,在《欧盟海关法典》颁布生效后,根据法典中的授权与执行条例的规定,也根据欧盟立法体制的分配,其细化规则被分解为"作为对于《欧盟海关法典》部分条款具体规则以补充(EU)第952/2013号欧洲议会和理事会条例的(EU)第2015/2446号委员会授权条例"②和"规定具体规则以执行规定欧盟海关法典(EU)第952/2013号欧洲议会和理事会条例的2015年11月24日(EU)第2015/2447号委员会执行条例"③。从内容上看,第2015/2446号委员会授权条例多为实体性细化规则,第2015/2447号委员会执行条例多为程序性规则。④

三、欧盟海关法典30年——欧盟内部统一大市场得以存在和演进的基石

从欧盟第一部海关法典颁布至今的30年间,海关法典通过对欧盟总体经济规划的承接与落实,对欧盟海关制度改革与协调成果的确

---

① 参见朱秋沅:《欧盟海关法律体系及其演进发展》,载倪受彬、殷敏主编:《国际贸易法论丛》第7卷,中国政法大学出版社2017年版。

② Commission Delegated Regulation (EU) 2015/2446 of 28 July 2015 supplementing Regulation (EU) No 952/2013 of the European Parliament and of the Council as regards detailed rules concerning certain provisions of the Union Customs Code.

③ Commission Implementing Regulation (EU) 2015/2447 of 24 November 2015 laying down detailed rules for implementing certain provisions of Regulation (EU) No 952/2013 of the European Parliament and of the Council laying down the Union Customs Code.

④ 参见朱秋沅:《欧盟海关法律体系及其演进发展》,载倪受彬、殷敏主编:《国际贸易法论丛》第7卷,中国政法大学出版社2017年版。

认与巩固,成为欧盟坚固的外部围墙,有力地保护了欧盟内部统一市场的利益,保障了内部市场要素的充分流通。

(一)20世纪90年代,海关法典及其缔造的海关同盟构筑了欧盟内部大市场的统一而坚固的围墙

1.《共同体海关法典》的产生

《罗马条约》的中心内容是建立海关同盟和农业共同市场,实现商品、人员、劳务和资本的自由流动。1985年6月,欧共体委员会主席雅克·德洛尔斯(Jacques Delors)推出了《完全建立内部大市场》①白皮书(以下简称1985年白皮书)。前文所述的1985年白皮书进一步推动了内部大市场的立法协调与统一。白皮书确立了雄心勃勃的计划,随后被纳入《单一欧洲法案》(Single European Act,SEA)。1985年年底获得理事会批准的《单一欧洲法案》把"单一市场"定义为"没有内部边界的一个区域,在这个区域内保证商品、人员、服务和资本的自由流动"。1993年1月1日,1985年白皮书中的282个立法项目中,除了有关公司法、税法和知识产权法的18个立法外,264个立法开始生效。这为单一市场的建立奠定了基础。② 单一市场最终于1993年1月1日启动。

欧盟内部单一市场的准备与启动对海关联盟带来了不小的压力。因为如果不能够形成一个统一立法和执法水平的海关法律制度及其海关同盟,那么任何外部贸易伙伴都可以通过立法或执法水平最低的成员国将各种市场要素(如货物、资本等)输入到欧盟市场后在欧盟市场中自由流动,进而利用欧盟为自身设计的财政政策,甚至获取欧盟原产货物的身份,进而利用欧盟自贸协定的利益。如果没有立法统一、执法协调高效的外部壁垒,内部的统一市场是无法建立起来的。所以,欧共体委员会于1991年制定了《单一市场背景下的海关联盟》,作为海关同盟的10年战略。《单一市场背景下的海关联盟》描述了海

① Completing the Internal Market. White Paper from the Commission to the European Council, Milan, 28 – 29 June 1985.

② 参见方福前:《欧洲经货联盟与单一市场》,载《经济理论与经济管理》1999年第2期。

关联盟的性质是共同体的重要基石,并阐述了即将启动单一市场对海关联盟提出了新的要求和挑战,同时强调了海关联盟的效率,统一和一致的运作是单一市场最为重要的基础与保障。

《单一市场背景下的海关联盟》提出,在共同体背景下,海关联盟是一个远比当下(文件提出当时-1991年)所作出的学术定义有着更远发展的概念。海关同盟必须确保共同体内贸易经营者的平等待遇,从而有助于稳定内部市场。这意味着为了适应单一市场,海关联盟及其相应的法律工具、工作方法、公共政策等都面临着全面调整。从1991年后10年间必须采取或者继续维持以下有利于单一市场的措施:第一,在法律工具方面,(a)完成和简化海关立法(尤其是共同体海关法典);(b)为了适应内部边界的废除而调整立法;(c)培育、发展和使用在共同体层面上的信息技术和远程通信;(d)建立逐步走向统一的关于处罚的公共政策;(e)改进决策机制。第二,在业务方面,(a)调整行政结构来改进海关联盟的管理;(b)强化涉及海关联盟运作的不同行政机构之间行政合作;(c)发展在培训和海关官员交换方面的协调政策;(d)重新组织行政结构和工作方法;(e)与贸易界与产业界打造更为紧密的关系。

在此背景下,1992年《共同体海关法典》应运而生,用立法的方式巩固了以往各成员国之间不断统一的海关制度,确立了以往改革成果的法律地位与约束力,在立法上巩固已经拆除内部边界的成果,建立起了各成员国制度统一、行动逐渐协调的外部壁垒。

2. 安全修正案对《共同体海关法典》的重大修改

基于"9·11"事件之后的安全考虑,在2005年时欧盟对当时的《共同体海关法典》进行了重大修改。欧洲议会和欧盟理事会于2005年4月13日通过了"欧盟海关法典的安全修正案"①(以下简称安全修正案),授予海关执行安全要求的权力,并希望创造出不影响合法贸易的商业环境。

---

① Regulation (EC) No 648/2005 of the European Parliament and of the Council of 13 April 2005 amending Council Regulation (EEC) No 2913/92 establishing the Community Customs Code.

安全修正案完善与具体实施经过了一个逐步成熟的过程。安全修正案颁布后安全修正案的实施细则又经过的第1875/2006号委员会条例[①]、第312/2009号委员会条例[②]、第414/2009号委员会条例[③]和第430/2010号委员会条例[④]的不断调整。经过近几年的磨合,直至2011年,这一修正案的所有执行条例才全部得以实施。安全修正案对以往的海关申报做出了以下4项重大修改:第一,要求贸易商在货物从欧盟出口或向欧盟进口之前向海关提交所要求的信息。第二,向可信赖的贸易商(AEO)提供贸易便利化措施。第三,海关监控采用了由计算机系统所支持的统一风险选择标准。第四,采用了经济经营者注册和身份确认制度[⑤],且欧盟相关数据库支持所有企业注册号(EORI number)的查询。[⑥]

(二)21世纪第一个10年间,海关法典促进了单一市场内部进一步一体化与现代化

1.10年的前半部分——《里斯本战略》目标下的《海关同盟战略》

2000年欧盟制定的《里斯本战略》是欧盟的第一份10年经济发展

---

① Commission Regulation (EC) No 1875/2006 of 18 December 2006 amending Regulation (EEC) No 2454/93 laying down provisions for the implementation of Council Regulation (EEC) No 2913/92 establishing the Community Customs Code.

② Commission Regulation (EC) No 312/2009 of 16 April 2009 amending Regulation (EEC) No 2454/93 laying down provisions for the implementation of Council Regulation (EEC) No 2913/92 establishing the Community Customs Code.

③ Commission Regulation (EC) No 414/2009 of 30 April 2009 amending Regulation (EEC) No 2454/93 laying down provisions for the implementation of Council Regulation (EEC) No 2913/92 establishing the Community Customs Code.

④ Commission Regulation (EU) No 430/2010 of 20 May 2010 amending Regulation (EEC) No 2454/93 laying down provisions for the implementation of Council Regulation (EEC) No 2913/92 establishing the Community Customs Code.

⑤ 即EORI制度,the EORI system,Economic Operators' Registration and Identification system。该制度是由Commission Regulation (EC) No 312/2009 of 16 April 2009 amending Regulation (EEC) No 2454/93 laying down provisions for the implementation of Council Regulation (EEC) No 2913/92 establishing the Community Customs Code所规定。

⑥ 参见朱秋沅:《欧盟海关同盟战略及其执行评析》,载《海关与经贸研究》2014年第1期。

规划,旨在使欧盟在2010年前成为世界上最有竞争力与活力的知识经济基础,可持续发展的经济体。① 但因战略初期连年执行情况不佳,欧盟于2005年对其进行了修正,将推动“经济增长与就业”确立为欧盟2010年前的经济发展新目标。重启后的《里斯本战略》在第一个3年实施期内(2005~2007年)有力推动了欧盟经济发展,2007年欧元区经济增长速度自2001年以来首次超过美国,失业率继续下降。但2007年由美国次贷危机导致的全球经济增长放缓,欧元升值压力加大,大大影响了欧元区的出口,加上石油和粮食价格高涨等因素的推波助澜②,以及2008年下半年突如其来的金融危机重挫欧盟经济,也打乱了《里斯本战略》的实施步伐。其直接后果是,《里斯本战略》提出的到2010年将欧盟建成“世界上最有竞争力与活力的知识经济体”的战略目标未能实现。③

与《里斯本战略》相衔接的前期海关战略是2001年的《海关同盟战略》。④ 在《海关同盟战略》中并未明确提及《里斯本战略》,但是通过对《海关同盟战略》所提出的各国海关共同战略目标方面进行分析,可以认为其中的“各国海关行动的协调一致”“保护欧盟的财政利益”“海关系统与监管的标准化与简化”,以及对“电子海关系统的发展”可以促进欧盟贸易与商界竞争力,从而贡献于《里斯本战略》目标,进一步巩固上一个10年的海关同盟建设成果。

2. 10年的后半部分——雄心勃勃、所败犹荣的《现代化海关法典》

在这10年的后半部分,为了欧盟海关能够协调一致地应对日益

① Presidency Conclusions of Lisbon European Council, 23 – 24. 03. 2000.

② 参见秦爱华:《〈里斯本战略〉评述——从经济增长角度分析欧盟经济》,载《欧洲研究》2008年第6期。

③ 参见姚铃:《从“里斯本战略”到“欧洲2020战略”》,载《国际贸易》2010年第4期。

④ Communication from the Commission to the Council, the European Parliament and the Economic and Social Committee-concerning a strategy for the Customs Union, Brussels, COM(2001) 51 final, 08. 02. 2001.

复杂与挑战性的贸易环境,适应日益增加的新职能,在欧盟关税同盟形成40周年之际,2008年4月1日,欧盟委员会公布了《海关同盟演进战略》。[①] 它进一步明确了海关同盟制度下欧盟海关边境保护的发展方向,对海关执法现代化与一体化提出了符合经济发展的新要求,要求欧盟成员国海关一致遵循,从而将欧盟的海关同盟推向了新的一体化阶段。再结合2008年欧洲议会和理事会"关于无纸化海关与商业环境的第70/2008/EC决定"[②]和"欧盟推行泛欧电子政府行动"[③](the pan-European e-Government action),因此有必要对海关立法中加入具体执法方式的要求。

在此背景下,2008年4月23日欧盟制定了《现代化海关法典》。[④] 这是对《共同体海关法典》的现代化,是一部雄心勃勃的法典。海关业务的电子化、无纸化与便利化是其典型特点。该法典明确适用于进出共同体关境货物的一般规则和程序,旨在简化海关程序,以及为电子报关和有关审理程序提供法律框架。该法典规定了分阶段生效的方式。原计划是待有关该法典的实施细则获得通过后,构成《现代化海关法典》框架的主要条文于2013年6月24日前分阶段实施。这部法典对于欧盟海关立法的直接影响是:第一,风险管理式的执法不再是政策导向,而是成员国的法律义务。第二,贸易便利化与无纸化的电子海关制度,对欧盟海关的边境执法效率、速度与效力提出了新的挑战与要求。

虽然由于《里斯本条约》对欧盟立法体制的改变,以及成员国电子海关环境并未按计划实现而导致了《现代化海关法典》从未实施便已

---

① Communication from the Commission to the Council, the European Parliament and the European Economic and Social Committee, Strategy for the evolution of the Customs Union, COM(2008) 169 final, Brussels, 1. 4. 2008.

② Decision No 70/2008/EC of the European Parliament and of the Council on a paperless environment for customs and trade.

③ Decision 2004/387/EC.

④ See Regulation (EC) No 450/2008 of the European Parliament and of the Council of 23 April 2008 laying down the Community Customs Code (Modernised Customs Code).

废止。但其中对原海关法典内容大规模、成体系的改进,其中海关环境无纸化、AEO制度,与海关的安全责任以及对《经修订的京都公约》的对接等方面条款,对后续的《欧盟海关法典》内容的创新与完善起到了提供立法的经验与教训,使得《欧盟海关法典》在草案形成时就具有较高的立法起点。从这点上讲,《现代化海关法典》是有价值的。

(三)21世纪第二个10年间,海关法典有效推动了海关同盟的竞争性与便利化

《里斯本战略》失败,金融危机给欧盟带来沉重打击,欧盟经济自2008年出现大幅减速,德国、法国、英国等重要经济体悉数陷入衰退。这场巨大打击暴露出欧盟经济自身的结构性弱点。[①] 因此,欧盟认识到,这是再度转型的时刻,这样才可消除危机的影响和欧盟的结构性弱点,应对不断加剧的全球竞争,而战胜危机的时刻必定是进入新经济的切入点。为此,欧盟提出了《欧洲2020——为实现智能、可持续和包容性增长的战略》(以下简称《欧盟2020战略》)[②],促使欧盟向智能的、可持续的和包容性经济增长转型。《欧盟2020战略》中指出,为了避免遭遇"失去的10年",欧盟正处于经济增长模式转变的关键时刻,将确立以知识型、低碳型、高就业型经济为基础的未来10年欧盟经济增长的新模式;突出了3个增长,其中之一是以知识创新、教育和数字化社会为基础的智能增长(smart-growth),建设"创新型联盟"(innovation union),把创新作为欧盟经济未来发展的重要动力,改进科研与创新的组织框架与财政支持,加强和利用科技发明的链式反应。[③]

---

① Communication from the Commission, Europe 2020. A strategy for smart, sustainable and inclusive growth, p. 5.

② 《欧盟2020战略》于2010年3月初步发布,于2010年6月17日欧盟成员国首脑议会在比利时布鲁塞尔举行,会议审议并通过了该战略。《欧盟2020战略》成为继《里斯本战略》之后欧盟的又一个10年经济发展战略。

③ 参见王凯、田学思:《"欧盟2020战略"解读》,载《国际资料信息》2010年第7期。

2013 年《欧盟海关法典》及其 2 个细化规则进一步承接和落实了《欧盟 2020 战略》的目标。具体表现在：

第一，持续强化单一市场，提高海关效率可贡献于可持续发展目标。《海关同盟演进战略》强调欧盟海关是欧盟单一市场中合法货物自由流通与国际非法贸易之间唯一的防火墙。因此，提出强化单一市场和高效海关，增进公共部门的效率（在《海关行动方案 2020》中具体细化行动内容），保持行政管理中的技术进步和创新、促进就业来对《欧盟 2020 战略》的目标实现作出贡献。①

第二，强调竞争力和便利化可贡献于可持续增长（《欧盟 2020 战略》的目标之一）。《海关同盟演进战略》通过海关环境和工作方式的现代化（如使用以系统为基础的方法，增进工作方式的协调性等），通过无纸化海关环境（电子海关），以积极的方式进行标准化，来支持欧盟企业的竞争力。通过设计和改进监管系统，减少对货物流动的干预并且将实现其他公共政策目标的行政负担最小化，通过减少守法成本从而为合法的贸易经营者提供便利。这些措施都将给欧盟企业带来活力和更强的全球竞争力，从而贡献于可持续增长目标。同时，也与《欧盟 2020 战略》中的“智能化”与“创新”目标一致。

第三，通过专项立法与行动方案，打击盗版与假冒可贡献于知识型欧盟（《欧盟 2020 战略》的目标之一）。在《欧盟 2020 战略》和《海关同盟演进战略》的方向指引下，欧盟认为对于知识产权与创新的保护必须伴随着有效的知识产权执法机制，有效的知识产权执法对于市场环境与权利人利益保护至关重要，欧盟海关对于制止侵权产品进入欧盟内部市场起到了关键作用。②《海关行动方案 2020》中提出了当

---

① 参见朱秋沅：《欧盟海关同盟战略及其执行评析》，载《海关与经贸研究》2014 年第 1 期。

② *European Commission*：*Fight against fakes*：*Increased customs actions boost protection of intellectual property rights*（*Press release*）欧盟委员会网 2011 年 7 月 14 日，http://europa.eu/rapid/pressReleasesAction.do?reference=IP/11/882&format=HTML&aged=0&language=en&guiLanguage=en. 2016. 04. 20。

前综合性知识产权战略的条件下在边境上进行知识产权执法从而促进增长与创新,并且在欧洲信息系统及其联盟构成内容中也包括了反假冒和反盗版系统(the anti-COunterfeit and anti-PIracy System, COPIS)。

四、欧盟实施海关法典的背景+结构性方法

(一)协调统一执法的背景

1. 现有成员国法与区域法的不协调

欧盟虽然存在大量区域层面的海关法律制度,但也存在各成员国各自的具体海关措施和各不相同的海关体系。各国海关制度与体系与欧盟区域海关法或者彼此之间存在冲突与不协调之处。[①] 对于欧盟区域外部而言,海关需不断改进执法方式、提高执法效率、扩大执法授权、简化执法流程来适应迅速变化的外部环境,例如迅速发展的生产和消费模式,不断增长的国际贸易,都是海关需要应对全球性威胁,又如恐怖主义、有组织犯罪、气候变化、危险货物交易等。按照"水桶定律"(水桶最短木板决定其容量),欧盟各成员国海关都需要协同统一立法与执法的尺度与水平,才能实现其海关法的立法目标,保护欧盟统一市场的利益。在此背景下,海关需要不断变革才能与不断变化的环境同步发展,继续发挥其保护欧盟单一市场的关键作用。

2. 欧盟海关法改革的需要

由于欧盟在20世纪初制定的《里斯本战略》经过10年实施并未达到其预期目标。同时,欧盟所遭遇的金融危机使得原来在2001年设计并打算适用10年的《海关同盟战略》需要进行及时的调整。另外,海关同盟内部也面临着一些发展问题。如2008年4月23日欧盟

---

① See Patricio Díaz Gavier, Eric Van Dooren, Criminal Customs Law in Belgium and the Consequences for Customs Debt Recovery, (2013) 8 *Global Trade and Customs Journal*, Issue 3, p. 70 – 74; and see Panayota Anaboli, Customs Violations and Penalties in Europe: Harmonization on the Horizon?, (2010) 5 *Global Trade and Customs Journal*, Issue 9, p. 389 – 393; etc.

制定了《现代化海关法典》明确适用于进出共同体关税地区货物的一般规则和程序，旨在简化海关程序，以及为电子报关和有关审理程序提供法律框架。《现代化海关法典》的颁布能够为欧盟成员国的海关制度高度一体化与现代化提供了法律基础，但也需要具备实施的现实基础。为了推动《现代化海关法典》的实施，各成员国在海关对于欧盟的作用进行了讨论并达成共识，认为需要改进海关的工作方法，必须强化全面协调。因此，为了欧盟海关能够协调一致地应对日益复杂与挑战性的贸易环境，适应日益增加的新职能，于是2008年4月1日，在海关同盟建立40年的之际，欧盟委员会公布了《海关同盟演进战略》①及相应的一系列配套法律文件，旨在通过10年的规划（主要是2013～2019年），使欧盟海关适应迅速变化的环境，进一步明确了海关同盟及其海关法律制度的发展方向，再次将海关同盟推向新的高度。

（二）欧盟协调统一各国执法的结构性方法

欧盟海关同盟的演进及其法律制度的现代化是一个雄心勃勃的改革目标，仅凭《共同体海关法典》和《海关同盟演进战略》两项高层级法律工具是无法实现的。因此，《海关同盟演进战略》设计了综合使用多层次的结构性方法来实现其战略目标（以下简称结构性方法），推出了一系列与《海关同盟演进战略》和《共同体海关法典》相配套的执行措施，并保持在技术、能力和资源方面进行研发和战略投资，从而提供了可以使得各成员国同步演进和协调发展的结构性方法。结构性方法具体包括立法变革、制定各项法律工具、设计和实施战略计划和综合性行动方案等。

1. 分阶段的海关行动方案

欧盟以基础立法（条约）规定了“海关联盟”的规划与发展是联盟的专属权限。关税收入也成为欧盟的自有财产。通过将成员国的权

---

① Communication from the Commission to the Council, the European Parliament and the European Economic and Social Committee, Strategy for the evolution of the Customs Union, COM(2008) 169 final, Brussels, 01.04.2008.

力转移给联盟,成员国事实上同意海关领域中的行为在联盟层面执行会更有效果和效率。海关领域中的许多行为具有跨境的性质,涉及并影响所有成员国,这些行为不能通过个别成员国的行动而有效和高效地进行,而是需要欧盟层面的集中地、分步骤分阶段地行动支持才能实现海关联盟战略目标。因此,自1996年开始制定第一份正式的海关行动方案以来,欧盟理事会与欧洲议会联合发布几年一个周期的海关行动方案,至今已经连续制定了6项行动方案。①

《海关同盟演进战略》所设立的新的海关战略目标需要一个复杂的较长的发展过程。在2008年后与《海关同盟演进战略》相关的行动方案是《海关行动方案2013》(2008—2013)(Customs 2013)、《海关行动方案2020》(2014—2020)(Customs 2020)。在这2项海关行动方案中所规定的目标、所设计的项目都与《海关同盟演进战略》、《现代化海关法典》以及当时草拟中的《欧盟海关法典》相匹配,并以财政预算和现代化的工作方式支持和拓展海关官员的能力,以有效和高效的方式统筹分配资源,从而促进海关战略目标如期保质地实现。

2. 以法律工具与项目推动"无纸化海关与商界环境"的实现

欧盟原有的海关程序及其处理方式都是以纸质申报为基础的。虽然所有成员国都有各自的电子海关系统,但是各电子海关系统之间是不联通的。欧盟层面的海关申报电子交换的第一步是于1997年建

---

① 欧盟的海关行动方案起源于1991年6月当时的欧共体理事会关于海关官员职业培训的方案,即马特乌斯方案[Council Decision of 20 June 1991 on the adoption of a programme of Community action on the subject of the vocational training of customs officials (Matthaeus programme) (91/341/EEC)]。当时为了建立统一的欧洲内部市场,协调不同成员国海关之间的执法,推进海关同盟的效率,从而对各国海关关员进行培训。该方案规定各成员国海关相互向其他成员国海关派送官员在他国海关任职,定期召开研讨会,在各成员国海关学校进行培训等措施促进相互之间的法律理解,共享海关的执法技术,提高各成员国海关执法的协调性。马特乌斯方案是跨年度的方案并且由当时的欧共体财政预算进行支持。此后在马特乌斯方案实施经验的基础上,欧共体连续发布了五项多年度海关行动方案,即Customs 2000(1996-2000)、Customs 2002(2001-2002)、Customs 2007(2003-2007)、Customs 2013(2008-2013)、Customs 2020(2014-2020),以及当前正在制定中的Customs programme 2020-2027。

立的“新电脑化转运系统”(New Computerised Transit System)。2003年7月,作为欧盟“e政府”项目的组成部分,欧盟委员会作出了“海关与商界无纸化环境的通告”。[①] 该通告描绘了海关通过电子化方式与商界沟通从而提供现代化服务的愿景,并获得了欧盟理事会的支持。欧盟理事会于2003年12月5日发布了“创造简化和无纸化的海关与商业环境”的理事会决议,[②]并由欧盟委员会制定有关电子海关的多年度战略计划。[③]

为了在欧盟海关之间、在欧盟海关、其他公共机构和贸易商之间建立密切的沟通与联系,同时,也考虑到电子化与无纸化是现代化海关法典实施的关键基础之一,《海关同盟演进战略》的目标之一就是在原有的计算机系统化建设基础上,将海关作业及其程序流程化以及进行IT系统的整合,将使得贸易商可以节约海关业务方面的时间与经济成本,提高欧盟商界的竞争力,并有利于欧盟的通关安全。因此,2008年欧盟理事会和欧洲议会联合发布了“海关与商界无纸化环境的决定”。[④]

此后,即使遇到了《现代化海关法典》未及实施便被废止的挫折,欧盟仍然执着于实现其电子海关与无纸化商业环境的最终实现。自2008年起,欧盟委员会开始制定《电子海关多年度战略计划》(Electronic Customs Multi-Annual Strategic Plan,MASP)并对其内容每

---

① Communication from the Commission to the Council, the European Parliament and the European Economic and Social Committee-a simple and paperless environment for Customs and Trade.

② Council Resolution of 5 December 2003 on creating a simple and paperless environment for customs and trade.

③ Electronic Customs Multi-Annual Strategic Plan, MASP。该战略计划从2008年产生之日起,数年更新一次。当前实施的MASP Version 2019版本。战略计划包括立法和具体操作层面的多个项目,在海关和间接税领域实施。

④ Decision No 70/2008/EC of the European Parliament and of the Council of 15 January 2008 on a paperless environment for customs and trade, OJ L 23, 26. 1. 2008, p. 21 - 26.

年更新,同时也每年对实施状况进行评估与报告。

3. 不断延长《欧盟海关法典》的过渡期并以欧盟层面的工作方案推进电子系统建设

在《欧盟海关法典》颁布后,《电子海关多年度战略计划》通过设定与《欧盟海关法典》实施计划相匹配的战略框架和时间表来确保IT项目的有效和一致的管理。同时,根据《欧盟海关法典》第16条和第280条,欧盟委员会于2014年4月29日颁布了"建立《欧盟海关法典》工作方案的委员会执行决定"。[①]《欧盟海关法典》工作方案将支持电子系统的发展以及可以实施至2020年12月31日的过渡措施。《欧盟海关法典》工作方案中的项目也是记入《电子海关多年度战略计划》所选择的项目,并且按照同样的方法实施于多年度战略计划中详细规定的其他项目。但实际推进情况并不如预计那么理想,2016年欧盟再次制定了"有关开发和部署《欧盟海关法典》规定的电子系统的工作方案"[②],其中列出了17个为实施《欧盟海关法典》而必须开发部署的电子系统。这些系统分为2类:一类是由成员国单独开发(由国家一级管理的系统,称为"国家系统"),另一类由成员国和委员会密切合作开发(全联盟范围的系统,其中一些既包括全联盟的组成部分,也包括国家层面的组成部分,称为"跨欧系统")。工作方案目标实现后,欧盟的经营者与海关之间以及海关与海关之间的业务交互将完全转向使用电子系统。但由于这些系统的开发部署,既需要技术、设备和资金的投入,也需要欧盟各国的数据模型的协调,有些国家甚至需要改变现有的电子系统。因此,在整个联盟执行这些系统开发部署的时间表上存在差异。由于这些电子系统是紧密联系,系统的实施之间可能还具有先后的逻辑顺序,所以一个系统的开发延迟将不可避免地导致其他

---

① Commission Implementing Decision of 29 April 2014 establishing the Work Programme for the Union Customs Code (2014/255/EU), OJ L 134, 7. 5. 2014, p. 46 – 53.

② Commission Implementing Decision (EU) 2016/578 of 11 April 2016 establishing the Work Programme relating to the development and deployment of the electronic systems provided for in the Union Customs Code, OJ L 99, 15. 4. 2016, p. 6.

系统的开发延迟。因此,欧洲议会与欧盟理事会对《欧盟海关法典》进行了第3次修改,于2019年再次通过“延长《欧盟海关法典》有关电子系统实施期限的条例”。[①] 该条例将仍需开发部署的电子系统分为3组:第一组包括国家电子系统,涉及达通知、呈验、临时储存申报和进入联盟关境的货物的海关申报(包括特别程序,出境加工除外),考虑到法典的某些要求(如协调关于将输入这些系统的数据的要求),这些系统必须升级或建造。第二组包括现有的电子系统,这些系统必须根据法典的规定进行升级,例如协调输入系统的数据的要求。这一组包括3个跨欧系统(处理进境概要申报的系统、处理外部和内部转运的系统、处理从联盟关境出境的货物的系统)和国家出口系统(包括国家特别程序系统的出口部分)。第三组由3个新的跨欧电子系统[涉及潜在或现有海关债的担保、货物海关(法律)地位和集中通关的系统]组成。对于第一组电子系统的使用时间延长到2022年,对于第二和第三组电子系统则延长到2025年。

五、欧盟海关法的法典化进程的参考借鉴

从欧盟三部海关法典演进更迭过程来看,我国海关法的体系化,乃至今后的法典化可以获得如下参考经验:

一是海关法典的形成需要长期的积累与铺垫,需要具备成熟的制度建设的基础条件。1957年3月25日由欧洲六国签署《罗马条约》,以基础性立法的方式明确了海关同盟与共同的贸易政策属于联盟的专属权限。此后经10年建设,削减关税,制定共同的海关税则,初步建成关税同盟,维护共同市场。在1968年之后,欧盟又用了20年的时间统一了各国的通关单证和各类通关制度。在制度建设的同时,欧盟通过《海关同盟战略》和五年一轮的《海关行动方案》,不断地在协调

---

① Regulation (EU) 2019/632 of the European Parliament and of the Council of 17 April 2019 amending Regulation (EU) No 952/2013 to prolong the transitional use of means other than the electronic data-processing techniques provided for in the Union Customs Code, OJ L 111, 25. 4. 2019, p. 54 – 58.

各成员国海关的执法共识、能力与合作方式。也就是说,从 1957 年《罗马条约》签署,到欧盟第一部海关法典的公布,经过了 35 年的积累与铺垫。

二是海关法典的重要性与可行性。欧盟三部海关法典是用事实证明海关法的重要性和可行性。由于海关制度对于经济体的关键的不可替代的作用,即作为经济体内部统一市场的外部围墙,可以有效捍卫了内部统一市场和市场要素的充分流通,有力推动了某一关境的竞争性与便利化,所以即使在协调难度高的情况下(对欧盟 20 多个成员国之间的利益、法律的协调),欧盟都以高度体系化的法典形式,对欧盟 20 多个成员国(成员国数量时有变化)共同海关法予以了规定。这也是欧盟理事会和欧洲议会在普通立法程序下为数不多地采取"code"来命名的立法性法案。由此可见,欧盟是以法典的形式体现与强调了海关法的重要性。

三是海关法典一旦形成,则在欧盟海关法律体系中处于母法的地位。例如,欧盟海关法与关税制度的关系方面,当前的欧盟海关税则条例是 1987 年 7 月 23 日《关于税则和统计商品分类目录以及共同海关税则的(EEC)第 2658/87 号理事会条例》(以下简称《税则条例》)。实际上欧盟的《欧盟海关法典》与《税则条例》都是采取了欧盟立法机构(欧洲议会与欧盟理事会)所通过的"条例"层级的立法性法案。虽然《欧盟海关法典》《税则条例》和其他海关制度(如知识产权海关保护)都是采用了这个层级的立法,但《欧盟海关法典》处于海关制度体系中的母法地位,其他业务制度基本上都可在名为"《欧盟海关法典》"的"条例"中找到基础性条款;其他业务制度的"条例"则在母法基础上进一步予以明确和细化。

四是海关法典的内容需要适度前瞻,但不能过于激进,且应注意与不断发展中的基础性立法的协调。海关法的框架、章节及其重点的安排必然与一国经济结构相互对应。如果脱离经济机构和发展模式,海关法在现实中的实施必然会存在诸多不顺或前瞻性不足的问题。2008 年 4 月 23 日欧盟制定了《现代化海关法典》欧盟第二部海关法典，是对当时既存的《共同体海关法典》的现代化。《现代化海关法典》除巩固当时的制度成果外，主要还想对相关电子化程序提供法律框架，旨在为欧盟成员国的海关制度高度一体化与现代化提供了法律基础，也为海关同盟的进一步演进提供了前进的动力。因此，可以说欧盟对这部海关法典具有很高的期待。但即使到了《现代化海关法典》即将全面实施之前夕，法典所规定的实施条件也仍未具备，欧盟一体化协调化的电子海关环境并未形成。同时，《里斯本条约》生效后，《现代化海关法典》又面临着与《里斯本条约》一致的问题，所以尚未生效即又面临着修改的提议。最终，欧盟以《欧盟海关法典》替代了《现代化海关法典》。所以，这是一部高起点高期待但从未得到实施的正式立法。

五是电子化是欧盟海关法典现代化的艰难一跃，经过 20 年建设至今尚未完成。从 2003 年开始，欧盟在联盟层面启动了海关无纸化环境建设。经过 5 年的铺垫，2008 年制定颁布了《现代化海关法典》，正式确立了电子化海关业务环境的部署和应用，继而又经过 5 年的准备，仍然没有实现，反而导致了《现代化海关法典》的废止。2013 年《欧盟海关法典》取代了《现代化海关法典》，以更为现实的路径进行电子化海关建设。经过法典实施过渡期安排，《电子海关多年度战略计划》以及电子系统的数项工作方案，多项《欧盟海关法典》所要求的电子系统仍然没有建设部署完成，导致《欧盟海关法典》数次修改以延期部分电子系统实施时间。虽然欧盟电子化海关建设的漫长过程部分原因是其多个成员国之间的协调困难和发展程度不同所造成的，但是不同地区之间不均衡的电子系统现状、发展水平、技术能力和资金投入，数据格式或模型之间的统一或兼容，系统之间实施的先后顺序等问题都需要提前统筹考虑和安排。在业务层面的全面电子化及其体现在立法层面的现代化，不是通过人为的主观努力和积极建设就能够实现的。

The Legislative Evolution of EU Customs Code and Its Value to EU

—Marking 30 years of the EU Customs Code

ZHU Qiuyuan

[**Abstract**] There are three customs codes developed by the EU during 30 years, namely EC Customs Code of 1992, Modern Customs Code of 2008 and Union Customs Code of 2013. These three codes have undergone complicated evolution and supersession, and their relations are complicated. The EU has a long history of harmonising the implementation of customs codes in the EU member states through the integrated implementation of structural approaches such as the Strategy for the Evolution of the Customs Union and the Customs Action Programme. In the past three decades, through the structural method of comprehensively implementing the Strategy for Evolution of the Customs Union, the Customs legal system based on the customs code has undertaken and implemented the overall economic planning of the EU, and confirmed and consolidated the achievements of the EU customs institutional reform and coordination. It has turned into a solid external wall of the EU, effectively protecting the EU's internal unified market and the full circulation of market elements, and promoting trade facilitation and the competitiveness of the Customs Union. A probe into the legislative evolution of the three EU customs codes can provide references for the systematization of our Customs law and even the codification in the future. The formation of a customs code is a long-term process. Once formed, it is in the position of a parent law in the customs legal system and is the cornerstone of a unified market and a barrier to foreign trade and commerce. In view of its key and fundamental legal status, the development and revision of the Customs Code needs to be moderately forward-looking, but not too radical, and to be dynamically coordinated with other fundamental legislation that is constantly evolving.

[**Key words**] EU Customs Code; codification; Customs Union

勇于探索,博采众长,编纂一部具有中国特色的海关法典

韩昭纲*

[摘　要]　本文以《民法典》开启我国法典化的新时代和法典化实践的热潮起笔,介绍了法典的定义、模式、我国法典立法现状;从政治优势、现实需求、充分条件、重大意义、国内外立法借鉴、立法难度等6个方面,对我国编纂海关法典的可行性进行了评估;并对编纂海关法典的指导思想、基本原则、思路方法、框架内容4个方面进行了设想和建议。

[关键词]　海关;法典;编纂;设想

引言

2020年5月28日,第十三届全国人大第三次会议通过了《民法典》。2020年11月,中央召开全面依法治国工作会议,习近平总书记在会上提出:"要总结编纂民法典的经验,适时推动条件成熟的立法领域法典编纂工作。"①《民法典》的成功编纂,开启了中国法典化的新时代和法典化实践的热潮。继《民法典》之后,刑法、行政法、环境法、海

---

* 韩昭纲,武汉海关缉私局法制处三级高级警长,武汉海关学会理事。

① 习近平:《坚定不移走中国特色社会主义法治道路　为全面建设社会主义现代化国家提供有力法治保障》,载《求是》2021年第5期。

关法等各个法律部门和领域都开始探索推进各自的法典化。

海关是国家进出关境的执法监管部门,监督和管理对象包括进出口单位、人员、货物、物品、运输工具等,海关法体系涉及国内法和国际法,海关法的具体渊源包括法律、行政法规、行政规章、规范性文件,及国际条约、公约、协定等。海关执行的法律跨度较大,既有海关业务独有的法,又有国家进出境管理各条块的法,如管制文物、固体废物、无线电、毒品、贵金属、核材料等方面的法。关检合并带来了商品检验、动植物检疫、卫生检疫、食品安全等领域的法,推动了海关法律体系的进一步扩张,也为海关法典的编纂提供了丰厚的源泉。海关法典的制定需要前期大量问题的解决,绝非一蹴而就。本文通过广泛介绍、深入分析法典的模式、立法动态、主要观点,吸收各派精华,为我所用,尽可能为海关法典的编纂寻找一条合适的路径与框架。

一、何为法典

(一)法典的定义

中国社会科学院法学研究所张生教授针对中文“典”字进行了考证疏释。① 他认为“典”是会意字,上部是“册”字,下部是一双手,两相会意,表示用双手恭恭敬敬地捧着简册。《说文解字》释“典”为“典,五帝之书也。从册在丌上,尊阁之也”。要理解“典”,须先理解册。“册”是象形字,意指用绳子或皮条编连起来的竹简或木简。将生活中发生的具有重要意义的事件、重要人物的思想言论记录下来的行为,就是作册。“典”则是对同类事件和规范分门别类的汇编,并从中提炼出社会的行为规范和价值理念。“典”被称作“大册”,一方面言其权威性,需要被奉于殿阁恭敬遵循,另一方面言其系统性,包括全面的记述和体系化的规范。“辑册为典”是知识和规范的体系化。“典”以具体的“册”为基础,经过经验总结和理论提炼,被编纂成篇章宏大的“典

---

① 参见张生:《从“有典有则”到民法典:中华法系的传承与发展》,载《光明日报》2020年7月31日,第11版。

章体系”,融合了国家治理的基本理论、核心价值与系统的行为规范。

法典,指就某一现行的部门法进行编纂而制定的比较系统的立法文件。“法典化”是指一种大规模制定法典规范的趋势和过程。《唐律疏议》是我国现存最早最完整的法典,是我国封建法典高度成熟的体现。法典和“法典化”不仅构成中国法律史之悠久传统,亦成为世界法律史之普遍现象。海关法领域各种零散的单行法律、法规、规章、规范性文件都可称为册,海关法典就是要将上述海关法领域的“册”进行梳理汇总,“辑册为典”,成就一部总管的、权威性的法律集成。

(二)法典化的模式

法典化的模式大致可以分为体系型和汇编型两种基本类型。比如,法律出版社于 2011 年 1 月 1 日出版了一套由国务院法制办编纂的《中华人民共和国行政法典》,包括公务员法、行政监察法、行政许可法、行政处罚法、行政复议法、行政诉讼法和治安管理处罚法等。这只是对行政法领域内的各个单行法不作任何加工,进行的简单汇编,属于典型的汇编型法典,与融众法统一于一法的体系型法典不是同一含义。

中国政法大学朱明哲副教授认为,我国学者在讨论法典化时主要希望完成的是体系型法典,也就是通过部门法的横向建构和规则/原则的纵向建构完成的一个明确、稳定、评价无矛盾的融贯体系。体系型法典在理论上有助于保障法的安定性,实现法律上的形式平等。①

二、我国法典立法现状

从法学传统理论和实务上观察,法典化主要集中在民法、刑法等一些大的法律部门,通过对该法律部门共通共有的特征、原则、做法等进行归纳,实现法典化。但是,以下部门法领域,如土地法、环境法、海关法等也有编纂法典的主观意愿和客观条件。

---

① 参见朱明哲:《法典化模式选择的法理辨析》,载《法制与社会发展》2021 年第 1 期。

（一）《民法典》是新中国第一部以法典命名的法律

《民法典》是结合我国现实情况，学习国际立法经验，历经几代法律人数十载辛劳，举国范围内广泛征求意见，在党中央的正确领导下制定完成，自2021年1月1日起施行，以民事法律主体、民事关系、民事行为、民事权利义务为规范对象，共有总则、物权、合同、人格权、婚姻家族、继承、侵权责任等7编84章1260条，被称为“社会生活百科全书”。《民法典》是我国在健全中国特色社会主义法律体系、建设社会主义法治国家道路上取得的重大成果，为其他法律部门和领域制定法典积累了经验，开辟了道路，具有重大引领意义。

（二）无法典之名，却具有法典化特征的法律

主要代表是《刑法》。《刑法》既有总则，又有分则，这一编排结构在一定程度上体现了法典的体系化特征。自1997年修订颁布后，至2021年已先后颁布11个刑法修正案，罪名从最初的413个增加到482个。这些刑法修正案和相关立法、司法解释，也都是刑法典的组成部分。因此，现行《刑法》实质上已具法典形态。

对此，清华大学张明楷教授认为：我国1979年通过、1997年修订的《刑法》均为刑法典，我国刑法已经法典化，不能采取理想主义法典观，不应继续采取统一刑法典立法模式。① 清华大学周光权教授认为：现行《刑法》系法典化探索、起步阶段的产物，在新时代有必要按照法典化的要求打造“刑法典”的升级版。②

（三）编纂法典的热门法律

1.行政法典。世界各国迄今没有一部统一、完整的行政法典。中国政法大学应松年教授认为：行政法典的编纂可参照《民法典》也分为两步走，以“提取公因式”的方法先制定总则，再制定分则，最后形成行政法典。③ 最高人民法院梁凤云则认为：立法两步走不是规定动作，

---

① 参见张明楷：《刑法修正案与刑法法典化》，载《政法论坛》2021年第4期。

② 参见周光权：《法典化时代的刑法典修订》，载《中国法学》2021年第5期。

③ 参见应松年：《关于行政法总则的期望与构想》，载《民主与法制》2021年第30期。

“行政五法”(行政许可法、强制法、处罚法、复议法、诉讼法)构建起行政法典的基本框架和思路,我国直接制定行政法典的时机已经成熟。①

2. 刑事诉讼法典。作为部门大法,《刑事诉讼法》共有5编23章308条,条文多、影响面大,但是否具有法典的实质,尚有争议。中国人民大学陈卫东教授认为:我国刑事诉讼法徒有法典之形而非法典之实。刑事诉讼法典编纂应当遵循三项基本原则:正当程序原则、审判中心原则、诉讼效率原则。尤其应以审判中心原则为基础,构建统一的刑事诉讼法律框架。②

3. 环境法典。全国政协常委吕忠梅认为:编纂环境法典事关中华民族永续发展,是“十四五”时期加强生态文明法治建设的重大决策,是中国全面建成社会主义现代化强国征程上具有标志意义的法治事件,意味着中国生态环境立法上升到国家基本典章高度。③ 从现实需求、政治与民意基础、立法资源、立法技术准备等角度来看,生态环境法典立法条件已经具备,编纂正当其时。全国人大宪法和法律委员会副主任委员江必新认为:编纂生态环境法典至少可以起到四方面作用:填补法律的漏洞,整合法律资源,消除法律冲突,提升法律的质量。④

4. 国际私法典。中南财经政法大学刘仁山教授提出:创制国际私法典是民法学界和国际私法学界逐步达成的基本共识,是相关国家近现代立法经验的启示,是确保将《民法典》与国际社会联系起来的最好纽带。⑤

5. 土地法典。针对我国土地领域现行法律规范存在的零散杂乱、矛盾冲突、空白模糊等问题,不少学者主张制定一部逻辑一致、体系完

① 参见梁凤云:《直接制定行政法典的时机已经成熟》,载《民主与法制》2021年第33期。

② 参见陈卫东:《论刑事诉讼法的法典化》,载《中国法学》2021年第3期。

③ 参见吕忠梅:《为中华民族永续发展编纂环境法典》,载《人民论坛》2021年第24期。

④ 参见《中国智库学者探路生态环境法典编纂》,载中国新闻网2020年12月15日,https://baijiahao.baidu.com/s?id=1686146841059320947&wfr=spider&for=pc。

⑤ 参见刘仁山:《中国国际私法立法应独立于民法典的编纂》,载《法治日报》2015年5月6日,第10版。

备的土地法典。

6. 海关法典。2021 年 8 月,上海市法学会海关法研究会以“海关法的法典化”为主题开展征文活动,并将“海关法的法典化”作为 2021 年主论坛的主题。①

三、编纂《海关法典》可行性评估

(一)编纂《海关法典》有政治优势

1. 党中央和习近平总书记的提倡和支持

2020 年 11 月,习近平总书记在中央全面依法治国工作会议上指出:“民法典为其他领域立法法典化提供了很好的范例,要总结编纂民法典的经验,适时推动条件成熟的立法领域法典编纂工作。”这反映出党中央、党和国家领导人对法律界和法学界的殷切期盼。海关各界理应贯彻响应,抓住难得的历史性机遇,乘势而上,加快推进。

2. 习近平法治思想的正确指引

习近平法治思想博大精深,内涵丰富,逻辑严密,系统完备,其中关于坚持以人民为中心、坚持党对全面依法治国的领导、坚持在法治轨道上推进国家治理体系和治理能力现代化、坚持统筹推进国内法治和涉外法治等论述,对于做好海关各项工作具有重要指导意义,因此需要加快涉外法治工作战略布局,协调推进国内治理和国际治理,更好维护国家主权、安全、发展利益。编纂海关法典是贯彻习近平法治思想的重要举措,同时要把习近平法治思想贯彻于海关法典编纂的全过程。

(二)编纂海关法典有现实需求

海关执法,不仅涉及传统海关法领域规定的职责内容,还涉及刑法、固体废物污染环境防治法、环境保护法、食品安全法、文物保护法、生物安全法及国际条约、协定等,从而具有管理对象的多样性、影响力的广泛性,天然具有制定法典的现实需求和法理依据。而且,关检合

---

① 参见陈晖:《密涅瓦的猫头鹰应该这样再次起飞》,载微信公众号“关院海关法论坛”2021 年 8 月 13 日,https://mp.weixin.qq.com/s/rn6_-7LhzVO3Sm187SU2bQ。

并后,海关和原国家质检总局在立法和执法方面不太统一,需要进行整合,以实现海关立法和执法的逻辑系统性。

(三)编纂海关法典有立法基础

改革开放和恢复海关40余年来,海关事业的大跨步发展,海关理论和实践形成了充分的积累。1999年成立海关缉私警察机构,带来缉私领域立法和实践的空前发展。2018年出入境检验检疫职责和队伍划入海关总署,对海关传统职能进行了历史性变革,检验检疫相关法律的引入也为充实海关法典起到开疆拓土的作用。

我国已建立起包括法律、行政法规、行政规章、规范性文件等不同层级,涉及税收、归类、审价、原产地、减免税、保税监管、特殊监管区、统计、企业管理、海关稽查、边境知识产权保护、商品检验、卫生检疫、动植物检疫、行政处罚、事务担保、裁定等海关业务各方面,以及包括关衔条例等队伍管理方面,内容完整的海关法律体系。这为编纂海关法典奠定了良好的基础。

(四)编纂海关法典具有重大意义

在国家进入更高水平开放的新发展阶段,贯彻新发展理念,构建新发展格局,必然需要海关的新作为和海关法的新提升。通过编纂海关法典,可以凸显海关的中央事权,体现海关规范的全国统一,对关检合并后的新海关重新定义,职责重新确立,解决海关法律体系的零散和脱节,形成内在一致的逻辑体系。而海关法的法典化无疑是顺应上述新形势、实现海关法制现代化的最佳途径。另外,编纂海关法典,有利于海关法学科的发展,还可以发现、锻炼和培养一批海关法制人才。

(五)编纂法典有国内外经验可资借鉴

1. 国际海关法典模本

(1)《欧亚经济联盟海关法典》。[①] 从2018年1月1日起,在欧亚

---

① 参见《〈欧亚经济联盟海关法典〉从2018年1月1日起正式施行》,载商务部网2018年1月11日,http://www.mofcom.gov.cn/article/tongjiziliao/fuwzn/oymytj/201801/20180102697360.shtml。

经济委员会各成员国施行，该法典共有9编61章465条，且有两个附件，对海关职能、海关税费、海关监管、海关作业等进行了十分详尽的规定，吸收了国际上海关管理的先进理念和做法，还将海关管理领域里的一些国际公约以及联盟关于海关管理体制的一些协定规定的内容直接体现在法典内容之中。

(2)《关税同盟海关法典》。[①] 由俄罗斯、白俄罗斯和哈萨克斯坦三国从2010年7月起正式施行，该法典不但涉及方方面面的海关业务，而且还涉及诸多国际公约和俄罗斯立法。

(3)《欧盟海关法典》(Union Customs Code, UCC)。[②] 2013年10月9日由欧盟(European Union, EU)通过，成为28个欧盟成员国必须采用的海关领域新立法框架，内容涉及关税制度、便利通关制度、自由区与转运制度、保税加工制度等专项制度，充分体现了欧盟海关法律制度的现代化与改革。

2. 国内编纂法典的成文法及研究成果

对此，可吸收其中涉及立法原则、路径、框架、内容等好的经验，特别是《民法典》的立法经验。【详见本文二(三)】

(六) 编纂法典的难度

《民法典》是在大的综合法律部门层面制定的法典，而现阶段单一领域制定的法典为零。这对于编纂海关法典是一把“双刃剑”，弊处在于无先例可资借鉴，利处是没有太多拘束，可以大胆实践。特定法律领域中是否应该推进法典化的问题存在较大分歧，基本共识是：创制法典，推进法典化是一个复杂的社会系统工程，需要考虑各方面的条件限制和实践制约。因此，即使是支持创制法典、推进法典化的观点，也并非意味着主张极端的法典主义；既不主张法典能够取代所有非法典的法律形式，也不主张法典化能够彻底解决所有问题。[③]

---

① 参见国家口岸管理办公室编：《关税同盟海关法典》，中国海关出版社2016年版。

② 参见国家口岸管理办公室编：《欧盟海关法典》，中国海关出版社2016年版。

③ 参见瞿郑龙：《新时代法典化的法理——“法典化时代的法理研究”学术研讨会暨“法理研究行动计划”第十五次例会述评》，载《法制与社会发展》2021年第2期。

四、编纂《海关法典》的理念和方法

(一)指导思想

要开宗明义把“以习近平法治思想为指导,制定本法”写入《海关法典》第1条,以弥补《民法典》制定时的遗憾。《民法典》颁布于2020年5月,而习近平法治思想在2020年11月才正式提出,因此《民法典》来不及写下指导思想的内容。中央政法委秘书长陈一新指出:“习近平法治思想科学回答了21世纪中国法治进程面临的重大课题,标志着马克思主义法治思想的新飞跃是21世纪马克思主义法治思想,是全面依法治国的根本遵循和行动指南。”①习近平法治思想的一项重要内容是构建中国特色社会主义法治体系,其中具体就包括健全完备的法律规范体系,而编纂海关法典正是贯彻这一思想的体现。习近平法治思想还包括坚持党的领导、以人民为中心、国内法治与国际法治相结合等内容,这些都要贯彻和体现在海关法典中。

(二)基本原则

我国宪法和大的部门法均制定了基本原则,如《宪法》的基本原则有党的领导、人民主权、保障人权、权力制约、法治原则;《刑法》的基本原则有罪刑法定、罪刑相应、平等适用原则;《民法典》的基本原则有私权神圣、意思自治、平等、公平、诚实信用、公序良俗、绿色原则;《行政法》的基本原则有合法行政、合理行政、程序正当、诚实守信、高效便民、权责统一原则。我国现行《海关法》并未规定基本原则,但到了编纂海关法典阶段,为了提高海关法典的权威性,可以考虑归纳、制定几条原则。建议如下:

1. 政治建关原则。要在海关法典中清楚写明,中国海关坚持中国共产党的领导,是我国从事进出境监管活动的准军事化纪律部队,具有政治机关属性。

2. 国家安全原则。表明中国海关坚决贯彻总体国家安全观,以国

---

① 陈一新:《习近平法治思想是全面依法治国的行动指南》,载《学习时报》2021年3月31日,第1版。

家安全作为最高原则,致力于维护与进出境有关的国家政治安全、经济安全、文化安全、社会安全、生态安全,具体还包括税收安全、生物安全、口岸公共卫生安全、进口食品安全、进口商品质量安全、核安全等各项安全。

3. 通关便利原则。表明海关在严密监管的同时,兼顾通关便利。通过采取担保放行、先放后验、集中申报、网上申报、区域通关等一系列措施,实现通关便利化。

4. 信用管理原则。表明中国海关实行"守法便利、违法惩戒"区别对待的管理理念。

5. 国际合作原则。表明中国海关积极参加国际海关组织,遵守国际海关领域的各项条约和协定。比如,在进出口商品归类领域,遵守海关合作理事会制定的《协调制度公约》及其附件《协调制度》;在通关领域遵守世界海关组织制定的《全球贸易安全与便利标准框架》,实行 AEO(Authorized Economic Operator)制度等。此外,中国海关还在打击走私、标准认证、知识产权保护、疫情防控等领域加强与国际的相互支持与配合。

(三)编纂思路和方法

1. 贯彻集成理念

对于现行成熟的海关各领域单行法律法规文件,经整理完善后直接归并到海关法典,成章成节,原有法律文件自行废止。这样,既充实了海关法典的内容,又提升了行政法规、规章、规范性文件的层级,同时有利于查阅使用。

2. 队伍建设与业务建设共同立法入典

队伍建设写进《海关法》早有先例,现行《海关法》第 7 章就有海关队伍管理的条款。因此,可以考虑把《海关关衔条例》等与队伍有关的内容也纳入海关法典。

3. 按工作职能设计章节

以现行《海关法》为底稿,借鉴《民法典》《刑法》的编、章、节设计,第 1 编为总则,第 2 编为分则,第 3 编为附则。按海关和检验检疫的传统职能,来设若干章节。

4. 附则列明海关执行的国内法和国际法名录

借鉴国外海关法典的先进经验,以清单形式列明海关执行的国内法、国际条约、公约、协定名录,放在海关法典附则。

五、编纂《海关法典》的框架设想

(一)《海关法典》总则的内容

总则以现行《海关法》总则内容为基础,进行适当增加和修改,包括但不限于以下内容:(1)增加"以习近平法治思想为指导,制定本法";(2)增加基本原则;(3)对海关与检验检疫合并后的最新职责在法典中予以明确界定;(4)对海关缉私警察的名称、职责、主管部门等,按最新规定进行修改;(5)将打击走私综合治理、组织协调部门修改为中央和地方各级人民政府;(6)现行《海关法》第 9 章附则对海关术语的解释,可调到总则,便于读者对后续庞杂内容的理解。

(二)分则的主要内容

1. 第一章　海关监管。

将现行《海关法》第 2、3、4 章规定的进出境运输工具、进出境货物、进出境物品合为一章,但分为三节。另外,对加工贸易、跨境电商、特殊监管区等海关监管内容可单独设节。

2. 第二章　海关征税。

这一章以现行《海关法》第 5 章"关税"为基础,引进《进出口关税条例》《进出口货物原产地条例》《船舶吨税法》等内容,可按税种设关税、增值税(代征)、消费税、船舶吨税、行邮税、反倾销税等若干节。现行《海关法》第 6 章"海关事务担保"的内容,因主要与关税相关,可考虑归并到"海关征税"章,单设一节。

3. 第三章　海关缉私。

将《海关法》《海关行政处罚实施条例》《海关办理行政处罚案件程序规定》,及有关立案基准、处罚幅度等法律文件中的内容,经理顺、完善后纳入该章节中。

4. 第四章　海关统计。

将《海关统计条例》、《海关统计工作管理规定》(海关总署令第247号)等纳入该章。

5. 第五章　海关稽查。

将《海关稽查条例》(2022年修订)等纳入该章。

6. 第六章　企业管理。

将《海关注册登记和备案企业信用管理办法》(海关总署令第251号)及相关内容纳入该章。

7. 第七章　知识产权海关保护。

将《知识产权海关保护条例》(2018年修订)及其《实施办法》(海关总署第240号令)等纳入该章。

8. 第八章　进出口商品检验。

将《进出口商品检验法》及其《实施条例》、《出入境检验检疫机构实施检验检疫的进出境商品目录》等纳入该章。

9. 第九章　进出境动植物检疫。

将《进出境动植物检疫法》及其《实施条例》等纳入该章。

10. 第十章　国境卫生检疫。

将《国境卫生检疫法》及其实施细则、《国境口岸卫生监督办法》、《国境口岸卫生许可管理办法》等纳入该章。

11. 第十一章　食品进出口。

将《食品安全法》及其实施条例、《进口食品境外生产企业注册管理规定》(海关总署令第248号)、《进出口食品安全管理办法》(海关总署令第249号)等纳入该章。

12. 第十二章　海关关员。

将《海关法》第7章、《海关关衔条例》、《海关关衔标志式样和佩带办法》、《海关系统奖励规定》、海关准军事化纪律部队建设相关内容等纳入该章。

13. 第十三章　关徽。

将《海关关徽使用管理办法》纳入该章。

(三)附则的主要内容

1. 海关执行的国内法律、法规、文件名录。

(1)《固体废物污染环境防治法》;

(2)《生物安全法》;

(3)《文物保护法》及其实施条例;

(4)《危险化学品安全管理条例》;

(5)《野生动物保护法》《濒危野生动植物进出口管理条例》;

(6)《野生植物保护条例》《国家重点保护野生植物名录》;

(7)《古生物化石保护条例》;

(8)《金银管理条例》及其施行细则;

(9)《核出口管制条例》《核两用品及相关技术出口管制条例》;

(10)《禁止进出境物品表》《禁止进口货物目录》《禁止出口货物目录》;

(11)《进出口税则》;

(12)其他未详尽列举的相关法律法规文件。

2. 我国缔结和参加的国际条约、公约、协定名录。

(1)《关于建立海关合作理事会的公约》;

(2)《关于协调商品名称及编码制度国际公约》;

(3)《关于货物凭ATA报关单证册暂准进口海关公约》;

(4)《关于简化和协调海关制度的国际公约》——简称《京都公约》;

(5)《海关暂准进口公约》——简称《伊斯坦布尔公约》;

(6)《关于在展览会、交易会、会议等事项中便利展出和需用货物进口海关公约》;

(7)《1972年集装箱关务公约》;

(8)世界海关组织《全球贸易安全与便利标准框架》;

(9)双边、多边自由贸易协定或优惠贸易安排①;

---

① 截至2021年2月,我国已经和30个国家和地区签署20个自由贸易协定及优惠贸易安排。参见《关税征管:一篇读懂我国已签署的自贸协定及优惠贸易安排》,载搜狐网2021年3月29日,https://www.sohu.com/a/457860876_120207625。

(10)联合国《生物多样性公约》;

(11)《濒危野生动植物种国际贸易公约》;

(12)卫生检疫、动植物检疫、商品检验领域的国际条约、公约、协定;

(13)其他未详尽列举的国际条约、公约、协定。

3.海关法典施行日期,及同时废止的法律清单。

Compiling a Customs Code with Chinese Characteristics by Blazing the Trail and Learning from Others

HAN Zhaogang

[**Abstract**] This paper begins with the Civil Code, which opens a new era of codification in China and the upsurge of codification practice. It introduces the definition, model and current situation of codification legislation in China. And then it evaluates the feasibility of compiling aCustoms code from the perspectives of political advantages, realistic demand, sufficient conditions, significance, domestic and foreign legislation for reference and difficulty of legislation, and puts forward some ideas and suggestions on the codification in respect of guiding ideology, basic principle, train of thought method, framework and content.

[**Key words**] Customs; code; codification; assumption

海关治理能力现代化语境下海关法法典化的价值内核与实现

童天骄*

［摘　要］　基于海关所处的时代，分析海关法法典化的内涵，作为海关法律体系形式理性的最高级形式，其发展离不开法治传统的一脉相承和外来法系的智慧启示。以秩序、效率为价值取向，以治理能力现代化为语境，分析海关法法典化的价值内核，是海关治理现代化的载体，是海关全面法治化的延伸，是海关融入全球化的媒介。进而探讨海关法法典化的实现形式，体系化的理想目标固然美好，然而基于现实考量，建议构建以正当程序为核心的汇编型法典。

［关键词］　海关法；法典化；治理能力；价值取向；实现形式

2020年颁布、2021年实施的《中华人民共和国民法典》，标志着我国进入了一个法典化的时代。诸多部门法也开始讨论各自的法典化议程，关于结构、体例、内容设置的研究多如繁星。海关法作为我国行政法律体系的重要组成部分，不是孤立地存在，它与海关、与法治、与时代密不可分。本文试图基于海关所处的时代，立足海关实践，从治

---

*　童天骄，宁波海关所属大榭海关法制科副科长。

理能力现代化语境,对海关法法典化的价值内核与实现形式进行粗浅分析,微言一抹期利于长远。

一、海关法法典化是海关法律体系形式理性的最高级形式

理性认清时代,通过整体看局部,才能更好地认识法典化及其内涵。"法典化"是法律史上的一个典型现象,即大规模编纂法典的趋向与过程。人类社会的法律经历了从习惯到习惯法、再从习惯法到成文法的演进。从法律技术的角度来看,法典化的实质在于将法律化繁为简,使得法律主体可以便捷找法,公众可以方便地理解以及适用法律,保障其权利;由此,法典化最大限度地保障了法律的方便可及,这也是法律的民主化进程应有之义。①

海关法经年累月发展,逐渐自成体系,其法典化意义何在?就内容而言,法典可以是法律的整体,也可以集中于法律的某一部门,法典化是构建具有内在一致性的有机整体的重大立法行动。海关法的渊源多元且碎片化,其法典化意在通过对法律渊源的理性化操作,实现海关治理能力的现代化,改善相对人对海关法律的了解与认知,简化可达,并且便于执行,实质是法律渊源理性化。海关法的法典化也旨在以最高级形式呈现这种海关法律体系的形式理性,为海关治理能力现代化提供法律制度保障。

法典化理念在立法现实中是动态的和周期性的,我们探讨海关法的法典化,离不开法治传统的一脉相承和外来法系的智慧启示。

(一)法典化的法治传统溯源

大陆法系是以法典为统率的成文法体系,素来对法典有着深厚的情结与情感,"法典化"构成我国法律史之悠久传统。我们讨论的海关法,处于当代中国法律体系,其"法典化"不仅是国际潮流冲击之果,从深层次看,更是本土传统的延续与展现。

---

① 参见石佳友:《解码法典化:基于比较法的全景式观察》,载《比较法研究》2020年第4期。

法典化是传统治理的法治依托,传统文化中的特有范畴。治理者,致治之道也。良法善治,明法是治理的具体举措,治理有赖于制度的完善与良好运转。作为法律体系总体的挈领、法律秩序统一的纽带,法典和国家的长治久安紧密连接;法典包容瀚海,具有单行法不具备的优势,由此,不仅被塑造为统一治理的表征符号,也被寄予长治久安的厚望。[①] “法典化”既塑造正统,更拓展丰富了治理方式。

法典化满足统一法律秩序的需要,散乱的单行法不利于国家的集中控制与划一治理,唯有在精简的基础上,制定具备更强规范性、逻辑性、确定性的法典,才能够满足国家建设可预期、可控制、统一的法律秩序的强大需要。海关法的法典化正是基于现实精简之迫切需要,海关作为进出境管理机关,涉及边境管理的执法行为、规定渊源多不胜数,急需规范统一。

(二)海关法法典化的比较法借鉴

比较法的重要性日益凸显,不容忽视,对比较法的研究和借鉴正在成为通往法律现代化、法典化的便捷之路。

法典化是成文法系的盛宴。成文法系发端之欧洲,近年来已成为中国最为重要的出口市场和进口来源地,并继续保持中国的第一大贸易伙伴地位。欧洲大陆的法典化正经历着整体性的、不断磨合和渐进的理性化进程之中,经历了从条文内容简化到消除文本上的不确定性,再到法律渊源理性化的发展过程。2016年5月1日,《欧盟海关法典》正式实施,这一海关程序的最新法律框架,作为欧盟全境的通关规则,反映了国际海关立法的新趋势,充分体现其在相应区域的海关法律制度的改革与现代化。

欧盟海关法律制度体系庞大,结构复杂,内容繁多,当今的欧盟以其海关法典为中心,拥有一套体系庞大、结构复杂的法律制度群。具有硬效力的立法与软法规则超过千余项,《欧盟海关法典》置于其中的

---

① 参见谢红星:《“法典化”的历史溯源与中国内涵》,载“中国社会科学网”微信公众号2020年10月14日,https://mp.weixin.qq.com/s/jVxGyZ4jZLf1RKqh7basMQ。

核心，其渐进阶梯式发展演进路径蕴含着欧盟立法新理念，殊值借鉴。

判例法系大成在美国，《美国海关法典》涵盖广泛，规定详细，注重实体，更注重执法程序，其在国际贸易多边框架内发挥重要作用。[①] 近年来，伴随便利需求和安全职能重心的调整，围绕着海关职能调整、海关制度改革、管理观念的创新和转变，其海关法典及理念亦动态变化，多元化的比较研究，有助打开视野。

二、海关法法典化的价值取向

（一）秩序是海关法法典化的首要价值

在法律的价值体系当中，秩序价值是一种基础价值，是法律的其他价值得以实现之前提。法典，作为成文法的高级形态，兼有系统性、确定性、学理性、一致性；与一般的成文法相比较，其统一步调、统一行动的特征更为明显，更能实现国家统一法治之目的。通过编纂法典构建统一法律秩序，是“法典化”的首要价值，正如法国学者勒内·达维所说：“编纂法典有许多原因，而其中最为重要的，还是人们所怀有的明确法律和保持全国法律一致统一的愿望。”从法律政策的角度来看，海关法法典化的使命在于稳定进出境秩序，所谓固根本，稳预期，利长远的价值即源于此。

（二）效率是海关法法典化的核心表达

立法必须适应不断演进的政治、社会以及经济环境。效率是通过立法简化为海关新发展提供机制保障的应有之义，法典化是立法简化可达的核心表达。海关是高度专业性和技术性部门，随着 2018 年机构改革带来了进出境执法主体以及监管理念、业务操作、执法流程等一系列变革，并且不断出现的新兴业态、创新领域，立法须确保提供简化、清晰、稳定、可预测的法律框架。简化海关立法，通过使用现代工具和技术，整合、减少制度以达到合理数量，精简制度、优化程序才能增加海关竞争力，实效性也会增强。

---

① 参见《美国海关法典》，蒋兆康等译，中国社会科学出版社 2011 年版。

三、海关法法典化的价值内核分析

海关处在改革开放前沿,作为进出关境的监管机构,是国家治理体系的重要组成部分。海关应当遵循法治化的发展机理,提升治理能力,不断完善法律体系,跟进全球化的发展步伐。全球化对海关治理能力提出了新要求,随着国际贸易与投资壁垒的降低,贸易自由化程度不断提升,国际贸易量增速迅猛,世界经济对贸易便利的需求日益迫切。同时,基于维护国土安全的需要,贸易全球化引发的不确定性和风险性对边境安全管理提出更高挑战。作为顶层设计的立法首当其冲,需要立足职能助力发展,海关法法典化是海关治理能力现代化的制度保障。

(一)海关法法典化是海关治理现代化的载体

治理的现代化是一个动态的复合概念,涵盖了两个层面:一是现实层面的治理体系;二是价值层面的治理能力,海关治理能力表现的是对制度的执行力,治理能力是治理行为的水平和质量,包括治理模式的合法性、有效性、稳定性。治理的现代化是在同一时代下多元利益和多元价值之间相互交叠、冲突、发展的变迁过程,以及正向发展的趋势。这个系统工程立足于当下,着眼于未来,应当具备前瞻性,着力推动海关法治建设是海关治理现代化的应有之义。治理能力的现代化需要现代化的先进理念制度,需要强有力的法律支撑,顶层设计"自上而下"的强大影响力下,法典化能够为海关治理能力现代化注入新的动力。

(二)海关法法典化是海关全面法治化的延伸

法典化不等于法治化,法治化是一个动态的探索过程,法典化是形式,是衡量法治化的重要客观标尺。法治建设的核心是法治秩序下开展海关法治建设,是对公权力的全面控制和规范,法典化是制度安排。

海关法治的现代化,以及周围的法律环境是改革事业的重要组成部分,法治化需要符合现代化要求,海关治理能力的现代化离不开法律的支持。提高中国海关法治化水平需要完善的法律法规体系,目前,海关的法律法规体系具有一定滞后性,容易构成贸易及投资壁垒,阻碍贸易投资的发展,抑制经济社会的进步。① 海关法律法规应当尽可能地与国际通行规则接轨,制定统一规范的海关法典,尽力达到国际接受的标准;法典化的目标简化可达,准确、稳定、透明,便于各类组织和个人获取,并据以作出相应的判断和安排。

(三)海关法法典化是海关融入全球化的媒介

经济全球化是国际海关法的发展动力,在全球化的时代,治理主体努力协作以更好地管理公共事务、实现公共秩序,这是秩序和效率的综合需求。中国加入世界贸易组织 20 多年以来,全球化程度渐深,作为世界最大的出口国,不可避免地成为新贸易保护主义的主要目标,企业面临的国际贸易和投资环境都不容乐观。经济全球化的趋势是无法阻挡的,但是,新冠肺炎疫情暴发以来,贸易保护主义不时抬头,贸易自由化的进程也有波动。建立健全应对贸易保护机制,实施贸易救济和保障,需要从海关法的法典化角度去积极参与国际海关法律秩序的重塑。②

在经济全球化的背景下,海关法律制度具有一定相似性:通常都拥有一部满足经济全球化和国际贸易发展需要的、比较完备的海关法典。③ 当今,法律渊源的控制力有所放松,国家不再是产生规范的唯一来源,海关法律渊源呈现明显的多元化,新的法律渊源层出不穷。海关法日益国际化和趋同化,即在海关法层面存在共同法,国际组织也越来越多地参与到规范的制定进程中,国际公约所达成的海关法律共同规则和标准,也成为海关法的重要法律渊源。在今天的全球化时

① 参见冉辉:《论全球化视野下海关治理能力的现代化》,载《海关与经贸研究》2015 年第 5 期。

② 参见周阳:《试论美国海关法全球化的典型路径》,载《法学评论》2014 年第 3 期。

③ 参见陈晖:《贸易便利化下国际海关立法的新特点及贡献》,载《东方法学》2010 年第 4 期。

代,为了提升本国法律体系的国际吸引力与竞争力,法典化需要接受与采纳国际规则,将普遍的国际法规则转化为法律渊源,是现代法典化的重要特征,有助于尽快融入全球化的进程。

四、海关法法典化的实现形式——从理想目标到现实考量

具体选择哪一种观念和路径取决于海关所处的时代背景和法治实践。或编纂或汇编,两种形式遵循两种思路。体系型法典在理论上有助于保障法的安定性,实现法律上的形式平等。它同时预设了三种理念:社会基本处于静止状态,法律所保护的价值在整体上不会受到新社会发展的挑战,领土构成一种均质的空间。本文所探讨的海关法治实践中,规范呈现越来越多的碎片化特征,就算立法者通过体系型法典实现了一定程度的规范整合,单行立法、判例、习惯、个体性质的规范终究会不断打破法典的体系。实证法在调整社会关系时更应注意社会生活的变化特征和给定时间空间的特性,在这种情况下,采用汇编型法典似乎更适合现代海关法治实践的要求。

(一)理想目标:体系化难免求全责备

法律最初是基于非理性的存在,后来逐步走向理性,形成专业化、逻辑化、系统化的体系,成为日益合乎逻辑、稳定严谨、过程也更加合理的技术。法典化恰是法律的体系化一个直观的目标,是法律形式化的典型表现;而法律的传播方式,也从产生之初的口头传播转变为固定的书面形式,这个书面传播的载体就是法典,由此,法律走向理性化。法律理性化的意义重大:它确保了法律的可预见性,实现法律安全,同时改变主体对法律的认知与理解。法典化并不是对法律规则的简单汇编,而是重新加工形成一个理性的体系,这也正是法典的核心特征。

但是,同样值得注意的是:法典作为相关法律规则的集大成者,具有完备性,可以将一般法与特别法规则一并吸纳。可是,完备性与体系性在某种程度上是互斥的:大一统的完备性,可能会影响法典的体系性。体系性与完备性的冲突,也体现了功能与理性之间的冲突。如果通过法典化,能够将相关的规则一并吸纳,最大限度体现完备性,也

可以实现法典化收益最大化。当然,这在体系性上可能造成一定的缺憾,也不适应目前海关的法治实践。

法典的体系性本身具有相对性。同时,体系性不是一成不变、放之四海而皆准的,它是处于不断发展中的概念,因此,“体系化”的标准需要结合具体语境进行分析。海关业务不断突破与创新,自贸区、跨境电商等新兴业态需要预留立法空间,这正好是治理体系与治理能力现代化的重要表征。

(二)现实考量:汇编化满足革新需要

当今的法典化,不是单纯的立法主体的行动。一方面,在全球化背景下,大量的国际法成为法典化的渊源,包括国际公约、示范法、指南等,各国的立法不得不向国际组织、非政府组织放宽法律渊源的控制,后者成为法典化的共同行动者。另一方面,科技飞速发展,先进的网络信息技术为法律的检索查询提供了极大便利,各类机构主导的类法典、各类法律汇编等如雨后春笋般出现,一定程度上弱化了法典化的传统“找法”功能。传统观点认为,法典编纂的私人化也是法典化,只不过处于未完成状态。可见,现代的法典并不纠结于是否对法律进行理论化、概念化和体系化,而更重视“找法”的便利性。因此,古典形式的刚性法典化式微,发展前景逐渐黯淡。

海关法律体系,由海关法律、行政法规、行政规章和其他规范性文件组成,是个相对独立又庞大的法律体系。随着社会经济的不断发展,海关法律体系也处于变动和革新之中,导致海关法律内在的统一性和协调性在一定程度上的欠缺。实践中,难免出现法律规定之间的冲突与不适应。另外,与海关法相配套的法律规则还有待完善。① 因此,需要开展海关法典的编纂工作,力求海关法律能够逐步统一化、系统化,实现全面规范、便于适用、避免冲突,既是趋势更是需要。

(三)理性之路——构建正当程序的汇编型法典

海关制度的任何设计,因其公共特性和控制要求,势必影响企业

---

① 参见陈晖:《经济全球化下海关法面临的挑战及对策》,载《国际贸易问题》2005年第1期。

及公民利益。海关的职能处于变化之中,新兴业态层出不穷,调整事项和规范体系不可能是静态的。基于以上现实考量,汇编型法典是更加理性之选择,既是碎片化的重构,更是适应时代的需要,便于立法及时进行调整,并为不同渊源之间的制度对话提供更好的基础和指引①,采用汇编型法典也是适合当代海关法治实践要求的做法。

1. 推动海关行政程序统一规范是法典化的重中之重。针对规范的碎片化、渊源的多元化,法典化的重点及核心在于通过简化与整合,实现海关行政程序的统一规范。良治而善政,统一规范的行政程序对海关治理现代化的重要性不言而喻,维护秩序、追求效率,与法典化的价值取向也具有高度一致性。而统一规范行政程序的最好载体就是海关法法典化,这也体现了海关法法典化遵循的秩序与效率价值取向。

2. 围绕监管逻辑进行星系式汇编是法典化的关键所在。要的不是无序的汇总,而是以方便、实用、易索为导向,以行为性质、监管对象等为关联逻辑进行汇编,法典以外还会有若干单行法、解释等附属存在,类似太阳与行星模式。截至2021年10月,中国海关现行的法律体系涵盖了以《中华人民共和国海关法》为核心的7部法律、《中华人民共和国进出口关税条例》等23部行政法规、172部行政规章、2000多部规范性文件及相关法律法规。以汇编式法典的形式,及时更新、补充、完善海关法律体系,便于实现中国海关法律体系的现代化。

3. 注重吸收纳入国际规则是法典化的重要特色。基于我国海关现实国际环境和能力,可以通过比较借鉴国际规则和标准模式,通过必要的立法程序,使国际规则转化为国内法。还可以借助世界海关组织(World Customs Organization, WCO)、世界贸易组织(World Trade Organization, WTO)等平台,积极参与国际规则的制定,最大限度表达国家利益诉求,使国内立法国际化,形成公平、公正、统一的国际贸易

① 参见朱明哲:《法典化模式选择的法理辨析》,载《法制与社会发展》2021年第1期。

规则;针对贸易保护主义,防止他国转嫁争议和纠纷的做法,务实、有效地预防和化解贸易纠纷和摩擦,维护贸易自由和我国利益。

4. 实行积极且规范的解释是法典化的活力源泉。汇编式法典将以保留其原有文本的方式集成于一部典籍中,以便查阅。这种一般规范不同于体系型法典中的“总则”,不需要具备体系的整合功能,不需要过多的抽象概念,各种特别规范之间的冲突依赖形式化的法律技术解决。这样的法典是动态而富有弹性的,需要积极又规范地解释和执行,才能被赋予生命力并跟上时代发展。这就要求立法者进行相当程度的自我约束,确立某些规则与理念,对不成熟的、新兴业态、未知领域遗留一些空白,对于一些尚未成熟、缺乏共识、争议较大的重要问题,可以进行解释,创新理解,不断丰富完善。

五、结语

法律的发展从未毕其功于一役。法典不是目标,也并非万能,它对法律的塑造力其实是有限的。法典化只是海关法治进程中的一个时刻,洪流中的一波涟漪,承载海关法治情怀。海关治理能力现代化的制度设计,所行并非坦途,在磨合中渐进,让人期待。

Core Values and Realities of Codification of Customs Law Against the Backdrop of Governance Modernization

TONG Tianjiao

[**Abstract**] Based on the era of customs, this paper analyzes the connotation of codification of customs law. As the highest form of formal rationality of customs legal system, its development cannot be separated from the inheritance of the rule of law tradition and the inspirations from foreign legal systems. Taking order and efficiency as the value orientation, and taking the modernization of governance capacity as the context, this paper analyzes the core value of the codification of customs law, which is the carrier of customs governance modernization, theextension of the comprehensive legalization of customs, and the medium for customs to integrate into globalization. Then it discusses the realization form of the codification of customs law. The ideal goal of systematization is good, but based on practical considerations, it is recommended to build a compilation code with due process as the core.

[**Key words**] customs law; codification; governance ability; value orientation; realization form

新海关行政法律关系研究

——兼论《海关法》修订及法典化

王传斌*

［摘　要］　行政法律关系理论对行政执法具有重要的指导意义，为依法行政提供重要的思维方法和路径选择。2018年机构改革之后的中国海关兼有海关监管、进出口商品检验、进出境动植物检疫、国境卫生检疫、进出口食品检验等职能，所依据的法律、行政法规相对独立，导致行政法律关系相对独立。在对海关监管、检验与检疫、海关行政许可、行政强制、行政处罚等所涉行政法律关系分析的基础上，提出了《海关法》修订与法典化的具体设想：近期从融合海关行政法律关系角度制定《海关与出入境检验检疫法》及配套系列行政法规，重塑海关行政法律体系，统一规范海关职能与执法程序；远期在适当的机会出台《海关法典》，实现海关法法典化目标。

［关键词］　海关；行政法律关系；《海关法》修订；法典化

自2018年我国新一轮政府机构改革将出入境检验检疫职能划入海关以来，海关步入了崭新时代，肩负着建设具有中国特色社会主义新海关，推进国家治理体系和治理能力现代化的历史使命。“构建职

* 王传斌，南京海关食品处二级调研员、公职律师。

责明确、依法行政的政府治理体系”,“推进机构、职能、权限、程序、责任法定化,使政府机构设置更加科学、职能更加优化、权责更加协同”是党的十九届四中全会提出的重要任务。从现有法律、行政法规层次来看,新海关是《海关法》、《船舶吨税法》、《固体废物污染环境防治法》、《进出口商品检验法》及其实施条例、《进出境动植物检疫法》及其实施条例、《国境卫生检疫法》及其实施细则、《食品安全法》及其实施条例、《进出口关税条例》、《知识产权海关保护条例》、《海关行政处罚实施条例》等法律、行政法规的执法主体,同时履行海关监管、征税、知识产权保护、进出口商品检验、进出境动植物检疫、国境卫生检疫、进出口食品安全监管等职能,形成了多种法律关系并存的局面。为加快推进海关法治化进程,海关总署启动了《海关法》修订研究工作,也收集到了很多修订建议。本文拟从新海关法律关系入手,分析新海关行政执法中并存的行政法律关系及其对海关行政执法的影响,进而对《海关法》修订及海关法法典化思路提出个人建议。

一、行政法律关系的概念及对行政执法的指导意义

(一)法律关系及行政法律关系的基本理论

法律关系作为法学的基本概念,既是理解法的性质和作用的重要视窗,也是分析各种法律问题的重要工具。法律关系分析法是法律职业者必不可少的分析工具。法律职业者在思考和处理法律问题时,通常要按照法律的逻辑和方法区分出各种法律关系,分析每种法律关系所适用的法律规范,确定法律关系的客体,明晰法律关系主体的权利、义务和责任。① 从法律关系的属性角度,法律关系包括宪法法律关系、行政法律关系、民事法律关系和刑事法律关系等。行政执法领域,毫无疑问以行政法律关系为主。

行政法律关系,是指受行政法律规范调控、因行政活动而形成或

---

① 参见张文显主编:《法理学》,高等教育出版社、北京大学出版社2007年版,第159~166页。

产生的各种权利义务关系；包括在行政活动中形成的行政主体与行政相对人之间的行政法上的权利义务关系，也包括因行政活动而产生的救济或监督法律关系。与法律关系的基本原理一样，行政法律关系由行政法律关系的主体（行政机关、行政相对人及第三人）、内容（行政法律关系主体的权利与义务）、客体（行政法律关系主体权利义务所指向、影响和作用的对象）构成。

根据法律关系发生的方式不同，法律关系可分为创设性法律关系与调整性法律关系。从行政职权"职权法定""法无授权不可为"的基本原则可以判定，行政法律关系属于创设性法律关系。因此，研究行政法律关系必须基于现有法律、行政法规及其所设定的调整范围或者从法律规范体系出发，也就是说，一部法律或者行政法规形成一类行政法律关系。

（二）研究行政法律关系的意义

行政法律关系是行政法律规范调整一定社会关系时所形成的权利义务结果，对于指导立法机关正确设定行政法上的权利义务以及行政相对人正确行使行政法上的权利和履行行政法上的义务，都具有重要作用。在行政案件中，首先要分析各当事人之间是否存在某种行政法律关系，否则就会发生错误确定当事人的现象；其次应确定法律关系的性质决定所适用的法律规范。这就需要借助于行政法律关系理论从纷繁复杂的法律关系中厘清不同的权利义务关系，从而对一个案件特别是复杂的案件予以准确定性和正确适用法律。[①] 行政法律关系在现代风险社会中可以发挥法治功能、认知功能、规范供给功能和体系化功能。在认知功能中，行政法律关系可用来精准识别行政活动，确定行政法规范的对象。在规范供给功能中，行政法律关系在"释法"上发挥"后果导向"的功能，而在"找法"上则会成为法律规范的内容

---

① 参见应松年主编：《当代中国行政法》，人民出版社2018年版，第157～167页。

渊源,并在客观上成为规范体系的整合、调校装置。[①] 有学者认为,看起来复杂的案件基本是由存在多种复杂的法律关系造成的。如果能够通过对法律关系的分析和把握,将各种法律关系分割开来,以不同的法律关系确定当事人的法律权利和义务,就可以事半功倍地解决问题。[②]

以上述理论分析为指导,从行政执法实践角度来看,研究行政法律关系至少有以下作用:一是确定行政相对人(判定主体)。根据有关当事人的法律行为判定是否属于行政管理的对象从而成为该行政主体的行政相对人。二是确定适用法律(选择执法依据)。根据行政相对人的法律行为确定行政管理活动所适用的法律、行政法规、规章等执法依据。三是明确权利义务。根据所选定的执法依据确定行政机关和行政相对人在该法律框架下的权利、义务和相应的法律责任。四是指导行政行为。对该法律关系中行政主体该管什么、怎么管,如何办理行政许可、行政处罚、行政强制,行政相对人应当做什么、怎么做等,形成法律指导意见。五是指导法律救济和行政司法。明确了行政主体和行政相对人的权利义务,对行政相对人提起行政复议、行政诉讼,以及行政机关办理行政复议案件、司法机关办理行政诉讼案件的指导作用就变得显而易见。

(三)部分行政机关对行政法律关系的研究应用

正是行政法律关系对行政机关执法行为能产生如此明显的规范作用,在具体行政执法领域出现了不少的行政法律关系分析研究成果。教育、内河交通事故调查、农业综合执法改革、公路产业管理、碳排放初始分配、城市拆迁等领域的研究成果对各部门行政执法起到重

---

① 参见王本存:《行政法律关系的功能与体系结构》,载《现代法学》2020年第6期。

② 参见张显华:《案例分析的两种基本方法之一——法律关系分析法》,载《法制博览》2019年第3期。

要的规范和指导作用。[①] 在海关执法领域,有学者对海关估价、海关事务担保、知识产权保护方面的行政法律关系作了研究,对海关执法监管提出了很好的指导意见。[②] 沈义峰等基于对出入境检验检疫法律关系的分析,系统梳理了检验检疫行政相对人法定义务及相关行政处罚行为,并对外贸代理、收购生产企业产品出口、自然人履行职务行为等情形下检验检疫行政处罚案件的当事人作了分析,为办理出入境检验检疫行政处罚案件提供了有益的思路。[③]

二、新海关行政法律关系的历史与现状分析

(一)新海关执法职能、依据及其历史演变

1998年4月,国务院决定将原分属于国务院对外经济贸易、农业、卫生行政部门管理的进出口商品检验局、动植物检疫局、卫生检疫局分离出来,合并成立国家出入境检验检疫局及所属的各地出入境检验检疫局(俗称"三检合一")。2001年,国务院又将国家出入境检验检疫局与国家技术监督局合并成立国家质量监督检验检疫总局(以下简称"国家质检总局"),但所属的各地出入境检验检疫局机构设置和职

---

① 参见程建:《城市拆迁的行政法律关系分析》,载《前沿》2004年第12期;陈国栋:《国有土地上房屋征收、补偿与拆迁的诉讼救济——基于行政法律关系的分析》,载《时代法学》2012年第4期;沈贵平:《内河交通事故调查处理中的行政法律关系》,载《交通科技》2000年第1期;肖林:《我国公路产业中的经济行政法律关系问题及对策研究》,载《中国外资》2014年第1期;陈建:《我国碳排放配额初始分配方式的法学探究》,载《西南石油大学学报(社会科学版)》2015年第2期;成玉梅:《论依法治校视野下学校与学生的教育行政法律关系》,载《法制博览》2019年第7期;杨百峰:《当前农业综合执法改革中存在的问题及建议》,载《山东农机化》2020年第2期;边缘:《论学校在行政上法律关系的地位》,载《法制博览》2020年第27期。

② 参见顾锐:《论海关估价法律关系主体权利与义务的平衡》,山东大学2007年硕士学位论文,第3~36页;郭鸿雁:《对我国知识产权海关保护制度中法律关系的探讨》,载《焦作大学学报》2008年第2期;石少侠、车震震:《论海关事务担保法律性质的认定及其意义》,载《当代法学》2013年第1期。

③ 参见沈义峰等编著:《出入境检验检疫行政处罚理论研究与实务》,法律出版社2015年版,第23~37页。

能不变。2018年,新一轮党和国家机关机构改革时,党中央决定将国家质检总局(现为国家市场监督管理总局)的出入境检验检疫职能和队伍划入海关总署,建立中国特色社会主义“新海关”。新海关职能在原海关的监管、征税、缉私、统计“传统四大职能”基础上,增加了进出口商品检验、进出境动植物检疫、国境卫生检疫和进出口食品安全监管“新四大职能”。

在以上二十年来的机构改革过程中,海关所依据的《海关法》,原出入境检验检疫机构所依据《进出口商品检验法》及其实施条例、《进出境动植物检疫法》及其实施条例、《国境卫生检疫法》及其实施细则虽然经过了部分修订,但总体法律结构和体系没有改变。2009年,《食品安全法》及其实施条例取代原《食品卫生法》后,仍然保持相对独立的法律体系,其中专门设定了“食品进出口”一章,为原出入境检验检疫机构提供执法依据。2018年4月以来,《进出口商品检验法》及其实施条例、《国境卫生检疫法》及其实施细则、《食品安全法》及其实施条例、《海关法》等虽然作了一些修订,有的虽然也是针对机构改革新情况而修订的,但这些法律、行政法规规定的执法主体、执法程序、法律责任等均没有大的变化。也就是说,原出入境检验检疫机构同时是《进出口商品检验法》及其实施条例、《进出境动植物检疫法》及其实施条例、《国境卫生检疫法》及其实施细则、《食品安全法》及其实施条例(食品进出口部分)等主要法律、行政法规的执法主体,新海关则同时是这些出入境检验检疫法律、行政法规和《海关法》《船舶吨税法》《固体废物污染环境防治法》《进出口关税条例》《知识产权海关保护条例》《海关行政处罚实施条例》等法律、行政法规的执法主体。尤其是,这些法律、行政法规中,对执法主体的名称至今仍然是国家动植物检疫机关与口岸动植物检疫机关、国家商检部门与商检机构、国境卫生检疫机关、海关等,执法程序也是报检、检验检疫、放行和申报、查验、放行、稽查等,各自成相对独立体系。

(二)立法机关对机构改革后职能配置的法律规制

为解决本轮政府机构改革完成之后,新组建的行政机关法定职责与执法依据的法律衔接问题，平稳有序调整法律、行政法规规定的行政机关职责和相关工作，确保行政机关依法履行职责、开展工作，推进国家机关机构设置和职能配置优化、协同、高效，全国人大常委会、国务院于2018年4月分别对国务院机构改革涉及法律、行政法规规定的行政机关职责调整问题作出决定，明确：现行法律、行政法规规定的行政机关职责和工作，《国务院机构改革方案》确定由组建后的行政机关或者划入职责的行政机关承担的，在新的法律、行政法规尚未修改之前，调整适用有关法律、行政法规规定，由组建后的行政机关或者划入职责的行政机关承担。① 该决定从法律上解决了新组建或新增职能的行政机关与原来法律、行政法规的关系，使这些行政机关不论实际机构名称如何，均成为原来法律、行政法规的执法主体，为新组建或新增职能的机关更好地依法行政和明晰权力与责任，奠定了法律基础，也是中国特色社会主义法治进步和法治政府建设取得新成就的重要体现。

（三）新海关行政法律关系的构成

就新海关职能和现行法律、行政法规框架来说，由于法律之间的相对独立，尚不存在统一的海关行政法律关系，至少以下五类行政法律关系并存：

1. 海关法律关系，主要包括海关监管、征税、统计、缉私、知识产权保护以及有关的稽查、海关特殊监管区管理、行政处理、行政处罚、行政许可、行政强制等权利义务关系。

2. 进出口商品检验法律关系，主要包括海关确定和发布法定进出口商品检验目录、实施法定进出口商品检验（合格评定）、监督抽查以及有关的行政处理、行政处罚、行政许可、行政强制等权利义务关系。

3. 进出境动植物检疫法律关系，主要包括海关对进出境动植物、

① 参见全国人大常务委员会《关于国务院机构改革涉及法律规定的行政机关职责调整问题的决定》（2018年4月27日发布）；国务院《关于国务院机构改革涉及行政法规规定的行政机关职责调整问题的决定》（国发〔2018〕17号，2018年5月24日发布）。

动植物产品和其他检疫物、来自疫区的运输工具等实施动植物检疫以及相关的行政处理、行政处罚、行政许可、行政强制等权利义务关系。

4. 国境卫生检疫法律关系,主要包括海关对进出境的人员、货物、物品、交通工具等实施国境卫生检疫、传染病监测以及相关的行政处理、行政处罚、行政许可、行政强制等权利义务关系。

5. 进出口食品安全监管法律关系,主要包括海关对进出口的食品、食品添加剂、食品相关产品实施进出口检验以及相关的行政处理、行政处罚、行政许可、行政强制等权利义务关系。《食品安全法》第92条第2款明确规定:“进口的食品、食品添加剂应当经出入境检验检疫机构依照进出口商品检验相关法律、行政法规的规定检验合格”。从而使进出口食品安全监管与进出口商品检验行政法律关系存在一定的交叉。

由于各部法律独立存在,导致以上五类行政法律关系并存,海关针对同一个行政相对人,或者同一批货物或物品实施行政管理时,必然会遇到同时涉及海关监管(包含征税、知识产权保护等)、进出境动植物检疫、进出口商品检验、国境卫生检疫、进出口食品安全检验等一种或几种法律关系的情况。只有准确识别同一执法对象或者同一客体上存在的全部行政法律关系,才能兼顾该执法活动中全部海关执法权力和行政相对人的法定义务,准确选择执法依据并全部履行法定职责,确保执法行为适用法律正确、符合法定程序,所作出的行政执法行为合法有效。

三、对新海关部分执法过程行政法律关系分析

自2018年4月新海关组建以来,海关总署按照党中央、国务院部署,立即开展了关检深度融合、推进全面通关一体化工作,将原来分属于海关、检验检疫机构的申报、查验、处置、放行、稽查、行政许可、行政处罚等流程合并,一口对外,实现执法统一。但是,从法律关系角度分析,这些执法行为中所涉及的行政法律关系除了执法主体的名称变化外,双方主体的权利义务没有实质性改变。笔者对以下事项所涉及法

律关系作了简单梳理。

（一）海关监管与检验检疫监管

1. 报检、申报、申报前监管

出入境检验检疫的法律、行政法规对法定检验检疫货物采取“报检”的方式，对出入境旅客及其携带物、邮递物采用“申报”方式，进口商品目的地检验采用“申请检验”用语，检验检疫合格一般采用“放行”。《海关法》则采用“申报”“放行”用语。海关在现行申报前监管的操作流程中，将出口货物的产地检验检疫与进口货物的目的地检验检疫与口岸申报分离开来，称为“申请申报前监管”，检验检疫合格称为获得“电子底账”。在“两步申报”改革中将“申报”分为“概要申报”和“完整申报”。进口货物清关时，《报关单》与《入境货物检验检疫证明》仍并行存在。对这些具体操作过程，不论名称用语如何变化，仍然要针对具体的货物、检验检疫项目，明确具体行政法律关系和行政相对人的权利义务，准确选择所适用的具体法律、行政法规中的“报检”“申报”“放行”等法律条文，尤其是针对出现漏报、漏检等违法行为给予行政处罚时，更要严格界定行政法律关系和准确选择处罚依据。

2. 检验、检测、化验、认证

《进出口商品检验法》及其实施条例、《认证认可条例》中对检验、检测、认证的含义作了区分，商品检验是一种包括“抽样、检验和检查，评估、验证和合格保证，注册、认可和批准以及各项的组合”的合格评定活动；检测则一般指实验室开展的测试活动；认证则是由认证机构证明产品、服务、管理体系符合相关技术规范、相关技术规范的强制性要求或者标准的合格评定活动。《食品安全法》及其实施条例专章规定了“食品检验”，主要是对食品检测机构、人员、复检等的管理，“检验”的含义与《进出口商品检验法》及其实施条例中的“检测”基本一致。《海关法》将“检验”“化验”两词并用，并制定了海关化验方面的规章，似乎海关系统的检测称为化验，系统外的检测称为检验。《海关法》没有规定认证制度，在信用管理的规章和其他有关规范性文件制定了中国海关“经认证的经营者”（Authorized Economic Operator，AEO）制度，使“认证”一词的含义与《认证认可条例》等其他法律、法规和规章中认证的含义出现明显的差异。[①] 由于这些概念在不同的法律、法规、规章中具有不同的含义,海关在具体执法实践中,必须识别所涉及的行政法律关系,从而选择正确的执法依据。曾有同事认为,法定进出口商品检验属于海关监管放行前的过程性行为,不可提起行政复议或行政诉讼。笔者认为该观点将《进出口商品检验法》上的"检验"与《海关法》上的"化验"混同,进而混淆了海关行政法律关系与进出口商品检验行政法律关系,影响了企业对进出口商品检验的法律救济权利。

3. 稽查与核查

稽查制度是《海关法》针对海关监管业务的实际所设定的专门后续检查制度。国务院颁布的《海关稽查条例》第2条明确规定:"本条例所称海关稽查,是指海关自进出口货物放行之日起3年内或者在保税货物、减免税进口货物的海关监管期限内及其后的3年内,对与进出口货物直接有关的企业、单位的会计账簿、会计凭证、报关单证以及其他有关资料(以下统称账簿、单证等有关资料)和有关进出口货物进行核查,监督其进出口活动的真实性和合法性。"为推进关检业务融合,海关总署2018年6月颁布的《关检业务全面融合"多查合一"改革实施方案》将海关稽查与原检验检疫机构开展的部分监督检查合并,统称为稽(核)查,"风险要素复杂、数额较高、社会影响较大、安全准入进而税收风险突出等情况一般按稽查方式开展作业,其他按照核查方式开展作业"。由于原国家质检总局没有制定专门的检验检疫监督检查规定,而是散见于其他有关的规章中,新海关稽(核)查就必然适用海关稽查的程序规定。因此,海关稽(核)查执法过程必然同时涉及海

---

① 参见《进出口商品检验法》第6条、第23条、第24条,《进出口商品检验法实施条例》第10条、第36条,《认证认可条例》第2条,《食品安全法》第5章,《食品安全法实施条例》第5章,《海关法》第42条,《海关企业信用管理办法》(海关总署令第237号),《海关注册登记和备案企业信用管理办法》(海关总署令第251号),《海关进出口货物商品归类管理规定》(海关总署令第252号,吸收并废止了海关总署令第176号《海关化验管理办法》)等法律、法规和规章。

关稽查法律关系和进出口商品检验、进出境动植物检疫、食品安全检验中的至少一类法律关系，这些法律关系中行政相对人的权利义务并不完全相同，尤其是采取后续处理措施及其相关的法律救济措施时，海关执法文书所选用的执法依据应当与执法行为所涉及的法律关系一致，确保执法依据准确。

（二）检验、检疫

自1998年“三检合一”以来，进出口商品检验、进出境动植物检疫、国境卫生检疫、进出口食品安全检验方面的法律、行政法规一直是沿袭的“三检分设”时的各自独立状态，只有在2015年修订《食品安全法》时，将进口食品检验程序明确为按照进出口商品检验的法律、行政法规进行。因此，进出口商品检验、进出境动植物检疫、国境卫生检疫、食品安全检验法律关系基本是并列存在的。原国家出入境检验检疫局、国家质检总局结合“三检合一”后的实际情况，在规章层面对报检、查验、检测、放行、发证、检验检疫处理等环节作了大量业务融合，并发布了《出入境检验检疫机构实施检验检疫的进出境商品目录》。海关总署新发布的《进出口食品安全管理办法》（海关总署令第249号）将与进出口食品安全有关的海关监管、动植物检疫、商品检验、食品检验、卫生检疫进一步作了整合，对推进关检业务融合和一体化建设有重要意义。但规章和规范性文件层面的业务融合并不能改变由法律、行政法规创设的行政法律关系，海关执法监管时，仍然必须建立行政法律关系的思维方法，针对不同的情况，选择不同的法律、行政法规依据，确保执法行为合法、有效。笔者曾对法定检验检疫目录、《食品安全法》与《进出口商品检验法》衔接等方面做了粗浅研究，对新海关法定检验检疫目录、复验与复检、行政许可等提出了完善建议，本文不再赘述。①

① 参见王传斌：《对新海关“法检目录”的思考与完善建议》，载《海关与经贸研究》2020年第2期；王传斌：《食品安全法与进出口商品检验法衔接研究》，载陈晖主编：《海关法评论》第10卷，法律出版社2021年版。

(三)海关行政许可、行政处罚、行政强制

根据我国《行政许可法》《行政强制法》《行政处罚法》规定,主要在法律、行政法规层面设定行政许可、行政强制、行政处罚等相关事项。具体到新海关执法领域,行政许可、行政强制和行政处罚仍然是根据《海关法》《进出口商品检验法》《进出境动植物检疫法》《国境卫生检疫法》《食品安全法》及相应行政法规的规定分别独立设定和实施,这样则可能存在同一个企业要获得两个及以上的海关行政许可,如海关监管货物仓储审批、出口监管仓库保税仓库设立审批、进出境动植物产品的国外生产加工存放单位注册登记等。在海关行政强制措施中,《海关法》规定的各类扣留、查封、扣押措施,与检验检疫的法律、行政法规中规定的查封、扣押、加施封识、截留措施,在实施条件、程序、期限、解除和法律文书等方面存在差别,也有可能出现两种及以上的行政强制措施在同一货物或物品上同时使用的。这些同时涉及多个海关法律、行政法规的情形,必须认真分析所涉及的行政法律关系,在该法律关系框架内选择所适用的法律依据,严格遵循实施行政许可或行政强制措施的法定条件和程序,确保行政措施合法、有效。

在新海关行政处罚方面,各部法律、行政法规分别规定了行政处罚措施,在具体实务中,经常会出现行政处罚竞合的情况。为适应新修订的《行政处罚法》实施,2021 年海关总署颁布了新修订的《海关办理行政处罚案件程序规定》(海关总署令第 250 号,自 2021 年 7 月 15 日起实施,以下简称新《处罚程序规定》),同步废止了《海关行政处罚听证办法》《海关办理行政处罚简单案件程序规定》,使行政处罚程序更加统一和完善,但仍有两个事项缺少明确规定:一是合并处罚种类,二是行政处罚有关的海关事务担保。以下略作讨论。

由于同一进出境货物、物品可能同时违反两个以上海关法律、行政法规,而且这两个以上的法律、行政法规均规定了行政处罚,就可能出现如何实施行政处罚的问题。综合学者研究,该问题不属于《行政处罚法》规定的“一事不再罚”。针对该类情况,原国家质检总局颁布的《出入境检验检疫行政处罚程序规定》(现已失效)专门规定了合并处罚种类制度，较好地解决了这一问题。[①] 但海关总署新《处罚程序规定》没有涉及此方面的条款，虽然海关总署内部文件《综合业务司、政策法规司关于印发海关办理检验检疫行政处罚案件操作规程（施行）的通知》（综合函〔2019〕259 号）在附则部分规定，对办案时同时违反两个以上检验检疫的法律、行政法规、规章时适用“合并处罚种类”，以及同时触犯检验检疫法律法规和海关法律法规时按照较重的规定处罚，但尚未上升到规章或规范性文件层面。在当前涉检行政处罚案件与涉关行政处罚案件管理部门分设（一般情况下，涉关案件由海关缉私局负责，涉检案件由海关法制部门负责）情况下，该问题需要有关执法人员予以关注。

海关事务担保是依据《海关法》规定的一种税务担保措施，《海关事务担保条例》第 8 条规定对受到行政处罚的法人或其他组织在罚款和违法所得等没有缴清前，应当向海关提供担保。因此，海关总署新《处罚程序规定》进一步明确了行政处罚执行时办理海关事务担保的有关事项。笔者认为，海关事务担保只适用于海关行政法律关系，不适用于检验检疫所涉及的行政法律关系，如果办理检验检疫违法案件，采取海关事务担保措施，则存在适用法律错误的法律风险。

四、从行政法律关系角度对新海关推进法律修订工作的建议

从以上分析可以看出，目前新海关关检法律、行政法规的融合还尚未开始，还有很长的路要走。尽管《国境卫生检疫法》《进出境动植

---

① 参见原国家质检总局《出入境检验检疫行政处罚程序规定》（现已失效）（国家质检总局令第 85 号）第 29 条规定：“当事人的违法行为同时违反两个以上检验检疫法律、行政法规或者规章，该两个以上检验检疫法律、行政法规或者规章的法律责任有重合规定的，应合并处罚种类追究当事人法律责任。”第 30 条规定：“合并处罚种类追究法律责任的，对于违法行为严重的，合并全部处罚种类；对于违法行为轻微的，选择部分或较轻的处罚种类。合并处罚种类，两个以上检验检疫法律、行政法规或者规章都有罚款规定的，不累加罚款数额，应当选择使用罚款数额较大的条款。合并处罚时，如果涉及的出入境检验检疫法律、行政法规对当事人提起复议和诉讼的期限规定不同的，应当选择较长的期限。”

物检疫法》已经按照全国人大部署启动修订工作,但据悉新海关行政法律关系整合问题仍然没有纳入本轮法律修订研究的范畴。海关总署已经将《海关法》修订纳入工作规划,并大力组织研究推进,已有一批专家学者发表了系列研究成果。笔者认为,在修订《海关法》时如能关注新海关行政法律关系问题,并通过法律融合加以解决,则对重塑具有中国特色的海关行政法律关系,推进新海关法律深度融合,促进海关依法行政和海关法治化建设均具有重要意义。

(一)海关法法典化作为远期目标

借鉴我国颁布《民法典》的成果和经验,有专家提出了《海关法》法典化的思路,令人鼓舞。[①] 目前,行政法法典化讨论比较热烈,而且有的学者认为,制定行政法法典时机已经成熟,具备制度准备、理论准备、实践准备的条件,并提出了具体的路径。行政法学界的专家学者纷纷提出了比较切实可行的行政法法典化操作途径。[②] 相比之下,新海关法律体系框架中,《海关法》《进出口商品检验法》《进出境动植物检疫法》《国境卫生检疫法》《食品安全法》等的篇章结构、立法技术、法律衔接等还不能充分协调,如果在此基础上开展海关法法典化则实际操作困难重重。至少说,目前还不具备海关法法典化的条件,只能将其作为远期目标考虑。

(二)从融合海关行政法律关系入手重构海关法律体系

目前,新海关法律体系中各部法律互相分离的状态,是导致多种法律关系并存的根本原因。笔者认为,应从融合海关行政法律关系入手重建海关法律体系,将现行《进出口商品检验法》、《进出境动植物检疫法》、《国境卫生检疫法》和《食品安全法》"食品进出口"一章与《海

---

① 参见陈晖:《密涅瓦的猫头鹰应该这样再次起飞》,载微信公众号"关院海关法论坛"2021年8月13日,https://mp.weixin.qq.com/s/rn6_-7LhzVO3Sm187SU2bQ。

② 参见梁凤云:《直接制定行政法典的时机已经成熟》,载微信公众号"民主与法制周刊"2021年8月22日,https://mp.weixin.qq.com/s/6AJbVl4TsVJZUqqKjqvL6w;应松年、马怀德等:《八位行政法学者:我们应当如何实现行政法法典化?》,载微信公众号"法学学术前沿"2021年8月21日,https://mp.weixin.qq.com/s/IzdnpusNu8lcBvHKkSgXYA。

关法》深度融合成一部新的《海关与出入境检验检疫法》。[①] 具体内容为：一是整合新海关职能，增设海关履行进出口商品检验、进出境动植物检疫、国境卫生检疫、进出口食品安全监管职能的规定，与海关征税、缉私、统计的职能深度融合，并将海关所监管的货物、物品、人员范围予以明确。二是整合设定有关的行政许可、行政强制和行政处罚，充分协调一致。三是规定海关行政执法的基本程序，包括申报、查验、放行、发证、救济等，将关检融合通关一体化的改革成果在法律中固定下来。四是规定海关执法人员的从业条件、程序和执法监督与责任。在废止《进出口商品检验法》《进出境动植物检疫法》《国境卫生检疫法》的同时，同步修订《产品质量法》《动物防疫法》《植物检疫条例》《传染病防治法》《食品安全法》，使这几部法律法规中对进出境货物或物品、出入境人员所涉及的产品质量、动植物检疫、传染病防控、食品安全等方面规定，与《海关与出入境检验检疫法》一致，也从法律上界定海关与税务、财政、市场监管、农业农村、林业草原、卫生健康等部门的职责边界和执法衔接，将现行部门“三定”（定机构、定编制、定职能）方案中与职能相关的内容上升到法律层面。

（三）尝试建立海关行政执法程序条例

由于《海关与出入境检验检疫法》法律条文有限，只能规定基本的内容，建议通过制定一系列行政法规细化新海关有关职能，并规范新海关执法程序。这些行政法规包括修订《海关事务担保条例》《进出口

---

① 考虑到国际上海关与出入境检验检疫机构独立设置较为常见，海关一般不负责出入境检验检疫职能，“海关”一词也不含有检验检疫含义。新修订的法律采用《海关与出入境检验检疫法》名称，将出入境检验检疫职能在新的法律名称中体现，能促进我国海关与世界海关组织（World Customs Organization，WCO）、世界卫生组织（World Health Organization，WHO）、世界贸易组织（World Trade Organization，WTO）、国际兽医局（Office international des épizooties，OIE）、联合国粮农组织（Food and Agriculture Organization of the United Nations，FAO）等国际机构的职能及国际惯例保持一致，全面展现中国特色新海关的新职能。查询“中国人大网”2021年4月29日公布的《现行有效法律目录（277件）》，个别法律名称中也有采用“与”字的表述，如《外交特权与豁免条例》《领事特权与豁免条例》《人口与计划生育法》《基本医疗卫生与健康促进法》。

关税条例》《知识产权海关保护条例》《海关行政处罚实施条例》《海关稽查条例》,增设《海关出入境检验检疫条例》《海关行政执法程序条例》,进一步细化出入境检验检疫的规定,并将申报、查验、放行、发证、行政处罚、行政许可、行政强制等程序统一和规范。

五、展望

整合新海关行政法律关系不仅必要,而且迫在眉睫,本文提出了大胆设想。如果能建立以《海关与出入境检验检疫法》为母法,以《海关事务担保条例》《进出口关税条例》《知识产权海关保护条例》《海关行政处罚实施条例》《海关稽查条例》《海关出入境检验检疫条例》《海关行政执法程序条例》为配套的新海关法律体系,新海关行政法律关系得到整合,海关和行政相对人权利义务得到明确,新海关执法程序得以统一,必然大大提升新海关法治水平。经过若干年运行和改进,再将《海关与出入境检验检疫法》与上述行政法规融合,编撰出一部具有中国特色的《海关法典》,海关法法典化梦想即可成为现实。

A Study on Administrative Legal Relations of New Customs

—Also on Revision and Codification for the Customs Law of China

WANG Chuanbin

[**Abstract**] The theory of administrative legal relationship has important guiding significance for enforcement of administrative law enforcement, and provides important thinking method and path options for administration by law. After the structural reform in 2018, China Customs is mandated with such functions as customs supervision, import and export commodity inspection, import and export animal and plant quarantine, frontier health and quarantine, and import and export food inspection. Now, the laws and administrative regulations concerned are relatively independent, resulting in relatively independent administrative legal relations. Based on the analysis of administrative legal relations between customs operations and inspection and quarantine, inspection and quarantine, and customs administrative licensing, administrative compulsion, administrative punishment, this paper gives some ideas on the revision and codification of customs law. First, in the short term, we should formulate the Law of Customs and Entry-Exit Inspection and Quarantine and a series of supporting administrative regulations by integrating customs administrative legal relations, to reconstruct the customs administrative legal system and standardize customs functions and law enforcement procedures. In the long term, we should issue China Customs Code in due course in the future to realize the goal of codification.

[**Key words**] Customs; administrative legal relations; revision of Customs law; codification

海关法评论(第11卷)

国门安全与海关法

Border Security and Customs Law

从安全监管角度谈完善《进出境动植物检疫法》

廖　佳*

[摘　要]　全面梳理现行进出境动植物检疫法律制度，找出其不适应当前监管形势的堵点和盲点，如法律适用范围限定过窄，管理条块体系化不够强——监管规定分散、监管环节孤立、监管方法单一，法律责任不够完善（处罚畸轻、有责无罚、对违法后果认识不足等）。同时，从筑牢织密海关安全监管防线、提升海关国门安全防控能力的角度，提出拓展法律适用范围、构建以安全风险防控为导向的体系化管理制度和完善追责体系的改进建议，以期推动构建科学完备的海关法律规范体系。

[关键词]　进出境动植物检疫法；安全风险防控体系；责任体系

新型冠状病毒（以下简称新冠病毒）全球肆虐，传播媒介从人到物，给海关生物安全监管带来前所未有的挑战。经过近两年的不懈努力，我国海关对入境人员的疫情防控已形成了较为系统科学的制度和做法。但在对入境货物和物品的安全风险防控上，还存在一些需要补齐的短板。鉴于此，笔者选取物防的制度基础之一——《进出境动植物检疫法》及其实施条例为研究对象，探讨其在当前形势下存在的盲

* 廖佳，重庆海关法规和综合业务处法规管理科二级主任科员。

点和堵点,并从筑牢织密安全监管防线、完善海关国门生物安全监管体系、推动构建科学完备的海关法律规范体系的角度提出一些修订思路和建议。

一、现行《进出境动植物检疫法》存在的主要问题

(一)适用范围限定过窄

1. 对监管环节的限定过窄

现行《进出境动植物检疫法》规范调整的内容主要是进境、出境、过境检疫,携带、邮寄物检疫和运输工具检疫,规范作用环节限定在进出境当时。而动植物疫情疫病可能发生在事前事中事后全环节,同时受限于相关检测仪器、试剂的灵敏度、精确度、稳定性以及抽采样的偶然误差等,且出入境环节的检疫客观存在漏检可能,单一进出境环节的检疫管理可能存在排查、防控疫情的漏洞。对监管环节的限定过窄,已不能满足全方位的安全监管要求。

2. 对监管对象的限定过窄

以多次装卸、频繁进出境,极大可能携带病媒生物的进出境运输工具为例,《进出境动植物检疫法》规定的检疫范围仅为"来自动植物疫区的运输工具"①,如非疫区出现新发的疫病种类或是运输工具在疫病未及通报时进境,传播风险难以防控。

(二)管理条块体系化不够强

1. 检疫操作实务散见于各单行规章,法律系统性较差

现行《进出境动植物检疫法》及其实施条例侧重于进出境环节的检疫程序性规定,如检疫机关、地点、审批手续、不合格处理原则等,对具体检疫物的处理方式和标准等操作实务则需依据各单行规章,而各单行规章规定细碎、内容繁多且存在大量交叉和矛盾之处,缺乏系统性和逻辑性,既不利于行政相对人掌握相关政策,又给现场关员执行带来理解和操作障碍。

---

① 参见《进出境动植物检疫法》第2条。

以出境动物检疫为例，单是供港澳地区的活动物检疫管理，就有《供港澳活牛检验检疫管理办法》《供港澳活羊检验检疫管理办法》《供港澳活猪检验检疫管理办法》《供港澳活禽检验检疫管理办法》4部规章。这些规章的立法目的、管理机构、饲养场、中转场登记，以及海关对饲养场、中转场的监督管理制度，海关检疫出证流程，海关检测制度，样品采集范围等几乎没有差别，管理细到每一种动物出一部规章，实无必要。

2. 进出境检疫程序孤立，监管行为难成体系

《进出境动植物检疫法》及其实施条例将进出境检疫防控重心放在进出境环节本身，前期的风险研判和筛查，后期的溯源和异常情况处置等都缺乏制度支撑，已不适应现实的进出境动植物安全监管需求。《实施卫生与植物卫生措施协定》(Agreement on the Application of Sanitary and Phytosanitary Measures，以下简称 SPS 协定)明确规定，动植物卫生检疫措施既包括检测、检验、出证和批准程序、检疫处理等，还包括对有关统计方法、抽样程序和风险评估方法的规定。虽然我国《进出境动植物检疫法》第 47 条规定，在我国缔结或参加的有关国际条约与该法有不同规定时，适用该国际条约的规定。但SPS 协定是原则性规定，具体监管职责应如何实施，还需要国内立法予以明确。

在法律没有相应规定的情况下，以规章形式出现的《出入境检验检疫风险预警及快速反应管理规定》《进境动物和动物产品风险分析管理规定》《进境植物和植物产品风险分析管理规定》，对“风险”“预警”“风险分析”“风险评估”“风险预测”等特定含义法律词汇直接进行定义，缺乏制度和逻辑支撑。且其规定多为概念性的解释，如对进境动物和动物产品传入和发生风险评估，考虑其生物因素、国家因素和商品因素，每种因素包括的具体内容，而对于这些因素的叠加效应到达什么程度应采取控制措施、控制措施的选择和应用标准等缺乏明确规定，在实践中需要根据出现的情况制定公告等细化。出现问题后，易出现反应时间不够或是因突然出台规定而引发

争议的情况。

3. 对检疫对象性质的认知不够,管理方法不成体系

动物传染病、寄生虫病和植物危险性病,以及虫、杂草及其他有害生物(以下简称病虫害)属于自然科学范畴,其病原和致病方式等变化速度快、传播范围广,还存在附着在动植物或是其产品、包装物上,但不会对其本身造成伤害,以接触或其他传播方式引发人类或其他生物疫情疫病的跨种族、跨类别的致病因素。人类要想防治动植物病虫害,必须对其有充分甚至超前的认知和措施。但现行的动植物检疫法律法规,对每一种检疫异常和危害后果都限定在已知、已被现实科学研究和案例证实的范围内。出现异常时,再来立法规定应对措施,缺乏系统科学、平战结合的管理方法,导致安全监管往往滞后于疫情变化,不能及时有效地防控进出境动植物疫情传播。

以新冠病毒为例,因其以人类传染病的形式出现,不在《进出境动植物检疫法》的规制范围,一开始并不是动植物检疫对象。直到出现了可能的病例,发现其能通过附着在动植物产品及其包装上传播,再来制定相关检疫规定和方法时,已经失去先机。虽然在多方协作努力下,没造成人员伤害,但对已流向市场的可能染疫物的追踪和溯源,耗费了大量的人力和财物。

(三)法律责任体系不够完善

现行《进出境动植物检疫法》及其实施条例在“法律责任”方面存在的突出问题主要有以下几点:

1. 处罚畸轻

行政处罚只有罚款和吊销检疫单证两种,处罚手段单一,罚款最高不超过5万元,吊销检疫单证仅针对检疫不合格的当票货物。[①] 对刑事责任的规定主要是,引起重大动植物疫情、构成妨害动植物防疫、检疫罪的,处3年以下有期徒刑或者拘役,并处或者单处罚金。[②] 违法

---

① 参见《进出境动植物检疫法实施条例》第59~62条。

② 参见《刑法》第337条。

成本与可能造成的风险和危害严重不对等。以非洲猪瘟病毒为例，根据农业农村部统计数据，2020 年 1 ~ 10 月，全国共扑杀生猪 1.35 万头①，以每头 2000 元计算，经济损失达 2700 万元，5 万元的罚款与之相比，不值一提。

2.“有责无罚”，法律逻辑不够严谨

部分动植物检疫正面规定缺乏清晰明确的对应罚则，如《进出境动植物检疫法》第 36 条规定“进出境运输工具上的泔水、动植物性废弃物，不得擅自抛弃”，但在后文的罚则中，仅有针对抛弃过境动物尸体以及其他废弃物的罚款。

部分动植物检疫正面规定有行政强制措施无罚则，导致强制措施依赖于行政相对人主动守法，执行力度较小。以进出境动植物检疫最常见的处理措施“责令退运、销毁”为例，《进出境动植物检疫法》第 29 条、第 32 条、第 34 条规定，海关有权对禁止进境、未办理检疫审批手续、检验检疫不合格又无法进行有效除害处理的进境检疫物作责令退运或销毁处理，但后续法律责任中缺乏海关执行行政强制措施的依据，亦无当事人不执行强制措施海关可以采取的处罚措施，导致在实际执行中，如当事人不履行退运、销毁义务，海关既不能使用措施强制其退运、销毁，亦无法自行退运、销毁相关检疫物，虽有法可依却难以执行。

3. 对违法后果的认识存在局限性

同样以刑事责任条款为例，仅有引起重大动植物疫情和伪造、变造检疫单证、印章、标志、封识两种情形规定了刑事责任②，而对动植物疫情传播、流行可能带来的人身、财产损害等从法律和情理的角度都应予以规制和补偿的情形无法处置。

---

① 参见《农业农村部对十三届全国人大三次会议第 7462 号建议的答复》(农协议〔2020〕334 号)。

② 参见《进出境动植物检疫法》第 42 ~ 43 条。

二、以全方位安全防控为目标,调整优化进出境动植物检疫法律制度体系

《进出境动植物检疫法》从立法目的来说,首先是保护我国农、林、牧、渔业生产和人体健康。最大限度的安全,是该法的终极价值追求。为此,笔者从拓展适用范围、构建以安全风险防控为指导的体系化管理制度和完善追责体系三个方面提出调整、优化建议。

(一)拓展适用范围

笔者建议,根据实践需要,结合 SPS 协定等国际条约和《生物安全法》《动物防疫法》等国内法律法规拓展《进出境动植物检疫法》的适用范围。从监管环节上,建议增设跨境动植物检疫安全风险预防和监测,跨境传播动植物疫情的报告、通报和公布,跨境传播动植物疫情应急处置相关内容,将现行各进出境检疫环节合并为一个检疫环节。从检疫监管对象范围上,将实施检疫的范围从"进出境动植物、动植物产品和其他检疫物,装载上述检疫物的容器、包装物和来自动植物疫区的运输工具"①,扩展至"进出境动植物、动植物产品和其他检疫物,装载前者的容器、包装物和运输工具,以及其他可能传播跨境动植物病虫害的商品、容器、包装物和运输工具等"。

(二)构建以安全风险防控为指导的体系化管理制度

独木难成林,要落实总体国家安全观要求,把好进出境动植物检疫安全关,必须强化系统和协作理念,摈弃传统的将海关进出境检疫作为第一道防线的思路,将海关检疫实施环节本身的作用往后靠,而将海关动植物检疫安全监管的关口前置后移,对进出境货物从生产、加工、运输、市场流通到最终消费的整个环节流进行检疫风险评估监测和防控。从具体制度层面来看,建议从健全以下三个体系入手。

1. 健全进出境动植物检疫安全风险监测预警体系

疫病疫情最有效的防治方式永远是早发现、早预警、早处置。建

① 参见《进出境动植物检疫法》第 2 条。

议学习 SPS 协定等国际条约和《动物防疫法》等国内立法的先进经验，完善进出境动植物检疫风险监测预警体系。

一是完善跨境传播动植物检疫风险监测、评估、预警机制。建议在《进出境动植物检疫法》中，从法律层级明确“风险”“预警”“风险分析”“风险评估”“风险预测”等词汇概念的内涵和外延。对前文提到的《出入境检验检疫风险预警及快速反应管理规定》等规章进行全面梳理和整合，将风险判别、评估因素、海关可采取的措施等升级入法。针对规定分散的问题，建议根据危害对象和危害后果对跨境传播动植物检疫风险进行分级分类，如一级风险为已证实的能导致重大动植物疫情疫病、人类疫病的病虫害，二级风险为新发的、可能导致重大动植物疫情疫病、人类疫病的病虫害，三级风险为能导致动植物疫情疫病、人类疫病的病虫害，四级风险为可能导致动植物疫情疫病、人类疫病的病虫害等。对每一风险级，设置不同的监测预警措施和报告反映时间。如一级风险要求常规化境内外信息采集、发现风险后 24 小时内通报预警、出入境第一口岸检测消杀等。

二是借鉴《动物防疫法》中关于“县级以上人民政府建立健全动物疫病监测网络”和动物疫情的报告、通报和公布相关规定①，建立以隶属关为最低层级的进出境动植物疫情监测网络，隶属关、直属关相关职能部门、总署业务司局根据机构和专业技术、信息来源等不同特点进行权责分工，上下联动、通力协作。完善海关、国务院农业行政主管部门以及社会公众的报告、通报制度，强调疫情防控人人有责、人人尽责，实现进出境动植物检疫风险的多点触发、多渠道预警以及联防联控。

三是拓展监测范围，将现行《进出境动植物检疫法》规定的对于特定禁止进境物的监测，扩展至所有可能造成跨境传播动植物检疫危害的已知和未知的新发突发动植物病虫害，以及可能附着在动植物及其产品、包装铺垫材料、运输工具上的引发人类疫病的其他检疫物，如新冠病毒等。

---

① 参见《动物防疫法》第 19 条、第 31 ~ 37 条。

2. 健全跨境传播突发动植物疫情安全风险应急处置体系

动植物疫情疫病具有不确定性,建议构建快速反应、对症下药的应急处置体系,以应对突发、突变的跨境传播动植物疫情安全风险。建议结合《突发事件应对法》《突发公共卫生事件应急条例》等法律法规有关规定,补充夯实国境口岸对于跨境传播突发动植物疫情安全风险事件应急管理的相关规定。例如,启动应急响应的具体情形,相关部门的各自职责范围和联防联控机制,经国务院批准可以采取的有关应急措施——对来自境外疫区的运输工具制定进境口岸、临时关闭口岸;对来自特定国家或地区的商品实施无差别消毒措施;出现大范围人类传染病或动植物疫情疫病时,可对未经证实存在传播可能的进出境动植物检疫对象进行新发疫病疫情预防性检测和处理等。

同样以前文提到过的新冠病毒为例,它虽是人类传染病毒,但授权海关可出于防患于未然的考虑,对跨境货物和物品实施新冠病毒检测和消毒处理等应急监管措施,因此造成的企业延期交货等损失,视为不可抗力所致。同时,根据疫情疫病的传播特点,规定海关监测一定时间,如 5 个疫病潜伏期后,未发现传播风险的,解除应急监管措施。

3. 健全动植物疫情跨境传播安全风险常规管控体系

千里之堤毁于蚁穴,健全科学精密的常规管控体系是完善动植物疫情跨境传播安全风险管理至关重要的一环。笔者建议,秉持“平战结合”的理念,在健全完善跨境传播突发动植物疫情应急处置机制和制度的同时,通过整合优化作业流程、改革完善现有制度、将各单行进出境动植物检疫监管管理规章有关规定升格入法等方式,重构动植物疫情跨境传播安全风险常规管控体系。

推行“关口前移”,建立域外合作机制,推行全链条监管模式,最大限度将动植物疫病疫情以及其他跨境动植物检疫安全风险抵御于国门之外。如推行进境检疫物提前申报制度,在必要时可要求进口商在境外提前申报货物检疫风险情况;与外方签订双边或合作条约,建立联合防控和商品全链条溯源机制,从货物获得或生产开始,根据其流经区域的疫情风险情况由主管部门对其进行标记评分,评分超过一定数值的，禁止或限制其入境，对严格履约的合作方，推行快速通关等贸易便利措施，对履约不合格或协助企业隐瞒检疫安全问题的合作方，实施扩大检疫取样范围等强力监管措施。

建立动植物病虫害跨境传播路径熔断机制，对于来自境外动植物疫区的、被动植物病虫害污染的或者可能成为动植物疫情传播媒介、对国内动植物检疫安全和公共卫生造成重大风险的货物、物品，可以暂停其进口。如规定来自同一国家或地区的检疫物 3 个月内 2 次检出某类病虫害的，暂停该检疫物进口 3 个月；1 个月内 2 次检出某类病虫害的，暂停该检疫物进口半年。

建立检疫物分级分类机制，根据检疫物的特点和检疫重点，对其进行分类，对同类检疫物根据来源地的病虫害风险情况进行分级，对同类同级检疫物实施相同管理。同时，对现行动植物检疫各单行规章和规范性文件进行全面梳理，按照分级分类的思路，将其能升级为常态立法的内容，融入《进出境动植物检疫法》中；对变动频繁或过于细节性等不适宜以法律法规形式固定的内容，尽量整合汇总，以统一的规章形式发布。整合后废除各单行规章和规范性文件，减少多头执法和交叉执法。

如前文案例中的供港澳地区出口活动物相关的 4 部规章，将其共性内容，如管理机构、饲养场、中转场登记，以及海关对饲养场、中转场的监督管理制度，海关检疫出证流程，海关检测制度，样品采集范围等在《进出境动植物检疫法》中的检疫章节作出规定；具体的每种动物检测的疫病、隔离观测期、消杀措施等，则汇总在一部规章中公布或以公告的形式发布，以便于根据疫情疫病变化情况及时调整。

（三）完善追责体系

法的强制作用是最具威慑力、最能助力法的实施和执行的，建议从以下几个角度对《进出境动植物检疫法》及其实施条例的罚则进行修改完善。

1. 丰富处罚形式，实现“过罚相当”

一是根据危害程度的不同，设置不同等级的罚款，如将未经口岸检疫机关许可,擅自将进境、过境动植物、动植物产品卸离运输工具的罚款从 3000 元以上 3 万元以下,提升为 3 万元以上 30 万元以下。还可与《生物安全法》相衔接,在提升罚款数额的同时增设定量(如处造成经济损失的 5 倍)的罚款方式。

二是在科处罚款的基础上增加资格罚(如责令停产停业或者暂扣、吊销许可证)和没收违法所得等处罚方式,充实海关对有关违法行为的惩治手段。例如,对生产、加工动植物产品和其他检疫物的单位,进出境动植物产品检疫不合格的,责令其停产整顿一个月,半年内 2 次检验不合格或有其他加重情节的,暂停其办理进出境业务等。

三是推动刑事责任的修改,如对因妨害进出境动植物检疫造成重大人身、财产损失的,可处 10 年以上有期徒刑甚至无期徒刑等。

2. 实现"有责必有罚"

对进出境动植物检疫所有正面监管规定均设置对应罚则,并赋予海关相应强制执行权。如前文提及的《进出境动植物检疫法》第 36 条规定的擅自抛弃进出境运输工具上的泔水、动植物性废弃物的行为,处当事人 5 万元以上 20 万元以下罚款,并监管其消除危害,如当事人拒不履行消除危害行为,海关可请第三方环保机构进行除害处理,所需费用由当事人承担。对海关责令退运、销毁,当事人不配合处理的,规定海关可径行销毁或责令运输工具负责人、承运公司负责人等履行退运、销毁义务,所需费用由当事人承担,当事人拒不承担的,海关可申请法院强制执行其与处理费用等额的其他财产。

3. 跟进最新立法动向,对违法行为进行全方位规制

一是跟进行政处罚立法最新动向,引入"双罚制"。对于进出口企业的单位违法行为,同时给予针对单位法人的行政处罚和对单位主要负责人、直接负责的主管人员或者其他直接责任人员的个人处罚。例如,对直接责任人员科处单位罚款数额 50% 的罚款,以提高个体违法成本的形式,督促、警示涉案单位高级管理人员尽职守法。

二是建立失信惩戒制度,对于违法单位和人员,海关不仅给予处罚,还要将其违法信息对外"曝光",并纳入联合惩戒机制,使其"一处

失信,处处受限"。如对因进出境不合格检疫物受到行政处罚的企业,在海关官网和社会信用平台公布其基本信息和行政处罚决定书。

三是立法体现人文关怀,在最大限度地补偿因动植物疫情违法给无辜者和自然环境造成的损害的同时,增加违法单位和人员的违法成本。如借鉴《动物防疫法》对民事责任承担的相关规定①,规定违反《进出境动植物检疫法》规定,导致动植物疫情疫病传播、流行,造成他人人身、财产损害的,依法承担民事责任;违反《进出境动植物检疫法》规定,造成自然环境问题或其他公众损害的,检察院、合法的环保机构可提起公益诉讼,追究其法律责任。

三、结语

九层之塔,起于累土。《进出境动植物检疫法》是海关实施进出境动植物及其产品等安全监管职责,防范进出境动植物病虫害,保护人体、动植物的生命和健康的基础和依据。构建科学完备的海关法律体系,提升海关安全风险防控能力,必须先构建以安全防控为中心、权责明晰的《进出境动植物检疫法》。

Improving the Law on the Entry and Exit Animal and Plant Quarantine from the Perspective of Safety Supervision

LIAO Jia

[**Abstract**] This paper comprehensively sorts out the current legal system of entry-exit animal and plant quarantine, compares it with international treaties and relevant domestic laws and regulations, and finds

① 参见《动物防疫法》第109条第3款。

out the chokepoints and blind spots that do not adapt to the current regulatory situation. For example, the scope of application of the law is too narrow, and the regulatory functions are divided into silos and thus lack of systemization-the regulatory provisions are scattered, the regulatory links are isolated, and the regulatory methods are lack of diversity; the legal liability is not perfect-the punishment is extremely light, there is responsibility without punishment, and the awareness of the consequences of violation is low, etc. To strengthen the defense line of customs security supervision and enhance the capability of customs security prevention and control, this paper puts forward some improvement suggestions including expanding the scope of application of law, building a systematic management system oriented to developing security risk prevention and control and improving the accountability system, so as to promote the development of a scientific and complete system of Customs laws and regulations.

[**Key words**] Law on the Entry and Exit Animal and Plant Quarantine; risk prevention and control system; responsibility system

从进口水果论进口食品安全海关监管机制

何抒灵*

[摘　要]　食品安全问题关乎人民生命健康与社会安全,不仅仅是国内民生问题,更是国际民生问题,且同时涉及国际政治与外交、国际卫生与健康、国家安全与生物安全、海关监管等多维度的考量与权衡。在新冠肺炎疫情防控常态化及《生物安全法》落地施行的大背景下,作为国门卫士,我国海关应更加重视进口食品安全监管工作的统筹部署与落实推进,健全优化各类海关监管模式下进口食品安全监管工作机制,畅通国内外监管主体与企业双向沟通协作通道,进而完善进口食品安全监管法律制度。

[关键词]　进口水果;海关监管;食品安全;生物安全

民以食为天,食以安为先。食品安全问题关乎人民生命健康与社会安全,系全中国的社会民生问题。试问:“舌尖上的中国”如何保障“舌尖上的安全”呢？自党的十八大以来,以习近平同志为核心的党中央愈加重视食品安全问题,将该问题作为国家重大战略之一、列入“十三五”规划之中,要求建立健全食品安全治理体系,坚决落实最严谨的标准、最严格的监管、最严厉的处罚、最严肃的问题(所谓的“四个最

---

* 何抒灵,上海市华诚(广州)律师事务所律师,香港城市大学法学硕士。

严”)要求,切实保障“舌尖上的中国”人民群众“舌尖上的安全”。[①]

当然,食品安全问题不单单是国内民生问题,也是国际民生问题,这是世界各个国家及地区无不高度关注的重大且棘手的问题之一。食品基于原料、加工、贸易与消费有赖于国家与地区之间的相互往来合作之特性,形成国内食品与进口食品两大分类,食品安全也由此可细化为本土食品安全与进口食品安全。进口食品作为国际贸易商品之一,除了涉及食品安全问题本身,还会延伸为国际政治与外交、国际卫生与健康、国家安全与生物安全、海关监管等多维度层面的考量:进口食品的准入与许可有赖于原产地、目的地所在国家与地区之间以政治、贸易外交关系为核心的磋商谈判,主要属于国际政治与外交问题;进口食品是否符合销售目的地所在国家及地区的食品食用标准,是否携带有害传染病菌、有害动植物物种等,则主要属于国际卫生与健康、国家安全与生物安全、海关与动植物检验检疫等范畴。

在党与国家将食品安全问题作为重大战略部署推进的大局下,尤其是在 2020 年以来新冠肺炎疫情遍布全球与国内防控常态化的大背景之下,我国海关,除了监管进出境运输工具、货物及物品、征收关税及其他税费、查缉走私、编制海关统计等传统进出境监管管理职责之外,还有一项愈加凸显重要的非传统监管职责——海关系国门第一道防线守卫者,肩负着维护国门安全与保障国民、本土动植物生命健康的重大职责与使命。

进口水果,具有不宜长时间存放、简单清洗即可直接食用等极易与其他进口食品加以区分的显著特性,由此,一旦进口水果出现食品安全问题,如携带传染病或有害(毒)物质等,很可能在短时间内危及大规模群众、本土动植物的生命健康与安全。那么,我国国门卫士海关如何在便利通关的同时,保障进口水果贸易安全的呢?这是有待深入探讨的问题。

---

① 参见《习近平:食品安全是党委、政府义不容辞之责》,载微信公众号“央视新闻”2016 年 1 月 29 日,https://mp.weixin.qq.com/s/IR_LqOf0BH0A1HFl-CCDfg。

一、进口水果概念解读与贸易现状

(一)何为“进口水果”

其一,从文义上看,进口水果,亦可称为“进境水果”,特指通过中华人民共和国海关由境外输入的水果,换言之,由我国香港、澳门及台湾地区3个单独关税区输入中国内地的水果均属于进口水果范畴。

其二,从海关监管之准入许可层面出发,进口水果仅是我国海关总署发布的《获得我国检验检疫准入的新鲜水果种类及输出国家地区名录》以及《获得我国检验检疫准入的冷冻水果种类及输出国家地区名录》等列明的、未被海关总署以公告形式要求暂停进口的水果种类。在该等名录没有列明的或者已被海关总署暂停且未恢复进口的进口水果,均属于(暂时)禁止向中国内地输入的进口水果。

其三,从海关监管之税收征管层面出发,进口水果系2017年版《商品名称及编码协调制度》,即HS2017海关代码08章所列明的商品“食用水果及坚果,甜瓜皮或柑橘类水果的皮”。且根据进口水果的状态,HS2017海关代码08章还细分为新鲜、冷冻、干果品类,不过,同一种进口水果的不同状态下税收征管方式一般是相同的。

按照不同的贸易方式(大致可分为一般贸易、进料或来料加工贸易、海关保税监管场所进出境抑或海关特殊监管区域物流保税物流货物贸易、其他贸易四种),中国海关对进口水果的检验检疫、税收征管监管模式则有所不同。由于这不是笔者探讨重点,将不在此赘述。

(二)进口水果在我国境内市场的贸易现状

1. 进口水果的市场规模与需求相对客观

依据我国海关总署发布的2021年1~8月进口主要商品量值表,干鲜瓜果及坚果进口总量累计为510.00万吨,总金额约为111.38亿美元,与2020年同期相比,进口总量累计增加12.10%,进口总金额增加38.10%。[①]

另外,结合我国海关总署同时期发布的2021年1~8月部分进口商品主要贸易方式量值表可看出,干鲜瓜果及坚果主要通过一般贸易方式输入我国境内,进口量累计为476.00万吨,总金额约为102.39亿美元,约占同期干鲜瓜果及坚果进口总量的91.94%。[②]

尽管前述我国海关总署对外发布的2021年1~8月进口商品数量及金额并非仅仅是进口水果,而且与其他进口食品相比同期进口量及金额占比偏小,但于全世界而言,我国系进口水果大国,位列2020年全世界果品进口额第二位。[③]

综上,目前我国进口水果的贸易量及金额都相对客观,在新冠肺炎疫情影响下仍处于正增长态势,说明我国对于进口水果的消费需求保持较高水平。

2. 进口水果准入种类持续动态增加

虽然在新冠肺炎疫情大背景下,进口水果的准入许可进程有的被搁置或推迟,像南非的梨就因为疫情而无法将准入议定书的签署安排上日程,但进口水果准入许可的数量依旧呈现每年均有所增加的趋势。2020年度共计约有10种境外水果获准向我国境内输入,分别是柬埔寨鲜食芒果、智利鲜食柑橘(橘及其杂交种)、阿根廷鲜食柑橘(橙)、美国鲜食鳄梨(仅限于产自美国加利福尼亚州)、美国的油桃(仅限于产自美国加利福尼亚州指定的地区)、印度尼西亚火龙果等。近期获准进入我国进口水果市场的则是南

---

① 参见《(14)2021年8月进口主要商品量值表(美元值)》,载中华人民共和国海关总署网2021年9月18日,http://www.customs.gov.cn//customs/302249/zfxxgk/2799825/302274/302277/302276/3890882/index.html。

② 参见《(18)2021年1至8月部分进口商品主要贸易方式量值表(美元值)》,载中华人民共和国海关总署网2021年9月18日,http://urumqi.customs.gov.cn//customs/302249/zfxxgk/2799825/302274/302277/302276/3891032/index.html。

③ 参见张勋:《2021年上半年我国果品贸易统计简析》,载《中国果业信息》2021年第9期。

非鲜食柑橘(桔)。①

由于我国并没有限制一种水果只允许由一个国家进口,且我国进口水果有相当客观的市场需求与利润空间,不少国家及地区都想在我国进口水果消费市场分一杯羹。以进口鲜食鳄梨为例,2018 年以前,只有产自秘鲁、墨西哥及智利三个国家的才获准进入我国市场,而今,还有新西兰、肯尼亚、菲律宾及美国先后加入我国进口鳄梨队列。

我国进口水果准入许可数量不仅持续增加,而且种类也不断丰富。按照 HS2017 编码,海关代码 08 章的商品编码共分为 93 种(类),即基本对应了 93 种(类)食用水果及坚果、甜瓜皮或柑橘类水果的皮,而其中约 70 种(类)的进口水果或坚果已经于 2021 年 1 ~ 6 月先后向我国境内输入,足以证明我国进口水果种类繁多。②

3. 部分进口水果因检验检疫不过关(曾)被暂停进口

由于我国海关自 2021 年以来曾多次在我国台湾地区获准输入的菠萝、番荔枝、莲雾中检测出我国境内列为进境植物检疫性有害生物品种,我国海关总署网站分别于 2021 年 3 月 1 日、9 月 20 日起暂停菠萝、番荔枝及莲雾输入中国大陆的公告。鉴于《获得我国检验检疫准入的新鲜水果种类及输出国家地区名录》《获得我国检验检疫准入的冷冻水果种类及输出国家地区名录》是动态更新名录,如今我国海关总署网站上发布的新鲜进口水果准入名录与之前的其他网站曾截图发布的相比,中国台湾地区的水果种类一栏,菠萝、番荔枝及莲雾均不在列表之中。至于上述水果何时允许恢复进境,我国海关总署的公告并没有载明具体时间,相信只有待暂停事由消灭后,经我国海关重新监管评估,其才可重新获准进入中国大陆市场。

---

① 参见《海关总署公告 2021 年第 66 号(关于进口南非鲜食柑橘植物检疫要求的公告)》,载中华人民共和国海关总署网 2021 年 8 月 31 日,http://www. customs. gov. cn//customs/302249/302266/302267/3883064/index. html。

② 参见张勋:《2021 年上半年我国果品贸易统计简析》,载《中国果业信息》2021 年第 9 期。

二、与进口水果(食品)相关的法律规范

我国与进口水果或进口食品相关的现行或即将施行的法律规范,主要包括但不限于《进出境动植物检疫法》及其实施条例、《食品安全法》及其实施条例、《进境水果检验检疫监督管理办法》、《生物安全法》等,涵盖法律、法规、部门规章等各位阶的法律文本(详见表1)。其中,进口乳制品、进口水产品、进口肉类等对特定进口食品种类所制定的法律规范并没有在此处尽数列举。

表1 进口水果(食品)相关的现行或即将施行的法律规范(部分)

序号	法律规范名称	制定/发布主体	开始施行时间	制定目的或依据
1	《中华人民共和国海关法》	全国人大常委会	1987年7月1日(2021年4月29日第六次修正)	维护国家的主权和利益,加强海关监督管理,促进对外经济贸易和科技文化交往,保障社会主义现代化建设
2	《中华人民共和国进出境动植物检疫法》	全国人大常委会	1992年4月1日(2009年修正)	防止动物传染病、寄生虫病和植物危险性病、虫、杂草以及其他有害生物(以下简称病虫害)传入、传出国境,保护农、林、牧、渔业生产和人体健康,促进对外经济贸易的发展
3	《中华人民共和国进出境动植物检疫法实施条例》	国务院	1997年1月1日	依《中华人民共和国进出境动植物检疫法》制定
4	《中华人民共和国进出口商品检验法》	全国人大常委会	1989年8月1日(2021年4月29日第五次修正)	加强进出口商品检验工作,规范进出口商品检验行为,维护社会公共利益和进出口贸易有关各方的合法权益,促进对外经济贸易关系的顺利发展

续表

序号	法律规范名称	制定/发布主体	开始施行时间	制定目的或依据
5	《中华人民共和国食品安全法》	全国人大常委会	2015年10月1日(2021年4月29日第二次修正)	保证食品安全,保障公众身体健康和生命安全
6	《中华人民共和国食品安全法实施条例》	国务院	2019年12月1日	依《中华人民共和国食品安全法》制定
7	《进境水果检验检疫监督管理办法》	原国家质检总局(现由海关总署修订并施行)	2005年7月5日(2018年11月23日第二次修正)	防止进境水果传带检疫性有害生物和有毒有害物质,保护我国农业生产、生态安全和人体健康
8	《中华人民共和国生物安全法》	全国人大常委会	2021年4月15日	维护国家安全,防范和应对生物安全风险,保障人民生命健康,保护生物资源和生态环境,促进生物技术健康发展,推动构建人类命运共同体,实现人与自然和谐共生
9	《国务院关于加强食品等产品安全监督管理的特别规定》	国务院	2007年7月26日	加强食品等产品安全监督管理,进一步明确生产经营者、监督管理部门和地方人民政府的责任,加强各监督管理部门的协调、配合,保障人体健康和生命安全
10	《中华人民共和国进出口食品安全管理办法》	海关总署	2022年1月1日	保障进出口食品安全,保护人类、动植物生命和健康

续表

序号	法律规范名称	制定/发布主体	开始施行时间	制定目的或依据
11	《中华人民共和国进口食品境外生产企业注册管理规定》	海关总署	2022年1月1日	加强进口食品境外生产企业的注册管理

总体而言,我国与进口水果(食品)相关的主要法律规范基本上是在近年来对原有法律文本进行修改完善,如《海关法》《进出口商品检验法》《食品安全法》等;有的系在顺应国内外新形势下新制定形成的,如《生物安全法》等;也有的是关检融合后作出整合与调整的,如《进境水果检验检疫监督管理办法》《进口食品境外生产企业注册管理规定》《进出口食品安全管理办法》等。

从所罗列的法律规范来看,可能只有《进境水果检验检疫监督管理办法》是真正专门规制进口水果的法律文本,其余的只有某章节或部分条款有所涉及进口水果(食品),但不可忽视的是,它们共同构成了进口水果(食品)安全海关监管机制的法律制度,对不同行政主管部门职责加以分工,确立不同行政主体间相互制衡与互为补充的格局。

另外,由这些法律规范的制定目的,即每部法律规范的第1条可以明显发现,国家主权与安全、人类与动植物生命健康是制定这些法律文本的重要初衷与核心,表明我国海关在对进口水果(食品)实施进境监管之时亦不能忽视。

三、进口水果海关监管机制的发展演变

(一)关检融合之前

在2018年国务院机构精简改革之前,我国海关总署与原国家质量监督检验检疫总局承担的边境监管工作是有明确分工的:我国海关总署负责进出境运输工具、货物、物品的通关监管,而进出境检验检疫管理职责则由原国家质量监督检验检疫总局承担。

在此时期，进口水果准入与许可是由原国家质量监督检验检疫总局所属出入境检验检疫部门负责的，所以当时所有的《获得我国检验检疫准入的新鲜水果种类及输出国家地区名录》《获得我国检验检疫准入的冷冻水果种类及输出国家地区名录》均从原国家质量监督检验检疫总局渠道对外发布。进口水果的准入许可除了符合《进出境动植物检疫法》《食品安全法》《进境水果检验检疫监督管理办法》等我国法律规范规定之外，还需要获得我国与进口水果原产地国及地区共同签署签订的市场准入议定书。而进口水果准入许可并不是一场简简单单的会议桌上的磋商谈判即可达成的，还需要完成很多前期评估调查、准入制度与标准的制定等工作。其具体内容，笔者将于关检融合之后的海关监管机制部分详谈。

针对进口水果的进境监管，鉴于进口水果属于有可能携带检疫性有害生物和有毒有害物质的商品之一，《进出境动植物检疫法》《食品安全法》《进境水果检验检疫监督管理办法》等法律规范规定，进口水果在进入我国境内之前，须经检验检疫合格通过后才可进入我国境内市场。由此，每批次进口水果进入我国境内之前需要完成两项申报工作：其一，向原国家质量监督检验检疫总局提交相关单证以提出检验检疫申请，配合检验检疫部门完成查验工作，在检验检疫合格通过后，办理并获得进口货物检验检疫通关单。其二，向海关提交各种所需报关单证进行通关申报，并配合海关查验、征收关税及其他税费工作。其中，这些报关单证就包括进口货物检验检疫通关单。换言之，在关检融合之前，针对同一批次进口水果需要分别向我国海关、原国家质量监督检验检疫总局提交进口申报，且只有在完成检验检疫才可能推进清关申报与办结流程。如此一来，无疑增加了进口水果通关时间与成本，还消耗两个职能相近的边境管理机关的人力物力资源。

（二）关检融合之后

根据中共中央于2018年3月21日印发的《深化党和国家机构改革方案》之指示，原国家质量监督检验检疫总局中承担出入境检验检疫管理职责的工作部门将整体并入我国海关总署，由海关总署对外统一负责进境货物、物品包括检验检疫在内的通关监管工作，此即所谓的关检融合。

在此情况下,《获得我国检验检疫准入的新鲜水果种类及输出国家地区名录》《获得我国检验检疫准入的冷冻水果种类及输出国家地区名录》对外发布工作由我国海关总署接棒,而具体的准入许可对接工作也由海关总署负责。前述已表明进口水果准入许可之前有很多前期工作需要落实到位,其中与食品安全、海关检疫职能密切相关的,就是进口水果的进口检疫准入制度与标准的确立。

在获准进入我国境内水果市场之前,制定可行有效的进口检疫准入制度与标准尤为重要,不仅需要明确准入许可的进口水果的种植果园、包装厂、冷藏库及冷处理设施的标准,而且一般要求原产地国家及地区检验检疫部门按照2%比例对每批次出口水果进行抽样检查。只有满足我国的检验检疫标准、包装与运输要求等才能顺利进入我国境内。否则,发现检疫性有害生物或者农药、重金属残留超标的进口水果将作退回、销毁或检疫处理,且我国海关总署将及时向原产地国家及地区主管部门通报情况,若类似检疫问题多次发生,我国海关总署有权决定暂停检疫不合格进口水果的种植果园、包装厂或(及)运输商的水果输入,或者决定暂停全部该品类水果入境。待原产地国家或地区主管部门采取有效改进措施并经我国海关总署评估通过后,才会对已采取暂停进口的水果恢复贸易监管措施。

关检融合之后,就进口水果的进境监管而言,其通关流程更为简化快捷。进口企业只要向我国海关进行一次申报,即可同时完成报关、报检工作,大大缩短通关时间与降低通关成本;负责清关查验与检验检疫的部门也能更加高效协作,免于开展不必要的重叠工作。

为进一步提升有序开展进口水果海关监管效率,截至2021年8月11日,我国海关总署已经在我国境内设立120个专门负责对进口水果开展海关监管工作的场地,它们大部分分布于我国东部、东南沿海地区,小部分分布于中西部地区(详见表2)。① 其中,位于广东省的指定

---

① 参见《进境水果指定监管场地名单》,载中华人民共和国海关总署网2021年8月17日,http://www.customs.gov.cn//customs/ztzl86/302310/2394720/4526397/index.html。

海关监管场地数量最多,共28个,其次为福建省(共14个),广西壮族自治区(共12个)。该3个省份、自治区的监管场地合计即占比45%——这样的监管部署可明显看出它们系进口水果的消费市场与海关监管的重要区域。

表2 进口水果指定海关监管场地分布情况

直属海关	监管场地数量/个	直属海关	监管场地数量/个
南宁海关	12	北京海关	2
厦门海关	9	海口海关	2
昆明海关	9	宁波海关	2
广州海关	8	石家庄海关	2
深圳海关	8	长沙海关	2
南京海关	6	重庆海关	2
上海海关	6	沈阳海关	1
福州海关	5	成都海关	1
天津海关	5	济南海关	1
乌鲁木齐海关	5	江门海关	1
大连海关	4	兰州海关	1
拱北海关	4	太原海关	1
青岛海关	4	武汉海关	1
杭州海关	4	西安海关	1
合肥海关	3	湛江海关	1
黄埔海关	3	郑州海关	1
汕头海关	3		

数据来源:中华人民共和国海关总署官网2021年8月11日,http://www.customs.gov.cn//customs/ztzl86/302310/2394720/3811819/index.html。

(三)创新监管机制

其一,为进口水果开辟绿色通道。鉴于进口水果不易保鲜,上海浦东国际机场海关、黄岛海关等海关关区专门为进口水果等不易保鲜的进口食品打造绿色通关通道。只要进口水果运抵指定海关监管场地,海关关员即可开展现场查验与放行工作,基本实现进口水果“即抵关即查验即放行”的海关监管流程。

其二,针对检疫性有害生物,我国海关更新完善检疫手段与模式,以精准检测防范外来物种入侵或出境。以水果品类中经常出现的实蝇为例,它不仅是我国也是世界常见重点检疫对象。我国海关于实蝇经常出没时期对其进行实时实地检测,鉴定或复核进口水果或待出口水果是否存在实蝇疫情,并且研究制定、完善实蝇疫情应对措施与监(检)测模式,以防范实蝇影响进出境货物、物品的贸易流通,维护国门生物安全。

其三,为应对新冠肺炎疫情,我国多地海关采取无须进口货物收发货人或其代理人到场配合查验工作的监管模式,最大限度地减少人员流动与聚集、降低进口货物未进境检疫前有害(毒)物质传播与扩散的可能性。

四、进口水果(食品)海关监管机制评述与完善建议

(一)进口水果(食品)海关监管法律制度有待进一步健全完善

我国进口水果海关监管已基本形成体系化法律制度,不仅有不同法律位阶的法律法规及规范性文件为其提供有力的法律支撑,做到有法可依,而且大部分法律文本也及时修改完善,顺应现实发展变化的需求。不过,由于关检融合与行政主体“放管服”改革进一步深化落实,部分法律规范相对滞后,有些工作职能划分在关检融合后出现分工重叠或“真空”状态,甚至市场主导的我国经济贸易新发展格局下部分进口食品的监管模式已发生调整,但暂无有效的法律规范予以支撑。

在新冠肺炎疫情防控常态化与《生物安全法》正式落地施行的大

背景下,我国海关在保障通关便利化与安全的前提下,还要重视国门安全、生物安全,防范进口食品携带的有害(毒)物质危及我国境内地区。而如何打个完美的配合战,有赖于更为健全完备的进口水果(食品)海关监管法律制度保驾护航。加快修改完善《进出境动植物检疫法》及其实施条例,明确细化我国海关在保障生物安全风险防控体制落实过程中所处的法律地位与职责分工等,不失为促进进口水果(食品)海关监管法律制度健全完备的具体举措。

(二)生物安全与进口食品安全法律和实施措施对接

生物安全与食品安全均属于国家安全的重要组成部分,新制定的《生物安全法》虽然在风险监测与防控评估、信息共享、应急机制、职责监督管理等方面的制度建立上与《食品安全法》相类似,但与之又有明显不同,《生物安全法》更为系统、综合,更多的是从国家主权与利益、国际政治、国家安全等大局考量。

在过去,进口水果海关监管更多地从通关便利与贸易安全出发,对进口水果的可食用性多加考量,而对生物安全的重视程度相对不足。虽然动植物检疫属于保障生物安全的细化举措,但当时并没有真正意义上的"生物安全"法律概念,更没有一部法律文本在提及防范进口食品携带传染病、动植物疫情与外来入侵物种之余,还明确提出海关监管的进出境对象具有生物技术发展、实验室安全、人类遗传资源与生物资源安全、微生物耐药、生物恐怖袭击、生物武器威胁等危及我国生物安全的潜在风险。而今,随着《生物安全法》的正式施行,我国海关对进口食品的监管机制应该更为明确细化。《生物安全法》规定国家应建立生物安全名录和清单制度,那么我国海关总署在现行《获得我国检验检疫准入的新鲜水果种类及输出国家地区名录》《获得我国检验检疫准入的冷冻水果种类及输出国家地区名录》《进境植物检疫性有害生物名录》《进境植物检疫禁止进境物名录》等名录或清单的基础上,应进一步整合完善存在重合或冲突的海关监管机制,并补充规制之前未涉及的领域。

相较于一般贸易方式进口的水果,通过海关特殊监管区(主要包括进料或来料加工区、保税监管区)输入我国境内的进口水果的食品安全制度存在明显漏洞,这与关检融合后未及时修改完善法律法规具有一定的关系。根据我国原有的食品安全管理体制,进口食品安全问题归原国家质量监督检验检疫总局所属出入境检验检疫部门负责。我国海关总署与原国家质量监督检验检疫总局所属出入境检验检疫部门对“境内关外”的理解有所不同,海关特殊监管区内的食品安全监管工作是在进口食品从我国境外进入海关特殊监管区之时,抑或是从海关特殊监管区进入其他非海关特殊监管区之时,并设有明确统一的界定,从而造成我国各地海关监管不一致的局面。① 进口食品安全监管不到位,更不用谈生物安全监管。为此,应该同时协调完善生物安全与进口食品安全法律与实施举措,保障我国海关总署与境内食品安全监管部门、我国海关兼顾进口食品安全与生物安全职责可以有效落实。

(三)畅通国内外监管主体与企业双向沟通协作通道

进口食品海关监管机制的高效精准运作,除了依靠我国境内行政管理部门的相互配合协作之外,更需要我国海关与境外监管主管部门、境内外进出口企业或其代理人共同联动协作。

根据前述进口水果海关监管机制可知,我国海关主要有三个工作流程:一是进口水果准入许可前的源头管控,二是进口水果进入我国境内时的检疫查验,三是进口水果入境后的跟踪监管。除了第二个工作流程完全由我国海关独立完成之外,准入前的源头管控与入境后的跟踪监管都离不开我国海关以外的他方配合与合作。

1. 我国海关与境外进出口水果监管主体的协作

进口水果的种植果园、包装厂、运输商等主体是否符合向我国境内出口的主体资质的管控,进口水果在原产地国家及地区出境前的抽样检疫查验,进口水果出现检疫性疫病或有害生物疫情的调查与整改

---

① 参见王传斌:《从三起案例再论海关特殊监管区进出口食品安全监管法律制度的改进与完善》,载《上海法学研究》2020年第6卷。

等工作的开展,无不需要境外海关、农业农村部或其他负责进出口水果监管的行政主体配合协作。畅通的沟通协作机制有助于双(多)方无障碍、和谐地共同处理监管事宜,在检疫不过关之时快速抓住问题要点并采取高效精准的应对整改措施,进而有益于保障进口水果贸易的通关便利与安全。

2. 我国海关与进口水果收发货人(企业)及其代理人(企业)的协作

进口水果是否符合我国准入许可、入境申报的条件要求,进口水果收发货人(企业)及其代理人(企业)对于此类信息的掌握更为真实全面。因此,一旦出现检疫性疫病或有害生物疫情,危及生物安全与食品安全之时,畅通的沟通协作渠道能够令我国海关快速掌握第一手资料,并及时制定应对策略,在短时间内控制局面。

此外,在 AEO 认证制度持续助力进出口企业国际贸易通关便利的形势下,进口水果收发货人(企业)及其代理人(企业)也需要拥有与我国海关对话的渠道与方式。我国海关总署及其杂志公众号、官网“互动交流”板块、各地海关的咨询平台、海关热线电话等都是双方可以良性互动的通道;我国海关总署发布的公告及定期的进口水果政策解读,也是促进海关监管相对人对进口水果海关监管机制认识与了解的渠道。因而,这些现有的沟通协作渠道应进一步畅通,同时作好政策解读等的口径统一工作,避免同一问题解答存在出入或职责推诿的情况。

3. 我国海关与境内其他食品安全、生物安全监管部门的协作

我国海关只是在进口食品入境时发挥第一道防线管控作用,而进口食品的食品安全、生物安全等问题,根据我国现行法律规范还涉及其他境内监管部门。因此,我国海关应通过座谈会、研讨会、参观培训等方式加强与它们的交流合作,互相学习、了解履行工作职责过程中的闪光点,共同解决疑难问题,从而有利于日常工作开展的有效互动互助,减少不必要的摩擦与矛盾。

(四)加强进口水果(食品)准入许可与海关监管的宣传教育与人员储备

进口食品安全与生物安全是当下不可忽视并且将长期存在的重

大世界级话题,为贸易通关安全赋予更广泛且深层次的内涵。为营造良好的国际贸易营商环境,推进进口食品海关监管机制的健全完善,有赖于每一个公民的支持与切身参与。有必要加强向全社会宣传教育我国进口水果(食品)准入许可与海关监管机制知识,让民众具备辨别我国进口水果(食品)准入许可种类、包装的基本常识与能力,防范不法分子以本土水果谎称进口水果、走私贩卖进口水果(食品)等,在海关监管区域外延伸食品安全与生物安全的监管深度与广度。

鉴于动植物、微生物等生物种类多样性与检疫性疫情的危害性,我国海关应增强海关关员检验检疫的能力与水平,通过各关区、动植物专家、境内外海关或检验检疫专家学者等业务交流与培训、实操技能演练等方式,提升关员对食品安全特别是生物安全的敏感度以及关注度,实现高效通关与守护国门生物安全兼顾的目标。

Customs Supervision Mechanism for the Safety of Imported Food, Especially Imported Fruit

HE Shuling

[**Abstract**] Food safety not only concerns human life and health and social security at home and abroad, but only involves multidimensional considerations and trade-offs in aspect of global politics and diplomacy, international sanitary, national security, biosecurity and customs supervision. Under the circumstance that the normalization of COVID-19 pandemic and promulgation of Biosecurity Law of the People's Republic of China, the General Administration of China Customs (GACC), as a key national border agency, is required to make an overall deployment and carry out proper safety supervision on imported food through optimizing a working mechanism tailored for different customs procedures and improving the communication between authorities and traders, which will be eventually beneficial for the corresponding legal system.

[**Key words**] imported fruit; customs supervision; food safety; biosecurity

海关践行经济安全职责探析

郑玉萍　林　宜*

[摘　要]　经济安全伴随着经济全球化,在国家安全体系中的重要性日益凸显,作为国家经济安全大门的卫士,海关自然承担着义不容辞的责任。通过围绕海关在维护国家安全的基础——经济安全方面的职责展开初步探讨,从而提出相关对策思考。

[关键词]　经济安全;海关;职责

习近平总书记在庆祝中国共产党成立100周年大会上的讲话中指出,"必须增强忧患意识、始终居安思危,贯彻总体国家安全观,统筹发展和安全"。他在深圳经济特区建立40周年庆祝大会上的讲话中强调,"越是开放越要重视安全,统筹好发展和安全两件大事"。党的十九届五中全会提出:"'十四五'时期,要统筹开放和安全,加快构建新发展格局,实现经济行稳致远、社会安定和谐。"①

维护人民利益,保障人民安全,是国家的最基本职责,也是海关的一项最基本职责。海关处于国内国外双循环的交汇点,也是统筹好开放和安全的主要结点。海关总署原署长倪岳峰同志强调,"全面落实

---

* 郑玉萍,海关二级专家(关税),福州海关关税处一级高级主管;林宜,福州海关隶属长乐机场海关科长。

① 参见《中国共产党第十九届中央委员会第五次全体会议公报》,2020年10月29日。

总体国家安全观”是贯彻习近平新时代中国特色社会主义思想、全面履行海关职责的首要抓手。

一、总体国家安全观下经济安全的重大意义

国家安全涉及国家政治、经济、文化、生态、边疆、边防等多个方面的安全。

经济学者一般认为:“经济安全是指一国经济的安全和重大利益不受侵害或威胁的状态,包括经济主权安全、资源能源安全、金融安全、粮食安全、科技安全、产业与贸易安全等。一个国家政府维护经济安全的能力主要表现为:一是能有效维护本国经济制度和相关法律;二是能确立本国经济发展的战略目标;三是能管控本国经济;四是能抵御外国资本和国际市场的竞争和冲击;五是能保持国内外市场竞争优势;六是保障和提高人民生活水平。”①

经济安全是国家安全的依托和基石,随着国家的主权诞生而产生,决定一国的政治安全和军事安全、国际地位和角色作用等。全球贸易、投资、金融自由化,使得各国经济依存度加深,利益关系趋于复杂,经济竞争加剧,贸易摩擦增加,经济安全等风险加大,经济安全在国家安全体系中的重要性越来越凸显。在此背景下,我国政府也重新思考、权衡经济安全、政治安全和军事安全的相互关系,不断提升经济安全在国家总体战略中的地位。

特别是2013年11月党的十八届三中全会决定设立国家安全委员会以来,以习近平同志为核心的党中央在国家安全方面做了一系列战略性布局,包括建立“国家安全委员会”,颁布《国家安全法》,制定《国家安全战略纲要》,提出了总体国家安全观这一创新理论。习近平总书记在中央国家安全委员会第一次会议上对总体国家安全观进行了全面阐释:“必须坚持总体国家安全观,以人民安全为宗旨,以政治安全为根本,以经济安全为基础,以军事、文化、社会安全为保障,以促进

---

① 白石:《国家经济安全问题讨论综述》,载《经济理论与经济管理》2002年第11期。

国际安全为依托,走出一条中国特色国家安全道路。”在此,习近平总书记明确提出了经济安全在国家安全中的位置和重要性——它是国家安全的基础。

二、经济安全的主要内容

2015年7月1日颁布的《国家安全法》也高度重视经济安全问题,从以下4个方面规定了经济安全的主要内容:

(一)维护经济主权和重大经济利益安全

经济主权是国家主权的重要内容,重大经济利益是经济安全的核心要素。《国家安全法》第19条明确规定了国家经济安全的范畴,包括国家基本经济制度、社会主义市场经济秩序、国家产业、基础设施和项目等①,为维护我国经济主权和重大经济利益安全提供了有力制度支撑。

(二)维护金融安全

金融安全是经济安全的核心。《国家安全法》第20条提出要“防范和化解系统性、区域性金融风险,防范和抵御外部金融风险的冲击”,②此规定契合我国金融业发展现状,有助于防范和化解金融开放和金融全球化带来的外部风险。

(三)维护资源能源安全

《国家安全法》第21条提出了能源安全的一系列任务,涉及能源利用、保护、开发、储备、运输、应急保障等方面。③ 此规定为稳定、减少

---

① 《国家安全法》第19条规定:“国家维护国家基本经济制度和社会主义市场经济秩序,健全预防和化解经济安全风险的制度机制,保障关系国民经济命脉的重要行业和关键领域、重点产业、重大基础设施和重大建设项目以及其他重大经济利益安全。”

② 《国家安全法》第20条规定:“国家健全金融宏观审慎管理和金融风险防范、处置机制,加强金融基础设施和基础能力建设,防范和化解系统性、区域性金融风险,防范和抵御外部金融风险的冲击。”

③ 《国家安全法》第21条规定:“国家合理利用和保护资源能源,有效管控战略资源能源的开发,加强战略资源能源储备,完善资源能源运输战略通道建设和安全保护措施,加强国际资源能源合作,全面提升应急保障能力,保障经济社会发展所需的资源能源持续、可靠和有效供给。”

对外资源能源依存度,改善我国的资源能源安全环境,维护我国的资源能源安全提供了法律保障。2020 年,我国原油对外依存度 73.5%、天然气对外依存度 42.0%、铁矿石对外依存度高达 82.3%。如果国际油气市场和铁矿石等大宗商品市场受到人为因素或客观因素剧烈波动,就会严重影响我国经济稳定发展。这就是党中央高屋建瓴统筹开放发展和经济安全的现实原因。

(四)维护粮食安全

我国耕地仅占世界的 10%,人口却占世界的 22%,十几亿人的粮食问题始终是国家的头等大事。正因如此,《国家安全法》把粮食保障、生产、储备、流通等各方面上升到国家安全的高度①,充分体现"国以民为本",保障了粮食供给和质量安全,维护了政治稳定与社会和谐。

三、海关捍卫经济安全的基本职责

经济安全是国家安全的依托,决定一国的政治安全、军事安全、国际地位等。我国经济学界从 20 世纪 90 年代中期开始关注经济安全,背景正是我国加入世界贸易组织(WTO)的谈判。2001 年后,我国加入 WTO,特别是 2008 年世界金融危机后,我国越来越重视经济安全。由此可见,经济安全与国家经济参与全球化的进程密不可分。作为国家经济安全大门的卫士,海关担此重任义不容辞。

海关工作中所面临的与经济安全相关的风险不容忽视,海关应履行的维护国家经济安全的职责十分艰巨。主要包括 6 个方面(见表 1):

---

① 《国家安全法》第 22 条规定:"国家健全粮食安全保障体系,保护和提高粮食综合生产能力,完善粮食储备制度、流通体系和市场调控机制,健全粮食安全预警制度,保障粮食供给和质量安全。"

表1 海关维护国家经济安全基本职责

基本职责	基本职责主要内容
一、维护和促进国家财税安全	1. 准确测算税收趋势
	2. 努力完成税收预算目标
	3. 确保国家税收应收尽收
二、维护和促进国家产业安全	4. 支持重点企业项目
	5. 执行扶持重大项目发展的税收政策
	6. 产业保护
三、维护和促进国家外贸安全	7. 维护货物进出口环境的安全、有序和公平
	8. 做好进出口预警分析
	9. 执行关税报复措施
四、维护和促进国家金融安全	10. 严查不规范申报和伪报价格行为
	11. 深化与外汇管理等部门的信息共享
	12. 监管和打击大额现金违规进出境
	13. 防范新业态资金流动风险
五、维护和促进国家粮食安全	14. 全面执行国家粮食进口政策
	15 引导企业进口粮食品种
	16. 严厉打击粮食走私行为
六、维护和促进国家能源安全	17. 确保各主要能源产品顺畅进口
	18. 执行好天然气等能源产品税收优惠政策
	19. 服务国家对外能源战略
	20. 支持新能源产业发展

(一)维护和促进国家财税安全

维护国家财税安全是海关维护经济安全的首要职责,这是海关税收职能所决定的,而且在新时代下海关税收的责任和作用将越来越大。

经济安全学者都把财政收支、财政赤字和政府债务作为衡量国家经济安全的重要指标。这三个指标是相互关联的：一旦财政收支不平衡，就将产生财政赤字，一个国家财政赤字过高就会产生一系列风险，特别是债务风险；政府债务比例过高，将引发政治、金融和社会危机。以希腊为代表的欧债危机就是一个典型案例。而在中国，海关税收一直占中央本级财政 20% ~33%，是国家的第三大税收收入，为国家财力增加了底气，也是化解政府债务风险的重要支柱。尤其是在营改增、国地税合并等财税体制改革后，海关税收作为中央本级无须和地方共享的税收，在中央财政中的地位越发重要。例如，2020 年海关税收预算为 17,099.75 亿元，占当年中央一般公共预算收入的 21%，是三大税收项目中唯一增长的税收，为当年国家抗疫提供了有力的财政保障。海关维护财税安全就是确保国家税收应收尽收，这是海关税收的基本要求。时任海关总署署长倪岳峰在谈及全面落实总体国家安全观时就指出，要坚决打击价格低报瞒报等各类逃税涉税走私活动。这是海关总署领导首次从国家安全的高度来关注和强调这一问题。因此，准确测算税收趋势、努力完成税收预算目标和确保国家税收应收尽收是海关保障国家财税安全的基本职责。

（二）维护和促进国家产业安全

学者一般认为，产业安全主要是指使我国的产业利益不受侵犯，支柱产业的形成、壮大、发展控制权掌握在我国政府手中，民族资本朝有利于我国国民经济可持续发展战略的方向发展，并能够抵御外来因素的干扰和破坏。加入 WTO 后，国家产业在充分利用经济全球化促进我国产业发展的同时，更须加强防范其可能对我国的产业安全所带来的风险和隐患。①

海关职能决定了其在产业安全方面肩负着重要使命。首先，海关管辖的进出口企业多是国家重点产业的核心和支柱企业，海关服务其

---

① 赵学清：《论 WTO 体制下的中国国家经济安全问题与法律保障》，中国法学会世界贸易组织法研究会年会论文。

发展壮大责无旁贷。其次,海关执行着诸多扶持重大项目发展的税收政策,如重大装备、新型显示器、集成电路等税收优惠政策。海关应当帮扶企业用好政策,以切实促进企业的建设和发展,提升我国企业的竞争力。最后,海关担负着产业保护的使命。税收的一项基本功能就是产业保护。海关应全面履职尽责,从产业保护的高度,执行好“汽车落地征税政策”、《不予免税商品目录》等国家各项税收优惠政策、规定,服务好重大产业企业、保护好国内产业。

(三)维护和促进国家外贸安全

2018年起,美国特朗普政府挑起贸易战,我国根据《对外贸易法》《国家安全法》进行反击,中美贸易摩擦不断加剧。海关作为进出口货物监管机关,成为反击美国政府贸易霸凌主义行为的主要执行者。近年来,海关既严格依法征收执行对美特别关税,又认真执行对美加征关税商品排除清单,还密切跟踪外贸形势和企业影响,并做好执行《不可靠实体清单制度》的准备,为新时期国家外贸安全作出了重大贡献。

(四)维护和促进国家金融安全

金融安全是国家安全的重要组成部分,要强化监管,防止发生系统性金融风险。

近几年,跨境资金异常流动已经成为危及国家金融安全的一个重要问题。海关总署从维护国家金融安全的高度进行了有针对性的部署:一是加大对涉嫌违法贸易高风险商品或企业的监控,严查各类走私犯罪的货物流和资金流;二是深化与外汇管理等部门的信息共享;三是加强对大额现金违规进出境的监管和打击;四是防范新业态资金流动风险。

(五)维护和促进国家粮食安全

粮食安全是国家安全的重要基础,涉及生产、消费、流通和贸易的复杂系统。从我国的基本国情出发,我国粮食安全问题除了主要依靠国内解决外,也必须在一定程度上利用国际市场和国际资源,并针对不同粮食品种,制定不同的国内外供给政策。当今中国已成为全球第一大粮食进口国,因此粮食进出口贸易在确保粮食安全中的重要性越来越突出。

海关必须认真执行国家综合粮食贸易政策,并防控伴随的风险。第一,海关必须严格全面执行国家粮食进口政策,比如大米配额、小麦配额、国家储备粮先征后返等规定,确保国家规划下的农产品顺畅进口。第二,要引导进口企业进口国家需要的粮食品种。第三,严厉打击粮食走私行为。近年来由于国内外粮食存在价格差距,大米走私日益猖獗,冲击了国内市场,海关始终对粮食走私保持高压态势,今后仍继续严厉打击绕关、伪瞒报品名骗取配额税率等各种形式的粮食走私行为。

(六)维护和促进国家能源安全

能源安全涉及石油、煤炭、天然气等稀缺资源。我国对外部能源供应有着极大的依赖性,不可避免带来能源供应的风险。国家一方面通过多种渠道确保传统能源供应的稳定,另一方面鼓励新能源发展,核电、风电、电动汽车等产业发展方兴未艾。

事关进口,海关同样依令而行。第一,确保各主要能源产品顺畅进口,如当前,我国电力供应紧张,国家和各地紧急扩大煤炭进口,各地海关闻风而动,全力保障电煤顺畅通关。第二,执行好天然气等先征后返等税收优惠政策,减轻企业负担。第三,服务国家对外能源战略。国家正不断拓展能源供应的多元化,如我国在外投资的能源基地运回了大量能源产品,对外签订了大宗商品的长期合同,海关应密切跟踪最新的能源贸易模式,尊重贸易实际,既确保国家税款应收尽收,又切实支持国家国际能源战略项目。第四,支持新能源产业发展,落实先进关键零部件的税收优惠措施,并为企业进口各种精密特种设备给予通关便利。

四、强化海关经济安全履职尽责的建议

由于我国对经济安全的研究时间不长,各界对经济安全的重视远远没有达到与经济安全的重要性相匹配的程度。海关落实总体国家安全观时侧重于政治安全、生态安全方面,对经济安全的研究和关注

都较少。因此,海关必须立即立足国际国内经济安全形势的变化和海关工作,构建海关国家经济安全战略,以有效应对来自国家经济安全方面的挑战。笔者提出以下几点建议:

(一)构建新时代海关的国家安全观

海关要全面学习,深刻领会党的十九大报告和习近平总书记关于国家总体安全观的一系列论述。从制度顶层设计到实际操作,从一线执法到后台风险、监控,都应从思想上全面地树立起总体国家安全观、国家经济安全观,行动上做国家安全、国家经济安全的忠诚卫士。

(二)海关应建立相应的国家经济安全协调机构

国家经济安全至关重要,且是一个复杂的综合体系,需要从总署—直属海关的层面建立一个海关国家安全工作的决策和议事协调机构,统筹协调两级海关涉及国家经济安全的重大事项和重要工作。

(三)建立海关国家经济安全指标体系

国家经济安全涉及广泛,而且是一个不断发展变化的体系,海关应组织专门力量进行研究,梳理出海关履行维护国家经济安全的各项职责,建立海关国家经济安全的监测指标体系。

(四)认真履行海关事关国家经济安全的各项职责

海关是政治机关,切实履行、维护好国家安全是海关的重要职责。经济安全是国家安全的基础,贯穿于海关的诸多工作中。上述经济安全职责都是海关的日常工作,看似具体普通,实则意义重大,一旦出现漏洞乃至系统性的问题,则危及国家经济安全,后果将十分严重。因此,各级海关(部门)既要从国家安全的高度梳理完善规则;又要从国家安全的高度履职尽责;还要从国家安全的高度进行后续监督管理。

(五)实时开展海关管理领域国家经济安全评估

组建队伍或依托海关内现有机构对海关管理领域的安全状态实时监测,及时准确掌握可能出现的威胁国家经济安全的隐患,充分把握评价各种风险类型对国家经济安全的影响,对可能威胁国家经济安全的各种因素进行监测,捕捉危机先兆,形成一个动态有序的海关国家经济安全监测体系。

(六)积极主动参与制定国际规则

积极参加世界海关组织协调制度委员会会议和估价技术委员会会议以及原产地技术规则委员会会议,加大中国在制定国际规则方面的话语权,贡献“中国智慧”“中国方案”,维护我国经济利益,捍卫国家经济安全。

(七)制定国家重大产业振兴服务总体方案

根据《国民经济和社会发展第十四个五年规划和2035年远景目标纲要》、WTO《贸易便利化协定》等,研究制定并积极实施针对关系国家经济安全的重大产业、企业的扶持方案,推进落实《属地纳税人管理工作方案》、开展专项的税政调研、推广《海关预裁定管理暂行办法》、帮助企业用好原产地规则、进行减免税专项帮扶等。

Analysis of Customs Performance of Duty in National Economic Security

ZHENG Yuping　LIN yi

[**Abstract**] With the development of economic globalization, economic security has become increasingly important in the national security system. As the guardian of the national economic gate, Customs naturally bears the bounden responsibility. This paper discusses customs duty in maintaining economic security, which is the foundation of national security, and also puts forward some suggestions as relevant countermeasures.

[**Key words**] economic security; Customs; responsibilities

海关法评论(第11卷)

关税法律问题

Legal Issues of Tariff

海关追补税期限扣除若干问题基于实证的再思考

李　骄　肖　春*

[摘　要]　海关法律法规体系对于海关追补税的期限问题做了规定,但该规定较为抽象和原则,理论界和实务界对其中不少法律问题存在大量争议。2012年海关总署通过行政解释明确了追补税期限的相关问题,对全国海关征税执法的规范统一起到了重要作用。近年来,随着执法和司法审判实践的积累,对于海关追补税期限等相关法律问题又出现了新的争议内容。通过判例和实证研究,对于海关征补税期限扣除中涉及的征税决定行为、期限扣除的效力、具体情形等做了进一步思考与探讨。

[关键词]　海关;征税;追补税;期限;扣除

我国《海关法》及相应的法规、规章对于进出口货物、进出境物品

* 李骄,国浩律师(南京)事务所合伙人,江苏省法学会行政法学研究会理事;肖春,南京海关三级调研员,海关法规三级专家。

放行后少征漏征税款的追补税期限问题做了规定①。但法律、法规、规章对于追补税期限的诸多问题均未明确定性,在行政法、海关法、税法理论中也缺乏直接依据,这就造成了理论界和实务界对于海关追补税期限问题的诸多争议,如海关追补税时效的法律性质究竟是核定时效还是征收时效;是除斥期间还是消灭时效②;海关追补税的期限能否中止、中断;海关追补税的期限在征税行为与稽查、行政处罚以及刑事诉讼程序衔接中如何界定等问题。正是由于大量问题的存在,现场海关在执法过程中存在执法不统一的可能。为解决实务中出现的上述问题,海关总署2012年出台了"第1号行政解释"③,对于执法中争议较大的"纳税义务人违法规定"问题、"关于追、补税期限内调查、侦查、稽查和税收核查期间的扣除"问题如何理解和处置做了具体解释。

海关总署"第1号行政解释"出台,既有推动执法统一、规范海关征税执法的需要,也有立法条件尚不成熟的背景。近年来,海关贯彻落实《国务院关于加强和规范事中事后监管的指导意见》和"放管服"总体改革要求,不断创新后续监管工作方式,通过主动披露、专项稽查、税收核查等方式开展的追补税工作也持续增长。据统计,"十三

---

① 《海关法》第62条规定:"进出口货物、进出境物品放行后,海关发现少征或者漏征税款,应当自缴纳税款或者货物、物品放行之日起一年内,向纳税义务人补征。因纳税义务人违反规定而造成的少征或者漏征,海关在三年以内可以追征。"《进出口关税条例》第51条规定:"因纳税义务人违反规定造成少征或者漏征税款的,海关可以自缴纳税款或者货物放行之日起3年内追征税款"。《海关进出口货物征税管理办法》第66条规定:"进出口货物放行后,海关发现少征税款的,应当自缴纳税款之日起1年内,向纳税义务人补征税款;海关发现漏征税款的,应当自货物放行之日起1年内,向纳税义务人补征税款。"第67条规定:"因纳税义务人违反规定造成少征税款的,海关应当自缴纳税款之日起3年内追征税款;因纳税义务人违反规定造成漏征税款的,海关应当自货物放行之日起3年内追征税款。海关除依法追征税款外,还应当自缴纳税款或者货物放行之日起至海关发现违规行为之日止按日加收少征或者漏征税款万分之五的滞纳金。"

② 参见何成锷:《海关追补税时效法律性质研究》,载《上海海关学院学报》2011年第2期。

③ 参见《海关总署关于发布第1号行政解释(试行)的决定》(署法发〔2012〕429号)。

五”期间，全国海关稽查追补税437.08亿元，比“十二五”期间增长150%。[①] 在此背景下，有必要对海关追补税相关法律问题进一步总结研究，结合实务中征税工作和税收争议的新实践，为关税相关立法提供理论和实证资料。为此，笔者结合近年来较新的执法、司法实践，对海关追补税期限扣除中出现的若干法律问题，做了进一步思考与分析。

一、“第1号行政解释”能否成为执法和司法裁判依据

在海关税收争议的复议、诉讼案件中，多次出现相对人以《海关法》第62条规定的追补税期限为依据，认为海关征税行为超出追补税期限的抗辩，也出现了因此撤销海关征税行为的复议、诉讼案例。[②] 在“第1号行政解释”出台后，大部分争议问题均得到了回应，但近年来仍有相对人提出类似抗辩。2019年，在山东宏信化工股份有限公司(以下简称宏信公司)与江阴海关、南京海关行政处罚及行政复议一案[③]中，宏信公司认为江阴海关从2013年5月17日发现案情，直至2017年1月10日作出《责令办理海关手续通知书》已超过3年追征期。一审法院在判决中直接引用了“第1号行政解释”的具体规定，认为“因海关对当事人追征税款是基于海关调查认定的违法事实作出的，在海关制发行政处罚决定书对当事人的违法事实进行认定之前，追征税款行为所依据的违法事实尚未最终确定，漏缴税数额亦不能确定，因此海关对当事人的违法违规行为进行调查的期间应从追税期限内扣除……江阴海关从2013年7月4日立案后展开调查直至2017年

---

① 参见《着力构建以信用为基础的新型海关监管机制》，载微信公众号“海关发布”2021年9月24日，https://mp.weixin.qq.com/s?__biz=MzIwNzE3MzE2NQ==&mid=2652860655&idx=1&sn=230a681c4b48e88e72507e5ce87f3f6d&chksm=8cfdb3adbb8a3abb4045bdb6392d8d39593cf4d5b15dcabc21bbd410db9413ce1714cc6d914c&scene=21#wechat_redirect。

② 如1992年福建省高院判决的泉州海关行政诉讼案件、2010年青岛海关对日照海关的复议决定、2000年无锡方亚复议案件。

③ 江苏省南京市中级人民法院行政判决书，(2017)苏01行初521号。

1 月作出 1 号处罚决定,根据上述规定,江阴海关进行调查至作出处理决定的期限应从三年追征期内扣除,故江阴海关作出 1 号通知书并未超过法定期限。”这是现行司法裁判文书中,率先在海关税收争议相关案件中引用“第 1 号行政解释”关于期限扣除的规定,那么根据该案的判决是否就能认为“第 1 号行政解释”对于追补税期限扣除的相关规定可以作为海关执法和司法裁判的依据呢?笔者认为仍然值得探讨。

首先,“第 1 号行政解释”具有行政执法参照的合理性。从职权上看,海关总署作为国务院直属机构,在其职责范围内对其关税征收中的具体法律法规适用问题作出解释,系行政解释的一种,在海关内部具有规范性文件的适用效力。《海关立法工作管理规定》第 47 条[①]也赋予了海关总署对于海关规章的解释权,因此,“第 1 号行政解释”系全国海关正确理解执行《海关进出口货物征税管理办法》、规范执行《海关法》和《关税条例》相关规定并保持执法统一性的重要行政解释文件。从内容上看,海关追补税的行为,从发现到核实涉及大量事实调查与专业判断,在纳税义务人可能涉嫌违法的情形下,还需要经过稽查、行政处罚甚至刑事调查以查清企业违规事实,如果海关在法定的调查期限内实施对少征、漏征税款情况的调查,却超过了可以追补税的期限,显然在立法与执法逻辑上不能自洽,也使得《海关法》第 62 条在执行上存在漏洞。从法律关系上看,海关征税行为是一个独立的行政法律行为,在程序和内容上受《海关法》第 5 章“关税”和《关税条例》的调整,从法律性质上判断,应属海关征税法律关系;《海关法》中还规定了海关稽查制度,适用《海关法》第 45 条和《海关稽查条例》的调整,因此海关征税(包括海关追补税)是与海关稽查相对独立的一种海关具体行政行为。而稽查可能是海关启动追补税的前提,即海关发现少征或漏征税款的方式之一。其依据《稽查条例》,具有一整套完整

① 《海关立法工作管理规定》第 47 条规定:“海关规章有下列情形之一的,可以进行解释:(一)海关规章的规定需要进一步明确具体含义的;(二)海关规章制定后出现新的情况,需要明确适用海关规章依据的。”

的实施程序,其所作结论具有相当的独立性[①]。如果海关在稽查程序中发现纳税义务人存在少征或者漏征的情形,在完成稽查程序作出确定性的稽查结论后再向纳税义务人追征、补征税款,显然比依据过程性的证据或者线索,要求纳税义务人追征、补征税款更为合理。因此,在征税决定作出前,将包括稽查在内的相应的合法调查期间从追补税期限中扣除,具有事实上的合理性。

其次,“第1号行政解释”不宜作为人民法院审理依据和海关执法依据。根据《行政诉讼法》第63条的规定,人民法院审理行政案件,以法律和行政法规、地方性法规为依据,参照规章。“第1号行政解释”系海关总署内部发布的文件,显然不符合《行政诉讼法》规定,不应直接成为法院审理行政案件的依据,甚至也无法成为参照。而《立法法》和《海关立法工作管理规定》均对规章、规范性文件涉及行政相对人权利义务的规定提出了明确要求[②],“第1号行政解释”未经相应立法程序,不是海关总署制定的规章或者规范性文件,无权制定涉及相对人权利义务的内容,且由于其未公开发布,也不得作为海关对外行政执法的依据。并且,我国《海关稽查条例》对于补征、追征的法律依据的表述是“由海关依照海关法和有关税收法律、行政法规的规定追征”。因此,此处存在争议的是,上位法(法律、行政法规)和海关总署规章均未规定追补税期限可以中止、终止或者扣除的情形下,海关总署发布

---

① 何成锷:《海关追补税时效中断中止问题研究》,载《海关与经贸研究》2014年第2期。

② 《立法法》第80条第2款规定,“没有法律或者国务院的行政法规、决定、命令的依据,部门规章不得设定减损公民、法人和其他组织权利或者增加其义务的规范,不得增加本部门的权力或者减少本部门的法定职责”。《海关立法工作管理规定》第7条规定:“完整、全面规范某一类海关行政管理关系,并涉及行政相对人权利义务的,应当由海关总署制定海关规章。”第57条规定:“海关总署可以按照本规定对涉及行政相对人权利义务的具体事项制定海关总署规范性文件,以海关总署公告形式对外发布,但不得设定对行政相对人的行政处罚。”第62条第1款规定:“直属海关可以依照本规定对本关区内涉及行政相对人权利义务的事项制定直属海关规范性文件,以直属海关公告形式对外发布。”

的行政解释明确了该期限扣除的情形,属于明确规章规定的具体含义,还是规章制定后出现新情况需要明确适用依据?严格从文义解释看,上位法既然未规定期限“扣除”,也就不存在对扣除具体含义和情形的明确;而“第1号行政解释”规定的扣除情形,也显然并非上位法和海关总署规章发布后出现的新情况。因此,虽然其规定具有合理性,但从立法审查的角度看,可能存在效力上的瑕疵。

最后,期间扣除的法律性质不明确。国家税款作为债权的性质被理论界和实务界普遍接受,如我国《企业破产法》即明确了债务人所欠税款是优先于普通债权,劣后于享有担保权的债权和债务人所欠工资、职工相关保险和补偿金的债权种类之一。① 与其他债权一样,为了实现法律关系和经济关系的稳定、敦促权利/权力的行使,税收债权也应设有消灭时效或者除斥期间。很多学者在做了比较法研究的基础上,也多提出税款征收的权力应区分为确定权和征收权,②期限应区分核定期间和征收期间。③ 但目前关税征收的相关立法包括行政解释,对于海关追补税期限和扣除的法律性质并不明确,如追补税期限是时效还是除斥期间?扣除的是核定期间还是征收期间?法律后果是中止还是中断?等等鉴于该问题在理论界已有多年讨论,文献较多,本文不再展开。

二、海关追补税期限中各事件的认定和效力

综合海关追补税的相关规定,确定海关追补税期限涉及多个事件,简单归纳包括:(进出口货物)放行——海关发现(少征或者漏征税

---

① 《企业破产法》第82条第1款规定:“下列各类债权的债权人参加讨论重整计划草案的债权人会议,依照下列债权分类,分组对重整计划草案进行表决:(一)对债务人的特定财产享有担保权的债权;(二)债务人所欠职工的工资和医疗、伤残补助、抚恤费用,所欠的应当划入职工个人账户的基本养老保险、基本医疗保险费用,以及法律、行政法规规定应当支付给职工的补偿金;(三)债务人所欠税款;(四)普通债权。”

② 参见施正文:《税收之债的消灭时效》,载《法学研究》2007年第4期。

③ 参见熊伟:《我国税收追征期制度辨析》,载《华东政法大学学报》2007年第4期。

款)——作出征税决定——对外开具税单。上述事件看似清晰,但在实务中每一个事件认定的条件均存在争议。

(一)进出口货物放行日期的争议

在海关发现少征、漏征税款的情形下,进出口货物放行日期是计算追补税期限的起点,在一般贸易模式下货物的放行日期根据报关单很容易确定,但保税货物、特定减免税货物在涉及追补税时如何确定放行日期则缺乏执法依据。以加工贸易保税货物为例,如企业在2020年1月1日手册项下保税进口了料件,彼时确定料件归类为A;2021年1月1日企业申请内销,仍确定归类为A;但2021年7月1日,海关发现该料件归类较为复杂,经明确应为B,故应对企业补征税款。此时,应按照手册项下保税进口放行之日还是内销放行之日确定计算海关追补税期限的起始日期呢?海关总署公告①曾明确,因违反海关监管规定漏缴税款的,应缴纳税款之日为加工贸易保税货物内销之日,或减免税货物被擅自转让、移作他用或进行其他处置之日,以及法律法规规定的其他情形。但对于未违反海关监管规定,是否以内销之日作为"放行之日"则没有规定。根据海关总署关于加工贸易保税货物利息征收和退还的公告②,加工贸易保税料件或制成品内销的,海关除依法征收税款外,还应加征缓税利息。经批准内销的,缓税利息计息期限的起始日期为内销料件或制成品所对应的加工贸易合同项下首批料件进口之日;未经批准擅自内销,违反海关监管规定的,缓税利息计息期限的起始日期为内销料件或制成品所对应的加工贸易合同项下首批料件进口之日。同时,该公告还规定,加工贸易保税货物需要后续补税,但海关未按违规处理的,缓税利息计息的起止日期比照本条第2款规定办理。但该公告此条的第2款系利息利率的计算方式,疑似表述有误,应参照未经批准违规内销的规定计算。从公平角度

---

① 参见《关于加工贸易内销计征缓税利息和违反海关规定加征滞纳金有关问题》(海关总署公告2004年第39号)。

② 海关总署公告2006年第53号。

说,产生缓税利息即表明产生了纳税义务,那么放行之日就应当为保税料件首次进口之日,但该理解显然与总署对违规内销的追补税计算时间相悖;对同一货物的放行日期的认定因相对人是否存在过错而存在差异,显然并不合理。同理,在特殊监管货物提前解除监管需要补税的情形下,如相对人已经补税后一年内,海关发现因归类等技术原因少征税款需要补税,一方面存在对放行日期的认定问题;另一方面由于特殊监管货物的补税是计算剩余监管年限,而非进口时货物完税价格,更存在税款计算的逻辑难题。

(二)海关发现日期的争议

海关发现少征或漏征税款之日,对于确定追补税期限的起始时间或者消灭时间,均不产生法律后果。但需要注意的是,参考我国《行政处罚法》等法律的规定,行政法上的发现,需要以行政机关作出相应调查、处罚程序的立案为事件发生的标志。这些标志对于计算追补税期限的扣除期间具有重要意义。"第 1 号行政解释"即规定,调查、侦查期间从立案之日起,稽查期间从《海关稽查通知书》送达之日起。但此处相关规定未能明确的是,如海关的调查、侦查、稽查程序开始于发现少征漏征税款事实之前,能否以相关立案或稽查通知送达之日作为追补税期限的扣除期间起点。如某企业于 2020 年 1 月 1 日进口一批货物,主管海关于 2020 年 12 月 1 日启动对该企业的常规稽查,2021 年 2 月 1 日,海关发现企业的进口货物未违反规定但需要补征税款,那么主管海关能否以启动稽查为由,主张自 2020 年 12 月 1 日起至稽查结论作出之日的期间从追补税期限中扣除?

(三)海关作出追补税决定的必要形式

实务中,海关作出征税决定存在多种形式,包括直接开具税单、作出补征税款告知、作出责令办结海关手续通知等。"第 1 号行政解释"对此有较为严格的规定,要求海关在"一年补征"或"三年追征"税款期间,不仅要发现少征或者漏征税款的事实,还要作出征税决定,并对外开具税单。该规定明确要求海关关税部门主动作为,是否合理值得商榷。正如上文所述,追补征税款可能涉及较为复杂的税款核查、违法违规事实调查等前置程序，如经海关调查向相对人作出了补征税款的告知或责令办结海关手续的通知，实际上可能已经产生了纳税义务，这应当视为海关已经作出征税决定。当然，实务中司法机关可能存在不同见解。如大连经济技术开发区海关与大连富足正装皮鞋有限公司税款强制执行案件①中，海关向法院申请执行其对大连富足正装皮鞋有限公司作出的大开关缉责办字［2017］0003 号决定，补缴税款及缓税利息、滞纳金。鉴于海关申请执行的是《责令办结海关手续决定》，可见从海关执法角度而言，该决定即为生效的征税决定。值得关注的是，该案中法院认为海关依法具有税款强制执行权，不应申请法院执行，但引用的法条却为《海关法》第 60 条规定，即进出口货物的纳税义务人，应当自海关填发税款缴款书之日起 15 日内缴纳税款。虽然何种行为为有效的征税决定不是该案审查重点，但法院对法条的引用却似乎证实了“第 1 号行政解释”的合理性。

三、追补税期限扣除的几个问题

（一）追补税期限扣除的法律性质

我国《税收征管法》和《海关法》均规定了税款追征、补征的期限，但又均没有规定期限的扣除问题。在民事法律体系中，债权请求权的行使期限存在除斥期间、诉讼时效的不同制度，其中除斥期间不适用中止的制度，诉讼时效则有中止、中断的一系列具体规定。在行政法律体系中，行政权力的行使期限并无诉讼时效一说，因此用除斥期间理解行政权力的行使期限似乎更为合理。如《行政处罚法》规定，违法行为在 2 年内未被发现的，不再给予行政处罚；涉及公民生命健康安全、金融安全且有危害后果的，上述期限延长至 5 年。② 但并未规定该 2 年的期限存在中止、中断或者扣除的情形，实践中也不存在这种情形，原因在于行政权力的运行具有权责一致的特点，在特定事件发生

---

① 参见大连经济技术开发区人民法院行政裁定书，(2018)辽 0291 行审 149 号。

② 参见《行政处罚法》第 36 条。

后是否做出相应行政行为既是行政机关的权力也是责任,相应的行政法律法规对行政机关履行职责的期限一般都有明确的规定。因此,只要特定事件一被发现,即无须再通过相应的时效或者期限予以管理,而应适用具体的行政程序规定。但税款追征、补征的期限与行政处罚追溯期限又有明显区别:税款的追征、补征,无论海关何时发现,均需要在货物放行后特定时间内作出征税决定;而对于需要行政处罚的违法行为,则是一旦在2年内被发现,行政机关就可以根据处罚的程序要求,进行立案、调查、作出处罚决定等一系列行为,而不再受2年的期限限制。从这个角度说,海关征税决定无论是否经过其他调查程序,在发现需要追征、补征的情形后就应该进入具体行政程序,扣除期限的规定实际上是在弥补海关具体征税管理制度在时限规定上的缺失。

(二)追补税期限扣除具体情形的合理性问题

首先,上述山东宏信公司案中,法院在引用“第1号行政解释”时,对海关行政处罚调查期限的扣除做了合理性的说明,认为“在海关制发行政处罚决定书对当事人的违法事实进行认定之前,追征税款行为所依据的违法事实尚未最终确定,漏缴税数额亦不能确定”。但实际上,追补税数额的确定,绝大部分情况下并不需要查清相对人的违法事实。恰恰相反,调查、稽查和侦查部门主要工作是查明相对人的过错事实,在确定违法数额时往往依赖于海关关税部门的税款计核,该税款计核意见在刑事程序中几乎没有被推翻的可能。其次,从“第1号行政解释”本身规定看,允许扣除海关刑事侦查期间,但刑事诉讼程序还包括审查起诉、法庭审理两个阶段,侦查期间显然不包括审查起诉和法庭审理阶段。根据“第1号行政解释”,海关应当在缉私部门将案件移交检察院同时开具税单,然而在刑事案件中由于没收违法所得和罚金制度的存在,海关补缴税款的操作甚为罕见;而一旦检察院或者法院通过不起诉决定、无罪判决等方式确认当事人没有违法,海关追补税的期间大概率上也已经超过。可见,追补税期限的扣除在制度设计上存在根本的逻辑悖论。最后,如果海关在追征税款中对调查、侦查、刑事追诉期限一味进行排除,就不利于敦促行政机关依法及时履行征税职能,进而可能损害纳税人合法权益。当事人即便违反了海关监管规定,作为执法机关也应该依法及时调查处理,勤勉守职,该罚则罚,该征则征,没有任何理由长期拖沓。如果放宽了期限扣除条件,可能导致在调查处理、侦查、刑事追诉中,本应及时了结、该罚则罚、准确定性、该征则征的违规案件,却因执法拖沓、执法失当而疏于职守的后果;如果一味地由企业(纳税人)承担是不公平的,不符合行政立法公平合理原则。

(三)征税技术要素的核定时间扣除问题

海关税款的计核依赖要素较多,仅《海关行政处罚实施条例》第15条列举的如实申报要素中,进出口货物的品名、税则号列、数量、规格、价格、贸易方式、原产地等,都有可能影响税款的计算,关税部门进行准确审核需要一定的时间,而该时间因事实和证据是否充足差异较大,部分情况下还需要与相对人进行多轮的价格磋商。而根据"第1号行政解释"除了进入稽查程序和境外协助两种例外情形,税收核查(包括保税中后期核查、减免税核查、价格核查、原产地核查等)期间不在追、补税期限扣除。如海关已经发现进出口货物可能少征漏征关税,但具体归类需要税管局甚至国务院税则委员会明确,经过多层汇报,留给关税部门的征税时间可能明显不足。而如相对人根据《海关行政裁定管理暂行办法》提出归类行政裁定申请,或者直接对过程性但可能影响相对人权利义务的行政行为提出复议申请,则更有可能技术性地令补税期限超过。

四、总结

海关追补税期限的扣除制度,随着"第1号行政解释"的出台,回应和解决了海关执法过程中的大量问题。但在该文件出台近10年后,仍未能在立法上对相关制度予以规范明确,在理论上亦未作全面透彻思考;从执法和司法实践角度看,极有可能逐步产生法律适用上的争议。笔者结合执法和司法实践中的实证分析,提出了若干法律问题,或多或少都指向了海关追补税期限扣除的制度存在争议和需要进一步明确的法律问题,也希望引发理论和实务界的进一步思考。

Revisiting the Deduction of Customs Tax Recovery Period Based on an Empirical Study

LI You XIAO Chun

[**Abstract**] Customs laws and regulations have made provisions on the time limit for the recovery of customs taxes. However, due to the abstract and principled provisions, there are a lot of disputes on many legal issues in theory and practice. In 2012, the General Administration of Customs clarified the issues related to the time limit for recovering overdue taxes through administrative interpretation, which played an important role in standardizing and unifying customs tax enforcement throughout the country. In recent years, with the accumulation of law enforcement and judicial practices, there are emerging disputes about the time limit of customs recovery and related legal issues. Through case study and empirical research, this paper further considers and discusses the tax decision behavior, validity and specific situation involved in the time limit deduction of customs tax collection.

[**Key words**] Customs; duty collection; tax recovery; time limit; deduction

关于原状复运进境货物免于征税法律问题研究

——由疫情原因而退运进境的货物引发的思考

管伟星*

[摘　要]　随着国际贸易的发展，出口货物因各种原因退运的情形时有发生，新冠肺炎疫情的暴发，使货物退运的情形更加频繁，企业对此类货物进口时免于征税的需求也日益强烈，但在现有法律制度下，由于退运货物免于征税的条件之一是"因品质或者规格原因"，而因疫情等原因退运的货物是否符合此条件存在着争议。本文从相关法律制度和国际公约的规定出发，探究其立法原意，力求在我国现有法律制度下妥善解决此类问题，并在此基础上提出相关的立法建议，从而使相关法律制度更加合理和完善。

[关键词]　原状复运进境；新冠肺炎疫情；退运；品质规格；免税

2020年年初，因新冠肺炎疫情原因，土耳其决定暂时停止从中国进口所有活体、非活体动物及动物类制品，此项措施导致宁波某冷冻

---

* 管伟星，宁波机场海关副关长。

食品有限公司7个集装箱的冻煮金枪鱼肉等货物被退运。随着国际形势的发展,特别是在单边主义、贸易保护主义抬头的情形下,国际贸易存在诸多不确定因素,出口货物因各种原因而遭遇退运的情事频发。而此类退运货物在复运进境时是否需要征收关税等进口环节税,是企业十分关心的问题,常常是争议的焦点,也是海关执法的难点。笔者对此问题的相关法律规定和国际公约进行了研究,并结合执法和立法工作实际,力求找到破解该问题的答案。

一、现行法律规定及立法原意

关于原状复运进境货物免税的规定,在我国《海关法》中没有直接规定,其直接的法律依据是《进出口关税条例》(以下简称《关税条例》)第43条第1款的规定:"因品质或者规格原因,出口货物自出口之日起1年内原状复运进境的,不征收进口关税。"根据《〈中华人民共和国进出口关税条例〉释义》(以下简称《关税条例释义》)一书的说法,按照1992年修改的《关税条例》的规定,原状复运进出境货物不征收关税的前置条件是"因故"而非"因品质或者规格原因",但"因故"一词难以明确界定,从而造成海关自由裁量权过大,为保证海关的执法统一性和维护纳税义务人的合法权益,在修订《关税条例》时,参照《京都公约》①有关条款将"因故"界定为"因品质或者规格原因",至于其他原因,则不在考虑之列。② 由于《关税条例释义》是当初参与修法的部门和人员编写的,其释义代表了当初立法者们的意图,具有相当的权威性,对此后的执法实践和立法进程产生了较大的影响。

---

① 《京都公约》即《关于简化和协调海关制度的国际公约》(International Convention on the Simplification and Harmonization of Customs Procedures),我国于1988年加入该公约,并于2000年签署了《京都公约修正案》议定书。

② 海关总署政法司、财政部关税司、国务院法制办财金司编写:《〈中华人民共和国进出口关税条例〉释义》,中国民主法制出版社2004年版,第154页。

二、《京都公约》相关规定研究

《关税条例释义》中所说的“参照的《京都公约》有关条款”究竟是何条款？对第43条的释义中并未交代清楚，但在其对第50条的释义中，我们似乎找到了答案。《关税条例》第50条是关于已征进出口关税的货物，在因品质或者规格原因原状退货复运进出境以及未装运出口申报退关的情形下，纳税义务人可以申请退税的规定。根据《关税条例释义》的介绍，该条款也将1992年修改的《关税条例》中的“因故”修改为“因品质或者规格原因”，其修改理由也主要是因为“因故”一词难以界定内涵，使海关具有很大自由裁量权，容易引起争议，为此采用了《京都公约》有关规定。而该条款的释义明确指出，其基本法义是根据《京都公约》总附约第四章中“税费的退还”相关规定演化而来的，《京都公约》“4.19标准条款”规定：“在进口或出口时发现货物品质不良或不符合议定规格，并退回供应商或供应商指定的人的，在下列条件下，应退还税费：在进口国未经加工、修理或使用，并在合理期限内复出口；在出口国未经加工、修理或使用，并在合理期限内复进口……”①

而《京都公约》对于“按原状复进口”是在专项附约二第二章中予以专门规定的，根据该章的规定，“‘按原状复进口’指一项海关制度，根据该制度，已经出口的货物可以免除进口税费进口供境内使用，条件是货物在境外未经任何制造、加工或修理……”该章明确规定了“按原状复进口”的货物可以免除进口税费，然而该章并未提及“因品质或者规格原因”。《〈京都公约〉总附约和专项附约指南》中还规定：“在某些情况下，作为在其出口后发生的变故的结果，货物被复运进口。例如：某出口商可能遇到不可预见的困难导致原出口货物复进口，例如货物没有售出、收货人因货物与合同不符而拒绝接受或者在运输途

---

① 海关总署政法司、财政部关税司、国务院法制办财金司编写：《〈中华人民共和国进出口关税条例〉释义》，中国民主法制出版社2004年版，第177页。

中遭受损坏。货物可能由于一笔新交易或由于发错货,而复进口到其出口的关境。”①

根据上述分析,我们可以得出结论,按照《京都公约》的立法原意,对于因疫情在规定期限内原状复运进境的出口货物应当免于征税,理由如下:一是《关税条例》第43条和第50条所规定的情形虽有一定的联系,但并非同一回事。前者是指已征收进出口关税的货物,在其原状复运进出境时,将其已征收的税款退给纳税义务人的情形,而后者是指原状复运进出境的货物,海关免于征收关税等进口环节税的情形。二是《京都公约》对上述两类情形是分别规定的,前者规定在总附约第四章“税费的退还”中,后者规定在专项附约二第二章“按原状复进口”中。对于前者,《京都公约》有“因品质或者规格原因”的限制条件,而对于后者,则没有此类条件。三是出口商可能遇到不可预见的困难而导致原出口货物复进口,应当属于《京都公约》所规定的“按原状复进口”可以免除关税的情形,而本次因新冠肺炎疫情而导致的外国政府暂停进口某些中国货物正是一种“不可预见的困难”。

需要说明的是,根据《京都公约》修正议定书的规定,签署了修正议定书,则表示同意接受公约和总附约的约束,由于我国于2000年正式签署了该公约的修正议定书,因此其总附约第四章中“税费的退还”对我国而言是有约束力的。但对于专项附约,根据修正议定书的规定,公约缔约方是可以选择接受和保留的,而我国仅接受了专项附约四第一章“海关仓库”和专项附约七的第一章“暂准进口”,对于专项附约二我国并未表示接受,因此《京都公约》中关于“按原状复进口”的相关规定对我国并无约束力。但笔者认为,我国是否接受该专项附约,并不影响按原状复进口货物,退还原已征收的出口关税与免于征收关税等进口环节税完全是两类不同性质问题的判断。并且按照倪岳峰署长提出的“对标国际最高标准,打造先进的、在国际上最具竞争

---

① 海关总署国际合作司编译:《关于简化和协调海关制度的国际公约(京都公约)总附约和专项附约指南》,中国海关出版社2003年版,第230页。

力的海关监管体制机制”的要求,作为国际简化和协调海关制度最高标准的《京都公约》的相关规定,应当对我国海关制度的完善和发展有着重大的指导意义,应当认真研究,并做好相应的转化和适用工作。

三、现实执法的困境

正如上文所述,《关税条例》第43条关于“因品质或者规格原因”的规定,对于现实执法产生了巨大的影响和争议,主要反映在以下几个方面:一是对原状复运进境的货物是否存在征税基础存在争议。一般认为,对进口货物征收关税等进口环节税的基础是该批货物确实是从境外进口的,并且存在着实际交易,然而原状复运进境的货物本身为出口货物,并且交易由于不可抗力等意志以外的因素而实际未达成,因此并不存在征税基础,反过来说不征收关税等进口环节税对国家财政也不会造成实际损失。二是原状复运进境的情形众多,免税是否都需要符合“因品质或者规格原因”这一限制条件争议较大。例如,出口目的国此次因疫情禁运中国货物而导致出口货物复运进境,便是其中一类情形,其他还有因外方违约、由跨境电商渠道出口到境外的货物被消费者退回、不符合出口目的国检验检测标准、出口目的国突然发生战争等而导致出口货物无法清关或者外方拒绝收货,企业将货物复运进境等情形,以及因合同诈骗、国际追赃而复运进境的情形。一味强调“因品质或者规格原因”,无疑大大缩小了原状复运进境货物免于征税的适用情形,也造成了现实执法的困境。三是“因品质或者规格原因”的证明文件无明确标准。根据《进出口货物征税管理办法》的相关规定,“因品质或者规格原因”需向海关提交有关单证和证明文件,这里的“有关单证和证明文件”并无明确的法律规定,根据相关释义①,主要是指原出口报关单、出口装箱单,以及收发货人双方关于退货的协议等,海关认为需要时,纳税义务人还应当提交具有资质的商

---

① 《〈中华人民共和国海关进出口货物征税管理办法〉条文及释义》,摘自海关总署关税征管司网页。

品检验机构出具的原出口货物品质不良或者规格不符的检验证明书或者其他有关证明文件。但在实际执法过程中,何谓有资质的商品检验机构,是在境内检验还是境外检验,出具什么检验证明书,退运货物的保险理赔单据等是否可以作为证明文件等问题,法律都没有明确的规定,海关在要求纳税义务人提交相关检验证明书等证明文件过程中存在较大的自由裁量权,而如下文所述纳税义务人要取得这些证明文件也是困难重重。四是对什么是"因品质或者规格原因"的认识不一致。《关税条例释义》认为,"因品质或规格原因"是指货物本身存在的质量(包括内在质量和表面、外观质量)缺陷或者货物的规格、型号、成分、含量、技术指标等,与买卖双方在交易合同或协议中约定的品质或规格要求不符。① 根据此种理解,"品质或规格原因"仅指货物品质或规格不符合合同约定的情形。但实际执法过程中,也存在这样的情形;原状复运进境货物虽符合合同约定的品质或规格,但不符合出口目的国强制性检验检测标准或者其他法定标准而退运等其他情形;在现实执法过程中,部分海关关员根据上述释义,只认可违反合同约定的"品质或规格原因",对此类情形认为其不属于"因品质或规格原因",因此坚持对原状复运进境的货物征税。

由于企业因退运货物已蒙受运费、违约金等方面的损失,为了能够让遭遇退运的出口货物享受免于征税待遇,就必须想方设法使退运货物满足"因品质或者规格原因"的条件。有的通过外商开具货物品质不良或不符合议定规格的声明,有的通过检验机构出具货物相关参数不符合合同约定的检测证明,而这些声明或者检测证明由于没有明确标准,不一定符合相关海关的要求,这让企业为此来回奔波,并付出了更多的成本,有的甚至不惜为此弄虚作假,这一切对税收征管秩序和营商环境产生了负面影响。

---

① 参见海关总署政法司、财政部关税司、国务院法制办财金司编写:《〈中华人民共和国进出口关税条例〉释义》,中国民主法制出版社2004年版,第155页。

四、相关建议

通过上述分析,笔者认为,《关税条例》第43条中的"因品质或者规格原因"的规定并不符合《京都公约》的立法原意,同时也存在事实上的不合理性,亟须在实际执法过程中予以纠偏,并通过立法、修法等方式予以解决。

(一)适当扩大其认定范围

正如上文所述,何谓"因品质或者规格原因"本身并无明确的法律规定或者法定解释,因此海关在实际执法过程中,应当秉持法律规定不明确则应当作出有利于相对人解释的原则,适当扩大其认定范围。例如,对于因疫情而导致货物被禁运或者商品被拒收而被迫退运进境的情形,可以判定该货物不符合外国政府或者外商所预期的品质,将其复运进境的原因认定为"品质"原因,从而使其具备免于征税的条件。

(二)降低企业提供的证明文件的标准

由于法律对于企业申请原状复运进境货物免于征税时所提交的证明文件并无明确规定,因此海关在执法过程中,对于企业所提供的材料不应作过高要求,只要企业能够提供外商声明或者出口目的国因疫情等而暂停或者禁止货物进境等证明材料,即可认为其符合相应条件。当然,企业因该批货物出口时所享受的出口退税的,应当提供已补缴已退(免)增值税、消费税税款的证明。

(三)相关立法建议

当前,《海关法》修法正在启动过程中,而"关税法"立法也处于关键时期,因此要把握此重要窗口期,通过立法或者修法方式彻底解决上述问题,为此笔者提出下列立法或者修法建议:

根据《京都公约》的立法原意,取消"因品质或者规格原因"这一限制条件,对于出口后在境外未经任何制造、加工或者修理的原状复运进境货物,免除进口税费。但其在出口时所享受的出口退税应当予以退还。

如果上述立法建议得不到采纳,至少应当增加“不可抗力”等情形,从而扩大其免于征收关税等进口环节税的范围。2020年11月,财政部、海关总署、税务总局联合发布了2020年第41号公告(“关于因新冠肺炎疫情不可抗力出口退运货物税收规定的公告”),规定了“因新冠肺炎疫情不可抗力原因,自出口之日起1年内原状复运进境的货物,不征收进口关税和进口环节增值税、消费税,出口时已征收出口关税的,退还出口关税”。这正是通过规范性文件的方式对上述问题的纠偏,十分具有指导和示范意义。但该公告仅适用于2020年因新冠肺炎疫情原因原状复运进境的货物,适用范围和时间相当有限,还需要更高层级的立法予以调整和明确。

综上,企业因疫情、贸易管制甚至战争等原因,将原出口的货物在规定时间内原状复运进境,无论从征税原理还是国际公约的规定,都应当免予征税。但由于《关税条例》等法规在立法上存在瑕疵,许多企业除了承受货物退运所造成的损失外,还需要额外负担一笔关税等进口环节税款,或者为证明退运是由于“品质或者规格”的原因来回奔波甚至被迫弄虚作假,无异于“雪上加霜”,十分不利于促进外贸稳定增长和优化营商环境。我国应当在实际执法和立法修法过程中作出实事求是的纠偏和修改,从而为广大的外贸进出口企业“雪中送炭”。

A Study on the Legal Issue of Tax Exemption for Export Goods Returned with Unchanged State

—Reflection on the Returned Goods due to the COVID-19 Epidemic

GUAN Weixing

[**Abstract**] With the development of international trade, export goods are often returned for various reasons, and the COVID-19 epidemic makes the return of goods more frequent. The demand for the tax exemption for the returned goods is also growing. According to the existing laws, import tax will not be levied on export goods that are returned, with unchanged state, due to quality or specification problems. However, there is a controversy over whether to exempt tax on the returned goods due to COVID-19. Based on the relevant laws and international conventions, this paper explores the original intention of the Customs Law to properly solve the problems and put forward suggestions of legislation to improve the relevant legal system.

[**Key words**] returned with unchanged state; the COVID-19 epidemic; returned goods; quality or specification; tax exemption

海关法评论(第11卷)

海关法专题研究

Specific Research on the Customs Law

海关治理监督机制现代化的思考

张　鹏*

[**摘　要**]　推进海关治理的现代化，应加强对权力运行的制约和监督。海关监督机制是海关治理体系的重要组成部分，海关治理体系现代化，离不开监督机制的现代化。完善的海关监督机制，可以确保海关权力以及行政执法始终处于法治轨道内运行，有效防范关员的执法、廉政和管理风险。中外海关监督机制的有益经验，值得我们借鉴。通过实证考察中国海关监督机制现状和存在的问题，对中国海关治理监督机制现代化的路径选择进行思考。

[**关键词**]　海关；治理；监督机制；现代化

推进海关治理的现代化，应加强对权力运行的制约和监督。目前，我国海关系统正按照国务院的部署，积极采取简政放权、下放行政审批权、通关一体化改革等措施，推进海关的各项改革。但是，在加强对权力运行的监督、完善监督机制方面缺乏有效的推动。海关总署原署长于广洲同志在讲话中指出："有的领域廉政隐患仍然突出，个别基层单位执法腐败窝案时有发生，违反中央八项规定精神的问题禁而不绝，等等。"①执法腐败的遏制，仅靠自律和个人道德修养的提升是不够

---

*　张鹏，广州海关缉私局法制一处副处长，法学博士。

①　于广洲：《深入学习贯彻党的十九大精神，奋力开创新时代海关工作新局面》(2018 年 1 月 25 日)。

的,必须要靠制度,靠健全的监督制约机制。邓小平同志在讲话中指出:“制度好可以使坏人无法任意横行,制度不好可以使好人无法充分做好事,甚至会走向反面。”①权力的滥用,主要问题在于权力不受制约和监督。完善的海关监督机制,可以确保海关权力以及行政执法始终处于法治轨道内运行,有效防范关员的执法、廉政和管理风险。海关监督机制是海关治理体系的重要组成部分,海关治理体系现代化,离不开监督机制的现代化。

一、中外海关监督机制的有益经验

海关治理监督机制现代化,既要继承发扬我国海关过去治理监督好的做法,也要学习借鉴国外海关治理监督的先进经验。一方面,我国海关尤其是晚清时期的海关,有许多优秀的传统治理经验,特别是在廉政监督方面,可以从传统治理中吸取经验;另一方面,海关治理的改革创新,是一种世界性的趋势,各国在这方面也有许多成功的经验,尤其是在海关监督机制方面,发达国家海关有着比较完善的监督制度和成熟做法,我们应当认真借鉴、汲取。

(一)晚清时期赫德治理海关有关监督机制的创新措施

在古代数千年的发展历程中,我国并未形成近现代意义上海关的概念,亦未在实践中出现海关这样的制度形态。直至清朝末期,由于国门被迫打开,近现代意义上的海关才得以形成,并相应地建立起了清王朝的海关制度。当然,清朝末年海关制度的建立,其实在很大程度上也是帝国主义操纵下的结果,但这恰恰促成了清王朝的海关有别于同时期其他政府机关的与众不同之处。因为在晚清时期,其他政府机关仍然是一种典型的“统治”模式,在制度设计上乃是颇为落后的,而当时的海关由于受到欧美先进制度模式的影响,在制度模式上较为优良。

晚清政府的腐败众所周知,晚清中国的官场,几乎无官不贪,无衙

① 《邓小平文选》(第 2 卷),人民出版社 1994 年版,第 333 页。

不腐。然而一百多年前的晚清海关,却是一个例外,是一个以廉洁著称的衙门,被认为是“世界行政管理史上的奇迹之一”[1],这个奇迹是由英国人赫德[2]创造的。我们知道,中国旧海关制度落后,管理松弛,贪腐泛滥,受贿纵私成风,清政府应入的关税被层层私吞,流失十分严重。仅在乾隆年间,就先后有六任粤海关监督被弹劾清查、抄家、判刑、罚令退赃,甚至被判流放、全家为奴。[3] 面临清朝海关的严峻腐败形势,赫德到任后,从制度建设入手改造中国海关,开展了大刀阔斧的海关制度革新,引进欧美国家一套先进的管理制度和管理理念,建立起严密高效的近代海关制度。

1. 健全征税纳税制度,加强对权力行使的内部监督控制

不受监督的权力,必然导致腐败,这是亘古不变的道理。为了防止关员腐败,赫德采取多种措施,制定出一套监督、限制关员权力的办法制度,逐渐形成了比较完善的内部监督机制。例如,为了制约关员的权力,赫德制定一套严密的征税办法,加强岗位监督,实行分工负责制,规定征税放行的职能由三个岗位分别执掌[4]:外班验收(验收员)行使验收权,发验单;内班供事(税务员)行使征税权,根据验单确定税额;外班钤子手(稽查员)行使稽查权,稽查放行。三人分工负责,互相监督。

2. 实行请示汇报制度和巡视制度,加强上级监督

为了防止各税务司越权以及和地方官员私下勾结,进行权力交

---

① 《清朝海关不敢贪》,载《羊城晚报》2013 年 11 月 19 日。

② 赫德全名罗伯特·赫德(Robert Hart)(1835 ~1911 年),1835 年 2 月 20 日出生于英国北爱尔兰亚马郡的波泰荡。1853 年他毕业于英国女王高等学校,次年来华任英国驻宁波副领事署翻译,后来在广州、香港等地领事馆、海关任职。1859 年任广州海关税务司,1861 年任代总税务司,1863 年 9 月任上海海关税务司,同年 11 月升为中国海关总税务司职务。1908 年赫德回国,1911 年 9 月 20 日,赫德病逝于英国南部白金汉郡的麻洛。从 1861 年起,他控制了中国海关几乎达半个世纪,直到他去世,他仍是中国海关的总税务司。

③ 《清朝海关不敢贪》,载《羊城晚报》2013 年 11 月 19 日。

④ 周念明:《中国海关之组织及其事务》,商务印书馆 1932 年版,第 12 页。

易,赫德制定了请示汇报制度,为此专门下发一个通令。[①] 为了加强对各个口岸主要关务的掌控和监督,赫德还规定:“每月末,各关税务司应将该月中发生之主要情事,诸如口岸贸易、税收、经费以及罚没收入等,简要呈报总税务司。”[②]为加强对各关日常工作的监管,赫德规定了巡视制度:总税务司可根据业务需要或条件许可时视察各口岸,被视察海关全体人员必须到场,凡有控诉、陈述、解释或建议的,可面呈总税务司。巡视任务完成,返回总税务司报告对每一口岸的视察工作。[③] 另外,为了加强对各口海关的监督,赫德不辞辛劳,时常往返于各个海关之间开展巡视和督查工作。这种制度加强总税务司对各海关的控制,在很大程度上维持了总税务司的威信和权威,并使海关的管理机构在相当程度上灵便运行,这其实也使得行政效率大为提高。

3. 完善海关财务管理,加强审计监督

赫德为加强审计监督,设立稽查账目文案税务司。他十分重视审计工作,特设一个稽查账目文案税务司,负责巡视稽查各口岸海关财务。该司每年至少巡视各关一次,就地审查各关的账目,如果发现有未经认可的开支、滥用公款等情况,有权停止税务司或相关官员的职务。如果有必要,还可立即把相应的海关看管起来,暂时代行税务司的职务,且在总税务司的指示到达之前执行海关的各项工作。[④] 该项审计制度,有效地遏制了贪污、挪用公款等不法行为,有效地防止了税款的流失。由于严格的管理,海关财务很少发生舞弊现象。

---

① 该通令规定,“海关税务司与中国官员凡会晤或书信关乎有争议、有新颖之见或涉及海关以外之事项,则须一律将会晤情形如实报告,且对会晤期间之一切均须详加陈述,所有书信往来均须呈报抄本,俾总税务司知晓”。参见黄丰学:《试论赫德在中国近代海关的廉政建设》,载《绥化学院学报》2006年第1期。

② 海关总署《旧中国海关总税务司署通令选编》编译委员会编译:《旧中国海关总税务司署通令选编》(第1卷),中国海关出版社2003年版,第34页。

③ 海关总署《旧中国海关总税务司署通令选编》编译委员会编译:《旧中国海关总税务司署通令选编》(第1卷),中国海关出版社2003年版,第92页。

④ 参见陈诗启:《中国近代海关史》,人民出版社2002年版,第166页。

4. 建立高薪养廉制度,促进队伍廉洁自律

晚清时期,政府继续沿用低俸给制度①,以致难以维持一家体面的生活和上下打点、应酬,官场贪污贿赂之风愈演愈烈。晚清海关也实行低俸制,如江海关高级职员“经制书吏”月俸不过银九两八钱(合人民币约1960元),至于低级职员“稿房”“巡舍”等,月俸只有三五两银(合人民币约600~1000元),这样的薪水,连养家都不够。赫德到任后,鉴于以往低俸制带来的种种弊端,他认为:“为使税收改革卓有成效,必须用支付高薪的方式促使官员保持廉洁。”②为此,他还指出:“各等官员,应予以足敷用度定数,不致在外设法得钱。查明府内应用人若干,并准开销经费。”③1869年,赫德制定《中国海关管理章程》,将高薪养廉制度确立下来。一是海关经费随通商口岸的增加而逐步提高。二是实行统一的薪俸标准。关员的收入主要由基本薪酬、刺激性薪酬和福利津贴三部分组成。④ 另外,对工作表现突出、成绩优异的关员,给予额外的奖金和加薪的奖励⑤。三是实行弹性的薪酬制度。薪

① 官吏的报酬通常由俸食、养廉、公费三项组成。俸食指的是官吏的正薪,按照官吏的品级颁发,实行俸银禄米制,比如一品每年俸银180两、禄米90石,二品为155两、禄米为77.5石,三品为130两、禄米为65石,等等;养廉银制度的实施,在一定程度上增加了官员的收入,但并没有落到实处,也未取得预期效果;公费,按官员品级发放,但数额很少。因此,各级官员的收入依旧菲薄,难以抵御各种贿赂的诱惑。参见萧一山:《清代通史》第二卷,中华书局1986年版,第411页。

② 《筹办夷务始末》第七十九卷(咸丰朝),台北,中华书局1979年版,第2921页。

③ 《筹办夷务始末:第四十卷》(同治朝),故宫博物院1930年版,第19~20页。

④ 参见陈诗启:《中国近代海关史》,人民出版社2002年版,第152~153页。例如,《中国海关管理章程》将海关的主要部门、税务部门分为内班、外班和华属三个部分。其中,内班薪俸从900两到9000两,外班薪俸从600两到2400两,华属薪俸从240两到1500两。

⑤ 参见李虎:《中国近代海关与清政府的薪酬制度比较——以赫德时期(1863—1911年)为例》,载《历史教学》2003年第4期。关于年金的规定:对于工作令人满意关员,凡内班税务部门的洋员每工作7年之后、外班和海务部门的洋员每工作10年之后、华员每工作12年之后,可以多拿1年的工资。对于假期的规定:比如,内班工作满6年的给予全薪1年假期,或者满7年给予半薪2年假期;每隔1年给予全薪2个月假期或者半薪4个月假期;华员不论等级满4年给予全薪2个月或者半薪4个月的假期。关于退休问题,凡在海关工作满30年的可以申请退休,凡工作满35年或年满60岁的,必须退休。退休金系一笔整款,一次发放,此外还发放养老金。海关高级职员的房租补贴甚至高达每月50两银,等等。

酬与职务的重要性、工作的难度相称,并反映关员的工作业绩。因此,海关官员的待遇在当时来说是非常优厚的,远远高于清政府其他部门的人员。赫德时期的海关较少发生贪污舞弊事件,与这种高薪制度有很大的关系。

5. 建立关员行为约束和惩戒制度,加强廉政建设

赫德认识到,不但要建立各种管理和业务制度,还要辅之以必要的约束和惩戒制度作为保障,如此才能保证关员的廉洁。1885年制定的《中国海关管理章程》设置了惩戒专章,其中第50条列举了16种违规违法行为,包括"贪污、侵吞挪用、受贿、欺诈、经商"等不廉洁行为。比如:禁止经商,不得直接或间接参与进出口各种货物物品之销售;禁止分成或收取财物,税务司、副税务司、帮办均不准从罚款及充公货物变价项下分成或收取财物;等等。第51条列举了9项处罚规定,包括私下训斥、当众训斥、停薪直至开革等不同程度的处罚。第52条专门对严重违规违法行为作出了严厉的处罚[①];对于华员受贿或渎职行为,还要送交地方知事按大清律予以刑事处罚。[②] 这种严厉的规定对关员起到了较好的震慑作用。据统计,1854~1870年16年间,海关关员中总共只有4名因行为不轨、1名因经商、1名因受贿而被除名。在赫德50年任期期间,未经授权的支出滥用公款等违法行为的案件没有超过5起。[③]

(二)发达国家海关主要监督机制[④]

为了防止关员的腐败,强化职业道德,确保权力不被滥用,发达国家普遍构建了多层次、多维度的立体监督机制,既有内部监督,诸如法

---

① 比如,"凡酗酒滋事、不廉、或殴打他人(指受害者为华人),不论任何职级,一经税务司上报总税务司,该员应予立即开革"。

② 海关总署《旧中国海关总税务司署通令选编》编译委员会编译:《旧中国海关总税务司署通令选编》(第1卷),中国海关出版社2003年版,第87~91、194、211页。

③ 海关总署《旧中国海关总税务司署通令选编》编译委员会编译:《旧中国海关总税务司署通令选编》(第1卷),中国海关出版社2003年版,第131页。

④ 张泰恒:《中国海关廉政监督机制问题研究》,载兰州大学2007年硕士学位论文。

律监督、行政监察、财产监督等；又有外部监督，如新闻监督、党派监督、代议机构监督、公民监督等；还包括政治监督（最高层的监督），有的还建立反腐败组织机构加强监督。

发达国家海关监督机制注重从立法、行政、财产等方面建立监督机制，形成了从政治层面到经济层面多范围立体式的监督机制。

1. 立法约束：防治腐败的基础

为实现海关关员的清正廉洁，抑制腐败案件的发生，发达国家都将加强立法作为解决腐败问题的基本途径之一，通过法律的严密规定达到廉政的目的。有关监督的立法，有的体现在宪法的条款上，有的在公务员法和行政管理法中加以规定。例如，瑞典《公职法》、法国《公务员总法》、瑞士《公务员章程联邦法》、德国《联邦官员法》、美国《联邦政府组织与雇佣法》等，都属于规范公职人员职责行为的公务员法。进入21世纪后，关于廉政方面的专项法律、法规日益增多，并逐步细化。比如，英国的《维护荣誉法》、德国的《纪律惩戒法》、芬兰的《公务刑法》等，这类专门的反腐败法律，比较系统地运用法律手段对公务员的腐败行为进行防范和惩处。还有规定行政监督机关的程序法，如美国的《监察长法案》、英国的《议会行政监察专员法》、澳大利亚的《政府官员违纪调查官法》等，对行政监督机关的设立、工作职责、工作程序进行规定。

2. 独立的行政监察监督：保持廉洁的有效手段

发达国家非常重视行政监察机构的专职化和行政监察权力的独立性，以抗衡行政权力膨胀所带来的流弊。这方面比较著名的有瑞典的行政监察专员制度，英国的行政监察专员制度和行政裁判所，法国的行政法院和行政审判制度，美国的监察长制度等。独立的行政监察机构，主要通过两种手段开展反腐败和监督工作：一是主动监察。通过有计划、有系统的检查监督政府包括海关的工作，以查找并消除行政环节的漏洞，防止可能出现的腐败问题。例如，美国政府各部监察长，就是专门为此而设立的。二是被动补救。通过审理行政诉讼案件，发现和惩处各种违法腐败行为。大多数发达国家设立的监察专员和法、德的行政法院,都担负这一职能。

3.财产监督:廉政监督的重点

由于大多数腐败行为都与权钱交易紧密相连,发达国家重点对公职人员的财产和收入情况进行监督,实行财产申报制度。如法国专门制定了《政治家生活透明度法》,要求官员对财产状况进行申报,《政府公报》负责公布;美国官员的财产申报制度,集中体现在《政府官员行为道德法》中,对财产申报的官员范围、时间、财产种类、家属范围、申报资料的公开、监督等进行规定。财产申报制度大大增加了公务人员财产收益的透明度,十分便利公众和舆论机构进行监督,对防止官员的腐败有明显的作用。

4.政务公开:让公众了解政府

政务公开属于行政监督的一种形式,可以让公众了解政府活动。最早试行政治和政务公开的国家是瑞典。发展到今天,瑞典国家事务和政务活动的公开化程度,已经达到相当高的水平。有关政府文件,除极少数涉及外交、国防机密外,全部向社会开放。在英国,政务活动的透明度同样很高,议会各特设委员会对内阁部长提出质询的谈话记录,可以公开发表;在加拿大,专门讨论国务和政府活动的议会,也坚持对公众和社会舆论完全开放。

可以看到,发达国家的监督机制是一个较为完善的体系,涉及政治监督、舆论监督、财产监督等方方面面,海关的监督机制实际上是嵌在其中,海关同样被纳入这个监督系统中,海关关员同样接受来自上述方方面面的监督。

(三)世界海关组织的监督机制:廉政议题和反腐标准框架

海关廉政议题从20世纪80年代进入视野,历经近30年的演进发展,从禁忌到公开,从零散到系统,已成为世界海关组织(WCO)七大关注主题之一。21世纪以来,WCO以《阿鲁沙宣言》为基础,陆续推出了系统化的标准和工具,以帮助成员方切实接纳并实施相关的标准和工具。WCO将“廉政”定义为“能促进诚实和道德的行为和工作方式的正面态度集合”。可以说,廉政建设和海关现代化建设是相辅相成的,最终指向建设高效率和高效能的现代化海关。WCO 将“腐败”定义为“滥用权力以谋取私人利益”,并认为构成腐败的三个维度是:偏离或违背公共义务,提供或接受某种形式的不当利益,隐秘性。对于海关关员产生腐败的动因,WCO 认为:“当执法人员相对工作对象享有垄断性权力时,同时执法人员对适用于货物或服务的规定享有自由裁量权时,且责任机制缺位或不完善时,腐败最容易发生”。并认为,导致海关腐败的其他变量有:海关人员的相对收入水平、组织文化或行为准则,海关监督控制的力度、海关和工作对象直接接触、廉政传统和文化影响等。①

2008 年通过的《21 世纪海关》将海关廉政作为未来海关建设的十大基本要素之一,要求成员方积极实施《阿鲁沙宣言》的要素和内容,对腐败实行“零容忍”态度。《阿鲁沙宣言》达成以下廉政建设共识:一是海关的高层领导及领导集体承担着海关预防腐败和反腐败的重要责任,廉政建设始终与海关的各项业务和管理等工作紧密联系在一起,保持海关工作的廉洁性贯穿于海关的各项工作,是每个领导都应尽的责任和义务。二是海关的法律、规章、制度和操作程序等应尽可能地协调、简化和易于执行,符合认可的国际公约和技术标准。同时,承认规章制度不能解决所有的问题。三是海关应通过改革与现代化建设,在系统和程序上使用现代化方法和手段,整合现有资源,简化工作程序,减少不必要的手工操作和通过回避官方要求可得的利益,减少不必要的工作环节,降低服务对象办理相关手续的成本。除了上述廉政建设理念外,WCO 确立的廉政理念还包括另外三项:一是海关工作必须基于“社会上绝大多数纳税人都是守法的”之假设,进而重视信息收集和风险分析,提高执法针对性。二是海关最主要的不仅在于有行为规范,更在于有十分实用的行为规范。行为规范不但包括关员应该做什么,不能做什么,也应该包括组织应为关员做什么。行为规范

---

① 参见张树杰、马永飞、李明洋:《世界海关组织反腐标准及借鉴意义》,载《中国市场》2013 年第 19 期。

应是统一的,没有领导和关员之分。三是海关的廉政问题不单是海关的问题,也与服务对象的关系十分大,两者应各负 50% 的责任,建议企业也应有相应的行为准则。①

WCO 框架下的海关廉政制度,对中国海关建立完善监督机制和做好廉政建设工作很有借鉴意义。比如,应该确保海关公平、公正、统一执法,个人廉洁自律,按照法律、规章认真履行职责等。又如,要不断完善行政执法的全过程监督机制,提高监督的实时性、准确性和科学性。再如,促使有关企业参与海关的廉政活动,接受海关的廉政观念,激发其承担共同义务的社会正义感等。

二、中国海关监督机制的实证考察

我国的政府监督体系总的来说包含两个层面,即国家监督和社会监督。与整个政府监督体系一样,我国海关也构建了两个层面的监督体系和机制:一是国家监督,包括中国共产党的监督、最高权力机关的监督、最高行政机关的监督、司法机关的监督、上下级之间的层级监督、监察机关的监督、审计机关的监督、海关督查内控监督等;二是社会监督,包括管理相对人的监督、新闻媒体的监督、社会特邀督察员的监督、举报、控告、信访等形式的监督。相比其他政府机关而言,海关的监督机制有着自己的特色和问题。

(一)中国海关监督机制考察

20 世纪 90 年代发生的大规模走私腐败案件,给中国海关带来了深刻教训,为了有效预防腐败,中国海关更加注重建立一套有效的内部监督机制,加强制度设计,以期能够监督好关员特别是领导干部手中的权力,筑牢廉政的堤坝。

1. 严管"一把手":加强对直属海关关长的监督

厦门远华走私案、湛江海关走私案等大案要案中,海关塌方式腐

---

① 参见张树杰、马永飞、李明洋:《世界海关组织反腐标准及借鉴意义》,载《中国市场》2013 年第 19 期。

败触目惊心,教训深刻。如厦门远华走私案中,厦门海关有 154 个海关关员涉案,其中有 75% 的党组成员、38.4% 的处级干部和 13.6% 的科级干部。①

而这些腐败窝案,与海关关长有着非常密切的联系。直属海关关长一般兼任党组书记,在关区内拥有最高的决策权和执法决定权,拥有的自由裁量权近乎大而无边,缺乏监督和控制,容易被滥用。② 为此,海关总署从监督制约的角度,对直属海关关长采取了以下监督措施:

一是建立直属海关关长进京述职和署管干部诫勉谈话制度。该制度从 1999 年起施行,2000 年 7 月全国人大常委会修改通过的《海关法》专门增加一条即第 74 条,规定"海关关长定期向上一级海关述职,如实陈述其执行职务情况。海关总署应当定期对直属海关关长进行考核,直属海关应当定期对隶属海关进行考核"③。

二是实行"一岗双责制度"。直属海关关长既是业务工作第一责任人,也是廉政建设第一责任人;建立层级责任制,一级对一级负责。该制度从 2002 年起开始施行,海关总署加强对各直属海关领导班子的管理和监督,特别是"一把手"。

三是实行关长任期经济责任审计制度。从 2001 年开始,直属海关关长和隶属海关关长离任时,必须由内审部门组织进行任期经济责任审计,必要时由海关总署建议审计署组织进行。从 2007 年开始,进一步建立健全海关督察审计长效内控机制,加强执法监督和管理审计,规范海关执法活动。

四是实行关长交流制度和任期制。其实从 1988 年开始,海关总署便制定了《海关系统干部交流暂行办法》,施行海关干部交流制度,

---

① 毛新堂:《我所走过的五年海关历程——五年的所见 · 所感 · 所思》,载中国海关学会主办的:《五年回顾教育论文集》,2004 年 8 月。

② 娄万锁:《中国海关改革的政治学分析》,上海人民出版社 2015 年版,第 176 ~ 177 页。

③ 娄万锁:《中国海关改革的政治学分析》,上海人民出版社 2015 年版,第 177 页。

但海关关长的交流制度并没有全面严格铺开执行。[1] 随着湛江等地走私放私大案频发,时任海关总署署长钱冠林提出要健全领导干部交流和任期制度,特别是“一把手”的交流要制度化、规范化。[2] 2000年修改通过的《海关法》第74条明确规定:“海关总署应当实行海关关长定期交流制度”。从此,直属海关关长交流制度常态化、制度化、规范化。2001年完善并落实直属海关关长任期制,任期四年,期满交流;确因工作需连任的,不得超过3年。

2. 相对独立的监督:纪检监察监督

中纪委国家监察委向海关总署派驻纪检监察组,对海关系统权力运行行使制约和监督的职权,履行党的纪律检查和行政监督两项基本职能,对海关总署党组和行政领导班子及成员贯彻落实党风廉政责任制、行政管理工作、选人用人情况、维护党的政治纪律等情况进行监督,对全国海关的腐败情况进行动态监控。与此相对应,海关总署也分别向系统内各直属海关和单位派驻纪检组,各直属海关向其隶属海关派驻纪检监察特派员。作为中央纪委监察委的派出机构,中纪委监察委派驻海关总署的纪检监察组与海关系统处于相对独立的地位,超然于海关的各种利益纠葛,能够比较独立地专司监督职责,起到比较好的监督作用。而各直属海关的纪检组和隶属海关的纪检监察特派员,则属于海关系统内部监督机构,独立性、权威性不够,监督效果不够明显。

3. 协助监督:派出机构监督

海关业务涉及地域广,海关机构遍布全国(有42个直属海关,接近600个隶属海关),人员分散,监督难度大。海关总署专门从事监督的人员少,力量薄弱,监督力度相对较弱。海关总署下设有3个派出机构,分别是海关总署广东分署(1980年设立)、海关总署驻上海特派

---

① 娄万锁:《中国海关改革的政治学分析》,上海人民出版社2015年版,第178页。

② 钱冠林:《加强队伍建设深化改革,开创海关工作新局面》,载《海关研究》2001年第1期。

员办事处(2002 年设立)、海关总署驻天津特派员办事处(2002 年设立)。上述三个机构不具体办理海关业务,它们的主要职责是受海关总署委托,负责管辖区域内直属海关的执法监督、干部监督、党风廉政监督、审计巡视等工作。其中广东分署负责广东省内海关以及南方辖区长沙、南宁、海口、昆明等 14 个直属海关的监督工作,天津特派办负责北方辖区如北京、天津、石家庄、哈尔滨等 14 个直属海关的监督工作,上海特派办负责中部辖区如上海、南京、杭州、宁波等 14 个直属海关的监督工作。派出机构的监督属于海关系统内的监督体系,其能够受海关总署的委托开展各项监督工作,起到很好的协助作用。

4. 专业化监督:督查内审监督

海关总署设有督察内审司,专司督查内审监督工作。该机构拟订海关系统执法监督、执法评估、内控机制和内部审计工作制度并组织实施,拟订海关系统领导干部任期经济责任审计和管理审计等制度并组织实施。督查内审监督机制,是中国海关专业化的腐败监督机制,其主要手段是内部审计,不仅对海关权力运行合法合规情况进行监督检查,还对权力运行的整体效能进行检查评价,重点对决策水平、管理能力和内控机制等内容进行审计。海关督查内审监督制度的理念先进、科学,但对人的素质要求比较高,需要关员时时刻刻将执法风险和廉政风险融入日常工作中,也需要一个以庞大量化指标体系为内容的数据库为支撑。与高科技手段相结合的反腐败制度既科学又合理,是海关廉政建设的发展方向。①

5. 针对直属海关领导班子的监督:海关巡视监督

为了加强对直属海关领导班子的监督,2005 年 1 月海关总署建立巡视制度。为加强巡视工作,设立巡视机构,成立海关总署党委巡视工作办公室,明确工作职责,配齐配强专职工作力量。同时设立数个巡视组,组建巡视组长、副组长库和巡视干部队伍库。巡视组直接对

---

① 参见娄万锁:《中国海关改革的政治学分析》,上海人民出版社 2015 年版,第 195 页。

海关总署党组(现为党委)负责,突出监督重点,抓住“关键少数”,把各直属海关党组(党委)领导班子及其成员特别是主要负责人作为重点监督对象。巡视监督工作的重点是易滋生腐败的重点环节、重点部位、重点对象,围绕廉洁从政和落实党风廉政建设责任制、选人用人等工作情况开展监督。

(二)中国海关监督机制存在的主要问题分析

总体来说,我国海关构建了一套具有自身行业特色的监督制约机制,监督效果比较明显,尤其是进入 21 世纪以来,海关系统大规模的腐败窝案大体上得到有效控制。中国海关监督机制虽然取得一定成效,但离海关治理体系的现代化还是有很大差距。现行的海关监督机制还存在以下弊端和问题,主要表现如下:

1. 在监督理念上,权力运行监控缺乏法治手段

近年来,海关系统运用“制度 + 科技”手段,标本兼治,推进源头反腐,制定日常监督办法,扎紧制度笼子,加强内控机制和执法统一性建设,强化科技控权,扎实推进海关廉政风险防控和内控机制建设,反腐成效明显。但也存在一些不足之处,如制度性反腐机制尚不健全,对权力运行的监控缺乏有效手段;有的领导干部一岗双责意识不强、落实不力;有的基层单位潜规则盛行,有的干部仍不收敛不收手,“抱团”腐败、局部塌方、违反中央八项规定精神的情况仍然存在①。

其一,把权力关进制度的笼子里缺乏有效的手段。习近平总书记在中纪委十八届二次全会上指出,“要加强对权力运行的制约和监督,把权力关进制度的笼子里”。并在三次全会上进一步指出,权力不论大小,只要不受制约和监督,都可能被滥用。在海关监督和权力运行当中,并没有形成有效的监督制约机制,尤其是对各直属海关“一把手”,缺乏有效的监督制约手段。在海关的治理结构中,一个突出问题是直属海关的机构数目、人员数量及职权比较大,与此相对应的是,作

① 参见海关总署原署长于广洲同志在 2016 年全国海关关长会议上的讲话:《践行新理念、谋划新发展,为“十三五”良好开局做出新贡献》。

为决策机构的海关总署,以及作为具体执行机构的隶属海关,无论在机构、人员还是职权上都处于相对“偏小”的境地,[1]呈现两头小、中间大的橄榄型管理结构。直属海关身在地方,远离总署,管辖范围广,“一把手”党政权力集于一身,地位举足轻重、责任重大,其权力行使直接关系着直属海关的治理水平和治理能力。

其二,重点领域和关键环节风险防范还比较薄弱。监管、查验、缉私、稽查等重点业务领域和岗位以权谋私、设租寻租问题在一些单位还比较突出,“买台买飞买路段买时段”[2]等潜规则对海关队伍的侵蚀不容忽视,允许纵容亲友“贴着海关发财”[3]、违规说情、干扰执法办案的问题仍未根本解决。尤其是对“一把手”在人事、财务、工程等方面决策权的行使方面,缺乏有效的监督制约机制,“上级监督太远、同级监督太软、下级监督太难”,难以防止权力滥用。

其三,追责问责偏宽偏软。对违法违纪行为责任分析和责任追究相对薄弱,存在失之于软、失之于宽现象。《海关行政执法责任追究暂行规定》执行不够到位,没有对公平公正执法形成倒逼之势。责任追究上高举轻放,存在以组织处理代替纪律处分的情况,追责的范围界定不够精准,失职就要追责的氛围还不够浓厚,以追责问责倒逼责任落实的机制尚未完全形成。监督结果知晓度、透明度不广,监督防护性功能得不到有效发挥。

---

① 杨奕群:《试论新时期中国海关职能与定位——以“五环式改革”为实现路径》,载《海关与经贸研究》2014 年第 3 期。

② 参见《海关总署关于印发〈整治“买台买飞买路段买时段”潜规则遏制执法腐败工作方案〉的通知》(署察发〔2015〕291 号),“买台买飞买路段买时段”,是指走私团伙或走私分子为了达到走私牟利的目的,拉拢腐蚀在特定货运查验或快件检查台、旅检通道、边境路段和时段监管执法的关警员,按车次、“水客”数量或者货物数量向关警员行贿的做法。

③ 参见《海关总署党组关于印发〈“贴着海关发财”专项整治工作实施方案〉的通知》(署党发〔2016〕33 号),“贴着海关发财”实质是“贴着海关权力发财”,即海关工作人员的配偶、子女及其配偶及其他特定关系人,从事与海关业务相关的行业,并利用海关公权力谋取不正当利益的行为。当前,“贴着海关发财”已经成为诱发腐败的重要因素,严重侵蚀干部队伍的纯洁性,破坏海关的公众信任度。

2. 不断建立完善严密的法治监督体系,但权力运行制约和监督机制效果不明显

建立严密的法治监督体系,为建设中国特色社会主义法治体系提供重要保障。近年来,海关系统以制约和监督行政权力为重点,建立健全覆盖执法与非执法两大领域,贯穿总署、直属海关、隶属海关三个层级,同步防控执法、廉政、管理三大风险的制度体系,将权力关进制度的笼子里。同时,海关全面落实行政执法责任制,进一步完善纠错问责机制,推进行政问责制度化,做到有权必有责、用权受监督、违法必追究。但我们也要意识到,目前海关系统权力运行制约和监督的效果并不太理想。

首先,各部门一把手尤其是直属海关关长等人员的领导责任,一直缺乏有效的责任追究机制。例如,何种情形下承担责任、依照何种归责原则追究责任、责任形式为何种等内容都缺乏明确规定。更多的是以党纪、政纪等政治责任、道德责任形式代替法律责任,这么多年来海关系统频发的腐败案件与缺乏一种完善的领导责任追究机制有很大关系。

其次,内部监督乏力。从内部监督制约机制来看,海关系统存在执法监督、复议监督、审计监督、纪检监督和巡视监督等内部职能监督和专门监督,但是监督乏力,没有充分发挥监督的作用。究其原因,主要在于职责不清晰,没有明确监督主体、被监督对象、监督事项、监督程序以及监督者的法律责任等事项。监督往往是按照领导的指示启动或者开展,行政法律规范又缺乏对监督对象的法律责任的规定,没有形成日常化的监督工作机制,往往导致内部监督乏力。

最后,外部监督形同虚设。海关建立并不断完善特邀监督员制度,逐步引进社会评价机制,重点监督海关窗口服务。同时,海关认真办理和答复人大代表、政协委员提案,接受人大监督和民主监督,主动接受行政相对人和社会公众的监督,及时回应社会关切热点,不断提升海关服务质量。但是,这些外部监督对海关行政权力的运行、执法风险的防控并未起到应有的效果,形同虚设。

3. 海关的垂直管理体制，导致监督存在虚化弱化弊端

我国海关实行集中统一的垂直管理体制，设置了海关总署、直属海关、隶属海关三级行政管理体系。海关总署统一管理全国海关，海关的隶属不受行政区划的限制，各地海关依法独立行使职权，向海关总署负责。这种体制，对于确保全国海关依法独立行使权力、不受地方牵制、统一执法起到很好的促进作用。但是，这种管理体制也给海关系统的监督带来了一些弊端，主要表现在：

第一，上级监督尤其是海关总署的监督呈现虚化的现象。这种虚化现象，有的认为是由于集权弱化所导致的。所谓集权弱化，是指组织权力运行和权力分配过程中受到地域分权阻滞，出现集权的非完整性和分权的非统一性。[①] 在海关垂直管理体制下，海关总署与各地海关的权力分配和权力运行各个环节上，容易出现一个突出问题：海关总署在贯彻执行国家进出口政策和法律法规时是不打折扣的，但各地海关在执行时会由于各地的经济发展水平和地方利益的诉求会出现各种各样的变通的执行版本。由此导致，海关总署在对各地海关进行监督时，出现监督虚化的现象。

第二，对直属海关的监督尤其是直属海关关长的监督弱化。目前的海关系统监督体系中，海关总署为加强对直属海关的监督，在各直属海关派驻了纪检监察组。由于纪检监察组的地位不够独立，其在直属海关党组（党委）的领导下开展工作，虽然作为查处违纪违法案件的主体，但事实上是直属海关党组（党委）决定，或者说是直属海关关长一把手拍板决定。在这种监督机制下，直属海关党组（党委）及其成员事实上几乎不受派驻的纪检监察组的监督制约。由于“天高皇帝远”，海关总署难以有效监督，同级的纪检监察组事实上又无法监督，导致了“上级监督太远、同级监督不了”的尴尬弱化的局面。

第三，横向监督出现缺位现象。海关的垂直领导管理体制，保证

① 参见张泰恒：《新公共管理理论视角下的海关廉政监督机制》，载《上海海关学院学报》2008 年第 3 期。

了海关业务和队伍的垂直管理不受地方的牵制和干涉,确保了中央事权的独立地位。但同时也带来一个弊端,就是各地海关在横向层面上几乎不受地方的监督和制约。“上级管不着,地方管不了”,各地海关的领导班子尤其是一把手高度集权,对其无法进行有效监督,横向监督缺位也是问题之一。

三、中国海关治理监督机制现代化的路径选择

从上述分析可以看出,目前我国海关监督机制存在种种问题和缺陷,难以适应海关治理现代化的要求和对海关权力运行有效监督的需要。海关治理体系的现代化,其现代化的监督机制是基础和保障。构建有效监督海关权力运行、符合自身业务发展模式、制度化的现代中国海关监督机制,迫在眉睫。

(一)完善海关内部治理结构,强化海关总署首脑的监督制约作用

海关作为垂直领导的行政机关,在内部治理机构上包括机构设置和人员配备缺乏顶层设计和制度研究。一直以来,海关的机构设置和管理呈现出橄榄形特征,即“两头小,中间大”。作为全国海关指挥中枢的海关总署,人员编制过少,作为中间层级的直属海关庞大臃肿,因而导致海关的治理体现在监督上一个显著特点就是监督乏力:海关总署的监督太远,难以有效指挥监控全国海关的运作。同时由于管理的垂直性,地方政府对海关的管理基本没有发言权,导致同级监督几乎缺失。在此种现状下,如何完善海关内部治理结构,加强对其权力的监督,显得尤为重要。

充分发挥海关总署的首脑作用。“海关自上而下实行垂直管理,海关总署的集权化程度很高,海关各项业务管理、组织管理、人事管理、财务管理的决策权集中在海关总署,各直属海关和基层海关只是执行海关总署的各项管理决策。同时,海关总署对全国海关的执行状况进行监督控制。但是,受国家行政管理体制的影响,海关总署作为全国海关的首脑机关,其拥有的机构规模和能力与其所承担的管理责

任极不相称。弱小的首脑机关，制约了海关总署的领导和管理能力。”[①]在2018年国务院机构改革前，海关总署人员编制为251人，管理着全国5万余人的海关队伍，海关总署的人数占全国海关总人数的0.5%左右。2018年国务院机构改革后，海关总署的三定方案确定的行政编制为847人，占全国海关（包括原进出境检验检疫部门）总人数不到1%。要进一步壮大海关总署干部队伍，完善执法和监控机构，加强对全国海关作业的指挥和监控，加强监控、监督权力的规范运行。

（二）健全监督机制的立法，建立系统配套的监督制度体系

加强立法约束，建立完善有关海关廉政和惩戒方面的专项规章，通过“律之以严”，达到“求之以廉”的目的。目前，海关系统在监督、内控以及廉政建设方面做了大量的工作，制定了一系列有关廉政和监督的规定，如《海关廉政规定》《海关人员行政执法方面违反法律法规和失职追究责任的若干规定》《海关人员六项禁令》《海关总署关于严禁送收“红包”的规定》《违反海关执法和廉政纪律行政处分办法》《海关人员与工作对象交往中若干具体问题的规定》等。像这样的规定还有很多，但存在不够系统、不够严密、内容重复冲突，连续性、稳定性不够，操作性不强等问题，难以起到良好的制约和监督作用。甚至有的规定出台之后，由于难以执行，不了了之、形同虚设。因此，应整合梳理现有的有关廉政和监督的规定，加强制度设计，形成一个比较严密、易于操作、相互衔接配套、关员明白易懂的监督制度体系，发挥好制度体系整体效用。由此，通过制度的安排，运用法律制度的手段，对可能发生的腐败、渎职等行为进行防范和惩治。

（三）建立垂直领导的纪检监察部门，增强反腐败机构的独立性

诚如上述，目前我国海关系统关于纪检监察制度的设立不够完善，存在监督不力的问题，主要原因在于海关总署派驻的纪检监察机构独立性不强，难以有效对直属海关领导班子和一把手进行监督。派

① 高融昆：《中国海关管理：一个管理学的个案分析》，载中国社会科学院研究生院2001年博士学位论文，第33页。

驻的纪检监察机构并没有独立于直属海关领导班子开展监督工作,同时其领导的主要办事部门监察室又属于直属海关的组成部门,存在条线管理的双重领导,难以有效开展监督工作。“我国香港特区的警察局和新加坡的海关局都曾经腐败横行,但经过治理后现在都比较廉洁,一条主要的成功经验就是在警察局和海关局之外成立了一个独立的反腐机构,香港称廉政公署,新加坡叫贪污调查局。”①笔者认为,可以将海关系统的纪检监察机构实行垂直领导管理,各直属海关的监察室独立出来归派驻的纪检监察组领导,派驻各直属海关的纪检监察组统一归中纪委国家监察委派驻海关总署的纪检监察组垂直领导,这样海关系统的纪检监察机构就完全从海关系统独立出来,对各级海关实行全面、独立有效的监督,不受所在海关的牵制和制约。

(四)依靠人民的力量,加强外部监督

有效的监督机制,不应仅仅包括海关系统内部的监督体系,还应依靠外部的力量。通过扩大管理相对人的知情权和参与权,通过人民的广泛参与,加强权利对权力的制约和监督,促使海关权力的依法行使和官员的清正廉洁。应重点推进以下两项制度:一是关员财产申报公开制度。首先应完善关员财产申报制度,对关员及家属范围、财产范围、申报程序、违反规定的后果等进行明确规定。其次将关员财产申报情况向社会公开,增强财产的透明度,便于社会公众、新闻媒体监督,从而有效防止关员腐败。二是进一步推行海关政务公开制度。除了涉及国防、外交等国家秘密、商业秘密、个人隐私之外,海关执法权力运行过程的每个环节和文件资料,都应当向社会公开。一方面,增强海关工作的透明度,有助于提高社会对海关工作的信任度;另一方面,通过公开权力运行过程,便于社会公众对海关的监督,促进海关不断规范执法行为,预防腐败行为的发生。

(五)完善海关薪酬制度,促进关员清正廉洁

鉴于清政府长期实行低俸制带来的贪污腐败弊端,赫德上任后实

---

① [南非]罗伯特·克里特加德:《控制腐败》,杨光斌等译,中央编译局出版社1998年版,第110页。

行高薪养廉制度。因此,海关关员进入海关工作之后,只要其没有故意和重大过失的违法失职行为,或者其他不廉洁、不正直的行为,他们就能获得优厚的收入和福利保障。赫德治下的晚清海关,能够几十年地保持廉洁高效的运作,与高薪养廉制度有着莫大的关系,高薪制度确实起到了养廉的作用。对于绝大多数关员来说,海关关员其实也是一种职业,一种谋生的手段,因此他们的工作其实也是为了谋生和生活。因此,如果海关关员通过正常的方式和渠道难以获得足够的收入用以供养全家,那么,通过其他手段敛财的现象自然是难以彻底避免的。当然,在就海关关员实施所谓的高薪制度,用以实现高薪养廉的同时,还必须配套有完善的财务管理制度、人事管理制度,以及严格的监察、监督和惩戒等法规制度。否则,徒有高薪制度,对反腐败工作也无济于事。当前,海关的薪酬制度是否合理,是否能够起到激励关员们"安心工作、勤勉奉职"的作用,是否有助于推进反腐倡廉工作,值得思考。但不可否认,在整个政府体系中,海关关员的工资水平居于中等,在一些沿海发达地区,其工资水平与地方政府公务员存在较大差距。在整个社会体系中,与同等学力、资历的其他单位人员相比,则居于中等偏下的水平。随着社会整体生活成本的不断攀升,尤其是沿海一线城市,海关关员们同样备受住房、子女教育、医疗等问题困扰。在推进海关治理现代化进程中,完善海关的薪酬制度,形成良好的人文关怀和有效激励的氛围,不容忽视。

Reflections of Modernization of Supervision Mechanism for Customs Governance

ZHANG Peng

[**Abstract**] To promote the modernization of customs governance, it is necessary to strengthen the restriction and supervision of power. The customs supervision mechanism is an important part of the customs governance system. The modernization of the latter cannot be separated from the modernization of the supervision mechanism. A perfect customs supervision mechanism can ensure that customs power and administrative law enforcement always operate within the rule of law, and effectively prevent customs enforcement, integrity and management risks. It is necessary to learn from the useful experience of China Customs and western customs in supervision mechanism. Through the empirical study of the status quo and existing problems of China customs supervision mechanism, the paper reflects on the pathways to modernize the supervision mechanism for Customs governance .

[**Key words**] customs; governance; supervision mechanism; modernization

从司法审查视角看新修订的《行政处罚法》对海关行政处罚执法行为的影响

曹艳华*

[摘　要]　2021 年 7 月 15 日，修订后的《行政处罚法》正式实施。新修订的《行政处罚法》明确和增设了一些更为科学合理的新规则。这势必对海关执法行为尤其是行政处罚行为产生深远影响，亟待引起海关执法部门重视，并及时调整适应。通过从司法审查视野出发，初步分析了目前海关行政处罚执法行为与新修订的《行政处罚法》要求不相适应的五大类基础性难题，并从改善行政执法和立法层面提出了相应的解决路径。

[关键词]　行政处罚；海关；司法审查

行政处罚是行政机关有效实施行政管理、保障法律法规施行的重要手段，行政处罚案件也是行政相对人提起行政诉讼的主要案件类型。2021 年 7 月 15 日，新修订的《行政处罚法》正式施行。新法明确和增设的若干新规则，业已成为法院审理行政处罚类行政诉讼案件的新裁判规则。这势必对海关执法，尤其是其行政处罚行为产生深远影

---

* 曹艳华，南京关区张家港海关法规科科长。

响,亟待引起海关的高度重视。海关行政处罚的主要依据是2004年实施的《海关行政处罚实施条例》(以下简称《实施条例》)。而《实施条例》的立法依据来源于《海关法》和《行政处罚法》。随着法治理念的更新和立法的进步,《实施条例》中的一些规定已不能适应最新的行政处罚理念。海关在实施行政处罚执法行为时,除了遵循《实施条例》,还必须兼顾新《行政处罚法》作为上位法所创设的法律规则和法治理念。当前,海关行政处罚执法行为与新《行政处罚法》以及司法审查要求确实存在一些不相适应的基础性问题,需尽快调整解决。

笔者拟从司法审查视角,梳理分析亟待调整完善的基础性问题,并尝试提出解决理路,以供进一步研究参考。

一、海关实施行政处罚的主体和职权亟待厘清

(一)海关行政处罚的实施存在"多头执法"现象

海关行政处罚的实施存在"多头执法"现象,主要体现在:(1)普通程序的海关行政处罚(除知识产权类、涉检类以外),由海关缉私部门[①]负责实施,由其进行立案、调查、审理,作出行政处罚决定。处罚决定以海关名义作出,对外法律文书上加盖海关印章。(2)《海关办理行政处罚案件程序规定》(海关总署令第250号)(以下简称《程序规定》)所规定的"简易程序"和"快速办理"案件,多由缉私部门指派海关业务现场部门直接办理。这两类案件,脱胎于海关"两简案件"(简易程序案件和简单案件)[②],沿袭了既往海关业务现场部门直接办理、缉私部门承担指导职责的模式。(3)海关知识产权保护类行政违法案件的办理,此前一直由海关法规部门主管,流程上由海关业务现场查获后直接移交给海关法制部门办理。机构职能调整后,知识产权边境

---

① 这类案件数量占海关行政处罚案件的绝大多数。海关缉私部门,即《海关法》所规定的海关侦查走私犯罪的公安机构。

② 原"两简案件"(简易程序案件和简单案件)的规定,详见海关总署令第218号《海关办理行政处罚案件程序规定》和海关总署令第188号《海关办理行政处罚简单案件程序规定》。

保护职能由海关总署政法司转至综合业务司承担。该类案件也随之改由海关综合业务部门负责办理。(4)检验检疫类违法案件的办理模式错综复杂。2018 年机构改革后,出入境检验检疫业务管理职责和队伍划入海关。海关自然新增了涉及检验检疫类的行政违法案件(以下简称涉检案件)的管辖权。该类案件虽不移交给缉私部门办理,但总署也未明确指定具体的办理部门,各直属海关也未统一。多数海关由各海关业务现场协同海关法制部门办理,法制部门承担指导职能。然而,自新冠肺炎疫情以来,总署先后两次发文,明确涉及进出口医疗物资、进出口危险化学品这两类涉检案件一经查发,均一律移交缉私部门办理。

由此可见,目前海关至少四类行政案件分别由不同的执法部门人员查办。这至少面临两个突出问题:

其一,影响海关行政处罚的执法统一性。作为国家行政机关,海关对外作出行政处罚决定,其执法标准和尺度应当统一。但是,海关行政处罚案件,适用普通程序的走私违规案件、“简易程序”和“快速办理”案件、海关知识产权案件、检验检疫案件,分别由缉私部门、业务现场部门、综合业务部门、法制部门等不同部门实施调查、审理,最终作出处罚决定。这样,海关行政处罚案件,不同办案部门对案件的取证标准和执法尺度极有可能大相径庭,势必影响海关执法统一性。

其二,背离了推进综合执法的行政执法体制改革方向。为防止“多头执法”“九龙治水”,推进交叉领域的综合执法是行政执法体制改革的方向。《深化党和国家机构改革方案》明确:“统筹配置行政处罚职能和执法资源,相对集中行政处罚权……一个部门设有多支执法队伍的,原则上整合为一支队伍。”这也是新《行政处罚法》落实行政执法体制改革的一大亮点。新《行政处罚法》第 18 条第 1 款增设规定:“国家在城市管理、市场监管……等领域推行建立综合行政执法制度,相对集中行政处罚权。”由此可见,统筹配置行政处罚职能和执法资源,相对集中行政处罚权,是行政执法体制改革的大方向。海关行政处罚领域的“多头执法”显然与之严重背离。

(二)缉私管理体制改革对海关行政处罚主体经受司法审查提出新挑战

2003年1月1日,全国各海关走私犯罪侦查机构全部更名为“缉私”机构,其机构职能在刑事执法职能基础上①增加了行政执法。此后,随着海关调查部门的撤销,海关查发的走私违规行政违法案件陆续交由海关缉私查办。缉私局成立后,仍由海关和公安双重垂直领导,作为公安部第二十四序列局,但以海关领导为主。缉私局在原有的刑事执法职能基础上增加的行政执法职能,并未以立法形式进行固定,《海关法》的相关条文也未作出更改,只是通过国务院办公厅复函(国办函〔2002〕83号)予以明确。此后近20年来,除知识产权案件外,海关走私违规等行政违法案件均由海关缉私部门调查审理,最终以海关名义作出行政处罚。在这种体制下,缉私警察一直被称为“穿着警服的海关关员”,缉私局也可视为海关内部的一个执法部门,每每遭遇行政诉讼涉及行政处罚主体资格的司法审查时,皆以此应对过关。然而,2019年缉私管理体制改革后,缉私局变成公安部第十四序列局,虽然保留了公安部和海关总署的双重垂直领导,但已从“以海关领导为主”改变为“以公安领导为主”,缉私警察的队伍管理(人事、党建)更是明确归入公安部的领导。在此情形下,有关缉私警察是“穿着警服的海关关员”这一身份属性的提法似乎不再合适。

此外,各缉私分局作为跟各隶属海关具有独立的行政主体资格,缉私警察调查海关行政违法案件(包括违规和走私行为),最终以海关

---

① 在1998年7月召开的全国打私工作会议上,党中央、国务院决定组建由海关和公安双重垂直领导,以海关领导为主的海关缉私警察队伍,实行“联合缉私,统一处理,综合治理”的反走私斗争新体制。1999年1月5日,海关总署走私犯罪侦查局成立,缉私警察队伍诞生,缉私警察由海关总署和公安部双重领导,以海关领导为主。在我国境内,缉私警察依法查缉涉税走私犯罪案件,对走私犯罪案件和走私犯罪嫌疑人依法进行侦查、拘留、逮捕和预审工作。缉私警察的上述刑事执法职能写入了《海关法》。参见百度百科“缉私局”。

名义作出行政处罚决定，这是否符合权责一致的行政原则①？从行政救济层面看，此问题更为突出，行政相对人不服海关处罚决定，提出行政复议或者行政诉讼的，海关需要承担处罚决定被判定违法、被撤销或败诉的风险。海关作为行政执法责任承受者，却无案件调查权，而缉私局行使案件查办权，却无须承担相应的执法责任，如何体现“权责一致”原则？这样的矛盾今后将会更加凸显。

笔者建议：顺应行政执法体制改革、缉私管理体制改革的双重要求，回到《海关法》对缉私机构的授权范围，缉私局只保留走私范围的刑事执法权，只承担打击走私犯罪，履行侦查、拘留、执行逮捕和预审职责；行政处罚案件全部交由海关查处，海关成立集中统一的行政违法案件查办机构，全面查办走私违规、知识产权海关保护、进出境检验检疫违法等各类海关职能管辖范围内的进出境行政违法案件，以同时保证海关行政执法的权责一致和执法统一。

二、海关行政处罚种类的认定范围需要拓宽

“行政处罚”概念的提出，拓展了以往对海关行政处罚种类的认定范围。为了克服概念的不确定性和模糊性，一个通行做法就是，在立法中对法律所调整的主体进行定义。此前，我国在规制行政行为方面的三个基本法中，《行政许可法》和《行政强制法》都分别对“行政许可”和“行政强制”下了定义，唯独《行政处罚法》没有对“行政处罚”作出定义。这在一定程度上造成了人们往往从“名称”上去认定行政处罚行为，而不是从实质上去认定。除了“警告”“罚款”“没收”等明确列名的行政处罚，对不少其他形式的处置行为，如海关系统常见的“收缴”“通报批评”“降低企业评价等级”等，以往被普遍认为不受《行政处罚法》的约束。

---

① 部分缉私分局的行政处罚案件管辖权，同时对应多个隶属海关事权，此种矛盾更为明显。比如，A 海关未设立缉私机构，由 B 海关缉私部门实施行政违法案件办理，但对外文书以 A 海关名义作出。

新《行政处罚法》第2条增加了对“行政处罚”的定义:“行政处罚是指行政机关依法对违反行政管理秩序的公民、法人或者其他组织,以减损权益或者增加义务的方式予以惩戒的行为”,填补了行政立法空白,引导人们从实质上去辨别行政处罚行为。也就是说,只要为了制裁当事人违法行为,要求其承受减损权益或者增加义务的不利后果,无论形式和名称如何,都属于行政处罚。

以“通报批评”为例,新《行政处罚法》第9条第1项在列举处罚类型时,除原先设定前的“警告”之外,新增了“通报批评”,一并归入名誉罚(申诫罚、声誉罚),与罚款等财产罚、能力罚(资格罚)和人身罚(自由罚)一同构成行政处罚一般种类体系。这意味着“通报批评”成为行政处罚的一般种类,适用于整个行政法律规范体系,适用于各单行法,包括海关法。这里的“通报批评”,并非狭义的理解,绝非必须严丝合缝的这四个字,才是新《行政处罚法》所规范的行政处罚种类。就词语构成而言,“通报批评”至少需要具备两个判断标准:一是“通报”,即以对社会公开的方式呈现;二是“批评”,即否定性对外评价;且二者须同时满足。法律上的“通报批评”,应该容纳上述各种具有共同特征的名誉罚。就法解释的角度而言,从“行政处罚”的定义出发,“通报批评”作为行政处罚的一个种类,应该涵盖所有通过向社会公布的方式,以减损名誉、降低社会评价为法律效果的行政处罚。既然从实质意义上辨识,那么“公开谴责”“列入失信名单”“公布违法事实”等所有产生名誉减损和社会评价降低法律效果的行为,都应该纳入“通报批评”这一行政处罚行为种类。

笔者建议,顺应“行政处罚”定义的提出,从实质意义认识海关行政处罚种类,只要是为了制裁行政违法行为,要求当事人承受减损权益或者增加义务的不利后果的惩戒措施,就属于行政处罚,就自觉接受《行政处罚法》的规制,而不是绕着走。比如,海关旅检现场常见的“收缴”、海关企业管理领域“列入黑名单”“公布并降低评价等级”等类似措施,皆属行政处罚。

三、对“不予行政处罚”的几种法定情形必须准确区分

新《行政处罚法》规定，对以下几种情形，“不予行政处罚”：(1)无行为能力人违法；(2)违法轻微，无危害后果；(3)初次违法，后果轻微；(4)没有主观过错；(5)违法事实不能成立。上述规定确立了轻微不罚、初次不罚、无错不罚制度。虽然有的属于“绝对不予处罚”(如轻微不罚和无错不罚)，有的属于“可以不予处罚”(如初次不罚)，但都是为了突出教育功能、实现法治目的，能不罚就尽量不罚。为贯彻实施新《行政处罚法》，使程序法能够跟上实体法的变化，海关总署及时出台了《程序规定》。其中，第 71 条对上述几种不予处罚的情形，区分不同情形，分别作出了处置规定：对不具有行为能力的主体违法、情节轻微无危害后果、初次违法后果轻微，海关应当作出“不予行政处罚决定”；而对违法事实不能成立的，或者违法主体死亡或者终止的，直接规定应当予以撤案；此外，对当事人没有主观过错不予行政处罚的情形，只规定了不予处罚，没有规定应当作出“不予行政处罚决定”。

《程序规定》对上述“不予行政处罚”情形区别处置的规定，尤其是明确了几种必须作出“不予行政处罚决定”的情形，在理论界和实务界引发了不少争议。《程序规定》第 73 条规定，海关依法不予行政处罚决定的，应当制发不予行政处罚决定书。有观点认为，制发不予行政处罚决定书，虽然没有表面上对当事人进行法定形式的惩罚，但实质上，其性质也是一种行政处罚，是对当事人违法事实的法律认定，确认构成违法应将新《行政处罚法》中的所有“不予行政处罚”情形，统一理解为不作行政处罚，未立案的不予立案，已立案予以撤案，无须作出“不予行政处罚决定”。对此观点，笔者并不认同。

笔者认为，《程序规定》对上述“不予行政处罚”情形区别处置的规定，体现了对上述当事人不同行为法律性质的清晰界定。第 71 条第 1 款第 2 项规定应当作出“不予行政处罚决定”的“不予行政处罚”情形，其违法事实已经成立，其违法行为均已构成，只是由于违法行为主体不具有行为能力、情节轻微无危害后果、初次违法后果轻微等原

因,不再施加行政处罚的惩戒措施。鉴于此,海关对上述情形制发不予行政处罚决定书,对当事人违法事实进行法律确认,但对法律后果作出不予处罚决定,并无不妥。对“违法事实不成立的”,规定不予行政处罚,直接撤案,理所应当,当然更不需要所谓的“不予行政处罚决定”。

另一关键点是,对当事人没有主观过错不予行政处罚的情形,《程序规定》没有规定应当作出“不予行政处罚决定”,这是疏漏还是故意为之?判别的标准只有一个,没有主观过错的客观违法是否构成“行政违法行为”?新《行政处罚法》确立了行政处罚归责原则:过错推定原则,即当事人一旦实施了违反行政法律规范的行为,除非其能够举证证明主观上没有故意或者过失情形,否则,就推定当事人具有主观过错,应当依法承担行政违法责任。并且对证明标准进一步明确,即“当事人有证据足以证明没有主观过错的,不予行政处罚。法律、行政法规另有规定的,从其规定”。过错推定原则暗含了过错责任原则,行政违法责任的承担要以行为人的主观过错为前提,即“有过错才担责”,过错包括故意和过失两种表现形式。姜明安教授认为,主观过错是行政违法行为的构成要件。行政违法行为构成对主观过错的要求和犯罪行为构成对主观过错的要求是一样的。但行政处罚适用与刑罚适用在对行为人主观过错的认定和举证责任上有重大区别:法院对被告人科处刑罚,公诉人应对行为人的主观过错负举证责任。公诉人不能证明被告人对其行为具有主观过错,就不能追究其刑事责任,对之适用刑罚。而行政执法机关对当事人科处行政处罚,则通常无须对当事人的主观过错负举证责任,只要证明相对人实施了违法行为,就可以认定行为人具有主观过错。当事人如认为自身无主观过错,应承担举证责任。如能证明自身确无主观过错,则其行为不构成行政违法行为,行政机关不能对其施加行政处罚;反之,则应对之适用行政处罚。因此,当事人没有主观过错的客观违法并不构成行政违法行为,自然不需要通过任何形式确认其“违法”。《程序规定》不将其纳入应当作出“不予行政处罚决定”的范围实属应当。

笔者建议:对新《行政处罚法》规定的各种“不予行政处罚”情形的不同法律性质应该有清晰的辨识,准确理解适用《程序规定》。对不具有行为能力的主体违法、情节轻微无危害后果、初次违法后果轻微的,海关应当依法认定违法,作出“不予行政处罚决定”;对违法事实不能成立的,或者违法主体死亡或者终止的,应及时撤案。此外,对当事人证明自己没有主观过错的,认定不构成违法,直接不予处罚,亦无须作出“不予行政处罚决定”。

四、对海关行政处罚程序的完善提出了新要求

新《行政处罚法》更加注重完善行政处罚程序,规定了将法制审核、集体讨论决定程序的新要求作为法定程序要素纳入司法审查,我们应予以重视。

首先,关于法制审核程序的审查。结合新《行政处罚法》规定,司法机关认为,一是符合《行政处罚法》或者单行法律规范明确列举的情形,未经法制审核的,属于程序违法。二是行政机关应将法制审核意见材料作为证据主动提交法院。三是人民法院应进行必要审查,包括法制审核流程是否规范、送审材料是否符合报送要求等。

其次,关于集体讨论决定程序的审查。司法机关认为,集体讨论决定是重大或者复杂行政处罚案件作出程序中的法定环节,具有一定的外部性,对当事人的实体权益保障具有重要意义。行政机关应当在行政诉讼中将集体讨论笔录作为证据依法提交法院审查。行政机关可以在向法院提交讨论笔录时,对发表意见的讨论参加人的姓名职务信息进行技术处理。集体讨论程序应在作出处罚决定前进行。如果被处罚人在书面告知后提出了有实质意义的陈述申辩意见,或者举行了听证,但集体讨论程序在告知程序之前进行的,应当认定违反法定程序,并判决撤销该处罚决定;违法事实客观存在的,还应同时责令行政机关重新调查处理。案件审理委员会正是重大、复杂海关行政处罚案件集体讨论决定程序的主要表现形式,但在以往的海关行政处罚实践中,案件审理委员会记录长期以来被视作内部讨论材料,案件材料

归档时一般都列入“内卷”,不对外提供。这样的做法无疑与司法审查的新要求不符。

笔者建议:落实三项制度的要求,海关应更加重视重大执法行为的法制审核流程是否规范、审核材料是否齐全;在行政诉讼案件应诉时,应向法院主动提交完整的法制审核意见材料。案件审理委员会应当在作出处罚决定前召开,尤其是必须在告知当事人提出陈述申辩后,或听证程序结束后召开。案件审理委员会记录应当归入“正卷”,并在应诉时向法院提交,提交时可对相应姓名职务信息进行技术处理。

五、违法所得计算规则的确立对海关相关规定提出了质疑

虽然《行政处罚法》将“没收违法所得、没收非法财物”列入行政处罚的种类,但对“没收违法所得”的性质认定一直存在争议。代表性的观点认为,行政处罚具有惩罚性,但行政相对人通过违法行为获得的利益不具有合法性,因而没收违法所得并非剥夺相对人合法拥有的财产,充其量只是一种“追缴”行为,不具有惩罚性。另有意见认为,没收违法所得会对当事人产生惩戒的心理和精神效果,因而属于行政处罚。还有观点认为,是否对当事人财产造成惩罚性减损,不以其合法财产为基准,而以违法行为人被发现违法行为时的财产占有状态为基准。行政相对人违法占有的财产的减损,也可以理解为一种减损,同样体现了惩罚性。溯本求源,认为违法所得不具有惩罚性的一个重要理由,是基于实践中违法所得存在多种计算方式,在扣除成本的计算方式下,单独没收违法所得确实难以有效体现出惩戒。新《行政处罚法》,专门增加规定“当事人有违法所得,除依法应当退赔的外,应当予以没收。违法所得是指实施违法行为所取得的款项。法律、行政法规、部门规章对违法所得的计算另有规定的,从其规定”。据此规定,一直争议不断的违法所得的计算方式在立法上得以明确。不扣除成本的计算原则增强了没收违法所得的惩戒性,使没收违法所得更符合行政处罚减损权益的特征。司法机关对此项规定理解为:一是对于法律、行政法规、部门规章对违法所得的计算规则作出的例外规定,行政

机关执行该规定的,人民法院应予支持;对于地方立法甚至规范性文件作出的例外规定,则不具有法律效力,不予支持。二是没收违法所得应当在行政处罚决定书中明确具体数额,以确保后续执行,也便于人民法院进行合法性审查。就海关而言,海关总署缉私局或政法司对相关走私违规类行政违法案件违法所得以文件形式作出的相关规定已遇到挑战。首先,追缴违法所得所对应的违法部分,尤其是低报价格走私案件,违法所得被明确为低报部分的价格所对应的货值,违背了新《行政处罚法》"不扣除成本"的计算原则;其次,对违法所得的计算规则作出例外规定,必须由部门规章以上层级立法作出规定,才能得到法院支持。

笔者建议:按照新《行政处罚法》对违法所得"不扣除成本"的计算原则,重新审视海关系统原有计算相关走私违规类行政违法案件违法所得的相关规定,同时兼顾"过罚相当"的行政处罚原则;既然新《行政处罚法》赋予行政机关通过部门规章对违法所得的计算规则作出例外规定的权限,可以结合海关执法实际对违法所得的计算作出例外规定,对原有零散于各内部文件的相关规定进行梳理,及时上升为部门规章。随着国务院机构改革的落地、《行政处罚法》的修订,《实施条例》修订在即,上述相关规定亦可以考虑纳入修订增加内容。

Influences of the Newly Revised Administrative Punishment Law on the Enforcement Related to Customs Administrative Punishment from the Perspective of Judicial Review

CAO Yanhua

[**Abstract**] On July 15,2021,the revised Administrative Punishment Law was formally implemented. Having clarified and added some more scientific and reasonable new rules, it is bound to have a profound impact on the customs law enforcement, especially the administrative punishment, to which Customs authorities should attach importance and adapt themselves. From the perspective of judicial review, this paper analyzes the five basic problems of incompatibility between the current customs administrative punishment enforcement behavior and the requirements of the newly revised administrative punishment law, and puts forward corresponding solutions in respect of improving administrative enforcement and legislation.

[**Key words**] administrative punishment; customs; judicial review

刍议知识产权海关保护制度的体系化发展

叶　倩*

[摘　要]　随着创新经济的发展，知识产权在国际贸易中的比重日益提升，更具全面性、独立性的知识产权海关保护制度成为海关践行习近平法治思想、保护优势产业、应对知识产权壁垒所必需的政策基础，海关法的法典化趋势及进程恰好为此提供了良好契机。但从执法实践看，推进知识产权海关保护制度体系化还面临着规则体系不够协调、保护模式相对单一、政策导向有待优化、综合效能尚须提升等现实问题。鉴于此，本文从知识产权海关保护制度体系化发展的法理和政策背景入手，结合实务探讨可能的发展完善空间，进而在海关法法典化的框架内相应提出专门制度的体系架构与规则设计等建议。

[关键词]　知识产权海关保护制度；体系化；海关法；法典化

作为经济全球化时代国家核心竞争力的关键指标，知识产权已经成为影响贸易分布的重要资源。据统计，目前我国知识产权贸易额仅次于美国、荷兰、日本和德国，已经成为全球第五大知识产权贸易经济体。①

---

* 叶倩，南京海关综合业务处知识产权科副科长，一级主任科员，中级经济师。

① 参见《我国已成为全球第五大知识产权贸易经济体》，载光明网，https://m.gmw.cn/baijia/2021-10/06/35212410.html。

但随着“中国制造”向“中国创造”的转变和提升,我国知识产权海关保护制度在对接更高保护标准、更大保护力度、更强保护需求等方面,面临从国际贸易秩序维护者到知识产权治理体系建设贡献者的角色转换,亟须从法治观念、法制架构的层面推进基于理论创新的专业领域实务探索,为践行习近平法治思想关于建立知识产权综合管理体制、由简单管控向科学治理转变的论述提供海关经验。

一、知识产权海关保护制度体系化发展的法理和政策背景

知识产权海关保护制度作为知识产权强国战略的基石之一,是国家治理体系和治理能力现代化建设的重要组成部分,其体系化发展是习近平法治思想中知识产权法治理论在国际贸易领域的顶层设计需要,也是《国民经济和社会发展第十四个五年规划和2035年远景目标纲要》(以下简称《“十四五”规划》)和知识产权强国战略的重点目标任务,更是推进海关法法典化和通过体制机制创新优化营商环境的题中之义。

(一)知识产权海关保护制度体系化是践行习近平法治思想的海关路径之一

知识产权海关保护是国际贸易发展到成熟阶段的产物,故其首要法益就是支撑产业创新发展和转型升级,应当更多彰显国家战略布局和公共政策导向。正因如此,习近平法治思想视域下的新时代中国特色知识产权制度相关论述始终紧扣法治观和发展观两大法价值目标,并集中阐述了“知识产权制度属性”“知识产权营商环境”“知识产权法律政策体系”“知识产权综合管理体制”“知识产权保护”“自主知识产权创造”“知识产权全球治理”①等直接关涉知识产权海关保护各项功能的重要理念,从根本上确立了系统性完善知识产权海关行政保护理论与实践认知的思想纲领和行动指南。对此,《“十四五”规划》和

① 吴汉东:《新时代中国知识产权制度建设的思想纲领和行动指南——试论习近平关于知识产权的重要论述》,载《法律科学》2019年第4期。

《知识产权强国建设纲要(2021－2035年)》(以下简称《建设纲要》)分别从五个方面和六大任务的角度,进一步明确了完善知识产权法律体系、管理体制、政策体系的目标范畴,且《"十四五"海关发展规划》均有回应,体系化发展路径可谓呼之欲出。其中,《"十四五"规划》在全文19篇65章中,以5章5节的篇幅阐述了知识产权建设布局,特别指出必须全面提升行政、司法双轨制保护模式的执法合力,相应地,《"十四五"海关发展规划》将知识产权海关保护的目标导向定位为"能力提升工程";而《纲要》部署的六大重点任务中,"建设支撑国际一流营商环境的知识产权保护体系""深度参与全球知识产权治理"等两项与知识产权海关保护直接相关,"建设面向社会主义现代化的知识产权制度""建设激励创新发展的知识产权市场运行机制",则与知识产权海关保护职能定位相呼应,并且,《"十四五"海关发展规划》明确的开展专项行动、加强信息化智能化建设、构建内外协同的全链条大保护格局、建设国际合作机制等四方面重点任务。

(二)知识产权海关保护制度体系化是推进海关法法典化的题中应有之义

机构改革以来,多项海关法律制度都面临修改、完善需要,而随着近年来海关法理论和实务研究的不断深入,海关法法典化的现实基础也已基本完备;知识产权海关保护制度定位仍属公法,从法理与政策层面整合、完善现行相关法规和规定并使之上升为更具国家强制力和统一性的法律规范,正是海关贯彻落实《建设纲要》和《"十四五"海关发展规划》的具象化实践。因此,海关法法典化是海关法律制度体系化的重要标志和体现,其中当然包括知识产权海关保护制度的体系化,主要涉及两个层面的考量:一是知识产权海关保护法规、规章、规范性文件之间的协调统一;二是知识产权海关保护制度在海关法律体系中的功能定位。编纂体例方面,以我国《民法典》为例,主要有纳入式、糅合式和链接式。《民法典》涉及知识产权法的部分即属链接式,考虑到新产业新业态的快速发展可能持续催生新型知识产权权利类别及受保护的法益,此种以"成典"和体系化"入典”予以区分的方式最适宜于辨析无形财产权;但知识产权海关保护制度作为公共政策的一部分,基于行政资源的考量,其保护范围应是相对限定并谨慎扩容的。因此,海关法法典化应当以知识产权等相关专门法律法规的制定完善为前提,既可合理设置全业务领域海关法律的基本体系,也可有效统一知识产权海关保护制度与其他海关法律制度之间的层次。

(三)知识产权海关保护制度体系化是创新优化营商环境的重要政策基础

经济全球化背景下,知识产权制度已成为国际政治经济和产业分工布局的支撑机制之一,既有维护正常贸易秩序的职能定位,也可能成为新型贸易壁垒,此种非关税壁垒因与高新技术发展水平紧密相关而呈现较为明显的国家间不平衡性和隐蔽性,主要表现为设定不同保护标准等的法律制度,并且缺乏国际法意义上的制度约束。早期《巴黎公约》、《伯尔尼公约》、《与贸易有关的知识产权协定》(以下简称TRIPs)等国际知识产权制度虽然在形式上是各国磋商订立的结果,实质上却是西方国家将其地方性知识转化为普适性价值的产物,形式公平背后掩盖着发展中国家与发达国家利益分配的不公。[①] 此时,知识产权海关保护作为一种边境措施,就承担着协调推进行政保护、优化营商环境的重要政府职能,其制度架构也因知识产权制度深度嵌入国际贸易规则而面临体系化发展需求——技术发展水平差距较大的经济体之间,相对宽松的知识产权海关保护制度有利于促进共同增长,反之,则适用较为严格的保护标准;但两者都体现了基于知识产权海关保护制度体系化发展的平等、协调的行政保护,对于激励技术创新、推动产业转移、防御市场进攻等营商环境要素的政策性引导、规范与协调。

① 马一德:《完善中国特色知识产权学科体系、学术体系、话语体系》,载《知识产权》2020 年第 12 期。

二、完善知识产权海关保护制度体系的实践需求

1994 年 9 月,海关总署发布《关于实施保护知识产权、制止侵权货物进出境的管理措施公告》,我国现代知识产权海关保护制度自此正式建立,时至今日,形成了在《海关法》和 TRIPs 双层框架内,以《知识产权海关保护条例》(以下简称《保护条例》)及其实施办法为代表的制度规范。国际法层面,我国先后于 2010 年、2018 年两次修订《保护条例》,始终保持与国际接轨;而在国内法层面,从目前的执法实践来看,仍存在规则体系不够协调、执法模式相对单一、政策导向有待优化、综合效能尚须提升等四方面亟待完善的需求。

(一)现行规则体系不够协调,立法目的和层级均需适度调整

目前,海关总署除在《海关行政处罚实施条例》中以专门条款方式规定进出口侵权行为的行政责任外,还制订了统一的工作规程,部分直属海关进一步细化形成了本辖区范围内适用的操作规程。由此,我国现行知识产权海关保护制度总体呈现为“上位法专门条款 + 特别法优先适用 + 规范性文件具体约束”的架构。但随着知识产权边境保护措施的公共政策属性在海关管理和社会治理中日益凸显,现行知识产权海关保护制度的立法目的、层级及相应的适用范围与其他海关行政法律制度不尽一致,需适度调整,主要表现在:

一方面,现行规则体系需进一步衔接国家知识产权战略目标和国际知识产权保护标准。后 TRIPs 时代,发达国家以《自由贸易协定》为平台,不断推高知识产权保护国际标准,使得知识产权新经济领域的赶超发展成为新常态,给发展中国家带来了战略转换的适应压力。基于知识产权兼具公私权属性特点和改革开放初期需要大力扶持企业创新主体的需要,我国知识产权海关保护制度自建立以来,始终秉承公权不过度干涉私权的立法初衷,明显有别于《进出口关税条例》《海关稽查条例》《海关统计条例》等以保障公权力充分行使为目的的其他海关法律规定的立法定位。但继 2008 年《国家知识产权战略纲要》首次将知识产权制度纳入国家战略资源以来,2021 年《建设纲要》进一

步明确了知识产权作为私权利益和国家战略的双层制度构造且更突出其公共政策属性。因此,知识产权海关保护作为全链条大保护格局中的关键一环,应当及时响应这一战略趋势,适时调整立法目的。与此同时,随着我国主导签署的《区域全面经济伙伴关系协定》全面生效和我国申请加入《全面与进步跨太平洋伙伴关系协定》进入实质阶段,更高标准开展知识产权边境保护已具备共识基础——比如,《区域全面经济伙伴关系协定》第十一章专门设置了知识产权相关条款,共14节83条,明确了在通过有效的知识产权保护深化经贸合作的同时,要考量缔约方经济发展水平和国内法律制度的差异,将采取适当措施防止权力滥用对国际贸易和国际技术转让产生不利影响作为基本原则;《全面与进步跨太平洋伙伴关系协定》则将TRIPs定义的"依职权保护"上升为强制性义务,并将"混淆性类似商标"货物和依转运国法律构成假冒商标或盗版的转运货物纳入依申请保护范畴。鉴于此,未来我国知识产权海关保护制度需要在保护对象和保护范围上对此有所回应,包括但不限于进一步强化专利权的依职权保护、从源头遏制跨境侵权诉讼的发生等。

另一方面,现行规则体系需进一步优化海关监管规定中涉知识产权条款的立法架构。《保护条例》和《海关行政处罚实施条例》均为行政法规,并且执法实践中将前者作为特别法予以优先适用,因此,在查处进出口侵权案件时适用《保护条例》及其实施办法、而非遵循《海关行政处罚实施条例》的一般规定,客观上形成了侵权行政处罚案件由知识产权部门查办、其他海关行政处罚案件由缉私部门查处的二元格局,导致有限的行政执法资源进一步分散。比如,海关总署曾于2001年批复明确,出现采取伪瞒报手法出口侵权货物的竞合情况下,除同时涉及逃证逃税的仍定性为走私外,应作为侵权案件按照《保护条例》的规定查处,尽管此类行为客观上也符合未申报或申报不实影响海关统计准确性、影响海关监管秩序的定义,但并不统一适用《海关行政处罚实施条例》第15条第1项、第2项的相关规定。又如,《海关行政处罚实施条例》在第15~17条已规定普遍适用于收发货人、报关企业及人员未如实申报的法律责任的同时，又在第 25 条第 2 款单独规定了收发货人及其代理人未如实申报或未补充申报知识产权的法律责任。尽管相对于第 15 条第 1 项、第 2 项对未申报或申报不实影响海关统计准确性、影响海关监管秩序分别处 1000 元以上 1 万元以下、1000 元以上 3 万元以下罚款的幅度，优先适用第 25 条第 2 款的处 5 万元以下罚款的规定，理论上符合“择一重处”的原则，但或是考虑到后者调查取证难度较大、单一行为处罚较重等因素，执法实践中几乎未见援引该条款作为处罚依据的。若此宣示性条款继续与一般规定并存，难免有“叠床架屋”之感。

（二）执法模式相对单一，法益保护范畴、内涵和方式亟待拓展

一是现行保护模式已难适应新业态发展和监管模式改革的细分需求。在契合新兴业态发展需求方面，随着市场采购贸易、跨境电商等新业态的蓬勃发展和全国通关一体化等海关全面深化业务改革举措的持续推广，非传统渠道进出口侵权行为通过网络平台呈几何级数扩散，现有执法模式及手段已难覆盖日益多元化的侵权货物来源、行为方式、风险类型、防控渠道。比如，跨境电商因其网络交易平台化、经营主体虚拟化、贸易订单碎片化、清单申报便利化等特点，相关侵权案件总体呈现侵权货物个案数量少但批次多、侵权查发频次高但知识产权备案率低、第三方交易平台侵权责任认定难、转运货物侵权执法依据不足等特点，并且此类货物天然的跨境流动需求与知识产权保护地域性的传统原则之间存在根源性冲突。又如，邮递渠道虽为传统侵权打击领域，但因其“见物不见人”的特点，模糊、虚假申报频发且难以批量精准加载侵权风险布控指令，加之恶意侵权人利用现行制度对“自用合理数量”的非商业性豁免空间以“蚂蚁搬家”方式逃避海关监管、声明放弃和公告收缴的执法威慑力相对有限等因素，导致该渠道的侵权货物体积小、价值高且涉案权利数量多，对现有执法手段的挑战较大。凡此种种，均较难简单适用《保护条例》及其实施办法基于传统货物贸易渠道的侵权打击模式予以长期有效规制，因此，即便执法力度持续加大，总体侵权态势仍相对严峻。2020 年，全国海关在跨境

电商渠道扣留侵权货物7097批次、涉及侵权货物157.38万件,在邮递渠道扣留侵权货物16.52万件。[①] 而据初步统计,2021年前三季度,全国海关在跨境电商渠道扣留的侵权货物批次、件数和在邮递渠道扣留货物件数,均已超过2020年全年同渠道同口径的总量。同时,在衔接监管模式改革需求方面,不同于其他海关行政处罚案件有普通程序和简易程序之分,现行知识产权海关保护制度仅按照启动方式的不同区分了依职权(主动)保护和依申请(被动)保护两种执法模式,海关仅在依职权(主动)保护模式下有权启动调查认定程序并作出行政处罚决定,并且此种情况下,无论货运还是邮快跨渠道查获的侵权货物案件,均适用"确权—扣留—调查认定—作出行政处罚"的单一程序规定。但其他海关行政处罚案件中,简易程序和快速办理机制早已确立推行,《行政处罚法》修订后最新发布的《海关办理行政处罚案件程序规定》(海关总署令第250号)也设置专章(第六章)对"简易程序和快速办理"作出规定。并且,从近两年国家知识产权局面向有关行政执法机关的考核要求来看,建立知识产权纠纷快速调处机制或案件速裁的简易程序已经成为一个基础指标和共性认识。因此,完善执法模式、丰富执法手段、推进繁简分流,确是知识产权海关保护制度体系化发展进程中必啃的"硬骨头"。

二是传统的保护对象及范围、证据规则和裁量基准已难呼应持续推高的保护标准。现行知识产权海关保护的对象限于"三权两标",也即商标权、专利权、著作权和奥林匹克标志、世博会标志,少于TRIPs定义的七种受保护权利类型,也少于RCEP、CPTPP或中美第一阶段经贸协议、《中欧地理标志协定》等多/双边合作框架所涉权利类型,区别主要在于对地理标志、商业秘密、服务商标、过境货物等的知识产权保护。然而,相关需求或争议只增不减——比如,服务商标,《刑法修正案(十一)》已将服务商标纳入《刑法》第213条假冒注册商标罪的法

① 参见《中国海关知识产权保护状况发布》,载微信公众号"海关发布"2021年4月26日,https://mp.weixin.qq.com/s/4F-ljvN2HjBJyzTtz7R-9Q。

益保护范围。又如,自境外进入自由贸易试验区的过境货物,理论上海关应自其办理申报手续起即可纳入知识产权海关保护规制范畴,而实践中此类货物实行备案管理,免于办理报关手续,则一旦发现侵权嫌疑,海关面临如何实现知识产权执法权的困境——对此,现行知识产权海关保护制度均未有所明确或回应;并且,当前执法成效更多体现在打击商标侵权上——海关总署近三年发布的年度知识产权保护状况白皮书中,每年扣留商标侵权嫌疑货物的批次数占全年总数的比例都在 90% 以上。而据不完全统计,2021 年前三季度,全国海关查处的专利侵权案件数量虽然同比增长 3 倍多,但从总量绝对数来看,尚不及同期商标侵权案件数的 0.2%,这固然与货物贸易更多涉及品牌保护、专利产品相对较少的特点有关,但也不排除专利侵权认定难度较大、专利权案件以依申请(被动)保护模式居多等因素,一定程度上反映了现行知识产权海关保护制度的保护对象及范围相对有限、亟待合理扩容。同时,证据规则方面,《保护条例》第 18 条仅规定权利人请求海关扣留侵权嫌疑货物的,应当提供"足以证明侵权事实明显存在的证据",但未明确证据种类及证明标准,尽管《保护条例》的实施办法第 14 条做了进一步阐释,但也仅要求达到能够证明请求扣留的货物即将进出口和未经许可使用知识产权的程度,且亦未列明证据种类。虽然海关总署《知识产权海关保护工作规程》(署法发〔2016〕274 号)第 44 条列举了案件调查过程中应当搜集的 11 类证据材料,但主要为身份证明、授权委托书、报关单及随附单证、询问查问笔录、侵权嫌疑货物样品或照片、侵权鉴别报告、公安部门立案通知书及法院协助执行通知书等,其分类方式与《民事诉讼法》和新修订的《行政处罚法》所列证据的 8 种法定形式不尽相同,并且该规程并不对外公开作为执法依据。此外,不同于《海关稽查条例》明文规定了罚幅,《保护条例》及其实施办法均未对进出口侵权行为公开公示具体行政处罚裁量基准,而是在印发了《海关对进出口侵犯知识产权货物违法行为行政处罚幅度参照标准(暂行)》(署法发〔2016〕196 号)且明确不得在行政处罚决定书中援引该文件作为处罚依据。并且,即便是作为内部参照标准,各关掌握的裁量尺度也不尽相同。比如,对于收发货人及其代理人依法接受海关查问、询问的行为,有的海关将此作为从轻处罚情节,有的海关则基于当事人履行配合调查义务的定性而不作为酌定情节,这一方面导致了事实上的执法不统一,另一方面可能一定程度上导致侵权货物口岸漂移。

(三)政策导向有待优化,利益平衡机制应更加匹配新业态发展需求

一是担保模式不够灵活多样,导致权利人因顾虑维权成本而放弃保护。现行知识产权海关保护制度关于担保的规定,主要包括权利人申请扣留侵权嫌疑货物应当提交担保、商标权人可申请总担保、专利权货物可反担保放行、仓储及保管费可从担保中扣除等,主要体现在《保护条例》第14~16条、第19条、第24条第3项和第25条,以及《保护条例》的实施办法的第15条、第16条、第20条、第22条第1款第1项、第23条和第24条。尽管除专利权反担保放行的情形明确为“担保金”外,上述其他条款并未限定形式为担保金,但实践中,除商标权人申请核准总担保外,绝大部分海关在其他相关环节均收取担保金,而非银行或非金融机构保函,事实上限缩了权利人的选择余地、占用其流动资金;因顾虑高额担保金而放弃维权的企业不在少数,且不乏大中型企业。可见,这既不利于产权保护,也不利于贸易便利。

二是维权激励机制内生动力不足,导致促进利益平衡的手段不多、力度偏弱。第一,由于海关备案保护采取了类似知识产权授权制度中的注册保护原则,权利人在取得授权后还须再向海关申请备案,如此方能获得海关依职权(主动)查处侵权嫌疑货物的行政保护,这客观上形成了“二次注册”的负累。实践中,时有权利人误认为海关备案系统已与国家知识产权部门的注册查询系统对接,是以未及时完成海关备案或备案续展,而核准或驳回备案申请需要30个工作日,因此遗憾错过确权查扣时机。第二,不同于《商标法》《专利法》等已赋予行政管理部门调解权能的法律规范,知识产权海关保护的各层次制度规范均未引入调解制度;仅在《保护条例》第27条第3款和《保护条例》

的实施办法第24条第5项,以准予“权利人撤回扣留申请”的方式,保留了一定的和解空间。此种行政执法权未充分行使,事实上降低了权利人有效维权方式的可选择性,限制了其对私权的完整处分权。第三,知识产权海关保护制度尚未引入侵权惩罚性赔偿制度;并且,权利人经由海关执法程序所能获得的限于没收侵权货物并处货值30%以下罚款的行政处罚决定,相较于前期提交的担保金和因侵权导致的市场份额流失等维权成本而言,也不能直接体现“填平原则”。鉴于此,在作为上位法的《民法典》和《商标法》等单行法都已引入惩罚性赔偿制度的情况下,知识产权海关保护制度的体系化发展显然应当及时响应这一立法趋势。

三是企业培塑手段趋于定式,难以全面、及时回应日渐多元的企业维权或创新诉求。自2014年推广企业联系点制度和2017年连续开展“龙腾”年度专项行动以来,知识产权海关保护就步入了侵权打击和企业培塑并行的“打促结合”快车道,时至今日,已然形成了“签订关企知识产权合作备忘录—成为联系点企业—纳入海关总署‘龙腾行动’重点企业名录”的“三步走”模式,培塑方式多为“一对一”指导;但也尚未形成或推广其他更具创新性的培塑手段。与此同时,据海关总署对全国807家重点进出口企业开展的问卷调查显示,仍有40%以上的企业有维权培训需求,且主要关注知识产权海关保护制度与执法流程、侵权线索经营与分析技巧、知识产权海外布局与风险预警、域外侵权证据调取方法等更具针对性和实操性的方面。尽管海关每年都以“4·26”知识产权宣传周为重点多渠道开展专题普法宣讲、发布知识产权海关保护典型案例,但宣讲重点多围绕如何备案、如何提交担保、如何申请扣留等基础内容,而典型案例的数量一般不超过10个,半数以上为商标侵权案件,且仅有简要案情和处罚结果,没有指导案例通常必备的案情分析或裁审要旨归纳,难以正面回应各类创新主体的个性化指导需求。

(四)综合效能尚须提升,多层次执法合作应有进一步推进空间

一方面,从共建国内大保护格局的角度看,海关—公安行刑衔接

的执法依据有待明晰。自2001年7月国务院《行政执法机关移送涉嫌犯罪案件的规定》首次以立法形式确立"两法衔接"机制以来,最高人民检察院、公安部、海关总署等先后以联合发布工作意见、暂行规定等方式规定了行刑衔接特别是案件移送的程序和实体规范。目前,海关查发可能涉嫌犯罪的进出口侵权案件后,主要依据2006年3月施行的《公安部、海关总署关于加强知识产权执法协作的暂行规定》(以下简称《暂行规定》)进行案件移送或线索移交;并通过签订知识产权案件两法衔接备忘录等方式,共同研究应对新情况新问题。但《暂行规定》施行十多年来未曾修订,而《刑法》《行政处罚法》《海关法》《保护条例》等其他相关法律法规均经过至少一次修正或修订,对两法衔接的要求不断细化。因此,执法实践中,由于海关、公安对判定罪与非罪、计核违法所得或侵权货值的理解不同,立案率相对较低、深挖扩案成功的大要案更是偏少。以相同商标侵权涉嫌犯罪为例,《刑法》第213条假冒注册商标罪仅区分规定了情节严重、情节特别严重等两种量刑情节,海关与公安各有内部裁量基准明确侵权犯罪和立案标准,导致部分达到海关移送标准的案件未达公安立案标准,进而出现不予立案等情况,部分权利人甚至因此更倾向于根据海关确权通知提供的线索向经侦部门报案、待公安部门立案以后再向海关调取证据。若知识产权海关保护制度体系能在两法衔接层面进一步明晰执法依据并统一对接公安立案标准,相信此等程序倒流应可尽量避免。

另一方面,从引领国际合作的角度看,我国应对国外反向通报的制度基础有待完善。近年来,我国已参加了几乎所有主要的国际知识产权保护公约;而在知识产权强国战略尤其是2021年《建设纲要》的布局和指引下,未来我国在进出口环节的知识产权保护从国际标准的"遵循者""参与者"向国际规则的"制定者""引领者"的角色升级转换应是必然趋势。但目前,国外海关的侵权案件反向通报数量居高不下,可能影响我国在知识产权保护国际合作中的大国形象。究其原因,一定程度上与我国知识产权海关保护制度的局限性相关——不同于欧美国家只履行TRIPs对进口商品实施知识产权海关保护的最低义务约定,我国在出口环节也适用与查处进口侵权货物相同的制度规则和同等的执法力度,可以说是超标准履行了成员义务。但是,我国知识产权海关保护仅限“三权两标”,窄于 TRIPs 最低保护标准涵盖的地理标记、未公开信息等七种受保护权利类型和部分发达国家甚至较 TRIPs 更为全面宽泛的保护范畴。此二者综合作用之下,国外海关当然有相对更充足的执法资源、更大基数的执法对象,对自我国进口的侵权货物进行侵权判定和查扣,一定程度上导致了国外海关对从我国出口的侵权货物的反向通报批次及数量居高不下,并且我国海关即便据此倒查并更新侵权防控重点,难度也不小。长此以往,势必“磨损”我国通过对进出口环节知识产权合规商品均予积极保护而形成的优势效能,进而影响“中国制造”和企业“出海”。

三、海关法法典化框架内推动知识产权海关保护制度体系化的建议

改革开放四十余年来,我国知识产权制度已趋完整成熟;知识产权海关保护制度作为其重要组成部分,历经近 30 年的研究与实践,也已建立了基于国内法与国际法双层架构并契合我国“行政 + 司法”双轨制知识产权保护特点的一系列制度规范,执法成效有目共睹。但随着海关法法典化提上日程,作为海关法律事务中唯一兼具公私权规制功能的知识产权海关保护制度,也应着手思考如何进一步完善制度规范,使之既体现立足创新驱动发展的主观认识,又呼应我国积极融入国际经贸体制与知识产权一体化的客观形势,从而实现“部门法”意义上的体系化发展。基于前文的系列论述,笔者提出四点建议:

首先,建议协调设计知识产权海关保护制度规则体系。在海关法法典化框架内推动知识产权海关保护制度体系化,首要关注点应是从现行《海关法》法理和海关全面深化业务改革政策导向两个维度,协调构建更具全面性、独立性的知识产权海关保护制度体系;尤其是不能仅考虑知识产权在确认授权、保护时效、私权属性等方面的特殊性,就将知识产权海关保护的执法依据视为不同于海关其他行政执法制度基础的存在。而应当遵循“海关法典的汇编 + 编纂模式”,将知识产权

海关保护制度作为海关法典的一个独立专章,从保障海关法律制度的稳定性和执法统一性以及执法资源的有效整合和行政自由裁量空间的合理管控等角度,完善现行知识产权海关保护制度的案件调查、行政处罚、罚没货物管理等主要规定。

其次,建议拓展保护范围、分类优化执法模式。以协同推进制度型开放为考量,集中修订《保护条例》及其实施办法,考虑将服务商标、地理标志和过境货物纳入知识产权海关保护对象和范围,确保海关行政保护的执法权与海关监管货物的实际范畴总体一致;并试点推动知识产权海关备案系统联网对接国家知识产权局商标注册系统等,通过大数据共享实现注册或登记、确认授权等相关信息的无缝衔接和动态更新,免去权利人“二次注册”的负担,也便于一线关员更准确地了解权利归属和状态,提高执法效率。同时,以权利类别和监管模式为要素,在依职权(主动)保护模式下,比照其他海关行政处罚案件,区分建立知识产权海关保护领域的普通程序、简易程序或纠纷快速调处机制;并推动在现行制度基础上统一明确契合知识产权保护特点的证据规则、更新制定并公布侵权案件行政处罚裁量基准。

再次,建议持续丰富企业培塑外延与内涵。借鉴关税保证保险模式,探索试点海关知识产权保证保险,即接受权利人以知识产权保险保单形式提交海关知识产权担保、一案一保,投保人为权利人、被保险人为海关,保险标的为权利人因错误申请或恶意申请导致错扣或错放造成的相对人的损失以及被罚没侵权货物的仓储、保管和处置费用,并采用计收总担保的算法确定保险合同的最高金额,一旦权利人因各种原因拒绝履行赔付和支付义务,由保险公司全额代偿。同时,遵循《民法典》限设“故意侵权”惩罚性赔偿制度的立法精神,对因进出口侵权行为受到行政处罚后一定时期内又涉嫌侵权的当事人,在海关调查、行政处罚等环节考量其主观故意,并先行先试参照《商标法》惩罚性赔偿罚则,对多次侵权、具有明显攀附故意的当事人,谨慎适用配合海关调查、侵权货物数量较少或货值较低等从轻、减轻情节,必要时予以从重处罚。此外,试点建立知识产权海关保护案例指导制度,按照所保护的权利类别相对均衡地选取典型案例,归纳裁判要旨、执法依据和罚则罚幅,进一步提升执法统一性;并关注为优势产业和企业“出海”提供专利导航、风险预警、海外布局等行政指导,同步加大关企合作研究力度,探索丰富契合新兴业态特点和创新主体多元维权诉求的执法服务方式方法。

最后,建议关注提升侵权综合治理效能。在总署层面积极推进更新修订海关与公安部门行刑两法衔接制度规范,对接明确侵权犯罪认定标准、立案标准和案件移送程序;在直属海关层面加强知识产权执法部门与关税、稽查、缉私等部门的横向联系配合,合法合理地确认侵权货物状态并计核涉案货值;在隶属海关层面,有条件有需要的海关可在上级部门指导下直接与地方公安部门签订知识产权案件两法衔接合作备忘录,推动将问题解决在基层。同时,科学应对反向通报,在修订完善《保护条例》及其实施办法等知识产权海关保护制度的基础上,通过谈判会商调整双边或多边合作框架下的中外海关侵权案件反向通报约定义务范围及其执行标准,以平等、统一的国际规则为前提纵深推进知识产权海关保护国际执法合作,合理履行平等、协调、严格保护的国际义务、定向提升国际规则构建话语权,实现国家安全利益最大化。

Discussion on Systematization of Customs IPR Protection Mechanisms

YE Qian

[**Abstract**] Along with the development of innovative economy, Intellectual Property Rights (IPRs) occupy an increasing proportion of international trade, and thus, a set of more comprehensive and specialized Customs Protection Mechanisms for IPRs is needed as a policy foundation for Customs implementation of Xi Jinping Thought on rule of Law as well as protection on competitive industries and settlement of intellectual property barriers. Meanwhile, the codification of the Customs law happens to provide a precise opportunity for such a development. However, from the perspective of law enforcement, there are deficiencies left for us to cope with, including a less coordinated system of legal rules, a relatively homogeneous protection mode, policy orientations to be optimized, and comprehensive effectiveness demanding for a further promotion. In view of this, this paper starts with an analysis on the legal principle and policy backgrounds of the systematization of Customs IPR protection mechanisms, and explores possible improvements on the basis of law enforcement practice, and then ends up with suggestions focusing on the establishment of a specialized system and operating rules within the framework of codification of the Customs Law.

[**Key words**] Customs IPR protection mechanisms; systematization; the Customs law; codification

关于海关主动披露制度的思考

刘　丹*

［摘　要］　2022年6月30日，海关总署发布《关于处理主动披露涉税违规行为有关事项的公告》（海关总署公告2022年第54号），对主动披露涉税违规行为有了新的处理方式。以2022年第54号公告为切入点，结合其出台背景、有关概念、内容解读，以点带面研究我国海关主动披露制度，以期对主动披露制度的法理背景、运行程序、处置建议、风险评估进行全面分析，助力海关健全主动披露制度，对业务改革和外贸经济企稳提质增效提出思路和对策。

［关键词］　稽查；主动披露；涉税违规行为

当前世界政治经济形势异常严峻复杂，新冠肺炎病毒疫情已持续两年多，全球经济受到严重冲击，各国外贸企业举步维艰。主动披露制度是海关鼓励企业自律守规、实现“少管、精管、严管”的有效方式，以市场作用为主导，有助于提升企业自身规范管理意识，提高海关监管效率和水平。主动披露制度调整了海关监管模式，以海关严查为重点，强调事前、事中、事后的监管模式，转变为以企业自我规范管理为主、海关高效严密监察为辅的模式；优化“关企”关系，达到互相信任、互惠互利、共同促进的目标；在帮助进出口企业、单位解决历史遗留问

* 刘丹，广州海关四级主办。

题、提高经济效能、规范内控管理、维持既有的 AEO 信用等级等方面作用显著。①

目前,主动披露制度已经在世界上很多国家建立、成熟,其中,美国、日本、加拿大等国家已经颁布了关于主动披露制度系统的法律法规,从法律层面将主动披露制度加以明确,虽然具体条文上的规定有异,但是立法方向都是鼓励企业加大自查力度,自行披露违法违规事项,而遵循对披露事项依法酌情从轻或减轻处罚的处理原则。21 世纪以来,世界海关组织在全球范围内大力推广“责任共担”(shared responsibility),鼓励企业自我规范,助推海关与企业建立良好关系。我国作为世界上第二大经济体,中小企业众多,积极推动主动披露制度是我国经济快速发展的必然需求,能助力我国企业更高质高效地生产、经营、管理,提升海关执法的先进性、创新性。笔者将对主动披露制度的法理背景、运行程序、处置建议、风险评估制度进行全面分析,以期健全我国海关主动披露制度。

一、我国主动披露制度的形成与界定

(一)我国海关建立主动披露的历程及法理背景

1. 主动披露在税收征管部门的体现

在我国,主动披露制度开始应用于行政管理领域是在税收征管部门,纳税人自查发现有应缴未缴、应缴少缴情形的,在一定期限内向税收主管部门披露,可以从轻或者减轻处罚。② 2001 年 2 月 6 日,广州市地方税务局为了加强地方税款征收管理,通过督促纳税人、扣缴义务人稽查前自查,增强依法纳税意愿,实现真正的以查促管,制定《广州市地方税务局税务稽查前业户自查办法(试行)》(穗地税发

---

① 林育生:《新时代海关创新监管机制的思考》,载《中国国门时报》2019 年第 3 版。

② 参见《国家税务总局关于印发〈纳税评估管理办法〉(试行)的通知》(国税发〔2005〕43 号)。

〔2001〕44 号)①。

2. 主动披露在海关领域的历程

在海关领域,为落实优化营商环境、拉近"关企"关系,海关以公告的形式逐渐健全主动披露制度,但是并设有正式的法律法规②。2016 年 6 月,国务院公布《关于修改〈中华人民共和国海关稽查条例〉的决定》,将主动披露制度正式写入《海关稽查条例》,主动披露第一次以行政法规的形式确定下来,有了正式的法律依据。2016 年 9 月,海关总署公布《〈中华人民共和国海关稽查条例〉实施办法》(以下简称《〈海关稽查条例〉实施办法》),第四章整章细致具体规定了主动披露制度,章名为"主动披露",整章对主动披露的概念、除外情形、处罚原则等进行规定,从此主动披露有了初步统一又细化的制度性规定。但是《海关稽查条例》和《〈海关稽查条例〉实施办法》均未设计主动披露制度具体明确的处置方式和处置标准,因而主动披露制度的实际操作性不强。2019 年 10 月,海关总署发布了第 161 号公告,第一次向社会公布主动披露涉税违规行为不予处罚的情形,主动披露不予处罚自此有了具体明确的适用标准。第 161 号公告扩大了企业红利,极大地激发了企业守法自律的积极性。企业主动披露,能有效帮助企业解决自身历史遗留问题、减轻和消除经营负担。2022 年 6 月 30 日,海关总署发布了 2022 年第 54 号公告:《关于处理主动披露涉税违规行为有关事项的公告》,同时废止 2019 年第 161 号公告,就处理主动披露涉税违规

① 该办法第 3 条规定:"业户经过自查发现有应缴未缴、少缴税费的,须于自查期限内,自行向所属地方税务征收分局补偿应缴未缴、少缴的税款及滞纳金。自查查出的问题免于罚款。自查缴交的税收缴款书复印件随同《广州市地方税务机关稽查前业户纳税、代扣代缴税款情况自查表》报地方税务稽查机关。"

② 2014 年 5 月,海关总署制发《关于开展企业自律管理试点及课题研究工作的通知》(署稽发〔2014〕111 号)开展企业自律管理试点,主动披露以"企业自律"的形式在中国海关首次出现。2014 年 7 月,海关总署在全国 10 个直属海关单位开展企业自律管理试点工作。2015 年 5 月,海关总署稽查司制发《关于深化主动披露试点及课题研究工作的通知》(稽查函〔2015〕23 号)首次提出"主动披露"这个概念,并明确要逐步建立常态化的"主动披露"制度。

行为做了相应的调整。

(二)第54号公告的出台背景、适用范围解读

1.公告背景

近年来,我国海关坚决贯彻"放管服"要求,引导进出口企业、单位守法自律、自查自纠、防范执法风险和廉政风险,海关总署推行主动披露制度。其中,《海关稽查条例》和《〈海关稽查条例〉实施办法》明确了主动披露概念,并对其进行了初步规范,全国海关通过推动落实主动披露制度,助企纾困,提升了企业的获得感。之前的主动披露过程中,减轻或者免于处罚的具体标准属于内部规定,不能为企业对主动披露的结果预判提供参考,这在一定程度上抑制了企业主动披露的积极性。为了深化改革,进一步释放改革红利,海关总署发布2019年第161号公告。而为了进一步贯彻落实国务院扎实稳住经济一揽子政策措施,推动外贸保稳提质,助力稳住经济稳产业链供应链,海关总署发布2022年第54号公告,同时废止2019年第161号公告。

2.主动披露的内涵

《〈海关稽查条例〉实施办法》第25条明确主动披露的概念内涵①,但目前主动披露制度并没有严格的适用范围,只明确了走私行为、走私犯罪不在适用范围。

3.2022年第54号公告的适用范围

2022年第54号公告适用于进出口企业、单位在海关发现前主要披露影响税款征收的违反海关监管规定的行为(以下简称涉税违规行为),不适用于不影响税款征收的其他违规行为(以下简称非涉税违规行为),如影响海关统计准确性、影响许可证件管理等违规行为。该公告对不予行政处罚的涉税违规行为,分别从时间和金额方面对适用范

① 《〈海关稽查条例〉实施办法》第25条规定:"进出口企业、单位主动向海关书面报告其违反海关监管规定的行为并接受海关处理的,海关可以认定有关企业、单位主动披露。"

围进行明确①,鼓励企业尽早披露,更有利于激发企业的积极性。

4. 公告修订对比

针对涉税违规行为,2022 年第 54 号将 2019 年第 161 号公告的“主动消除危害后果”表述成“已按海关要求及时改正”,将 2019 年第 161 号公告的“涉税违规行为发生之日起三个月内向海关主动披露的,不予行政处罚”,改为“涉税违规行为发生之日起六个月内向海关主动披露的,不予行政处罚”。但是,2022 年第 54 号公告规定的期限也相对收缩为 1 年以内,超过 1 年不能享受该公告的政策红利;漏缴、少缴税款比例和金额也相应提高,分别由旧公告的 10%、50 万元提高到 30%、100 万元。另外,2022 年第 54 号公告明确了同一涉税违规行为只能适用一次主动披露。

(三)主动披露制度的运行机制及后续处置方式

根据《海关主动披露操作规范(试行)》,处理主动披露作业的一般程序包括受理岗位签收《主动披露报告》、填制综合业务联系单征询相关部门意见、核实主动披露内容、填制《海关稽查审核报告》并审核、作出处理。根据《海关主动披露操作规范(试行)》第 15 条②,主动披露的处置方式包括联系关税收征管岗位计核税款进行单独补追税、移交缉私部门及联系相关部门补办手续。其主要流程如图 1 所示:

---

① 《关于处理主动披露涉税违规行为有关事项的公告》(海关总署 2022 年第 54 号公告)规定:“一、进出口企业、单位主动披露涉税违规行为,有下列情形之一的,不予行政处罚:(一)自涉税违规行为发生之日起六个月内向海关主动披露的;(二)自涉税违规行为发生之日起六个月后一年以内向海关主动披露,漏缴、少缴税款占应缴纳税款比例 30% 以下,或者漏缴、少缴税款在人民币 100 万元以下的。”

② 《海关主动披露操作规范(试行)》(署企发〔2020〕65 号)第 15 条规定:“经处级主管领导批准,核实岗位对主动披露事项作如下处置:(一)单独追补税的,联系主动披露承办海关或相关海关税收征管岗位计核税款,并注明主动披露情形;可以减免税款滞纳金的,由关税部门办理相关手续;(二)移交缉私部门或主动披露事项行政处罚案件办理部门的,应自处级主管领导批准之日起 3 日内,将案件线索通过系统或制作《案件线索移交单》(详见附件 2)向相关部门移交,并注明主动披露情形;(三)补办其他海关手续或者由其他行政机关处理的,联系相关部门办理。”

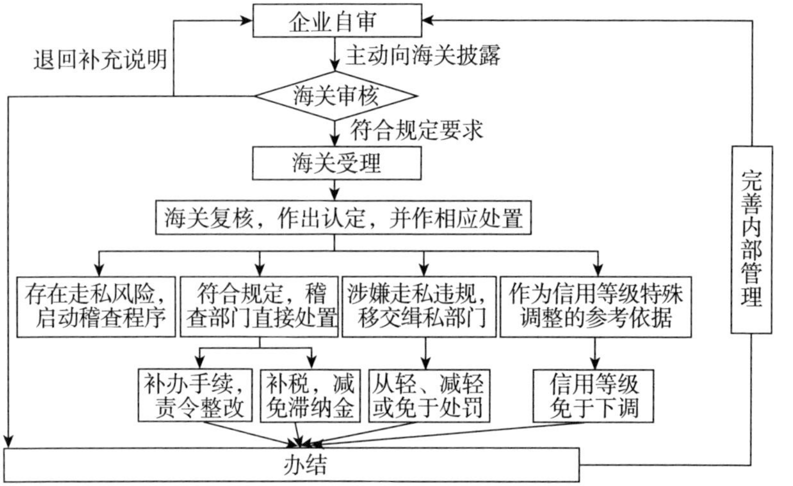

图1　主动披露程序流程

1. 企业自审

企业自审,即与进出口货物有关的企业、单位在自身经营管理过程中,通过风控部、合规部或其他内审部门,根据海关法律法规,对特定时期的全部进出口业务或者限定范围内的进出口业务,通过内部自审或者委托第三方审计机构进行自查,发现其进出口活动存在少缴、漏缴税款或者其他违反海关法律法规的行为或问题。

2. 向海关披露

企业自查发现问题后,向海关主动披露,通过纸质或者"互联网+海关"方式递交主动披露申请。企业在稽查过程中,在海关发现之前,自我披露稽查范围之外的行为或问题也视为主动披露内容。

3. 海关受理

直属海关稽查部门是主动披露的工作职能管理部门,隶属海关应指定稽查部门或者相关部门负责办理主动披露事项并设置受理、核实等岗位。海关可以受理企业通过纸质或"互联网+海关"方式递交的主动披露申请。受理岗位应接收、核对主动披露报告及附随资料。企业以纸质方式申请的,海关应当场签收主动披露报告,并注明日期;企业以“互联网＋海关”方式申请的，海关应向企业端发送电子回执。海关受理主动披露报告后，应通过海关稽核查业务管理系统判定是否存在在办稽查作业、主动披露事项是否涉及在办验估作业；如果不存在相关情况，受理岗位转交核实岗位办理。

4. 海关复核

复核可以通过对企业进行约谈、询问，或者调取数据、实地到企业勘察、书面审核等方式开展。复核岗位可以分别向直属海关关税部门以及缉私或主动披露事项行政处罚案件职能管理部门征询，是否已掌握与企业主动披露事项有关的线索。核实岗位初步认定企业适用主动披露的，作以下处理：

（1）预估少缴、漏缴税款高于500万元（含）的，转直属海关稽查部门办理；

（2）预估少缴、漏缴税款在50万元（含）至500万元之间涉及许可证管理、程序性违规等企业违反海关规定情形的，转隶属海关稽查部门办理；

（3）预估少缴、漏缴税款低于50万元的，由受理主动披露事项的海关办理。

复核岗位可以要求企业补充能够证明主动披露事项的有关账簿、单证等材料。必要时，海关可以启动稽查作业程序，开展专项稽查。

5. 海关认定和处置

稽查部门根据复核情况，对于作单独追补税处理且少缴、漏缴税款高于50万元（含）的或者涉嫌违法违规应移交缉私部门或主动披露事项行政处罚案件办理部门的，需要填制《海关稽查审核报告》。对于不需要审核的，提出相应意见，报处级领导批准。

经处级主管领导批准，核实岗位对主动披露事项作如下处置：

（1）单独追补税的，联系主动披露承办海关或相关海关税收征管岗位计核税款，并注明主动披露情形；若企业按期足额缴纳税款，可以向关税部门申请减免税款滞纳金。

（2）企业披露内容涉嫌违法违规，需移交缉私部门或主动披露事项行政处罚案件办理部门的，应自处级主管领导批准之日起3个工作日内，将案件线索通过系统或制作《案件线索移交单》向相关部门移交,并注明主动披露情形,此种情形可以从轻、减轻或者免于处罚。

(3)企业采取提供虚假情况,或隐匿、毁弃证据材料等方式致使主动披露事项严重失实或者隐瞒其他违法行为的,不再适用主动披露相关规定,办理部门应移交稽查、缉私部门或主动披露事项行政处罚案件办理部门。

(4)补办其他海关手续或者由其他行政机关处理的,联系相关部门办理。

企业主动披露被海关处罚的,可以不作为海关认定企业信用状况的记录。①

二、主动披露制度的执法疑难问题

(一)主动披露适用范围不清晰,作业部门间缺乏协调

《〈海关稽查条例〉实施办法》未限定主动披露的适用范围②。在当前主动披露制度逐渐丰富的背景下,企业为避免海关处罚给自身经营带来的不利影响,凡经自查发现违规行为的企业往往会选择向海关提请主动披露。现有的规定并未限制主动披露的适用范围,只要企业提交主动披露报告,都按主动披露程序处理。而现有的主动披露程序烦琐,办理时限长。另外,在主动披露作业流程中,稽查部门提请主动披露作业办结后,企业仍需向通关部门申请删改单。实际案例中,有的企业因申报过程中填报错误致使少缴、漏缴税款仅几百元向海关提请主动披露,出于自身经营时效的考虑急于改单,但主动披露程序烦琐耗时,企业对时效的需求与程序的复杂产生矛盾。类似这种情节轻微、危害后果小的违规行为适用主动披露程序,既增加了稽查部门的

---

① 《海关注册登记和备案企业信用管理办法》(海关总署令第251号)第37条规定:"作为企业信用状况认定依据的刑事犯罪,以司法机关相关法律文书生效时间为准进行认定。作为企业信用状况认定依据的海关行政处罚,以海关行政处罚决定书作出时间为准进行认定。作为企业信用状况认定依据的处罚金额,包括被海关处以罚款、没收违法所得或者没收货物、物品价值的金额之和。企业主动披露且被海关处以警告或者海关总署规定数额以下罚款的行为,不作为海关认定企业信用状况的记录。"

② 《〈海关稽查条例〉实施办法》第25条规定,进出口企业、单位主动向海关书面报告其违反海关监管规定的行为并接受海关处理的,海关可以认定有关企业、单位主动披露。

作业负担,又难以满足企业对改单的时效要求。

此外,在当前通关一体化的背景下,企业的申报、通关行为往往会跨关区间进行,但是根据《海关稽查操作规程》第 42 条的规定①,稽查人员进行线索征询受限于本关区内。若企业就其自查违规行为向海关提请主动披露,但其违规线索已被其他海关在作业时掌握,而征询违法违规线索只限于本关区,稽查人员就无法充分掌握线索,可能会出现对主动披露事实认定的误判。

(二)事实清楚、证据充分的主动披露作业缺少简易程序

主动披露现有一般程序烦琐,办理时限长,主动披露作业流程如图 2 所示:

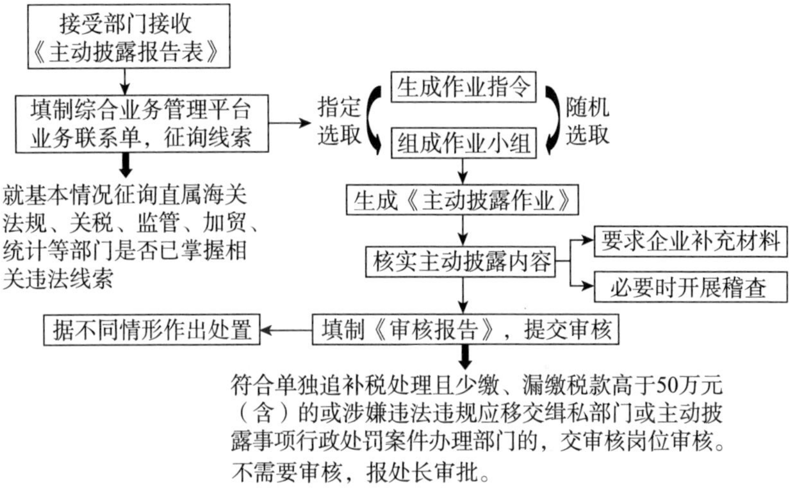

图 2　主动披露作业流程

现阶段主动披露作业大多以单独追补税处理,其中征询相关部门

---

① 《海关稽查操作规程》(署稽发〔2017〕52 号)第 42 条规定:"稽查人员签收后,应当填制综合业务管理平台业务联系单,列明进出口企业、单位披露事项的基本情况,征询直属海关法规、关税、加贸、统计、风险、企管、缉私、督审、纪检监察等部门是否已掌握与披露事项相关的违法线索。"

是否已掌握与所披露事项相关的违法线索反馈时限为5个工作日,且税收征管岗位计核追补税款平均时限较长,加上填制《海关稽查审核报告》并审核,层层审批,按照现有一般程序,稽查人员完成一件主动披露作业需要1个月左右。对于一些事实清楚、证据充分、危害后果轻微的主动披露,若仅单一地适用一般程序会浪费执法资源,降低行政效率。而对于企业来说,受其自身经营计划的影响,往往对于此类作业的办理时效有较高的要求。因此对于此类作业,由于事实清楚、证据充分、情节简单易认定,若减少征询、审核程序,可在保证合法、合理行政的前提下大大便利企业经营,提高海关执法效率。

(三)涉税违规行为与非涉税违规行为处罚力度不统一

《海关行政处罚实施条例》第15条详细规定了进出口货物申报项目未申报或申报不实的,分别依据不同情节予以处罚。① 结合《海关行政处罚案件立案数额基准规定(试行)》(署缉发〔2018〕118号)所规定的立案数额基准②,当下处理主动披露作业中对涉税违规行为与非涉

---

① 《海关行政处罚实施条例》第15条规定:"进出口货物的品名、税则号列、数量、规格、价格、贸易方式、原产地、启运地、运抵地、最终目的地或者其他应当申报的项目未申报或者申报不实的,分别依照下列规定予以处罚,有违法所得的,没收违法所得:(一)影响海关统计准确性的,予以警告或者处1000元以上1万元以下罚款;(二)影响海关监管秩序的,予以警告或者处1000以上3万元以下罚款;(三)影响国家许可证件管理的,处货物价值5%以上30%以下罚款;(四)影响国家税款征收的,处漏缴税款30%以上2倍以下罚款;(五)影响国家外汇、出口退税管理的,处申报价格10%以上50%以下罚款。"

② 《海关行政处罚案件立案数额基准规定(试行)》第4条规定:"对《规程》第九条第一款设定的有关《条例》第十五条规定的进出口货物未申报或者申报不实行为的立案数额基准,调整如下:

(一)影响海关统计准确性的误差项目所对应货物的价值或申报价格50万元以上,但对于企业自查发现并向海关主动报名的此类案件,直属海关可以结合本关区实际,制定高于50万元的立案数额基准,并应当在实施的30日前上报海关总署备案;

(二)影响海关监管秩序的货物价值5万元以上;

(三)影响国家许可证件管理的货物价值3万元以上;

(四)影响国家税款征收的货物漏缴税款数额3000元以上;

(五)影响国家外汇管理的货物申报价格3万元以上或者影响国家出口退税管理导致能多退税款3000元以上。"

税违规行为的行政处罚力度不统一。

对于涉税违规行为,2022 年第 54 号公告明确了不予处罚的标准①,分别从时间和涉税额两方面进行了规定,只要满足时间、金额或比例的标准之一即可,且金额也作了较大幅度的提高。对于非涉税违规行为,如申报不实影响海关统计、海关监管秩序,需要根据《海关行政处罚实施条例》第 15 条及《〈海关稽查条例〉实施办法》第 27 条规定的处罚标准进行处理。在这种规定下,会出现有的企业少缴、漏缴税款达 50 万元人民币,但因符合 2019 年第 161 号公告之要求而免于处罚,有的企业因影响海关监管秩序的货物价值达 5 万元却要接受海关行政处罚。诸如此类情节较为严重的涉税违规行为免于行政处罚、危害后果较小的非涉税违规行为却要接受行政处罚,会使企业的违规行为与其承担的责任明显失衡。而违规行为和责任承担不统一既会影响海关行政处罚法规的协调性,也会影响海关实施行政处罚行为的合理性,还会减少海关执法行为的正当性。

三、主动披露制度的对策研究

(一)完善法律法规及法律文书载体

1. 提高立法的权威性

提高立法层级是快速推行一项制度的有效途径,目前我国主动披露制度的法律依据不足,立法高度和细致度都不够,该项制度还在建设初期,所以加强立法是第一任务。目前,我国关于海关主动披露制度最正式的法律规定为 2016 年 10 月 1 日施行的《海关稽查条例》,属于行政法规,由国务院直接颁布和修改,没有经过立法机构的专业评估审核、严格的立法程序。可以参考而在美国,有明确具体的法规对

---

① 《关于处理主动披露涉税违规行为有关事项的公告》(海关总署 2022 年第 54 号公告):"一、进出口企业、单位主动披露涉税违规行为,有下列情形之一的,不予行政处罚:(一)自涉税违规行为发生之日起六个月内向海关主动披露的;(二)自涉税违规行为发生之日起六个月后一年以内向海关主动披露,漏缴、少缴税款占应缴纳税款比例 30%以下的,或者漏缴、少缴税款在人民币 100 万元以下的。"

自我披露进行明确,《美国联邦法规》第19篇第162.74条款19CFR 162.74详细确立了自我披露的相关规定,其具有普适性和较强的法律效力,其立法权威性很高,影响力也较大。

《海关法》是海关立法层级最高的法律,如今《海关法》修订工作正在开展,希望海关法修订组能够考虑到主动披露制度对海关监管改革的重要性,增加主动披露制度。另外,现行的《海关主动披露操作规范(试行)》(署企发〔2020〕65号)属于海关总署以公告的方式下达的内部性文件,企业对于主动披露了解的范围仅限于《海关稽查条例》第26条第2款及2022年第54号公告,建议出台统一的、标准的、对外的操作性文件,如"海关主动披露实施管理办法",从法律性文件上彻底消除企业的迷惑和误解,增加企业的信任度。

2. 限定主动披露适用范围、建立主动披露简易程序

一是限定适用范围,设立部门职能清单。建议针对企业通关过程中的违规行为,就情节后果、危害大小,给通关部门及稽查部门制定职能清单,进行业务分流。对于涉税3000元以下,或者符合不移交缉私部门标准的非涉税违规行为不适用主动披露,企业可以通过自查向通关部门直接申请改单。

二是设立简易程序,提高行政效率。对于适用主动披露的作业,若事实清楚、证据充分,则可精简征询、审核程序,缩短作业办理时间。

3. 扩大免于行政处罚的范围,优惠措施可以先松后紧

在主动披露制度建立的前期,政策红利可以适当扩大,建议参照2022年第54号公告,出台对外公告,对非涉税违规行为免于处罚的情形予以扩大明确。当主动披露制度逐渐完善,企业对海关监管的认识趋于理性化之后,再适当考虑收紧的政策。

4. 完善文书载体

稽查部门在实际接收办理涉税主动披露作业时,需要向关税部门税收征管岗位计核追补税款,但是没有相应的法律文书载体可用,当下稽查人员办理主动披露作业核税依然沿用稽查核税文书。主动披露作业除需填制《海关稽查审核报告》的情形,无固定审批文书,纸本

档案无归档原则，相关作业还无法实现规范化管理和审批。出于依法行政的需求，建议完善相关文书载体。

（二）明确部门职能、增强部门协调

促进数据共享，增强部门协调。主动披露作业属于多部门协同作业，在办理主动披露过程中须进行多部门的线索征询，现有线索征询范围受限，难以满足办案需求，建议协调不同关区建立大数据平台对线索信息进行共享，精准把握违规线索。另外，建议增加作业后续处置反馈渠道，了解企业改单、补缴税款、移交处罚等后续处理结果。

（三）加强对企业的引导、宣传

稽查人员在实际办案过程中，发现企业对于主动披露办案流程及材料缺乏了解；由于企业《主动披露报告表》填制不规范及提交的证据材料不完整、不规范等问题，稽查部门在实际办理过程中经常与企业因沟通此类问题而占用大量办案期间，这既降低了执法效率又增添企业负担，建议通过网络、展示文板等方式普及、宣传披露作业的流程、填制规范、常见自查违规行为所需证据材料，加强对企业规范主动披露的引导。

Thoughts on the System of Customs Voluntary Disclosure

LIU Dan

[Abstract] On June 30, 2022, the General Administration of Customs issued the notice on handling matters related to the voluntary disclosure of tax-related violations (Notice No. 54, 2022, GACC), which provides for a new way and standard for the voluntarily disclosing tax-related violations. Taking Notice No. 54, 2022 the starting point, this paper investigates the voluntary disclosure system from different aspects by introducing the background and relevant concepts and interpreting the provisions of the Notice, with a view to comprehensively analyzing the legal background, operation procedures, disposal suggestions and risk assessment of the voluntary disclosure system. In order to help the customs improve the system, the paper also puts forward ideas and countermeasures for operational reform and for stabilizing foreign trade and improving its quality and efficiency.

[**Key words**] audit; voluntary disclosure; tax-related violations

海关行政处罚种类与设定研究

闫振国　徐　璐*

[摘　要]　新修订的《行政处罚法》增加了行政处罚定义条款,丰富了行政处罚种类,为实践中判定某一行政行为的法律属性和类别提供了标准。从《行政处罚法》种类完善背景出发,在梳理现行法律体系下海关行政处罚种类的基础上,以新《行政处罚法》中行政处罚定义所确定的实质性判别标准,对企业信用等级调整、收缴、责令、在海关监管下销毁或技术处理、暂停接受进口申报、禁止从事报关活动等行为的法律属性进行辨析,并对构建完备的海关行政处罚设定机制提出建议。

[关键词]　海关;行政处罚;种类;设定

2021年7月15日,新修正的《行政处罚法》正式施行,对行政处罚概念的明确和对行政处罚种类的丰富是此次修订的重要内容。具体到海关行政处罚领域,在新《行政处罚法》出台前,对于"收缴""责令退运"等行为是否属于行政处罚以及属于哪一种类长期存在争议,新《行政处罚法》出台后,对于"降低企业信用等级"等行为是否属于法律规定的"降低资质等级",理论界和实务界也进行了热烈讨论。对于一行为法律性质及种类的判定,是保障相关行为依法依规实施的前

* 闫振国,青岛海关隶属青岛大港海关法制一科副科长、二级主办,公职律师;徐璐,青岛海关法规处复议应诉科科长,公职律师。

提。基于此,笔者从行政处罚种类完善的背景出发,在相对系统梳理现行法律体系下海关行政处罚种类的基础上,以新法中行政处罚定义所确定的判别标准,对企业信用等级调整、收缴、责令、在海关监管下销毁或技术处理、暂停接受进口申报、禁止从事报关活动等行为的法律属性进行审视,并对构建完备的海关行政处罚设定机制提出建议,以期对贯彻新《行政处罚法》工作有所裨益。

一、新《行政处罚法》对处罚种类的规定

(一)新《行政处罚法》完善行政处罚种类的背景

1996 年《行政处罚法》虽然未给行政处罚下一个明确的定义,但学界认为行政处罚的内涵已贯穿于整部法律之中,从该法第 3 条的规定可以得出:行政处罚是行政机关依法对违反行政管理秩序,而尚未构成犯罪的公民、法人或其他组织,所实施的一种惩戒行为。近年来,随着行政管理实践中各类新型负担性管理措施的不断出现,关于何为行政处罚行为、某一行为是否属于行政处罚行为的争议不断。最高人民法院法官撰文指出,司法实践中,行政处罚类案件数量一直以来在各类行政案件中占比最高,对某一行为是否属于行政处罚的识别,是审判实践中面临的首要难题,经常引发争议。而基于行政处罚行为识别结果的不同,又可能引发是否应适用《行政处罚法》关于处罚程序和相对人陈述、申辩权利保障等规定的争论。① 因此,明晰行政处罚概念并法定化的呼声越来越高。

1996 年《行政处罚法》第 8 条通过列举的形式,明确了行政处罚的种类包括:警告;罚款;没收违法所得、没收非法财物;责令停产停业;暂扣或者吊销许可证、暂扣或者吊销执照;行政拘留;法律、行政法规规定的其他行政处罚。同时第 9 ~ 14 条明确了行政处罚的设定权,体现了对行政处罚设定较为严格的规制,这对当时控制行政处罚设定乱

① 参见耿宝建:《行政处罚案件司法审查的数据变化与疑难问题》,载《行政法学研究》2017 年第 3 期。

象、规范行政处罚行为起到了积极作用。但经过20多年的发展,我国经济、社会已发生深刻变化,尤其是随着市场经济的深入,社会利益格局的组合日益复杂,诸如“黑名单”“联合惩戒”等新型管理手段层出不穷,它们更加符合信息时代和信用社会的治理需求,却因为法律关于行政处罚较为严格的设定权而难以及时得到“法的认可”,阻滞了行政处罚种类的更新,《行政处罚法》逐步表现出一定程度的不适。一方面,处罚种类衔接不足导致难以形成有机的管理体系,造成对违法行为查处的疏漏;另一方面,新型制裁手段自身法律性质模糊,给行政机关通过创设措施扩大自身权力带来一定空间,而实施不当可能会影响行政相对人正常的生产经营。因此,行政处罚的种类亟须整合和规范。

(二)新《行政处罚法》对行政处罚种类的规定

为回应执法实践和理论中亟须解决的难点问题,新《行政处罚法》从增设概念条款、丰富分类条款、完善设定原则三方面构建了更加科学合理的行政处罚种类体系:概念条款明确了行政处罚的本质,起到统摄作用;分类条款明确具体种类规则,具有类型划分和概括指向功能;设定权条款扩展了行政处罚的设定空间,也有效防止了滥设行政处罚种类。

新《行政处罚法》第2条明确了行政处罚的定义,即“行政处罚是指行政机关依法对违反行政管理秩序的公民、法人或者其他组织,以减损权益或者增加义务的方式予以惩戒的行为”。行政处罚定义“实施机关是行政机关”“实施对象是违反行政管理秩序的违法行为”“实施方式是减损权益或者增加义务”“以惩戒为目的、具有制裁性”等方面的特征,是行政处罚的实质性判别标准。

新《行政处罚法》第9条明确了行政处罚的种类包括:警告、通报批评;罚款、没收违法所得、没收非法财物;暂扣许可证件、降低资质等级、吊销许可证件;限制开展生产经营活动、责令停产停业、责令关闭、限制从业;行政拘留;法律、行政法规规定的其他行政处罚。相比修正前的规定,新《行政处罚法》增加了“通报批评”“降低资质等级”“限制开展生产经营活动”“责令关闭、限制从业”等种类规定,按照“警示罚”“财产罚”“资格罚”“行为罚”“人身罚”五种类型对实践中常见的行政处罚种类进行了明确规定,同时保留了兜底条款。

新《行政处罚法》第10~16条在原有的设定原则基础上,赋予行政法规、地方性法规对上位法未对违法行为作出行政处罚规定的,为实施上位法,可以补充设定行政处罚的权力。同时,明确了拟补充设定行政处罚的程序规定,既增加行政处罚种类灵活性,又实现限制种类创设权滥用的控权目的。

二、海关行政处罚种类

根据新《行政处罚法》以及海关涉及行政处罚相关法律、行政法规、部门规章的规定,海关行政处罚主要分为以下几类。

(一)警告

海关行政处罚领域对于一些违法行为较轻、危害程度不大的行为设定了警告处罚。如《海关法》第87条规定:“海关准予从事有关业务的企业,违反本法有关规定的,由海关责令改正,可以给予警告……”《海关行政处罚实施条例》第15条、第19条、第21~23条、第26条对申报不实影响统计、影响海关监管秩序、进出境物品违规、运输工具违规等共计6类违规行为设定了警告处罚。在检验检疫行政处罚领域,《国境卫生检疫法》及其实施细则对“逃避检疫,向国境卫生检疫机关隐瞒真实情况的”,以及“入境的人员未经国境卫生检疫机关许可,擅自上下交通工具,或者装卸行李、货物、邮包等物品,不听劝阻的”等5类违法行为设定了警告处罚;《进出口商品检验法实施条例》对擅自调换样品或检验合格进出口商品行为设定了警告处罚。此外,在涉及企业管理、保税仓库管理、监管运输企业人员管理、免税商店管理以及卫生检疫、动植物检疫、食品安全等部门规章中,也规定了警告处罚。

(二)罚款

罚款在海关行政处罚相关条款规定中占比最大,据统计,“在《海关行政处罚实施条例》设定的有关行政法律责任条文中,涉及罚款的条文所占比重已经达到84%”,[1]几乎涵盖了对绝大部分原海关走私、违规行为的处罚,如对走私国家禁止进出口的货物,进出口货物申报不实,擅自处置海关监管货物等常见的走私、违规行为的处罚。青岛海关官方网站发布的《行政处罚、行政强制事项事前公开清单》,全部80项检验检疫行政处罚,其中直接或通过准用性条款明确适用罚款处罚的77项,几乎涵盖了所有涉检验检疫类违法行为的处罚。

(三)没收

根据《海关行政处罚实施条例》的规定,设置没收处罚种类的条款共计12条,主要包括没收走私货物、物品,没收用于走私的运输工具或者用于掩护走私的货物、物品,没收藏匿走私货物、物品的特制设备、夹层、暗格,没收禁止进出境的物品,没收违法所得,没收侵权货物等。检验检疫行政处罚领域,没收处罚主要设置在《进出口商品检验法》及其实施条例。另外,在《认证认可条例》《危险化学品安全管理条例》《进出口货物原产地条例》《国务院关于加强食品等产品安全监督管理的特别规定》《进出口乳品检验检疫监督管理办法》等规定中也设置了部分没收处罚条款,主要没收对象为违法所得,有关产品,以及用于违法生产的工具、设备、原材料等物品。

(四)暂扣或者吊销许可证件

2021年修订前的《海关法》对报关企业以及特定的海关监管企业规定有撤销注册登记处罚,《海关行政处罚实施条例》《海关稽查条例》《海关事务担保条例》均设置了撤销注册登记处罚方式。[2] 检验检疫行政处罚领域规定了为数不少的吊销类处罚,如《进出口商品检验法实施条例》(2019年修订)第49条和第54条规定的“吊销其卫生注册登记证书”“吊销其检验鉴定资格证书”,《进出口商品数量重量检验鉴定管理办法》第29条规定的“吊销其检验鉴定资格证书”,《出境

---

① 王丽英:《海关行政处罚研究》,复旦大学出版社2017年版,第31页。

② 2021年4月29日,第十三届全国人大常委会第二十八次会议通过《海关法》的修正,将报关企业办理报关手续“必须依法经海关注册登记”变更为“应当依法向海关备案”。目前,海关法律体系中涉及报关企业注册登记的资格罚已经取消。

水生动物检验检疫监督管理办法》第42条规定的“吊销其注册登记证书”,《进出口乳品检验检疫监督管理办法》第47条规定的“吊销许可证”等。另外,《进出境动植物检疫法实施条例》第61条规定了“注销注册登记”,《进出境非食用动物产品检验检疫监督管理办法》第16条规定了“撤销其注册登记”等资格类处罚。①

(五)限制开展经营活动、责令停产停业、限制从业

《海关法》第87条对违反有关规定的企业明确了“暂停其从事有关业务”的总括性规定,《海关行政处罚实施条例》第17条、第26条、第28条在《海关法》的基础上细化明确了“……暂停其6个月以内从事报关活动或有关业务、禁止其从事报关活动”的相关规定。检验检疫行政处罚领域,如《进出口商品检验法实施条例》第55规定了“……可以暂停其6个月以内代理报检业务”,第54条以及《进出口商品数量重量检验鉴定管理办法》第29条第2款均规定了“……可以暂停其6个月以内检验鉴定业务”,《危险化学品安全管理条例》对销售未经检验或者经检验不合格的危险化学品包装物、容器行为且拒不改正的,规定了“责令停产停业整顿”。

(六)行政拘留

行政拘留的实施主体主要是公安机关和国家安全机关,其他国家行政机关无相关权力。对于海关而言,《海关行政处罚实施条例》第6条第1款规定:“抗拒、阻碍海关侦查走私犯罪公安机构依法执行职务的,由设在直属海关、隶属海关的海关侦查走私犯罪公安机构依照治安管理处罚的有关规定给予处罚”,赋予了海关侦查走私犯罪公安机构治安管理处罚权。按照《治安管理处罚法》,公安机关有权对阻碍国家机关工作人员依法执行职务等行为实施行政拘留。因此,理论上来讲,在特定情形下,海关缉私部门可以依法适用行政拘留。

(七)法律、行政法规规定的其他行政处罚

除以上处罚种类外,海关执法实践中还经常适用一些其他行政处

---

① 由于近年来行政审批制度改革不断深化,如检验鉴定资格审批、出口食品生产企业备案等均不作为行政许可项目,相关规定中涉及的部分资格罚也自然取消。

罚方式。有观点认为“按照行政处罚的行政性、具体性、外部性、惩戒性、可诉性、最终性等特点考量,《海关法》《海关行政处罚实施条例》中存在的诸如责令拆毁、责令退运、不予放行、在海关监管下销毁、在海关监管下技术处理、不得重新注册登记为报关企业和取得报关从业资格证书、取缔、通知阻止出境等均属于‘其他行政处罚’”。[①] 对于其中部分行为的处罚属性值得进一步商榷,笔者将在下文详述。

三、部分海关行政行为性质及种类辨析

行政行为法律性质及种类的准确判定,是保障该行为依法依规实施的前提。而在新《行政处罚法》实施前后,对于部分海关行政行为是否属于行政处罚,以及其行政处罚的种类归属一直存有争议,下文将以行政处罚的定义和特征为标准,对有代表性的部分行为法律属性和种类作简要辨析。

(一)企业信用等级调整

新《行政处罚法》第 9 条第 3 项新增了“降低资质等级”这一行政处罚种类,对于海关企业信用管理领域的“企业信用等级调整”是否属于此类行政处罚存在不同观点,目前相关讨论和研究主要集中在下调或降低企业信用等级方面。对此,有观点认为“尽管情感上更希望把企业信用管理属性作为一种行政管理措施看待,但不能直接断言不属于《行政处罚法》的‘降低资质等级’。如果只有海关坚持认为下调信用等级只是管理措施趋于严格而不是降低资质等级,在行政诉讼时可能很难取得企业和人民法院理解和支持,这有待于司法实践的检验”。[②] 也有观点认为“从立法本意来讲,海关将企业信用等级因走私违规而降为失信等级,完全符合《行政处罚法》第 2 条‘行政处罚是指行政机关依法对违反行政管理秩序的公民、法人或者其他组织,以减

---

① 王丽英:《海关行政处罚研究》,复旦大学出版社 2017 年版,第 52 页。

② 陈淑国:《海关下调企业信用管理等级是否属于降低资质等级——新〈行政处罚法〉学习体会之三》,载海关总署政策法规司管理网法治论坛。

损权益或者增加义务的方式予以惩戒的行为’的定义,《行政处罚法》第9条规定的‘降低资质等级’也是泛指的,广义的,并不局限于某个行业。特别是海关企业信用降级条件中的前2条,企业因走私违法被降级,完全是行政处罚直接产生的后果,是一个违法行为产生的两个处罚结果。因此,有理由认为海关因企业走私违规而将企业信用降为失信等级是符合《行政处罚法》第9条规定的‘降低资质等级’处罚种类”。[①] 讨论海关企业信用管理领域与行政处罚的关系,有两方面问题无法绕开,即“下调企业信用等级”和“企业被认定为失信企业”,下面分别阐述。

第一,单纯下调企业信用等级属于海关管理措施的正常调整,而非“降低资质等级”种类的行政处罚。理由如下:就法律解释的角度而言,虽然目前未见国家机关的正式法定解释,但按照狭义的文义解释方法,“资质等级”更侧重于对某种资格、能力的认证等级,而“信用等级”更侧重于对企业信用状况的分类等级,两者就其字面含义而言不能直接画等号。那么,是否可以按照扩大解释的方法把“下调企业信用等级”解释为属于“降低资质等级”呢?笔者认为,仍然不宜得出此种结论。适用扩大解释的前提一般是“法律条文的字面含义显然比立法原意为窄时,作出比字面含义为广的解释”,[②]目前并无理由认为“降低资质等级”的字面含义比立法原意更窄。而且,按照体系解释的方法,从前后文关系来看,本项共列举三种行政处罚,其中暂扣或者吊销许可证件均与行政相对人事先取得的行政许可相对应,联系前述“资质等级”的含义,更容易得出“暂扣许可证件、降低资质等级、吊销许可证件属于资格罚”[③],所列行政处罚与当事人事先取得的行政许可相关的结论。“降低资质等级”在《建筑法》《城乡规划法》《建设工程

① 朱峰:《与时俱进,规范权力,执法为民——浅谈〈行政处罚法〉修改对海关行政执法的影响》,载《海关研究》2021年第2期。

② 舒国滢主编:《法理学导论》(第2版),北京大学出版社2012年版,第234页。

③ 江必新、夏道虎主编:《中华人民共和国行政处罚法条文解读与法律适用》,中国法制出版社2021年版,第27页。

质量管理条例》《地图管理条例》等法律法规中已存在明确规定，行政执法实践中也比较常用，“实际是对《建筑法》等法律、法规既有规定的吸收”。[①] 但海关企业信用等级调整并非对企业获取的某种行政许可的调整或者剥夺，未剥夺企业从事进出口业务的资格或其他天然权利，只是对于查验率、通关便利、企业稽核查次数等方面实施的差别化监管措施，主要是不赋予行政保留的特别权利，“行政主体有权根据被监管对象的情况，酌情调整检查对象、检查力度、检查频次。对失信人加强监管，只是行政主体单方在监管重点方面的调整，目的是加强对违法高危主体的关注，既非惩罚，也非制裁，不能归于行政处罚”。[②] 因此，单纯下调企业信用等级不属于新《行政处罚法》规定的行政处罚资格罚。

第二，企业因违法违规被认定为失信企业并公示具有行政处罚行为特征。根据现行《海关注册登记和备案企业信用管理办法》及相关规定，海关根据企业信用状况将企业划分为高级认证企业、常规企业和失信企业三个等级。对于企业被认定为失信企业的，海关除了在监管过程中适用更加严苛的管理措施，还在互联网中的海关企业信用信息公示平台等向社会公示。这种把企业认定为“失信企业”并进行公示的行为与常见的行政机关公布“黑名单”行为类似，在社会信用体系不断健全的今天，会对相关企业产生强大的道德和舆论压力，势必在一定范围内影响或者减损企业的名誉、信誉等精神性的利益。《海关注册登记和备案企业信用管理办法》关于“诚信守法便利、失信违法惩戒”原则的表述，也一定程度上体现出相关行为的“惩戒性”特点。而且，如果将此类行为与“警告”处罚相比，比较容易得出，由于单纯的“警告”行为，仅告知行政相对人，并不必然向社会公开，即使公开处罚决定书，其与“失信”二字对于企业信誉影响程度相比，惩戒、警示效果

① 参见江必新、夏道虎主编：《中华人民共和国行政处罚法条文解读与法律适用》，中国法制出版社 2021 年版，第 27 页。

② 张晓莹：《行政处罚视域下的失信惩戒规制》，载《行政法学研究》2019 年第 5 期。

也更弱,对当事人声誉的减损更小,因此有学者认为"'黑名单'处罚的严厉程度远远超过警告和罚款"。[①] 举轻以明重,因为企业违法、违规等而被认定为"失信企业"并予以公示的行为,具有行政处罚声誉罚、精神罚的特征。但是,由于失信企业的认定并非全部由于走私、违规等行为造成,因此,也不可以一概而论,应具体问题具体分析。

(二)收缴行为

《海关行政处罚实施条例》第62条规定了海关"收缴"这一执法措施,[②]主要针对应当依法没收相关货物、物品、违法所得、运输工具、特制设备等,但因当事人无法查清、死亡或终止等特殊原因导致海关无法实施没收行政处罚的情形。长期以来,对于收缴的法律性质一直存在较大争议,有观点认为"海关收缴是一种强制性的具体行政行为,但不属于行政处罚……不适用行政处罚的有关实施程序"[③];也有观点认为"……'收缴'具有与没收相同的特征,是一种行政处罚"[④];还有观点认为"此类海关'收缴'行为由于其适用情形不同,因而对其属性的判断与认定也应依'情势'而区别"[⑤];另有观点认为"海关收缴是指海关依法对违法行为人持有的非法财物、违法所得收回并缴到海关并进行处置的行政强制执行措施"[⑥],由于海关收缴永久剥夺了相对人财物的所有权,表面看类似"没收",但有阻却适用行政处罚的条件,所以通过创设"收缴"措施来代替,如果归入行政处罚,就出现对不能适用行

---

① 参见胡建淼:《"黑名单"管理制度——行政机关实施"黑名单"是一种行政处罚》,载《人民法治》2017年第5期。

② 《海关行政处罚实施条例》第61条第1款也有"收缴罚款"相关表述,但非本文讨论的内容。

③ 海关总署政策法规司编:《〈中华人民共和国海关行政处罚实施条例〉释义》,中国海关出版社2007年版,第213页。

④ 吕友臣主编:《海关行政处罚案件的理论和实践》,海天出版社2017年版,第270页。

⑤ 杨解君:《行政处罚方式的定性、选择与转换——以海关"收缴"为例的分析》,载《行政法学研究》2019年第5期。

⑥ 王丽英:《海关行政处罚研究》,复旦大学出版社2017年版,第39页。

政处罚的人或条件下实施行政处罚，存在逻辑上的悖论或不合法。①

实践中争议最大的当属，按照《海关行政处罚实施条例》第 62 条第 1 款第 2 项之规定对“携带数量零星的国家禁止进出境的物品进出境，依法可以不予行政处罚的”情况下对相关物品的收缴，这是因为《海关行政处罚实施条例》在第 20 条已经对与“携带数量零星的国家禁止进出境的物品进出境”基本相同的行为，即“运输、携带、邮寄国家禁止进出境的物品进出境，未向海关申报但没有以藏匿、伪装等方式逃避海关监管的”行为规定了“予以没收，或者责令退回，或者在海关监管下予以销毁或者进行技术处理”的处理方式。而具体适用第 20 条，还是第 62 条，主要由物品是否“数量零星”来确定。但是“数量零星”又无明确对外的标准，需要一线执法人员根据具体情况自主判断，从而出现了一定的模糊空间，实践中也出现了对于相同的携带国家禁止进出境的物品进出境，海关适用不同处理方式的情况。对于被“收缴”物品的当事人而言，承担了和“没收”相同的被剥夺物品所有权的不利法律后果，但并未经过行政处罚程序下完善的立案、调查、审理等程序，甚至被剥夺了行政处罚程序中本来拥有的陈述、申辩、听证等权利，因此不仅不会因为没有被海关“没收”处罚而高兴，反而更容易提起相关复议、诉讼请求。因此，“收缴”制度虽然立法本意是作为行政处罚的替代措施，主要并非对相关对象进行惩戒，但是在适用于“携带禁止进出境物品进出境”行为时，其与“没收”行政处罚行为在实施主体、针对的行为、行为方式、行为对象等实体层面的界限并不清晰，程序上又相对“简陋”，容易引发争议。在新《行政处罚法》背景下，可以考虑明确其行政处罚实体属性，但在程序上纳入快速办理程序，既契合旅检一线执法实际，又能减少或避免执法争议。

（三）责令类行为

海关法律体系中规定了大量的责令类行为，主要包括《海关法》第 82 条规定的责令拆毁藏匿走私货物、物品的特制设备，第 85 条规定的

---

① 参见王丽英：《海关行政处罚研究》，复旦大学出版社 2017 年版，第 39 页。

责令补缴关税,《进出口商品检验法》第33条规定的责令停止进口或者出口,《固体废物污染环境防治法》第115条规定的责令退运,《海关行政处罚实施条例》第13条规定的责令退运,第20条规定的责令退回,第26条、28条规定的责令改正等,《进出口商品检验法实施条例》第19条规定的责令当事人销毁,第44条规定的责令停止销售、使用或者出口等等。

关于责令类行为的法律性质,在新《行政处罚法》出台前理论界和实务界已有诸多讨论。有观点将"《海关法》中的'责令'行政行为的法律属性归结为行政管理行为"[①];有观点认为"'责令'行为的法律性质是行政命令"[②];也有观点认为责令拆毁行为属于行政处罚,责令退运、责令退回行为属于行政强制措施[③];还有观点专门针对《海关行政处罚实施条例》中的"责令退运"予以论证,认为"《实施条例》第十三条规定的'责令退运'为相对人设定了将国家禁止进出口的货物退运的义务,应当视为海关责令当事人办理的一种手续,不能视为行政处罚的种类,其目的在于恢复正常的海关监管秩序"。[④]

责令行为是否属于行政处罚,不能一概而论,仍应从每个行为是否符合行政处罚的定义、特征进行判断。行政处罚的方式是减损权益或者增加义务,直接目的是惩戒。以此检视前述责令停止进口或者出口、责令补缴关税、责令退运、责令退回、责令改正等行为,发现上述行为的目的主要是纠正违法行为,消除不良后果,恢复合法状态或者正常的进出口管理秩序,而非通过减损当事人的权益或增加新的义务实施惩戒,因此,笔者倾向于认为,责令行为并非行政处罚,而是一种具

---

① 陈桃生、葛磊:《〈海关法〉中"责令"行为的法律性质分析》,载《海关执法研究》2009年第4期。

② 郭炜:《海关执法实践中"责令"行为法律性质辨析》,载《海关执法研究》2009年第9期。

③ 参见林水胜:《再议〈海关法〉、〈实施条例〉中"责令"行为法律性质——兼与葛磊、陈桃生同志商榷》,载《海关执法研究》2009年第8期。

④ 陈淑国:《关于"责令退运"的法律性质问题——〈海关行政处罚实施条例〉法律适用疑难之四》,载《海关执法研究》2009年第5期。

有强制性的具体行政行为。对于前述责令拆毁、责令销毁行为,相比责令补税、退运、退回等行为而言,在恢复合法状态的同时,客观上产生了减损当事人财产权益的结果,具备行政处罚的部分特点,但是由于这种拆毁、销毁行为其主观目的主要是阻止行为再次发生,控制风险扩大等,而非惩戒或制裁,因此仍然不宜认为属于行政处罚,但应进一步健全执法程序,赋予相对人完整的陈述申辩权。

(四)在海关监管下销毁、技术处理

《海关行政处罚实施条例》第20条规定"运输、携带、邮寄国家禁止进出境的物品进出境,未向海关申报但没有以藏匿、伪装等方式逃避海关监管的……或者在海关监管下予以销毁或者进行技术处理"。海关总署政法司编的《〈中华人民共和国海关行政处罚实施条例〉释义》一书认为,"本条情形下运输、携带、邮寄进出境的国家禁止进出境的物品,应当予以没收,或者责令退回,或者在海关监管下予以销毁,或者作其他技术处理。在何种情况下采取何种处理办法,主要视进出境物品的具体情况而定,一般情况下以没收为主,但不便没收的,就可以采取责令退回、销毁、技术处理的办法。如来自疫区的物品就必须予以销毁,生活垃圾就必须责令退回,计算机存储介质上的内容就要作技术处理"。[①] 由此可以看出,责令退回、销毁、技术处理均是不便没收时的替代措施,"没收"本身是一种比较典型的行政处罚;从法条结构来看,上述措施之间均使用了"或者"分隔,容易造成相关行为均属行政处罚的误解。

其实不然,责令退回不属于行政处罚,前文已经论述,在此不再赘述,以下从行政处罚和行政强制措施两个角度简要分析海关监管下销毁、技术处理的属性。从行政处罚特征来审视,从当事人财产权损益角度看,在海关监管下销毁、技术处理与没收并无太大不同,都产生了当事人丧失所有权的比较严重的不利后果,但是不同方式的选择主要

---

① 海关总署政策法规司编:《〈中华人民共和国海关行政处罚实施条例〉释义》,中国海关出版社2007年版,第102页。

取决于相关进出境物品自身的客观特性,是否均基于行政处罚惩戒或制裁之主观目的则很难判断。从行政强制措施特征来审视,在海关监管下销毁或者技术处理本身带有制止违法行为、避免危害发生、控制危险扩大等特点,但又与行政强制措施暂时性特点不同,属于终局性的行为,法律效果并非暂时限制相对人的权利,而是对相对人权利的处分。

综上,在海关监管下销毁、技术处理并非严格意义上的行政处罚或者行政强制措施,而是在没收行为不适宜时的一种替代措施,属于行政检查后续带有处理性决定的执行行为,由于产生了剥夺相对人所有权的客观效果,应进一步健全执法程序,赋予相对人完整的陈述、申辩等权利。

(五)暂停接受进口申报

新冠肺炎疫情发生后,海关总署发布2020年第103号公告,规定:"同一境外生产企业输华冷链食品或其包装第1次和第2次被检出新冠病毒核酸阳性的,海关分别暂停接受该企业产品进口申报1周,期满后自动恢复;同一境外生产企业先后被检出新冠病毒核酸阳性3次及以上的,海关暂停接受该企业产品进口申报4周,期满后自动恢复",此后,海关总署多次对境外进口企业采取暂停接受进口申报的措施。由于此类行为事实上限制了相关企业进口经营的权利,与限制开展生产经营活动、限制从业等行为罚具有一定的相似性,因此有关于暂停接受进口申报行为是否属于行政处罚的讨论。

由于单纯的企业输华冷链食品或者包装新冠肺炎病毒核酸检测阳性这一状态,并非违反行政管理秩序的行为,而且暂停接受企业产品进口申报,只是为了防范疫情输入风险而对相关境外企业实施,并非对企业的惩罚,不具有惩戒性特征,因此仅是一种紧急预防性措施。

(六)禁止从事报关活动

2021年4月,新修正的《海关法》将报关企业办理报关手续"必须依法经海关注册登记"变更为"应当依法向海关备案",从而取消了报关企业注册登记这一行政许可事项。同时,将第 89 条第 1 款修改为“报关企业非法代理他人报关的,由海关责令改正,处以罚款;情节严重的,禁止其从事报关活动”,实务中亦有关于禁止从事报关活动是否属于行政处罚的讨论。

虽然相关行政许可事项取消,该条因为相对人已经不再“持证”,相关条款也由“撤销其报关注册登记”变更为“禁止其从事报关活动”,而不再属于资格罚。但由于仍然是海关针对有违反报关管理秩序的行为的相对人,所作出的限制或者剥夺其从事报关活动权利、能力的制裁行为,因此,仍属于典型的行为罚。同时,由于该条将直接影响企业的生产经营利益,需要按照法律、法规规定的实体和程序条件严格适用,对于《海关行政处罚实施条例》中已经滞后的条款也应该尽快启动程序予以修订。

四、构建完备的海关行政处罚设定机制建议

(一)明确行政处罚设定权的法定要求

根据《立法法》等规定,海关总署作为具有行政管理职能的国务院直属机构,有权制定海关规章。实践中,海关亦通过代拟涉海关的法律、法规草案稿等方式,参与涉海关行政处罚的法律、行政法规制定、修订等立法工作。根据新《行政处罚法》有关规定,海关制定部门规章时具有行政处罚设定权,包括规定权和创设权(又名补充设定权),通过参与立法间接参与法律、行政法规关于涉海关行政处罚的设定。而新《行政处罚法》对于法律、行政法规、部门规章对行政处罚设定的种类、幅度等作了明确的规定和限制,海关在参与法律、行政法规立法和制定部门规章涉及设定行政处罚时,需秉持法治、审慎、严谨的理念,在规定权方面应受上位法约束,在创设权方面应受法定程序制约。

(二)完善对海关行政处罚补充设定的程序制约机制

修订前的《行政处罚法》仅在第 4 条对行政处罚设定的基本要求作了原则性规定,并未规定具体的设定程序。新《行政处罚法》第 11

条增加了对行政法规补充设定行政处罚的程序规定,明确“拟补充设定行政处罚的,应当通过听证会、论证会等形式广泛听取意见,并向制定机关作出书面说明。行政法规报送备案时,应当说明补充设定行政处罚的情况”,体现了程序上的审慎和严格把关。基于上述规定精神,海关应进一步明确对行政处罚补充设定的程序制约机制,在参与起草法律、行政法规草案,制定海关总署规章时,严格遵守听取意见、书面说明、备案等程序性规定,通过提高立法过程的民主、科学程度,确保海关行政处罚补充设定的合法必要和从严适用。

(三)健全行政处罚事后评估机制

新《行政处罚法》新增了国务院部门和省、自治区、直辖市人民政府及其有关部门对行政处罚实施立法后评估制度。为落实法律要求,确保行政处罚设置的科学合理、动态调整,海关应在客观、中立、公开、民主、科学原则的指导下健全行政处罚事后评估机制。第一,应明确评估的范围。评估应包括所有海关可以实施的行政处罚事项,即对法律、行政法规和规章设定的行政处罚事项的评估。第二,应明确评估主体。建议由海关总署统筹实施评估,可根据需要委托部分直属海关、高等院校、社会评估机构等进行部分或全部的评估工作;评估过程中应注重引导公众广泛参与,确保评估的有效性。第三,应明确评估的内容和标准。评估内容包括行政处罚事项实施的总体情况、具体执行实务和社会反应、存在的问题、实施效果分析等。评估标准主要包括合法性、合理性、协调性、适应性、操作性、实效性等。第四,应明确评估的程序和方法。程序包括制订年度评估计划方案、成立工作小组、开展调查研究、形成评估报告;评估过程中可以广泛采用调查问卷、实地考察、立法比较分析、成本效益分析等方法。第五,应明确评估结果的应用。对于经评估认为设定行政处罚事项种类、罚款数额等不适当的,及时提出修改或废止建议,推动相关法律法规规章的修订,以利于相关规定的完善和行政处罚效能的有效发挥。

A Study on the Types and Setting of Customs Administrative Punishment

YAN Zhenguo XU Lu

[**Abstract**] The definition of administrative punishment is added in the newly revised Administrative Punishment Law of the People's Republic of China, so the types of administrative punishment are enriched. Besides, the standard for judging the legal attribute and category of an administrative act in practice is also provided. On the basis of reviewing the types of customs-related administrative punishment under the current legal system, this paper starts from the background of improving the types of punishments under the Administrative Punishment Law. According to the substantive criteria determined by the definition of administrative punishment in the new Administrative Punishment Law, this paper analyzes the legal effects of various administrative acts including adjustment of enterprise credit rating, forfeiture, order for correction, destruction or technical treatment under the supervision of customs, suspension of import declaration, prohibition of engaging in customs declaration activities, etc. Finally some suggestions on the construction of a complete mechanism for setting customs-related administrative punishments are proposed.

[**Key words**] customs; administrative punishment; types; setting

海关行政处罚中的负责人集体讨论决定研究

——以行政诉讼案例为视角

陈淑国*

[摘　要]　行政处罚遵守法定程序是行政机关依法行政的基本要求。行政机关负责人集体讨论决定是《行政处罚法》规定的法定程序，既是行政机关负责人应当履行的法定职责，也是行政机关依法行政、程序合法的重要标志。在行政诉讼实践中，涉及负责人集体讨论决定的案例层出不穷。海关行政处罚过程中，如何立足海关管理体制和执法实际，对照行政审判理念标准，落实负责人集体讨论决定的法律规定，需要引起重视。

[关键词]　行政处罚；负责人；集体讨论；合法

1996年《行政处罚法》第38条第2款规定，对情节复杂或者重大违法行为给予较重的行政处罚，行政机关的负责人应当集体讨论决定。2021年新修订的《行政处罚法》第57条第2款再次重申集体讨论决定程序，但删除了"较重的"三个字。集体讨论决定程序是与一般行政处罚相区分的特殊程序，旨在更好地保障行政处罚相对人的合法权

* 陈淑国，广州海关隶属越秀海关二级高级主办。

益，规范行政机关的执法行为。何海波教授认为，在民主集中制下，行政机关的重大决策应当经过集体讨论决定。行政机关领导人集体讨论决定是民主集中制的体现。它一方面是为了集思广益，另一方面也有助于内部公开和监督，防止独断专横①。根据《行政处罚法》《海关行政处罚实施条例》《海关办理行政处罚案件程序规定》等规定，海关对情节复杂或者重大违法行为给予行政处罚应当遵守集体讨论决定程序。海关负责人什么时间针对什么情形集体讨论，参加集体讨论的负责人是哪些，以什么形式讨论，以及集体讨论负责人与案件审理委员会是什么关系等，都需要进一步厘清或者明确。

一、行政处罚集体讨论决定的意义

集体讨论决定旨在保证依法实施行政处罚，具有独特的程序价值和重要意义。

（一）集体讨论决定是行政机关负责人的法定职责

《中共中央关于全面推进依法治国若干重大问题的决定》提出："行政机关要坚持法定职责必须为、法无授权不可为。"对于案情复杂的案件或者重大违法行为案件，在作出处罚决定前通过集体讨论是负责人应当履行的法定职责，意义重大：一是更加集思广益，充分集聚负责人的群体智慧；二是更加慎重，规范约束自由裁量权，防止决策失误；三是更加客观公允，确保结果公正合理。

（二）集体讨论决定是行政处罚合法的重要程序

行政处罚是行政机关行使相应行政管理的重要手段，直接涉及相对人的权利义务。行政执法机关实施行政处罚行为必须做到事实清楚、证据确凿，适用法律正确、裁量适当，同时还应做到程序完备、合法。何海波教授认为，行政决定应当经过集体讨论却没有集体讨论，是行政决定程序的一个严重瑕疵，可能被法院作为撤销行政决定的理由。② 实践

---

① 参见何海波：《内部行政程序的法律规制》（上），载《交大法学》2012 年第 1 期。

② 参见何海波：《内部行政程序的法律规制》（上），载《交大法学》2012 年第 1 期。

中,有法官认为,“处罚决定未经负责人集体讨论而作出,属严重程序违法,应予撤销”。[①] 在德宏供电有限公司诉瑞丽市安全生产监督管理局(以下简称瑞丽市安监局)安全生产行政处罚案中,瑞丽市安监局未根据法律规定履行行政处罚集体讨论程序,是二审法院判决撤销一审判决,撤销瑞丽市安监局作出的行政处罚决定的理由之一。[②]

(三)集体讨论决定是诉争的新焦点和审判重点

在行政诉讼中,集体讨论决定程序是诉争的新焦点,行政机关负有证明责任。在杭州市西湖区方林富炒货店(委托代理人方林富)诉杭州市西湖区市场监督管理局(以下简称西湖区市监局)案中,浙江省高级人民法院认为,该案各方当事人对于行政程序的争议主要集中于作出被诉处罚决定是否经过行政机关负责人集体讨论程序,关键在于被申请人西湖区市监局提交何种证明材料,才足以完成其对被诉处罚决定已经集体讨论程序的举证责任。[③]

在行政诉讼中,对于作出较重的行政处罚,行政机关负责人没有进行集体讨论属于程序违法,予以撤销。如辽宁省高级人民法院行政裁定书载明:沈阳市规划和国土资源局浑南分局对富礼作出限期拆除建筑物即较重的行政处罚,决定之前,应当经过该单位领导集体讨论决定,但是该分局未提供其对富礼作出的处罚决定经过了本单位领导集体讨论决定的证据。因此,该分局对富礼作出的处罚决定主要证据不足,不符合法定程序。[④] 在德宏供电有限公司诉瑞丽市安监局安全生产行政处罚案中,二审法院认为,市安监局未根据法律规定履行行政处罚事先告知、听证告知、集体讨论等程序,同时未引用生产单位违法行为违反的具体法律规范,遂判决撤销一审判决,撤销瑞丽市安监

---

① 参见焦炜华、陈希国:《应经而未经集体讨论的行政处罚决定应予撤销》,载《人民司法(案例)》2016年第5期。

② 参见《云南省高院公布十大典型行政案例》,载搜狐网2015年7月9日,https://www.sohu.com/a/22026469_115402。

③ 参见浙江省高级人民法院行政判决书,(2019)浙行申64号。

④ 参见辽宁省高级人民法院行政判决书,(2018)辽行申507号。

局作出的行政处罚决定。①

在行政诉讼中,行政机关未在法定期限内提供证据或者未提供有效证据证明其已履行集体讨论程序,视为程序违法。例如,在李某某诉金川区农牧局行政处罚与金昌市农牧局行政复议案中,甘肃省高级人民法院认为,被诉行政处罚决定对李某某罚款717,600元,属于较重的行政处罚,应当由行政机关的负责人集体讨论决定。经调卷审查,再审申请人虽然在作出的行政处罚决定中表述"本机关负责人集体讨论后,作出如下处罚决定",但未提交集体讨论决定的证据,不能证明进行过集体讨论决定,属于行政处罚程序不当。② 又如,海南省高级人民法院认为,无偿收回国有土地使用权属于行政处罚行为,澄迈县政府未依法举证证明其在作出收地决定之前经过了行政机关负责人集体讨论决定,应认定其作出的收地行为违反法定程序。③ 再如,在某纺织公司诉某城管局行政处罚案中,南通市中级人民法院认为,市城管局在一审、二审程序中亦称经过集体讨论,其对此应当提供证据予以证明。但市城管局未能在法定期限内提供作出被诉处罚决定经过立案程序及集体讨论程序的证据,案涉处罚程序违法。④

二、负责人的范围

"负责人"作为一个"法律用语"时常出现在法律规范中,以《民法典》为例,该法多处规定了不同主体的"负责人",如第91条第3款的"社会团体法人理事长或者会长等负责人",第265条第2款的"农村集体经济组织、村民委员会或者其负责人",第504条的"法人的法定代表人或者非法人组织的负责人",第1220条的"医疗机构负责人或者授权的负责人"等。"负责人"也作为一个"管理用语"在管理领域高频出现,广泛用于党政、企业、厂矿、学校、银行保险以及其他机构等

---

① 参见何海波:《内部行政程序的法律规制》(上),载《交大法学》2012年第1期。
② 参见甘肃省高级人民法院行政判决书,(2018)甘行申206号。
③ 参见海南省高级人民法院行政判决书,(2019)琼行终535号。
④ 参见南通市中级人民法院行政判决书,(2020)苏06行终666号。

多个领域,既可以与单位相关联相搭配,又可以精确到一个部门(如财务)、分支机构,或者一个项目等具体事务,避免了直接称呼职务,具有高度概括性和普遍适用性。“某个机关负责人”或者“机关内设部门负责人答记者问”经常见诸报端,前者如发改委负责人、司法部负责人,后者如全国人大常委会法工委负责人、最高人民法院某审判庭负责人等。

除了《行政处罚法》外,《行政诉讼法》《行政复议法》《行政强制法》《行政许可法》等法律都有“行政机关负责人”的概念。《行政处罚法》除了规定负责人集体讨论外,还有几处出现“负责人”,如第43条第3款规定,当事人提出回避申请的,行政机关应当依法审查,由行政机关负责人决定;第56条规定,经行政机关负责人批准,可以先行登记保存;第57条规定,调查终结,行政机关负责人应当对调查结果进行审查,根据不同情况,分别作出决定。作为办理行政处罚案件的海关负责人集体讨论决定如何理解和执行问题,首先需明确负责人的范围,并把握好主要负责人与负责人的关系。

(一)负责人与主要负责人、法定代表人

1.负责人

负责人如何定义,什么范围,包括哪些人员?《行政诉讼法》第3条第3款规定,被诉行政机关负责人应当出庭应诉。《最高人民法院关于适用〈中华人民共和国行政诉讼法〉的解释》(法释〔2018〕1号)第128条第1款规定,《行政诉讼法》第3条第3款规定的行政机关负责人,包括行政机关的正职、副职负责人以及其他参与分管的负责人。《最高人民法院关于行政机关负责人出庭应诉若干问题的规定》(法释〔2020〕3号)第2条第1款在此基础上继续扩大范围,规定行政诉讼法第3条第3款规定的被诉行政机关负责人,包括行政机关的正职、副职负责人、参与分管被诉行政行为实施工作的副职级别的负责人以及其他参与分管的负责人。根据最高人民法院法官解释,该司法解释为进一步推进负责人出庭应诉工作,适度扩大负责人范围。在行政诉讼法司法解释的基础上,增加了参与分管被诉行政行为实施工作的副职级别的负责人。[①] 笔者认为,该司法解释针对行政诉讼法领域,主要解决行政诉讼中负责人的出庭应诉问题,不宜扩大到行政处罚或者其他行政执法领域。

何海波教授指出,在中国的行政体制中,行政机关负责人通常指该行政机关的首长,以及分管相应工作的副职领导人。[②] 一般认为,行政机关负责人是行政机关负责行政事务的正职负责人和副职负责人。

以直属海关为例,负责人包括哪些,有多种不同的观点,可以归纳为广义说、狭义说和折中说:广义说认为,党委班子所有成员都是负责人;狭义说认为,直属海关承担行政执法和行政管理的负责人,包括关长、副关长、缉私局局长;折中说认为,负责人包括关长、副关长、缉私局局长,也可以包括政治部主任,前提是直属海关党委明确政治部主任除了分管政治部相关部门之外,还分管综合或者业务部门。机构改革后,有的直属海关关长和党委书记不是一人兼任,有的党委委员并不同时担任该海关行政职务,如直属海关党委委员兼总署外脑机构负责人,直属海关党委委员兼任副厅级隶属海关关长等情形。行政处罚集体讨论的直属海关负责人需要进一步明确。

2. 主要负责人

我国《行政诉讼法》等法律中规定了行政机关"主要负责人"。党内法规《党政主要负责人履行推进法治建设第一责任人职责规定》也使用了该用语。"百度百科"解释"主要负责人",意指一个单位或组织主持本单位全面工作具有最高决策权并对本单位承担主要责任的单位主要领导。何海波教授认为,"行政机关主要负责人,即行政机关的首长"[③]。主要负责人就是行政首长,用更加通俗的用语讲,是指行政机关的一把手。就直属海关而言,主要负责人是指直属海关关长。

---

① 黄永维、梁凤云、章文英:《〈最高人民法院关于行政机关负责人出庭应诉若干问题的规定〉的理解与适用》,载《人民司法(应用)》2020 年第 22 期。

② 参见何海波:《内部行政程序的法律规制》(上),载《交大法学》2012 年第 1 期。

③ 参见何海波:《内部行政程序的法律规制》(上),载《交大法学》2012 年第 1 期。

3. 主要负责人与法定代表人

全国人大常委会1982年3月通过的《民事诉讼法(试行)》规定,“有诉讼权利能力的人可以作为民事诉讼的当事人”“企业事业单位、机关、团体可以作为民事诉讼的当事人。由这些单位的主要负责人作为法定代表人”。此后《最高人民法院关于贯彻执行〈中华人民共和国行政诉讼法〉若干问题的意见(试行)》(已废止)规定,“在诉讼进行中,作为原告的法人或者其他组织和作为被告的行政机关的主要负责人被更换,导致参加诉讼的法定代表人也要更换时,应向人民法院提交新的法定代表人的身份证明书,继续参加诉讼;已进行的诉讼活动对于继续参加诉讼的法定代表人具有约束力”。这一司法解释把作为原告的法人、其他组织的主要负责人和作为被告的行政机关的主要负责人,均称为“法定代表人”。①

《民法典》第61条第1款规定,依照法律或者法人章程的规定,代表法人从事民事活动的负责人,为法人的法定代表人。按照《民法典》第97条的规定,机关法人的法定代表人就是主要负责人。需要注意的是,由于主要负责人职务变动、任免等原因,可能会存在主要负责人一定时期内空缺的情况。《最高人民法院关于适用〈中华人民共和国民事诉讼法〉的解释》(法释〔2022〕11号)第50条第1款规定,法人的法定代表人以依法登记的为准,但法律另有规定的除外。依法不需要办理登记的法人,以其正职负责人为法定代表人;没有正职负责人的,以其主持工作的副职负责人为法定代表人。此时,一般由主持工作的副职负责人作为主要负责人,在民事诉讼活动中可以作为法定代表人出现,但在行政执法活动中不能称为行政机关的法定代表人。

(二)负责人集体讨论决定的人数

1. 负责人不是一人。行政机关负责人集体讨论决定,言下之意负责人不止一名。如果仅仅有一名行政机关负责人参加或者组织会议

---

① 参见冯治良:《行政被告诉讼人应称为“主要负责人”》,载《现代法学》1995年第5期。

研究行政处罚，尽管会有非负责人范围的其他人员参加，但并不符合法律规定的初衷和本意。实践中，只有一名负责人参加的行政处罚案件讨论被认定程序违法，如兴亮修船厂诉金普农业局行政处罚案中，辽宁省高级人民法院认为，根据金普农业局提供的案件讨论（会审）笔录，参加案件讨论（会审）的人员中属于单位负责人的仅有一名副局长，即是说该案并未经行政机关的负责人集体讨论决定，属于程序严重违法①。因此，既然称为“集体讨论”，应该 2 人以上，至少 2 人。

2. 负责人集体讨论决定不一定是负责人全部参加讨论。根据上述分析，参加集体讨论的负责人至少 2 人。在行政机关负责人是 3 人以上时，是否全部负责人都必须参加？从“集体”字面解释看，似乎是指全部负责人。一个行政机关的负责人全部参加讨论，自然符合法律规定。但实践中因负责人分工、工作安排等原因，要求所有负责人全部参加并不现实，而且从行政效率和成本考虑也无必要。

因此，为避免负责人未全部出席参加讨论引发不必要的争议，行政机关可以通过一定方式对参加集体讨论决定的人数予以明确。参加集体讨论的具体人数多少并不必然固化或作“一刀切”的规定，可以确定两名以上人员，每次集体讨论时根据案件具体情况相应增加分管负责人。

（三）集体讨论决定的规则

焦勇认为，决议程序是集体讨论制度的重中之重，以何种形式形成最终的讨论意见，是集体讨论制度的核心内容，也是集体讨论制度的精华所在。实践中有三种决议方式，分别是一致决定制、首长决定制和多数决定制。② 如果集体讨论实行多数决定制，在参加人数为 2 名以上负责人且为双数时，可能会出现意见不一致的情形；即便是 3 个以上的单数负责人参加，也可能会有 3 种以上不同的处理意见。如

① 参见辽宁省高级人民法院行政判决书，(2019) 辽行终 1320 号。

② 焦勇：《完善案件集体讨论制度需要重点把握的几个环节》，载《中国工商管理研究》2009 年第 5 期。

果在此情形下无法形成处理意见而搁置,或者另行研究,必然造成行政效率降低和行政成本增加。因此,应当准确把握集体讨论的内涵并对决定规则予以明确。

何海波教授认为,"(集体讨论)决定的作出通常不是由与会人员投票表决"①。关保英教授则对集体讨论和集体决定进行了区分,认为二者应当是泾渭分明的。所谓集体讨论,就是指在行政决策方案的形成过程中,行政系统中的相关人员都可以提出自己的主张,都可以对行政决策的方案"说三道四",在这个阶段大家都有充分发表意见的机会。而所谓集体决定,则是指行政决策的最后决定权不在行政首长手上,而是通过讨论和商议的机制为之。集体讨论并不等于集体决定。②

集体讨论更多是一种形式合法要求,但并不意味着由集体进行决定。而且多数表决制模式下负责人均有投票表决权,即便负责人是3人以上的单数,也存在多种不同意见而无法作出决议的可能性。因此,需要通过规则予以避免。

(四)集体讨论与行政首长负责制

孟德斯鸠指出:"因为政府这个部门几乎随时需要立即行动,所以由一个人管理优于由若干人管理。反之,隶属于立法权的事务由若干人处理往往比仅由一人处理为好。"③哈耶克指出,"欲使责任有效,责任必须是有限度的;欲使责任有效,责任还必须是个人的责任"④。行政首长执掌最终的行政决策权符合制衡的理论,学界主流意见一般认为行政首长享有最终的行政决策权。

列宁对首长负责制有过肯定的评价,"我们既需要委员会来讨论一些基本问题,也需要个人负责制和个人领导制来避免拖拉现象和推

---

① 何海波:《内部行政程序的法律规制》(上),载《交大法学》2012年第1期。

② 参见关保英:《行政决策集体讨论决定质疑》,载《求是学刊》2017年第6期。

③ [法]孟德斯鸠:《论法的精神》,张雁深译,商务印书馆1994年版。

④ [英]弗里德里希·冯·哈耶克:《自由秩序原理》(上卷),邓正来译,生活·读书·新知三联书店1997年版。

卸责任的现象"[①]。当今世界各主要国家如中国、美国、英国、日本等普遍实行行政首长负责制。我国《宪法》第 86 条第 2 款规定,国务院实行总理负责制。各部、各委员会实行部长、主任负责制。第 105 条第 2 款规定,地方各级人民政府实行省长、市长、县长、区长、乡长、镇长负责制。行政首长,即在特定行政机关内部被赋予最高行政职务以及行政级别,并对该机关范围内的事务拥有决定性作用的职位。行政首长负责制也就是在一定的行政系统中,由其正职负责人对各类行政事务作出最终决定,并且由该负责人对该项决定的不利后果承担法律责任的制度。[②] 蔡定剑教授认为,实行行政首长负责制,对加强国家管理、提高行政效率、强化首长负责有重要意义。[③] 首长负责制一方面意味着行政首长在职务范围内依法行使领导决策、管理指挥等职权,认真做好本机关担负的行政管理工作,维护公民、法人和其他组织的合法权益;另一方面意味着行政首长对本机关实施行政管理的差错或失误必须首先承担责任,不能贪功悔过。这是权力(职权)与责任相统一的具体表现。[④]

在直属海关关长参加行政处罚案件集体讨论时,是以关长的意见为准,还是按照集体表决的结果?

关保英教授认为,"从我国责任政府的宪法规定来看,任何行政决策其最后决定权都是行政首长"[⑤]。何海波教授认为,"决定的作出通常不是由与会人员投票表决。行政机关首长在听取讨论意见后,可以根据自己的判断作出决定。这是他的职责,也是他的权力。法律所要

① 《列宁全集》(第 30 卷)第 213 页。转引自张友渔:《论我国行政机关的首长负责制》,载《政治与法律》1984 年第 3 期。

② 参见井凯笛:《行政首长负责制的内涵与制度考量》,载《天津法学》2014 年第 4 期。

③ 参见蔡定剑:《行政首长负责制与政府副职产生方式》,载《法学》1989 年第 1 期。

④ 参见冯治良:《行政被告诉讼人应称为"主要负责人"》,载《现代法学》1995 年第 5 期。

⑤ 关保英:《行政决策集体讨论决定质疑》,载《求是学刊》2017 年第 6 期。

求的仅仅是集体讨论”①。王锦杰博士认为,重大行政决策的所有制度设计应当在行政首长负责制这一基本行政领导制度的逻辑下展开,无论是公众参与、集体讨论决定还是合法性审查等程序设计,都必须在服务、保障行政首长负责制这一前提下构建,否则,就可能违背我国宪法的精神。②

《法治政府建设实施纲要(2015－2020年)》规定,“18.坚持集体讨论决定”明确规定:“重大行政决策……由行政首长在集体讨论基础上作出决定。行政首长拟作出的决定与会议组成人员多数人的意见不一致的,应当在会上说明理由”。《重大行政决策程序暂行条例》第30条第1款规定:“决策草案应当经决策机关常务会议或者全体会议讨论。决策机关行政首长在集体讨论的基础上作出决定。”第2款规定:“讨论决策草案,会议组成人员应当充分发表意见,行政首长最后发表意见。行政首长拟作出的决定与会议组成人员多数人的意见不一致的,应当在会上说明理由。”《江苏省行政程序规定》第36条第1款规定,重大行政决策在集体讨论的基础上,由政府行政首长作出同意、不同意、修改、暂缓或者再次讨论的决定。《湖南省行政程序规定》第40条规定,“重大行政决策在集体审议的基础上由行政首长作出决定。行政首长可以对审议的事项作出同意、不同意、修改、暂缓或者再次审议的决定”。

参照上述规定,作为一种非常重要和关键的行政决策,海关对复杂或者重大行政处罚案件作出处理决定,在直属海关关长与其他负责人的意见不一致时,一般按照直属海关关长意见办理,除非事先集体讨论决议的规则另有规定。

三、集体讨论决定的组织形式

《海关行政处罚实施条例》第50条第2款规定,对情节复杂或者

---

① 何海波:《内部行政程序的法律规制》(上),载《交大法学》2012年第1期。

② 参见王锦杰:《重大行政决策合法性审查与行政首长负责制的冲突与弥合》,载《甘肃政法学院学报》2020年第2期。

重大违法行为给予较重的行政处罚,应当由海关案件审理委员会集体讨论决定。根据上述规定,海关总署成立了案件审理委员会,出台了工作规程。各直属海关也相应成立海关案件审理委员会,并明确审议规则,到会委员投票表决,按照多数意见形成处理意见。长期以来,各级海关案件审理委员会在对复杂或者重大行政处罚案件进行集体审议过程中发挥了重要作用。目前,各直属海关案件审理委员会有的只有一名负责人参加,有的由两名以上的负责人参加,有的直属海关关长作为海关案件审理委员会主任参加。海关办理行政处罚案件的负责人集体讨论决定,是以案件审理委员会方式,还是单设集体讨论决定方式,抑或是案件审理委员会与集体讨论决定并存?

在司法判例中,最高人民法院认为,行政机关下属职能部门负责人不能等同于行政机关负责人,即使证据符合行政诉讼证据规则的要求并在举证期限内依法提交,海口市国土局的会签讨论情况亦不能作为3号处罚决定经过海口市政府负责人集体讨论的相关证据。因此,在案证据不能证明海口市政府作出3号处罚决定前,已经机关负责人集体会议讨论通过,因而违反法定程序。海口市政府主张3号处罚决定作出程序合法,最高人民法院不予支持。一审、二审未能指出该程序问题,认定事实不清,适用法律不当,最高人民法院予以纠正。[①]

在北京快乐三六五商店诉北京市延庆区食品药品监督管理局(以下简称延庆区食药监局)行政处罚及北京市延庆区人民政府行政复议一案中,延庆区食药监局向一审法院提交的38份证据中,第35份为案件审核委员会会议纪要,证明其根据案件的复杂程度,依法进行案件审核,初步同意处罚决定意见;第37份为局长办公会会议纪要,证明在作出行政处罚决定之前经过了负责人的集体决议,处罚结果具有合法性。该局案件审核委员会类似于海关案件审理委员会,而该局采取审核委员会与集体讨论分列模式。[②]

---

① 参见最高人民法院行政判决书,(2019)最高法行再22号。

② 参见北京市第一中级人民法院行政判决书,(2018)京01行终763号。

2019年4月1日,《市场监督管理行政处罚程序暂行规定》(国家市场监督管理总局令第2号,已被国家市场监督管理总局令第42号令修正为《市场监督管理行政处罚程序规定》)施行。市场监管总局对该规定的逐条解读称,有意见认为可以以案件审理委员会形式进行负责人集体讨论。经研究,我们认为即便设立案件审理委员会,案件审理委员会也不能代替行政机关负责人集体讨论。首先,常见的案件审理委员会的人员构成是分管办案机构的部门负责人、分管法制机构的负责人、办案机构负责人、法制机构负责人和其他相关人员,人员构成是不符合《行政处罚法》关于行政机关负责人进行集体讨论决定的明确规定的。其次,即便案件审理委员会是由机关负责人组成,也是不适当的。委员会的特点之一是表决制,少数服从多数,而行政机关是首长负责制,两者之间是相互矛盾的。如果不采取表决制,那么案件审理委员会会议则和局长办公会没有实质区别,没有另行设置的必要。笔者认为,这些观点非常有道理。

《中国银保监会行政处罚办法》第5条规定:"银保监会及其派出机构实行立案调查、审理和决定相分离的行政处罚制度,设立行政处罚委员会。行政处罚委员会下设办公室,行政处罚委员会办公室设在银保监会及其派出机构的法律部门;暂未设立法律部门的,由相关部门履行其职责。"第51条规定,行政处罚委员会办公室应当自正式接收案件之日起九十日以内完成案件审理,形成审理报告提交行政处罚委员会审议。该办法第六章用5条规定了行政处罚委员会的"审议"。

综上,目前制度框架下不宜再按照原先的案件审理委员会落实集体讨论决定要求。解决方案是:一是保留案件审理委员会,保持原先议事规则不变,在案件审理委员会之外另行设立集体讨论决定会议,可以采取负责人集体讨论专题会议(或者关长办公会议)等形式,案件审理委员会会议可以作为提交集体讨论专题会议的前提和基础,也可以无须召开案件审理委员会直接提交集体讨论专题会议;二是取消案件审理委员会,直接采取集体讨论专题会议形式;三是不另设集体讨论专题会议,保留案件审理委员会,但要修改议事规则,只有参会的负责人有表决权;四是参照中国银保监会的做法,设立行政处罚委员会,由负责人组成。

四、集体讨论决定的时间节点

在行政处罚办案实践中,行政机关负责人集体讨论决定的时间节点是什么,在告知前还是告知后?如当事人有要求听证的权利,集体讨论决定在听证前还是后?告知前是否可以集体讨论,集体讨论以几次为宜?这些问题实践中存在争议。

(一)如仅进行一次集体讨论决定,应当在告知后

对于集体讨论决定程序应当设置在处罚决定告知前还是告知后,存在较大争议。国家市场监管总局对《市场监督管理行政处罚程序暂行规定》的逐条解读称,经认真研究讨论后采纳了告知后进行集体讨论的观点,一方面避免因告知后改变原处罚意见而再次进行集体讨论,简化处罚程序,提高办案效率;另一方面更加符合《行政处罚法》负责人集体讨论作出最终决定的原意。

结合上述规定,如果负责人集体讨论决定只限一次,建议在告知之后、处罚决定作出之前。

(二)集体讨论应当在听证程序后

司法案例方面,在兴亮修船厂诉金普农业局行政处罚案中,辽宁省高级人民法院认为,该案对兴亮修船厂的罚款金额为492.435万元,应当告知兴亮修船厂有要求听证的权利,并在听证结束后,才能依照《行政处罚法》(2017年修正)第38条的规定作出行政处罚。金普农业局于2018年3月28日告知兴亮修船厂听证的权利,并依兴亮修船厂的申请于2018年4月17日举行听证,但是在告知听证权利之前的2018年3月22日即已进行案件讨论(会审),并于2018年3月26日进行处罚的审批。也就是说,金普农业局在听证前即已经确定了处罚结果,其处罚决定并未考虑听证及质证的意见,金普农业局的行政行为违反了《行政处罚法》规定的先听证后处罚的法定程序,实际上剥

夺了当事人享有的听证权利,严重违反法定程序。[①] 在淮安华美整形外科门诊部有限公司(以下简称华美整形公司)诉淮安市淮阴区市场监督管理局(以下简称淮阴区市监局)案中,淮安市中级人民法院认为,被上诉人淮阴区市监局听证前集体讨论处罚内容不具有合法性。其集体讨论决定应当在听证程序结束后而非听证程序前。该案听证程序前行政机关进行集体讨论决定的处罚内容,侵害了当事人对听证程序的信赖,损害了其预期的合法性权益,将造成行政处罚听证程序形同虚设,不具有程序的合法性、正当性。该案听证结束后形成的听证报告虽载明案件需要提请局集体讨论,但被上诉人淮阴区市监局在一审举证期限内并未提交证据证明听证结束后履行了集体讨论决定程序,其行政处罚程序违法。综上,该案行政处罚应经集体讨论决定,其听证程序后未经集体讨论决定作出处罚,属于行政程序违法,应予撤销。

结合上述案例,建议集体讨论决定在听证之后。

(三)告知前集体讨论决定或者二次集体讨论决定

市场监管总局对于《市场监督管理行政处罚程序暂行规定》的逐条解读称,如果出于谨慎角度出发,对于重大复杂案件前后两次集体讨论是完全可以的。笔者持赞同意见。但《市场监管总局办公厅对行政处罚集体讨论决定程序有关问题的复函》(市监法函〔2021〕32 号)规定,如在告知前已进行集体讨论的,在当事人未提出陈述、申辩意见亦未要求举行听证的情况下,可以不再经过集体讨论。对此,笔者并不赞同。

实践中,有的地方在告知前集体讨论作出规定,如《浙江省市场监督管理行政处罚程序若干规定(试行)》第 33 条:重大、复杂或给予较重处罚的案件在告知当事人拟给予行政处罚决定前,应当经市场监督管理部门负责人集体讨论决定。告知后,当事人未提出陈述、申辩意见或者陈述、申辩依据的事实、理由、证据明显不成立的,再次组织部

---

① 参见辽宁省高级人民法院行政判决书,(2019)辽行终 1320 号。

门负责人集体讨论决定时可以简化程序或形式。

因此,为慎重起见,集体讨论决定可以在告知前先进行一次。按照集体讨论决定告知当事人后,处罚决定作出前应再进行一次集体讨论决定,即便当事人未提出陈述、申辩意见亦未要求举行听证,不建议按照市场监管总局上述文件规定办理,可以借鉴浙江省上述规定办理。

五、集体讨论决定的载体及入卷

在行政处罚办案实践中,行政机关负责人集体讨论的载体是什么?什么形式的载体能得到人民法院的认可?从司法案例来看,有多种不同的载体:

(一)集体会审(签)表、事项审批表、案件核审表

在司法判例中,最高人民法院行政判决书认为,海口市政府提交海口市国土局《重大事项集体会审(签)表》,拟证明3号处罚决定作出前已经过集体讨论。但由于该证据不属于新证据,该院不予确认。[①]在方某某诉西湖市监局案中,法院认为,西湖市监局一审时将《行政处罚有关事项审批表》和《案件核审表》盖章确认后作为证据材料提交并经质证,上述表格中明确记载被诉行政处罚已经该局案件审理委员会集体讨论。在杭州市监局作出的行政复议决定查明事实中,亦明确记载"2015年12月28日,经被申请人(西湖市监局)案件审理委员会集体讨论",二审诉讼过程中,西湖市监局亦对此作了解释与说明,故在案证据能够证明被诉行政处罚决定作出之前已经该局负责人集体讨论程序。[②]

(二)讨论记录

在最高人民法院发布的2019年度人民法院环境资源行政典型案例之四:某国际旅行卫生保健中心诉区生态环境局行政处罚及区人民

---

① 参见最高人民法院行政判决书,(2019)最高法行再22号。

② 参见浙江省高级人民法院行政判决书,(2019)浙行申64号。

政府行政复议案中,区生态环境局提交了集体讨论记录,证明区环境局已依法履行了行政处罚局长办公会讨论程序。某纺织公司诉某城管局行政处罚案,南通市中级人民法院裁判文书载明,市城管局提供的情况说明仅仅是开发区综合执法局自行盖章确认的一份自我陈述,根本不能达到证明案涉处罚经过集体讨论的目的。市城管局在一审庭审中称案涉处罚决定经过集体讨论,将于庭后提供会议记录本,但在一审审理期间直至二审中均未提供。故根据在案证据不能证明案涉处罚决定在作出前已经负责人集体会议通过。综上,一审法院对市城管局在庭审后提交的立案审批表及情况说明予以采信,并据此认定"案涉处罚在作出前经过开发区综合执法局集体讨论"当属认定事实不清①。南通市中级人民法院认为,一般情况下,行政机关提供行政处罚案件单位负责人讨论记录、会议纪要等书面证据,方可对集体讨论程序予以证明。

(三)会议纪要

在北京快乐三六五商店诉延庆区食药监局行政处罚及延庆区人民政府行政复议一案中,延庆区食药监局向一审法院提交的38份证据中,第37份为局长办公会会议纪要,证明在作出行政处罚决定之前经过了负责人的集体决议,处罚结果具有合法性。②

(四)笔录

在湖北省人民检察院汉江分院抗诉的陈志锦与仙桃市文化广播电视新闻出版局文化行政处罚行政诉讼案中,抗诉理由之一是被告违反《行政处罚法》第38条第2款规定的行政处罚程序,在作出吊销许可证这一较重的行政处罚时,因未提交负责人集体讨论笔录,应视为处罚程序违法,即没有经过负责人的集体讨论决定。湖北省仙桃市人民法院再审后的行政判决书认为,法律规定行政机关在作出重大行政处罚前应当经行政机关负责人集体讨论,但没有规定集体讨论的具体

---

① 参见南通市中级人民法院行政判决书,(2020)苏06行终666号。

② 参见北京市第一中级人民法院行政判决书,(2018)京01行终763号。

方式必须有专门的笔录。①

行政处罚案件负责人集体讨论的载体以何种形式存在，法律、行政法规并未规定，也无特别要求，多数规章模糊处理。如《环境行政处罚办法》（环境保护部令第8号，自2010年3月1日起施行）第52条第2款规定，集体审议过程应当予以记录；《互联网信息内容管理行政执法程序规定》（国家互联网信息办公室令第2号，自2017年6月1日起施行）第38条第1款规定，集体讨论决定的过程应当有书面记录；《医疗保障行政处罚程序暂行规定》（国家医疗保障局令第4号，自2021年7月15日起施行）第44条第2款规定，集体讨论应当形成讨论记录。《浙江省市场监督管理行政处罚程序若干规定（试行）》第34条规定，集体讨论应当有书面记录。

海关现有规定并未明确集体讨论的载体。因此，一般情况下，海关可以提供行政处罚案件单位负责人集体讨论笔录、会议纪要，当然也可以用《重大事项集体会审（签）表》《行政处罚有关事项审批表》《案件核审表》等书面证据证明。需要注意的是，在相关书面证据上签字的负责人必须与参加集体讨论的负责人对应一致，避免出现未参加集体讨论的负责人签字、参与讨论的负责人未签字等情形，导致证据证明力丧失，引发人们对海关执法公信力的质疑。

此外，关于入正卷还是副卷问题，现行有些规章制度一般规定入副卷。如《环境行政处罚办法》第69条第2款规定，集体审议记录作为副卷材料入卷；《旅游行政处罚办法》第70条规定，集体讨论材料、涉密文件等内部程序的材料立副卷；《浙江省市场监督管理行政处罚程序若干规定（试行）》第34条规定，案件办结后，办案机构应将集体讨论记录存入行政处罚案卷副卷。考虑到集体讨论记录并不仅仅是内部决策的记载，还要作为证明海关行政执法程序合法的关键证据；并非仅仅作为内部文书存在，并可能在法庭上被举证质证，因此，放在行政处罚案卷副卷不妥，应放在正卷中。

---

① 参见湖北省仙桃市人民法院行政判决书，（2009）仙行再字第01号。

六、集体讨论决定的范围

《海关办理行政处罚案件程序规定》第72条规定:“对情节复杂或者重大违法行为给予行政处罚,应当由海关负责人集体讨论决定。”根据《行政处罚法》第57条的规定,对情节复杂或者重大违法行为给予行政处罚,行政机关负责人应当集体讨论决定,是部门规章和地方性法规、规章共同的特点,如《烟草专卖行政处罚程序规定》(工业和信息化部令第12号,自2010年5月1日起施行)、《互联网信息内容管理行政执法程序规定》第38条第1款、《市场监督管理行政处罚程序规定》第60条第2款、《专利行政执法办法》第34条、《著作权行政处罚实施办法》第29条第2款、《浙江省市场监督管理行政处罚程序若干规定(试行)》第33条。但也有个别规章规定除简易程序外,作出处理决定应当经集体审议,如《国家外汇管理局行政处罚办法》第49条。在行政处罚办案实践中,除了上述情形,行政机关负责人集体讨论决定的范围还有哪些?目前部分部门规章、地方性法规、规章和其他规范性文件还规定了负责人集体讨论的其他情形,为海关负责人集体讨论决定提供了有益参考。

(一)对行政处罚案件情形予以规定

1. 列明抽象规定,或者列明抽象规定加具体条件

如《交通运输行政执法程序规定》第73条规定,应当提交执法部门重大案件集体讨论会议决定的行政处罚案件包括:(1)拟作出吊销许可证件、责令停产停业、较大数额罚款等的;(2)认定事实和证据争议较大的,适用的法律、法规和规章有较大异议的,违法行为较恶劣或者危害较大的,或者复杂、疑难案件的执法管辖区域不明确或有争议的;(3)对情节复杂或者重大违法行为给予较重的行政处罚的其他情形。又如,《农业行政处罚程序规定》(农业农村部令2021年第4号)第55条规定,应当由农业行政处罚机关负责人集体讨论决定的行政处罚案件包括:(1)符合本规定第59条所规定的听证条件,且申请人申请听证的案件;(2)案情复杂或者有重大社会影响的案件;(3)有重

大违法行为需要给予较重行政处罚的案件;(4)农业行政处罚机关负责人认为应当提交集体讨论的其他案件。再如,《市场监督管理行政处罚程序规定》第60条第2款规定,对本规定第50条第1款规定的案件,拟给予行政处罚的,应当由市场监督管理部门负责人集体讨论决定;第50条第1款规定的案件包括:(1)涉及重大公共利益的;(2)直接关系当事人或者第三人重大权益,经过听证程序的;(3)案件情况疑难复杂、涉及多个法律关系的;(4)法律、法规规定应当进行法制审核的其他情形。以及《医疗保障行政处罚程序暂行规定》第44条第1款规定,应当由医疗保障行政部门负责人集体讨论决定的案件包括:(1)涉及重大安全问题或者有重大社会影响的案件;(2)调查处理意见与法制审核意见存在重大分歧的案件;(3)医疗保障行政部门负责人认为应当提交集体讨论的其他案件。

2. 列明行政处罚具体种类或者具体罚款幅度

例如,《旅游行政处罚办法》第50条第3款规定,对情节复杂的案件或者因重大违法行为给予公民3万元以上罚款、法人或者其他组织20万元以上罚款,取消出国(境)旅游业务经营资格,责令停业整顿,吊销旅行社业务经营许可证、导游证、领队证等行政处罚的,旅游主管部门负责人应当集体讨论决定。《安全生产违法行为行政处罚办法》第29条第3款规定,对严重安全生产违法行为给予责令停产停业整顿、责令停产停业、责令停止建设、责令停止施工、吊销有关许可证、撤销有关执业资格或者岗位证书、5万元以上罚款、没收违法所得、没收非法开采的煤炭产品或者采掘设备价值5万元以上的行政处罚的,应当由安全监管监察部门的负责人集体讨论决定。

(二)主要负责人或者负责人的回避

1. 主要负责人的回避

《农业行政处罚程序规定》第5条第2款规定,农业行政处罚机关主要负责人的回避,由该机关负责人集体讨论决定。《市场监督管理行政处罚程序规定》第4条第2款规定,市场监督管理部门主要负责人的回避,由市场监督管理部门负责人集体讨论决定。《医疗保障行政处罚程序暂行规定》第5条第3款规定,医疗保障行政部门主要负责人的回避,由医疗保障行政部门负责人集体讨论决定。

2. 负责人的回避

《安全生产违法行为行政处罚办法》第24条第3款规定,进行调查的安全监管监察部门负责人的回避,由该部门负责人集体讨论决定。

(三)延长办案期限

《海关办理行政处罚案件程序规定》第76条第1款规定,直属海关负责人集体讨论决定是否继续延长办案期限。《医疗保障行政处罚程序暂行规定》第45条第3款分别规定,案情特别复杂或者有其他特殊情况,经延期仍不能作出处理决定的,应当由医疗保障行政部门负责人集体讨论决定是否继续延期。

(四)变通适用裁量基准

《浙江省市场监督管理行政处罚程序若干规定(试行)》第6条第2款规定,上级市场监督管理部门或本单位已经出台相关行政处罚裁量基准的,实施行政处罚应符合该裁量基准的规定。在个案查处中适用裁量基准可能导致行政处罚过罚明显不当的,可以变通适用裁量基准,但应当经部门负责人集体讨论决定,并充分说明理由。

(五)法制机构与办案机构存在重大分歧

《医疗保障行政处罚程序暂行规定》第40条第2款规定,行政执法机构或办案人员与法制机构对审核意见不一致时……由医疗保障行政部门负责人组织集体讨论决定。《浙江省市场监督管理行政处罚程序若干规定(试行)》第24条规定:"案件审核过程中法制机构与办案机构就案件定性、法律适用、自由裁量权的行使出现重大分歧,难以形成一致意见的,应当将案件提交部门负责人集体讨论决定。综合执法队内部审核意见与办案意见出现重大分歧的,可征求法制机构意见。确有必要的,提交部门负责人集体讨论决定。"

《中共中央关于全面推进依法治国若干重大问题的决定》提出,"把公众参与、专家论证、风险评估、合法性审查、集体讨论决定确定为重大行政决策法定程序,确保决策制度科学、程序正当、过程公开、责任明确”。“建立重大决策终身责任追究制度及责任倒查机制,对决策严重失误或者依法应该及时作出决策但久拖不决造成重大损失、恶劣影响的,严格追究行政首长、负有责任的其他领导人员和相关责任人员的法律责任。”海关在办理行政处罚案件过程中,需要对负责人集体讨论有关事宜进行深入研究,明确规则,真正发挥集体讨论的作用,推动法治海关建设。

A Study on Collective Decisions by Persons in Charge in the Customs Administrative Punishment

—From the Perspective of Administrative Litigation Cases

CHEN Shuguo

[**Abstract**] It is the basic requirement for administrative authorities to abide by legal procedures for administrative punishment. The collective decision by the persons in charge of administrative authorities is a legal procedure stipulated in the Administrative Punishment Law. It is not only the legal duty that the persons in charge should perform, but also an important symbol of the law-based administration and procedural legality. In the practice of administrative litigation, there are endless cases involving the collective decisions of the persons in charge. In the process of customs administrative punishment, it is necessary to attach importance to how to implement the legal provisions on collective decisions by persons in charge based on the customs management regime and law enforcement practice according to the concept and standard of administrative trial.

[**Key words**] administrative punishment; persons in charge; collective decisions; legality

新《行政处罚法》视角下对海关行政处罚的比较研究与前瞻思考

伍卓芳　杨　宇*

［**摘　要**］　当前海关行政处罚已形成三种执法模式并存交叉的局面，新《行政处罚法》对我国行政处罚的指导思想、执法理念和处罚程序等作了全方位的更新与修订，有必要以新《行政处罚法》的立法原意和修订要点为视角，围绕创新、差异、共通和前瞻四个方面，对海关行政处罚现行执法模式进行比较研究，探索完善立法、健全机制、规范程序和整合力量，进一步推进海关行政处罚严格规范公正文明执法。

［**关键词**］　行政处罚；海关执法；办案模式；比较研究

作为国家治理体系中重要组成部分的海关行政处罚工作，目前已形成走私违规类行政处罚（以《海关法》《海关行政处罚实施条例》等为主要法律渊源）、检验检疫类行政处罚（以《进出口商品检验法》《进出境动植物检疫法》《国境卫生检疫法》等为主要法律渊源）和知识产权保护类行政处罚（以《知识产权海关保护条例》《奥林匹克标志海关保护条例》等为主要法律渊源）三种办案模式并驾齐驱的局面。新《行政处罚法》对我国行政处罚的指导思想、执法理念和处罚程序等作了

---

* 伍卓芳，南宁海关缉私局法制二处科长、四级高级警长；杨宇，南宁海关缉私局隶属水口海关缉私分局政委。

全方位的更新与修订,应以新《行政处罚法》的立法宗旨、修订要点和条文内涵为视角,从创新性、差异性、共享性和前瞻性切入,对海关行政处罚办案模式进行比较研究,总结特色规范,查找差距表现,分析近似内容,厘清解决思路,进而在完善立法、健全机制、规范程序和整合力量上进一步提升海关行政处罚的规范公正和文明执法。

一、创新性规范:海关行政处罚与《行政处罚法》相比较而显现的“先行先试”内容

(一)违法要件上,海关行政处罚率先推进了对“主观过错”的运用实践

2021 年修订前的《行政处罚法》对于行为人主观过错并未作明确规定,所以当前海关行政处罚实务中除了对走私行为必须着重研究行为人“逃避海关监管”的主观故意外,对于其余违法行为,基本按照“客观归责”的原则予以评价和处罚,即一旦发生违反海关管理规定的行为,适格的责任主体原则上应当承担法律责任,而不着重考量其是否具备主观过错。但也存在例外情况,如《海关行政处罚实施条例》第 17 条对报关企业的申报不实行为设定了“因工作疏忽”作为承担责任的前提;如对海关办理税则号列申报不实案件起重要指导作用的 2012 年海关总署第 2 号行政解释,明确规定当事人的“过错行为”不适用该行政解释所列举的“不应当认定为税则号列申报不实的情形”。新《行政处罚法》首次在行政处罚工作中确定了“主客观相统一”的归责原则,第 33 条第 2 款规定“当事人有证据足以证明没有主观过错的,不予行政处罚。法律、行政法规另有规定的,从其规定”,虽然无主观过错的举证责任赋予当事人,但海关仍需明确相应的证据模式与证明标准,以确保行政处罚的公正公平。

(二)程序种类上,海关行政处罚自行创设了“简单(快办)案件程序”促进案件分流

无论是修订前的还是新的《行政处罚法》,对行政处罚案件的适用程序都只有两类,即简易程序和普通程序。简易程序(当场处罚程序)

针对的是违法事实确凿并有法定依据,在处罚种类上适用警告或者较低数额罚款的行政处罚案件,它有助于办案的即决、简便、高效,节约执法资源,减轻社会成本,强调的是违法行为发生与进行行政处罚在时间和空间上的一致性。普通程序(一般程序)强调的是程序的正当性和完整性,充分体现对行政机关执法全过程的约束和对管理相对人合法权益的尊重。2007年施行的《海关办理行政处罚案件程序规定》(以下简称旧《程序规定》,已失效),自行创设了"简单案件处理程序",2010年海关总署颁布了《海关办理行政处罚简单案件程序规定》(海关总署第188号令,已失效),主要将"简单案件"的适用范围从适用法律依据和货物(物品)价值两个方面予以限定,至此形成了我们习惯称呼的"两简案件"(简易程序案件和简单案件)。2019年海关总署第162号公告进一步明确"简单案件快速办理程序",并将该类程序的适用范围从第188号令的4类扩展到7类。2019年海关总署印发《海关办理检验检疫行政处罚案件操作规程(试行)》后,海关行政处罚三种办案模式才具有了各自的办理程序规范。

2021年新《海关办理行政处罚案件程序规定》(海关总署第250号令,以下简称新《程序规定》)原则上统一管辖海关所有行政处罚办案程序,但是不同类型的行政处罚案件仍存在办案程序上的差异。相比而言,走私违规类行政处罚和检验检疫类行政处罚工作的办案程序最为丰富(简易程序、快办案件、普通程序),知识产权保护类行政处罚工作的办案程序最为单一(普通程序)。

(三)程序衔接上,海关行政处罚创新设定了"简"向"普"的单向转换

对比修订前的与新的《行政处罚法》,并没有关于"简易程序"转换为"普通程序"的规定。而在海关走私违规类行政处罚快办案件和检验检疫类行政处罚简易程序中,相关办案规程中规定了由非普通程序向普通程序的转换。如新《程序规定》第106条明确规定了4种情形下应当终止快速办理模式而适用普通程序办理,办案部门要按规定办理材料移交手续,并告知当事人。需要注意的是,虽然目前没有修

订或废止《海关办理检验检疫类行政处罚案件操作规程(试行)》,该操作规程第13条规定了4种属于应当终止检验检疫类行政处罚案件简易程序转而按照普通程序办理的情形,且没有"告知当事人"的程序要求,但是,按照新《程序规定》第121条的规定,只有海关规章才能对海关行政处罚案件程序另作规定。由于检验检疫类行政处罚程序尚无专门海关规章予以特别规定,因此,办理检验检疫类行政处罚案件仍应适用新《程序规定》,检验检疫类行政处罚案件简易程序不能再依据该操作规程第13条的规定转换为普通程序。

(四)处罚阻却上,海关行政处罚丰富发展了行政谦抑原则的表现类型

借助刑法的理论来观察海关行政处罚,在处罚阻却上同样存在三种类型,第一种是"主观责任阻却",如未达到责任年龄、缺乏责任能力、缺乏违法性认识和缺乏期待可能性等;第二种是"特殊行为阻却",如正当防卫、职务行为等;第三种是"危害程度阻却",如在客观危害性、主观恶性、人身危险性等方面程度显著轻微的行为。

修订前的《行政处罚法》关于处罚阻却的规定,主要立足于"主观责任阻却"方面,如第25条关于不满14周岁的人的责任内容,第26条关于精神病人的责任内容。关于"危害程度阻却"方面,只是在第27条第2款原则性地规定"违法行为轻微并及时纠正,没有造成危害后果的,不予行政处罚"。新《行政处罚法》基本保留了上述的处罚阻却规定,只是在第33条第2款增加了当事人"无主观过错"的内容。

海关基于贯彻简政放权要求和执法为民理念,尤为注重处罚阻却的具体应用。2014年海关总署印发了《海关内部办理涉嫌违法案件线索移交标准》,将29种违反海关监管规定的行为列为不移交缉私部门处理的"负面清单"。同年,海关总署印发了《海关行政处罚案件立案工作规程》,规定了6种申报不实案件的立案数额基准,在立案数额基准以下的违法行为,不予立案处罚。2018年6月,海关总署印发了《海关行政处罚案件立案数额基准规定(试行)》,增加了《海关行政处罚实施条例》第14条所规定的"无证进出口"行为的立案数额基准。

2019年12月,海关总署以《关于进一步明确小额多次违法行为立案标准有关问题的通知》(署缉发〔2019〕212号)明确了《海关行政处罚实施条例》第15条申报不实行为"违法情节显著轻微"的具体数额标准,符合这一基准的申报不实行为,不受"连续12个月内3次以上实施同一违反海关监管规定行为应当立案调查"的约束。可见,当前海关行政处罚的处罚阻却事由类型上,已经远远超出《行政处罚法》的相关内容规定,丰富发展了行政谦抑原则的表现类型。

二、差异性表现:海关行政处罚三种模式平行发展的比较分析

(一)执法依据来源的差异

众所周知,现行《海关法》第一次修正于2000年,彼时海关传统四大职能为"监管、统计、征税、查私",《海关法》规定的行政处罚案件类型只有走私与违反海关监管规定两类。2001年我国加入WTO后,进出口侵犯知识产权货物案件日益增多,这使2004年颁布施行的《海关行政处罚实施条例》第25条原则性地规定了进出口侵犯知识产权行为的责任条款,具体的实体与程序规定仍由《知识产权海关保护条例》及其实施办法中予以规定。2018年关检业务与队伍融合后,检验检疫类行政处罚成为新海关的重要职能工作。当时《海关行政处罚实施条例》和旧《程序规定》尚未将检验检疫类行政处罚案件纳入,而《出入境检验检疫行政处罚程序规定》已于2018年被海关总署第239号令废止,因此,目前办理检验检疫类行政处罚案件的实体规定,散布于4部法律、23部行政法规和180余部行政规章之中。为了方便检验检疫类行政处罚工作,2020年某直属海关曾经整理发布《一般程序案件违法行为及法律法规依据》和《简易程序案件违法行为及法律法规依据》,竟然分别多达271条和133条。新《程序规定》施行后,作为海关行政处罚领域的通用性程序规定,其效力也涵盖检验检疫类行政处罚案件。由于相关海关规章中仍存在对检验检疫类行政处罚程序的特殊规定,《海关办理检验检疫行政处罚案件操作规程(试行)》在不与上位法相冲突的前提下可继续适用。

（二）解决法律责任竞合和牵连行为的差异

在海关行政处罚实务中容易产生法条竞合和行为牵连问题，如收货人以伪报品牌的方式申报进口侵犯海关备案商标权且属于法检商品目录内的动物产品，同时存在货物数量少报多进的情况，在排除走私的前提下，当事人的行为既属于竞合行为（《海关行政处罚实施条例》第15条、第25条和《进出境动植物检疫法》第40条均可成为处罚依据），又属于牵连行为，申报不实是手段，进口侵权商品是目的。

对于上述情形，走私违规类行政处罚案件采用"择一重"的处断方式，即当事人对同一批货物、物品分别实施了两个以上违反海关监管规定的行为，且这两个行为之间存在因果关系的，依照《海关行政处罚实施条例》分别规定的处罚幅度，择其重者处罚。具体见《海关行政处罚实施条例》第51条第2款的内容。

知识产权保护类行政处罚案件采用"重罚吸收轻罚"的处断方式，体现在2001年《海关总署关于伪报品名侵权案件处理问题的批复》（署法函〔2001〕219号）中，该批复明确，"采取伪报、瞒报品名的手法逃避海关监管，在出口侵权货物的同时涉及逃证、逃税的案件，由于该类不法行为产生了多种危害后果，按照重行为吸收轻行为的原则，应以其中较重的予以行政处罚，因此，该类案件应定性为走私，由调查部门或侦查部门按有关规定进行查处"。

检验检疫类行政处罚案件方面，《海关办理检验检疫行政处罚案件操作规程（试行）》规定了两种处断方式：一是"并罚制"处断方式，其第47条规定："一行为同时违反两个以上的检验检疫法律规范的，视情节轻重合并处罚种类，追究当事人责任"；二是"从一重"的处断方式，其第49条规定，"一行为既违反海关法律规定，又违反检验检疫法律规定，按照处罚较重的规定处罚"。

（三）"双罚制"适用方式上的差异

迄今为止，《行政处罚法》中没有对单位及其主管人员以及直接责任人进行"双罚"的特殊规定，但《海关行政处罚实施条例》在行政法规中率先引入了刑法关于单位犯罪"双罚制"的追责方式，具体体现在

第32条的规定。在实践中对《海关行政处罚实施条例》第32条的适用,总体是谨慎的,仅针对法人或其他组织有违反《海关法》的行为。因此,只有适用《海关行政处罚实施条例》对法人或其他组织所作出的处罚,才可适用第32条实施对其主管人员与直接责任人的处罚。对于走私违规类行政处罚中常见的适用《固体废物污染环境防治法》《海关稽查条例》《海关报关单位注册登记管理规定》等《海关法》之外的法律规范所作出的行政处罚,均不采取"双罚制"。据此思路,目前的检验检疫类行政处罚案件和知识产权保护类行政处罚案件,因缺少相应的法律授权,不应采用"双罚制"。

(四)办案系统使用上的差异

目前,按照"进系统、留痕迹、可追溯"的要求,海关行政处罚业务全部通过办案系统进行办理:走私违规类行政处罚案件在"海关执法办案平台"上办理;检验检疫类行政处罚案件在"海关涉检行政案件处置系统"上办理;知识产权保护类行政处罚案件在"知识产权海关保护执法系统"上办理。实际上这三个办案系统的证据规格是统一的,但是系统之间互不关联、互不融合、互不影响。由于走私违规类行政处罚和检验检疫类行政处罚均有简易程序案件,走私违规类行政处罚普通程序案件由缉私部门承办,检验检疫类行政处罚普通程序案件由稽查部门承办。走私违规类行政处罚和检验检疫类行政处罚的简易程序案件以及走私违规类行政处罚快办案件由现场业务等部门承办,这就造成了目前海关行政处罚工作使用的是三个办案系统的五种办理方式。值得关注的问题:一是缺乏统筹牵头的部门,无法有效防止"一事多罚"的发生和保障行政处罚的"同案同罚"要求;二是监督方式的缺失,稽查部门承接办理检验检疫类行政处罚案件后,尚未开发一个类似于"海关缉私动态监控子系统(案管系统)"的案件管理系统来接收"海关涉检行政案件处置系统"的案件数据,无法提升检验检疫类行政处罚案件的"智能""智慧"管理能力;三是办案质量参差不齐,由于系统授权的原因,普通程序案件与简易程序案件的办案人员不能看到对方所办案件,简易程序案件受办案人员的工作性质与经验水平限制,办案质量总体水平仍然不高。

三、共享性成果:海关行政处罚三种模式共通内容的比较分析

(一)实体规定上的共通内容

以《行政处罚法》有关内容为基本准据,海关行政处罚三种办案模式基本相同的实体规定有以下几方面:

1. 指导思想。均要适应全面依法治国需要,深入推进“五关”建设,落实完善行政处罚工作机制,严格规范公正文明执法,实现海关治理体系和治理能力的现代化。

2. 管辖要求。具体见新《程序规定》第 10 条的内容,主要是:行政处罚由发现违法行为的海关管辖,也可以由违法行为发生地海关管辖(优先管辖)。对管辖发生争议的,有关海关可以协商解决(协商管辖)。协商不成的,报请共同的上一级海关指定管辖,也可以直接由共同的上一级海关指定管辖(职能管辖)。

3. 责任阻却内容。具体见新《程序规定》第 54 ~ 56 条的内容,包括:不满 14 周岁的未成年人有违法行为的;精神病人、智力残疾人在不能辨认或者不能控制自己行为时有违法行为的;违法行为轻微并及时改正的,没有造成危害后果的,均不予行政处罚。同时,对初次违法且危害后果轻微并及时改正的,可以不予行政处罚,体现了现代法治文明的基本要求。

4. 处罚时效。具体见新《程序规定》第 60 条的内容,主要是违法行为在两年内未被发现的,不再给予行政处罚,涉及公民生命健康安全、金融安全且有危害后果的,上述期限延长至 5 年。这与新《行政处罚法》关于处罚时效的内容保持一致。

(二)程序规定上的近似内容

虽然走私违规类行政处罚、检验检疫类行政处罚和知识产权保护类行政处罚案件都依据各自的程序规定运作,但有部分执法程序是近似的,包括:

1. 行政强制措施。三种办案模式均规定可对涉案货物采取行政

强制措施,只是名称表述上分为“扣留”(走私违规类行政处罚和知识产权保护类行政处罚)与“扣押”(检验检疫类行政处罚)两种。

2. 调查期限。走私违规类行政处罚一般案件的调查期限为 3 个月(可以延长,一般不超过 1 个月),检验检疫类行政处罚一般案件的调查期限为 3 个月(可以延长 30 日)。而知识产权保护类行政处罚的调查比较特殊,只存在主动保护程序中,期限为扣留之日起 30 个工作日。

3. 查问和询问。三种办案模式均规定办案人员可以对违法嫌疑人实施查问,对证人实施询问,这是了解掌握违法事实和分析研判当事人主观过错的最直接方式。

4. 听证。在拟对当事人作出较重的行政处罚前,三种办案模式均要求告知当事人享有听证权利,充分保障当事人的陈述、申辩权利。

5. 处罚与送达。三种办案模式均要求将处罚决定书宣告后当场交付当事人,或 7 日内送达当事人。

6. 执行。由于走私违规类行政处罚、检验检疫类行政处罚和知识产权保护类行政处罚均可对当事人处以罚款,在当事人不主动履行罚款的情况下,均会涉及对处罚决定强制执行的问题。

7. 行刑衔接。在行政处罚工作进行中,走私违规类行政处罚可能会发现涉嫌走私犯罪或非法经营罪等行为,检验检疫类行政处罚可能会发现逃避商检罪、逃避动植物检疫罪、妨害国境卫生检疫罪等行为,知识产权保护类行政处罚可能会发现侵犯知识产权罪行为,这些都要根据《行政执法机关移送涉嫌犯罪案件的规定》启动行政执法与刑事执法的衔接机制。

(三)海关行政处罚三种模式共同面临的问题分析

1. 执法人员的执法证件问题。执法人员在行政处罚调查中应当主动向当事人出示执法证件,这是行政处罚程序正义合法的主要标志,也是人民法院在行政诉讼中审查行政处罚合法性的要件之一。新《程序规定》第 30 条和《海关办理检验检疫行政处罚案件操作规程(试行)》第 12 条、第 20 条均规定“出示执法证件”,《知识产权海关保护工作规程》第 7 条规定“出示调查证或海关工作证件”。目前,具体承办一般程序案件的缉私部门处境尴尬,2006 年海关总署第 10 号公告曾经明确海关缉私部门在调查行政处罚案件时使用《海关查缉证》,但是多年来海关总署已不制发海关查缉证,缉私部门办案人员普遍没有海关执法证件,在案件调查中最多只能出示“人民警察证”,这实际不符合《海关法》的相关规定。

2. 简易程序与快办案件程序的选择权规制问题。目前,海关行政处罚的相关规章与其他规范性文件中,对于简易程序的适用往往是从“可能会给予的处罚结果(如对自然人处以 200 元以下、对法人或者其他组织处以人民币 3000 元以下罚款,或者警告)”来考虑,而没有从案值、适用法律依据、处罚种类等因素予以明确适用范围。因此,在走私违规类行政处罚中“简易程序”与“快办案件”的选择适用上、检验检疫类行政处罚中“简易程序”与“普通程序”的选择适用上,容易产生随意性,进而导致同案不同罚的显失公平以及降格处理的执法风险。在新《行政处罚法》将“简易程序”中对法人的罚款最高额提升至 3000 元的情况下,简易程序在行政处罚中的适用范围将进一步拓展。必须要对简易程序的选择权进行规制,防范执法随意和权力寻租风险。

3. 处罚幅度标准的对外公示问题。海关行政处罚有重视执法统一性和规范自由裁量权的传统,用各类“参照标准”去制发、衡量、监督和审计行政处罚决定,已成为一种职业的自觉。目前,走私违规类行政处罚有《海关行政处罚幅度参照标准》和《海关总署“两简案件”主要案件类型处罚幅度参照标准》,检验检疫类行政处罚有《海关国境卫生检疫行政处罚案件幅度参照标准》。这些“参照标准”都强调自身属于内部规范性文件,不对外公开,也不在制发的《行政处罚决定书》及相关法律文书中援引使用,不向当事人或其他行政管理相对人出示。新《行政处罚法》改变了海关行政处罚把“裁量标准”藏于“深闺”的习惯做法,第 34 条明确规定“行政处罚裁量基准应当向社会公布”。所以,上述裁量基准已然共同面临着“见众生”接受社会公众监督的要求,也将成为法院审查海关行政处罚合理性、构建对海关行政处罚自由裁量权刚性约束的重要依据。

四、前瞻性思考:发展与完善海关行政处罚的若干建议

(一)进一步完善海关行政处罚法律体系

3 年来的实践证明,海关与出入境检验检疫部门的业务与队伍融合,整合了我国进出境管理领域的行政执法资源,整合了进出境货物管理流程,提升了口岸通关速度和执法绩效,更好地维护了进出境通关良好秩序,更好地落实了总体国家安全观。关检融合为构建与完善海关行政法体系提供了丰富的实践素材。笔者建议,在法律层面,《海关法》继续保持海关行政处罚"一般法"的特征,纳入知识产权保护类行政处罚和检验检疫类行政处罚的原则性规定,使《海关法》继续体现统领海关行政处罚的"基本法"地位。在行政法规层面,建议尽快启动《国境卫生检疫法》《进出境动植物检疫法》相应的《〈国境卫生检疫法〉实施细则》《〈进出境动植物检疫法〉实施条例》的修订工作,使这两部行政法规能够与《海关行政处罚实施条例》《知识产权海关保护条例》《进出口商品检验法实施条例》等组成对海关行政处罚的有效支撑。海关规章层面,在新《程序规定》施行后,建议将《海关办理检验检疫行政处罚案件操作规程》和《知识产权海关保护工作规程》上升为海关规章,同时按照"精简统一、协调联动、规范实用"的原则,对与检验检疫类行政处罚相关的行政规章进行清理与整合。在规范性文件层面,应将《海关行政处罚幅度参照标准》和《海关国境卫生检疫行政处罚案件幅度参照标准》向社会公布;据此构建起层次分明、结构完备、内容精练和规范统一的海关行政处罚法律体系。

(二)进一步整合海关行政处罚办案程序

在整合原有的旧《程序规定》以及《海关行政处罚听证办法》和《海关办理行政处罚简单案件程序规定》三部海关规章的基础上,形成了新《程序规定》。新《程序规定》的体例和内容,基本上延续了旧《程

序规定》的结构和内容，值得关注的是其第 2 条规定“海关办理行政处罚案件的程序适用本规定”和第 121 条规定“海关规章对办理行政处罚案件的程序有特别规定的，从其规定”，这意味着走私违规类行政处罚案件、检验检疫类行政处罚案件和知识产权保护类行政处罚案件均适用新《程序规定》，除非海关规章另有规定（如检验检疫类行政处罚案件的查封、扣押适用《出入境检验检疫查封、扣押管理规定》）。由此可见新《程序规定》立足统一三种办案模式的一般程序规定，可以说是走出了海关行政处罚“三罚合一”的重要一步。建议在新《程序规定》施行后，立即着手检验检疫类行政处罚和知识产权保护类行政处罚的行政规章起草工作，实现与新《程序规定》的无缝衔接。

在具体实务中，基于统一的案件办理程序和内部操作规程要求，建议整合“海关执法办案平台”“海关涉检行政案件处置系统”“知识产权海关保护执法系统”“缉私动态监控子系统”（案管系统），所有海关行政处罚案件均录入一个办案系统，实现不同类型普通程序案件、简易程序案件和快速办理案件的互通流转，完善案管系统对办案系统的数据直接抓取功能，既防止不同类型案件“一案多立”的风险，也解决办案人员既要将证据材料录入办案系统又要录入案管系统的重复劳动问题，规范统一执法，节约执法资源，减少录入差错，提高工作效率。

（三）进一步明晰海关行政处罚适用规则

目前，在《海关法》与原检验检疫四部法律仍需长期并存的前提下，海关行政处罚面临的最纠结问题就是竞合情形的法律责任追究问题，尤其是常见的出口侵犯知识产权且以假充真的货物情形（触犯《知识产权海关保护条例》和《进出口商品检验法》）、进出口货物申报不实且该货物属于需要报检的动植物产品情形（触犯《海关行政处罚实施条例》和《进出境动植物检疫法》）、进出境运输工具擅自上下进出境旅客情形（触犯《海关行政处罚实施条例》和《国境卫生检疫法》），对这些违法行为的正确处理与否，关系到是否符合《行政处罚法》所强调的“一事不再罚”原则。目前，上述因关检业务融合而产生的法条竞合问题的处理,已有相应的研究文章提出解决方法,包括“合并处罚原则”“特殊优于一般原则”“重罚吸收轻罚原则”“法益保护原则”“最有利于管理相对人原则”等。建议海关总署从顶层设计上尽快组织研究确定相关适用规则:首先,对相对人实施进出口货物与进出境行为中必须履行的检验检疫义务规定进行梳理,包括边民互市进出口中的履行检验检疫义务的主体和程序,解决“同一违法行为”的内涵与外延问题;其次,印发相关的内部指导意见,统一和规范海关行政处罚执法人员的认识。

(四)进一步优化海关行政处罚执法机制

以南宁海关为例,目前海关行政处罚三种办案模式为:缉私部门办理走私违规类行政处罚和检验检疫类行政处罚普通程序案件,综合业务部门办理知识产权保护类行政处罚案件,现场海关综合业务部门办理走私违规类与检验检疫类行政处罚的简易程序和快速办理案件。多个部门分头办理行政处罚案件,带来的是办案力量分散、执法尺度不一、裁量基准相异等风险;简易程序、快速办理案件与普通程序案件存在转换流转问题,不同部门间的移交耗时费力,效率不高。为了解决上述问题,建议海关总署统筹整合海关行政处罚案件职能管理,归口由一个司局履行职能管理,统一管理思路与指导标准。建议在直属海关和隶属海关成立行政处罚办案中心,整合行政处罚案件办理执法力量,统筹走私违规类行政处罚、检验检疫类行政处罚和知识产权保护类行政处罚业务人力资源,采取集约化办案模式,节约执法成本,降低执法差错,在条件成熟的情况下,探索开启“三罚合一”的改革之路,逐步优化程序统一、标准统一和裁量统一的海关行政处罚工作机制。

Comparative Research on Implementing Customs Administrative Punishment from the Perspective of Newly Revised Administrative Punishment Law

WU Zhuofang　YANG Yu

[**Abstract**] The new Administrative Punishment Law has updated and revised the ideology, conception and procedure of administrative punishment in an all-round way. It is necessary to conduct a comparative study on the current modes of implementing customs administrative punishment from the perspectives of original legislative intentions and key points of the revision of the Law, by centering on innovation, difference, commonality and foresight, so as to improve legislation and mechanism, standardize the procedure, concentrate the efforts and further promote strict, standardized, fair and civilized enforcement in customs administrative punishment.

[**Key words**] administrative punishment; customs law enforcement; case-handling modes; comparative study

新《行政处罚法》实施背景下海关行政法律责任竞合问题初探

——以一起行政处罚案件为例

陈友武　黄　强*

[摘　要]　以一起通关现场行政处罚案件为例，分析海关行政执法中，出现行政法律责任竞合时面临的规定不明确或规则不尽统一等问题。结合海关立法和执法的实践，提出整合海关现有的行政处罚条款，减少执法争议；明确和统一行政法律责任竞合适用的规则和标准；协调好海关法律规范与其他部门法的关系等海关行政法律责任竞合处理规则的初步探索建议。

[关键词]　海关；行政法律责任；竞合

2021 年 7 月 15 日，新《行政处罚法》实施，第 29 条新增了行政法律责任竞合——即同一违法行为违反多个法律规范的处理规则。行政法律责任竞合现象也是海关行政执法中的常见问题，海关目前尚未就此问题制定过统一的规则。关检融合以后，由于海关职能进一步拓展，执法依据相应“扩容”，在对海关法律法规进行全面修订之前，法律

* 陈友武，福州海关缉私局所属马尾分局政委；黄强，福州海关所属榕城海关驻邮局办事处一级主办。

责任竞合问题势必成为一个更为突出的问题,新《行政处罚法》的有关规定,既为海关处理此类问题提供指导,也给海关的一些现行做法带来挑战。在此背景下,笔者以一起行政处罚案件为例,结合海关立法和执法的实践,对这一问题进行初步探讨。

一、一起行政处罚案件引发的执法争议

案情介绍:某口岸监管作业场所经营企业因工作失误,在未验核海关放行信息的情况下对一票货物办理了出入海关监管作业场所手续,造成海关监管货物未经海关许可被擅自交付。由于该公司的行为既涉嫌违反《海关监管区管理暂行办法》(以下简称《监管区办法》)第27条第1款第1项规定,构成"未凭海关放行信息办理出入海关监管作业场所手续"的行为,同时也涉嫌违反《海关行政处罚实施条例》第18条第1款第1项的规定,构成擅自交付海关监管货物的行为。前者的处罚为给予警告,可以暂停其相应海关监管作业场所6个月以内有关业务;后者的处罚规定为处货物价值5% ~30%罚款,有违法所得的,没收违法所得。应当如何适用法律,执法部门存在争议,出现三种不同观点:

(一)优先适用《监管区办法》的规定

第一种观点认为,当事人属于经海关批准经营海关监管作业场所的特殊主体,对其量罚应当适用《监管区办法》的规定。虽然当事人的行为可能同时违反了《海关行政处罚实施条例》第18条第1款第1项的规定,但《监管区办法》第27条并非创设性的处罚规定,而是对《海关法》第87条[①]的细化,有着充足的法律授权,综合起来看,其法律位阶并不低于《海关行政处罚实施条例》第18条的规定。根据《立法法》第92条的规定,同一机关制定的法律、行政法规、地方性法规、自治条例和单行条例、规章,特别规定与一般规定不一致的,特别规定应当优

① 《海关法》第87条规定:"海关准予从事有关业务的企业,违反本法有关规定的,由海关责令改正,可以给予警告,暂停其从事有关业务,直至撤销注册。"

先适用。相较于《海关行政处罚实施条例》第 18 条的规定,《监管区办法》与相关的上位法共同构成针对海关监管区经营企业的特别规定,应当优先适用。

(二)优先适用《海关行政处罚实施条例》的规定

第二种观点认为,应适用《海关行政处罚实施条例》第 18 条的相关规定量罚。理由是《监管区办法》虽然属于特别规定,也确有《海关法》和《海关行政处罚实施条例》的依据,但《监管区办法》本身只是部门规章,与《海关行政处罚实施条例》并不处于同一法律位阶,二者不属于《立法法》所称的"同一机关制定的法律、行政法规、地方性法规、自治条例和单行条例、规章",因此以《立法法》作为适用《监管区办法》的理由较为牵强。该案中,当事人擅自将自己保管下的海关监管货物转移给第三人,已构成《海关行政处罚实施条例》第 18 条第 1 款第 1 项规定的擅自交付海关监管货物的行为,对此行为,如果仅予以警告,处罚力度过轻,起不到惩戒效果;如果暂停企业经营资格,不仅量罚畸重,而且会影响到监管区其他企业的进出口,影响面大、社会成本过高。比较而言,适用《海关行政处罚实施条例》第 18 条的规定,予以一定数额的罚款,执法效果较好。

(三)同时适用,实行并罚

第三种观点则认为可以实行并罚,即本案既可以适用《海关行政处罚实施条例》第 18 条的规定予以罚款,同时,还可依次引用《海关法》第 87 条、《监管区办法》第 27 条等规定,予以警告或暂停经营资格的处罚。其理由是,《行政处罚法》第 29 条规定,对当事人的同一个违法行为,不得给予两次以上罚款的行政处罚。《海关行政处罚实施条例》第 18 条规定的是财产罚,《监管区办法》第 27 条规定的是申诫罚和资格罚,两个条款同时适用,与《行政处罚法》并无冲突。

应当说,以上三种观点各有一定道理和依据,但由于相关规定不明确,其依据和理由似乎又不尽充分。比较起来,第三种观点更为合理一些,即重叠适用《海关行政处罚实施条例》和《监管区办法》有关规定,在处以财产罚的同时,视情节并处申诫罚或资格罚。因为

《海关行政处罚实施条例》第 18 条规定的是财产罚,而《监管区办法》第 27 条规定的是申诫罚和资格罚,两者处罚种类不同,并无抵触。从海关立法和执法实践来看,资格罚条款与财产罚条款不在同一法条时,海关可以同时适用。例如,《海关行政处罚实施条例》第 11 条规定:海关准予从事海关监管货物的运输、储存、加工、装配、寄售、展示等业务的企业,构成走私犯罪或者 1 年内有 2 次以上走私行为的,海关可以撤销其注册登记、取消其报关从业资格。该资格罚条款应当属于并罚的规定,因为当事人如果实施走私行为,显然不能仅仅处以资格罚。在某些情况下,海关总署也鼓励综合运用不同的法律条款,对特定主体实施并罚,如《海关总署关于依法严厉打击“洋垃圾”走私违法活动的指导意见》(署法发〔2018〕114 号)要求:“综合运用多种处罚方式,除罚款等财产罚外,依照《海关行政处罚实施条例》《商检法实施条例》等规定,对相关责任主体根据案件具体情节依法适用撤销注册登记、暂停从事有关业务等资格罚,有效防止屡查屡犯”。从执法功能来看,资格罚除了具有惩戒功能,还具有清退不合格主体、维护行政许可管理秩序的功能,与财产罚不能互相替代,不能认为其他条款规定了申诫罚和资格罚,就不能同时适用财产罚。

二、该案件延伸的海关行政法律责任竞合问题的思考

本案之所以引发争议,是因为法律、行政法规在设定海关行政处罚时,部分条款之间出现了法条竞合,而对发生行政法律责任竞合时,应当如何适用法律,海关的有关规定不明确或有关规则不尽统一。

(一)对处罚种类不同的行政法律责任竞合缺乏明确适用规定

如前所述,对于经海关批准从事监管区经营业务的这一特殊主体的特定违法行为,《海关法》《海关行政处罚实施条例》《监管区办法》存在不同的处罚条款,或多或少存在重合或交叉的关系,极容易形成法条竞合。除了本案涉及的情形外,《海关行政处罚实施条例》

第26条第2项规定的“损坏或者丢失海关监管货物,不能提供正当理由的”行为,即与《海关行政处罚实施条例》第18条第1款第3项中规定的“有关货物灭失、数量短少或者记录不真实,不能提供正当理由的”行为存在重合关系。又如,《监管区办法》第27条第1款第2项规定的“未依照本办法规定保存货物进出以及存储等情况的电子数据或者纸质单证的”行为,又与《海关稽查条例》第31条规定的“被稽查人未按照规定编制或者保管报关单证、进出口单证、合同以及与进出口业务直接有关的其他资料”行为存在某些交叉关系。上述法律责任竞合涉及的处罚种类均不相同。关检融合后,由于海关执法依据的扩展,此类问题更为突出,虽然《出入境检验检疫行政处罚办法》对此类问题制定过较明确的规则①,但该办法已因关检融合而被废止。而对于原海关执法领域中存在的此类问题,始终没有明确的规定,是择一处罚,还是实行并罚并不清楚,这极易引发争议。

(二)对涉及罚款的行政法律责任竞合欠缺统一的适用规则

对于涉及罚款的行政法律责任竞合,应当如何适用法律量罚,海关虽然出台过不少规定,但标准和规则不尽统一,有的规定择重处理,有的则要求择轻处理。

例如,根据《海关行政处罚幅度参照标准》(署缉发〔2016〕6号,以下简称《参照标准》)第16条的规定,当事人实施的1个违反海关监管规定行为,同时构成《海关行政处罚实施条例》中规定的2个及2个以上法定违法情形的,应当根据本参照标准确定的相应处罚幅度上限,

① 《出入境检验检疫行政处罚办法》第29条规定:“当事人的违法行为同时违反两个以上检验检疫法律、法规,该两个以上检验检疫法律、法规的法律责任有重合规定的,应合并处罚种类追究当事人法律责任。”

第30条规定:“合并处罚种类追究法律责任的,对于违法行为严重的,合并全部处罚种类;对于违法行为轻微的,选择部分或较轻的处罚种类。合并处罚种类,两个以上检验检疫法律、法规都有罚款规定的,不累加罚款数额,应选择使用罚款数额较大的条款。”

择其重者处罚;如处罚幅度上限相同,则择其处罚幅度下限较重者处罚。关检融合之后,海关总署缉私局制发的《关于制发〈出口防疫物资案件线索处置及办案操作指引(第一版)〉的函》(署缉函〔2020〕1 号)规定,当事人出口防疫物资,发生违反《进出口商品检验法》等涉检违法行为与其他违法行为竞合的,根据相关法律、行政法规确定的相应处罚幅度上限,择其重者处罚。上述根据"处罚幅度"择重处罚的规定,显然是针对罚款的规定。

择重处罚,是总署对罚款类处罚出现竞合时一般的适用原则,但在特定情况下,海关又存在过择轻处罚的规定。如根据《海关总署关于零星、少量固体废物违法进境案件适用法律有关问题的通知》(署缉发〔2006〕98 号)的规定,对零星、少量固体废物违法进境的行为,单独引用《海关行政处罚实施条例》第 7 条、第 9 条或第 13 条、第 14 条的规定定性,根据情节轻重科处 10 万元以下的罚款。其理由是"零星、少量固体废物违法进境的行为,由于其情节显著轻微,社会危害后果较小",适用原《固体废物污染环境防治法》(以下简称《固防法》)的处罚规定①,明显过罚不当,因此采取了择轻处罚的做法,排除适用了原《固防法》的处罚规定。

(三)特定情况的行政法律责任竞合,根据违法标的属性决定法条适用

在一些特定情况下,海关总署会根据违法标的性质,直接规定适用特定的处罚条款。例如,对于以藏匿、伪报、瞒报等方式,逃避海关监管的进出口侵犯知识产权货物的行为,虽然该行为同时违反了《海

---

① 2004 年修订的《固体废物污染环境防治法》第 78 条规定,"违反本法规定,将中华人民共和国境外的固体废物进境倾倒、堆放、处置的,进口属于禁止进口的固体废物或者未经许可擅自进口属于限制进口的固体废物用作原料的,由海关责令退运该固体废物,可以并处十万元以上一百万元以下的罚款"。该条款于 2020 年修订后,其处罚幅度已调整为 50 万元以上 500 万元以下。

关行政处罚实施条例》第7条、第9条与第25条规定[①],构成走私禁止进出境货物行为与知识产权违法行为的竞合,但根据《海关对进出口侵犯知识产权货物违法行为行政处罚幅度参照标准(暂行)》(署法发〔2016〕196号,以下简称《知识产权处罚标准》)的有关规定,以藏匿、伪报、瞒报等方式进出口侵犯知识产权货物的行为,只作为知识产权违法行为的从重处罚情节,仍适用《海关行政处罚实施条例》第25条规定处罚,不适用关于走私行为的处罚规定。

又如,按照署缉发〔2016〕6号《参照标准》有关规定,对于固体废物违法进境行为,海关一度根据固体废物的性质而不是处罚幅度的轻重来决定法律的适用,其中属于"洋垃圾"类禁止进口固体废物的,无论是否有走私情节,均适用原《固防法》的有关规定处罚,责令退运并处罚款。属于限制类固体废物的,具有走私情节的,则适用《海关行政处罚实施条例》的有关规定,没收货物并处罚款;不具有走私情节的,适用《固防法》规定处罚。在2020年《固防法》修改后,由于固体废物的进口被全面禁止,限制类固体废物不复存在,海关总署在《固体废物违法输入境内案件处罚幅度参照标准(试行)》(署缉发〔2020〕159号,以下简称《固废处罚标准》)再次明确,固体废物违法进境的行政案件均适用现行《固防法》的规定处罚。

---

① 《海关行政处罚实施条例》第7条规定:"违反海关法及其他有关法律、行政法规,逃避海关监管,偷逃应纳税款、逃避国家有关进出境的禁止性或者限制性管理,有下列情形之一的,是走私行为:……(二)经过设立海关的地点,以藏匿、伪装、瞒报、伪报或者其他方式逃避海关监管,运输、携带、邮寄国家禁止或者限制进出境的货物、物品或者依法应当缴纳税款的货物、物品进出境的;……"

第9条第1款第1项规定:"有本实施条例第七条、第八条所列行为之一的,依照下列规定处罚:(一)走私国家禁止进出口的货物的,没收走私货物及违法所得,可以并处100万元以下罚款;走私国家禁止进出境的物品的,没收走私物品及违法所得,可以并处10万元以下罚款。"

第25条第1款规定:"进出口侵犯中华人民共和国法律、行政法规保护的知识产权的货物的,没收侵权货物,并处货物价值30%以下罚款;构成犯罪的,依法追究刑事责任。"

(四)个别规定与新《行政处罚法》抵触

例如,前文所述的《知识产权处罚标准》规定,对于以藏匿、伪报、瞒报等方式,逃避海关监管的进出口侵犯知识产权货物的行为,根据违法标的属性统一适用《海关行政处罚实施条例》第25条规定。但根据《海关行政处罚实施条例》第9条规定,走私国家禁止进出口的货物,罚款幅度为100万元以下罚款,《海关行政处罚实施条例》第25条则规定,违法进出口侵犯知识产权的货物,处罚幅度为货值30%以下罚款,由于二者量罚基准不同,在实践中极有可能与新《行政处罚法》第29条的规定——"同一个违法行为违反多个法律规范应当给予罚款处罚的,按照罚款数额高的规定处罚"相抵触。

此外,前文所述的《固废处罚标准》,虽然明确了固体废物违法进境的行政案件统一适用现行《固防法》规定处罚,不再适用《海关行政处罚实施条例》的规定,但为了解决对零星少量固体废物量罚畸重的问题,又不得不规定对"违法输入境内的固体废物零星、少量"等情节予以减轻处罚。在新《行政处罚法》实施后,这种择一处罚又减轻量罚的做法同样存在与《行政处罚法》相抵触的问题:一是《行政处罚法》第34条规定,行政处罚裁量基准应当向社会公布,而《固废处罚标准》未向社会公开,恐难作为海关执法依据;二是根据《行政处罚法》第32条第5项的规定,从轻减轻处罚的其他情形,应当以法律、法规、规章为依据,而《固废处罚标准》仅为内部文件,其中减轻处罚的规定缺乏足够法律效力。

三、完善海关行政处罚立法的有关建议

(一)整合海关现有的行政处罚条款,减少执法争议

处罚条款描述的违法行为互相交叉、包含,是造成法律责任竞合的主要原因。在系统修订《海关法》和《海关行政处罚实施条例》时,应当对包括原检验检疫部门规定在内的海关规定进行统筹梳理,通过合并同类项,对明显存在竞合关系的法条进行整合归并,从源头上减少不必要的行政法律责任竞合。对于该案所涉及的《监管区办法》第

27 条关于违法经营企业的申诫、资格罚条款,可作适当补充完善,其中违法行为存在共性,且对与《海关行政处罚实施条例》第 18 条等规定明显竞合的违法行为,通过立法统筹修改,将相关规定合并修订为一个条款。对于不存在竞合的特定违法行为,则根据行为的性质、情节,分别设置申诫罚、财产罚和资格罚等条款,补齐处罚种类,确保过罚相当。

(二)明确和统一行政法律责任竞合适用的规则和标准

以《立法法》第 92 条和《行政处罚法》第 29 条作为基本依据,结合海关的实际情况,确定行政法律责任竞合时具体的量罚规则,解决海关在应对此类问题无规则可依的问题。

1. 坚持一事不再罚

对于同一行为,违反两个行政法律规定,且处罚种类相同的,海关在执法时只能选择一个处罚规定,不作重复处罚;对于处罚种类不同,但其内容互不抵触的,可以同时适用不同的处罚规定实行并罚。但对于处罚种类有部分相同、部分不同的情形,应作具体判断。如果两者规定存在抵触,应当择一处理。例如,走私固体废物进境的行为,依照《海关法》和《海关行政处罚实施条例》的规定是没收货物,并处 100 万元以下罚款,依现行《固防法》的规定则是,由海关责令退运,并处 50 万元至 500 万元的罚款。两者均有罚款规定的行政处罚,但前者还规定了没收货物的行政处罚,而后者无没收货物的处罚,只是增加了责令退运货物的相关规定。显然,没收与退运不能并行,海关只能择一处理。此时可依新法优于后法的原则(《固防法》条款修订于 2020 年),优先适用《固防法》的规定。但如果两者除了罚款数额不同外,不存在此类抵触情形,可以在按照罚款数额高的规定处罚的同时,合并其他处罚种类一并追究法律责任。

2. 坚持上位法优先

《行政处罚法》第 29 条规定,“同一个违法行为违反多个法律规范”,其中的多个“法律规范”,应当是指同一个位阶下的法律规范,对于同一行为,违反两个以上法律、法规、规章,处罚种类相同,但法律位阶不同的，应当根据《立法法》确定的原则，优先执行法律位阶更高而不是罚款数额更高的执法依据。

3. 协调好《立法法》和《行政处罚法》的关系

新法优于旧法，特别规定优于一般规定，是《立法法》规定的法律适用的一般规则，在新《行政处罚法》实施后，该规则与新《行政处罚法》第 29 条规定的择重处罚原则有可能出现某些冲突。例如，同一法律位阶下，如果特别规定的罚款轻于一般规定的罚款，或者新法规定的罚款轻于旧法规定的罚款，执法时就会出现冲突。立法部门在制定相关规定时应特别予以关注，避免出现此类情形。

（三）协调好海关法律规范与其他部门法的关系

新《行政处罚法》中多次采用“法律、行政法规或部门规章另有规定的，从其规定”的条款，为执法中的特殊情形预留了空间，也为避免和化解法条竞合问题提供了参照。以固体废物进境行政处罚为例，现行《固防法》对违法输入固体废物行为，设置了高达百万的巨额罚款。海关若机械执行《固防法》规定，在违法入境的固体废物数量零星等特殊情况下，极可能会出现过罚不当问题。为解决这一问题，海关先后出台内部文件采取了选择《海关行政处罚实施条例》中的较轻处罚条款量罚，适用《固防法》的规定但减轻处罚等方式，但都存在执法标准不一，依据效力不足的问题。而《行政处罚法》第 32 条第 5 项的规定——“法律、法规、规章规定其他应当从轻或者减轻行政处罚的”，应当从轻或者减轻行政处罚。授权部门规章可根据具体情况确定“应当从轻或者减轻处罚”的情节，为这一问题的化解提供了可行的路径。考虑到 2021 年修订的《海关办理行政处罚案件程序规定》第 58 条第 2 款也规定了“违法行为危害后果较轻的，可以从轻或者减轻处罚”，海关可以依据上述规定，通过进一步制定规章，或者公开发布裁量基准，更明确地将少量固体废物违法行为纳入“应当减轻处罚”的情节，解决因行政法律责任竞合带来的量罚畸重的问题，化解执法困境。而其他部门的法律法规制定、修订中涉及海关事权的，应全面评估海关现有的法律、法规、部门规章等相关规定，避免执法依据之间出现抵触和冲突。对于情况复杂,难以作出"一刀切"规定的,建议通过设置"法律、行政法规、部门规章另有规定的,从其规定"条款,更好地适应海关执法的特殊情况。

A Preliminary Study on the Concurrence of Customs Administrative-Legal Responsibilities in the Context of the Implementation of the new Administrative Punishment Law

—Taking an Administrative Penalty Case As an Example

CHEN Youwu　HUANG Qiang

[**Abstract**]　This paper takes a case of administrative punishment at customs clearance as an example to reveal some problems in customs administrative law enforcement, such as the concurrence of administrative-legal responsibilities when applying laws, the situation of unclear regulations and inconsistent implementations. It carries out a preliminary exploration on the rulesfor handling the concurrence of customs administrative-legal responsibilities and finally puts forward some suggestions including integrating the existing customs administrative laws based on the practices of customs legislation and law enforcement to reduce law enforcement disputes and combine, clarifying and unifying the rules and standards for the concurrence of administrative-legal responsibilities, and coordinating customs laws and regulations with laws of other departments.

[**Key words**]　customs; administrative-legal responsibility; concurrence

海关规章行政处罚设定权合法性问题及对策刍议

王洪波*

[摘　要]《行政处罚法》授予部门规章行政处罚设定权有法定前提，但在立法实践中因存在理解误区以致经常被忽略，需要从立法原意探究、新法修订比较、最高人民法院指导案例分析等方面予以厘清。通过审视现行海关规章行政处罚设定权存在的问题，提出规范行政处罚设定、用好法律授权、助推法律法规修订、立法创新等应对思路。

[关键词]　海关规章；行政处罚设定；立法

行政处罚是海关筑牢国门安全防线、促进营商环境良性发展的重要手段。2021 年 7 月 15 日实施的《行政处罚法》（以下简称新《行政处罚法》），不仅对海关行政处罚工作提出新的任务和要求，更是对海关落实总体国家安全观以及加强制度创新与治理能力建设，赋予了新的使命和责任。对现行海关规章的行政处罚设定权予以审视，有利于从源头上确保海关执法的合法性，推动海关法治建设纵深发展。

* 王洪波，青岛海关四级调研员、公职律师。

一、海关规章行政处罚设定权的法律授权

一般而言,行政处罚权包括设定权、规定权、实施权、执行权等,笔者重点讨论设定权和规定权。新《行政处罚法》第13条第1款规定了部门规章在上位法设定范围内的具体规定权①,第2款规定了部门规章在规定范围内的行政处罚设定权②。行政处罚法自1996年立法,历经2009年、2017年、2021年修改,但对于部门规章的行政处罚设定权和规定权的表述基本没变,对行政处罚规定权均表述为"可以在法律、行政法规规定的给予行政处罚的行为、种类和幅度的范围内作出具体规定",对行政处罚设定权的法定前提均表述为"尚未制定法律、行政法规"。

关于规章是否应当具有处罚设定权,一直存有争议。1996年最初的《行政处罚法》就授予了部门规章设定行政处罚的权力,但从权威部门的解释来看,却是暂时性通过制定部门规章进行管理的权宜之计或者过渡性规定③。在新《行政处罚法》修订时,上述争议仍然存在,"有不少意见认为不宜赋予国务院部门规章设定行政处罚的权限""有的认为我国法律体系已经建立,各行各业中法律、行政法规基本具备,国务院部门规章应当聚焦'具体执行'的主业,不宜保留创制性立法权,包括行政处罚设定权限"④。有一些学者也认为,应取消部门规章行政

① 《行政处罚法》第13条第1款规定:"国务院部门规章可以在法律、行政法规规定的给予行政处罚的行为、种类和幅度的范围内作出具体规定。"

② 《行政处罚法》第13条第2款规定:"尚未制定法律、行政法规的,国务院部门规章对违反行政管理秩序的行为,可以设定警告、通报批评或者一定数额罚款的行政处罚。罚款的限额由国务院规定。"

③ "对于规章,应否赋予行政处罚设定权,是行政处罚法中设定权里的较大的问题,意见分歧是比较大的""《行政处罚法》中对规章设定权的规定,应该说是过渡性规定,随着法制的不断完善,规章设定行政处罚的权力应当是逐步消亡的",参见全国人大常委会法制工作委员会国家法、行政法室主编:《〈中华人民共和国行政处罚法〉释义》,法律出版社1996年版,第30~32页。

④ 许安标主编:《〈中华人民共和国行政处罚法〉释义》,中国民主法制出版社2021年版,第65页。

处罚设定权,仅保留其行政处罚规定权。[①] 这些探讨为海关规章立法者设定行政处罚时考虑其合法性以及稳定性提供了一个视角,因为当前海关规章立法存在的问题,恰恰就是对行政处罚设定权的法定前提的理解存在误区。

二、厘清海关规章行政处罚设定权的法定前提

如上所述,《行政处罚法》明确规定了部门规章只有在"尚未制定法律、行政法规"这个法定前提条件下,对违反行政管理秩序的行为,才可以设定上位法规定范围的行政处罚。但实践中,对于"尚未制定法律、行政法规"存在不同理解,第一种认为其意指"法律、行政法规没有规定";第二种理解对于尚未制定法律、行政法规的范围,有"领域说""事项说"等观点[②]。"尚未制定法律、行政法规",是指某行政管理领域尚未制定法律、行政法规,还是某个行政事项或某一行政行为尚未制定法律、行政法规?对此,从以下三个方面厘清其含义。

(一)立法原意探究

1. 部门规章的制定依据

2000 年实施的《立法法》第 71 条第 2 款明确规定了部门规章制定事项范围,2015 年修订的《立法法》第 80 条第 2 款对此表述没有变化。[③] 根据全国人大官网上的《中华人民共和国立法法释义》,对于如何理解规章制定依据曾有两种不同意见:一是"职权说",即规章制定机关在其职权范围内,凡法律未禁止的,以及不属于法律、法规明确列举的调整事项,规章制定机关可以通过制定规章来履行职权;二是"依据说",即在没有法律、法规的情况下,由有权的机关委任或委托行政

---

① 参见沈福俊:《部门规章行政处罚设定权的合法性分析》,载《华东政法大学学报》2011 年第 1 期。

② 参见曹鎏:《论"基本法"定位下的我国〈行政处罚法〉修改——以 2016 年至 2019 年的行政处罚复议及应诉案件为视角》,载《政治与法律》2020 年第 6 期。

③ 《立法法》第 80 条第 2 款规定:"部门规章规定的事项应当属于执行法律或者国务院的行政法规、决定、命令的事项。"

机关制定规章,以解决实际问题。《立法法》这一规定更接近于“依据说”的观点。这意味着,《立法法》立法原意是对部门规章限定于执行上位法范围,在没有上位法依据或者明确授权情况下,部门规章设定相对人权利义务的创制性立法空间几乎没有。当然,《行政处罚法》明确授权部门规章可以在一定范围内创制性立法,但是必须注意其授权的法定前提。

2. 立法机关的权威释义

从1996年全国人大常委会法工委编写的《〈中华人民共和国行政处罚法〉释义》有关解释①,可见最高立法机关从行政处罚立法之初就对规章的处罚设定权非常慎重,体现出维护国家法制统一、遵循“处罚法定”原则的立法思路。2022年全国人大常委会法工委副主任许安标主编的《〈中华人民共和国行政处罚法〉释义》对此亦强调“本次修法对国务院部门规章的行政处罚设定权限仍持谨慎态度,一方面是严格限定,在已经制定法律、行政法规的领域,国务院部门规章主要是具体执行……另一方面是适度授权,在尚未制定法律、行政法规的领域,国务院部门规章有一定设定权限……”②综上,“尚未制定法律、行政法规”的立法原意,应当是指某一行政管理领域的法律、行政法规没有制定,或者处于空白状态。

---

① “从实际情况看,行政管理涉及社会生活各个方面,我国当前又处于改革开放中,某些领域一时还难以制定法律、法规,行政机关相当多的管理工作还是依据规章进行的。完全不许规章设定行政处罚,不大现实,同时,对规章设定行政处罚的权限要从严掌握,不宜过大”“在经济领域,法律、行政法规已经基本具备,目前规章应主要在非经济的行政管理中以及城市行政管理中做出某些规定,设定警告或者罚款的行政处罚。”参见全国人大常委会法制工作委员会国家法、行政法室主编:《〈中华人民共和国行政处罚法〉释义》,法律出版社1996年版,第29~32页。

② 许安标主编:《〈中华人民共和国行政处罚法〉释义》,中国民主法制出版社2021年版,第65~66页,“某些领域一时还难以制定法律、法规,行政机关相当多的管理工作还是依据规章进行的……同时,对规章设定行政处罚的权限要从严掌握,不宜过大”;“在经济领域,法律、行政法规已经基本具备,目前规章应主要在非经济的行政管理中以及城市行政管理中做出某些规定,设定警告或者罚款的行政处罚”。

3. 其他法律的镜鉴

《立法法》也有“尚未制定法律或者行政法规”相关表述，如第 73 条第 2 款规定“除本法第八条规定的事项外，其他事项国家尚未制定法律或者行政法规的”。中国人大网“法律释义与问答”对此解释为“对于最高国家权力机关专属立法权以外、国家尚未制定法律或者行政法规的事项，则允许地方性法规先行作出规定……因此，在国家立法出台前，地方可以先制定地方性法规，以解决地方的实际问题”。[①] 这些表述清晰表明，《立法法》的“尚未制定法律或者行政法规”意指法律、行政法规尚未出台，这与《行政处罚法》对此表述的含义应当是相同的。

4. “领域说”与“事项说”并不冲突

《〈中华人民共和国行政处罚法〉释义》一书编者认为，“在尚未制定法律、行政法规的领域，国务院部门规章有一定设定权限”[②]，倾向“领域说”。《立法法》对于制定法律、法规、规章的立法权限均用“事项”[③]一词进行表述，但立法“事项”明显所指范围较大，而不可能是某一具体事项或事务，如该法第 8 条列举了 11 种只能制定法律的“事项”，包括民事基本制度、基本经济制度以及财政、海关、金融和外贸的基本制度等，因此立法“事项”应当理解为较大范围事项，在行政立法角度也可以理解为某一行政管理领域。“尚未制定法律、行政法规”应指较大范围的事项、制度或者某一领域的法律、行政法规尚未制定。

---

① 参见《法律释义与问答之中华人民共和国立法法释义》，载中国人大网 2001 年 8 月 1 日，http://www.npc.gov.cn/npc/c2163/200108/2361510857da434ebb063b0ddf5614bd.shtml。

② 许安标主编：《〈中华人民共和国行政处罚法〉释义》，中国民主法制出版社 2021 年版，第 66 页。

③ 参见《立法法》第 8 条规定：“下列事项只能制定法律：（一）国家主权的事项……（十一）必须由全国人民代表大会及其常务委员会制定法律的其他事项”；第 65 条第 2 款规定：“行政法规可以就下列事项作出规定：（一）为执行法律的规定需要制定行政法规的事项；（二）宪法第八十九条规定的国务院行政管理职权的事项。”第 80 条第 2 款规定，“部门规章规定的事项应当属于执行法律或者国务院的行政法规、决定、命令的事项”等。

例如,海关减免税管理,在已有《海关法》《进出口关税条例》《海关行政处罚实施条例》等予以规范的情况下,再行制定单行法律或者行政法规,不具立法必要性和可行性,所以就海关减免税管理领域或事项而言,不能说:尚未制定法律、行政法规。

(二)从《行政处罚法》修订分析立法机关观点

新《行政处罚法》第12条第3款①新增了地方性法规的行政处罚补充设定权,但行政处罚法修订草案对该条最初规定的适用前提是"对法律、行政法规未规定的违法行为可以补充设定行政处罚",后因"放权要慎重""步子不要跨得太大"等意见,行政处罚法修订草案二次审议稿将其修改为"法律、行政法规对违法行为未作出行政处罚规定",之后定型未作新的修改。② 由此可见,立法机关对于地方性法规行政处罚补充设定权持慎重态度,适用前提仅限于:已经有上位法,且上位法对违法行为未作行政处罚规定的情况。举重以明轻。不难看出,立法机关对于部门规章在上位法未制定情况下的处罚设定权持何种观点。以下从两个层面予以分析:

一是规章上位法规定了违法但未设定行政处罚的情况。新《行政处罚法》第11条、第12条分别增加规定了补充设定行政处罚的事前、事后程序要求,体现出立法对于补充设定行政处罚权的慎重和制约。对比第13条第2款、第14条第2款的"尚未制定法律、(行政)法规的"的不同表述,显然表明,补充设定行政处罚仅适用于行政法规、地方性法规,如果某种行为违反了规章的上位法的规定,但上位法对此没有设定行政处罚,此种情况下规章不能补充设定警告、通报批评或者一定数额罚款的行政处罚。

---

① 《行政处罚法》第12条第3款规定:"法律、行政法规对违法行为未作出行政处罚规定,地方性法规为实施法律、行政法规,可以补充设定行政处罚。拟补充设定行政处罚的,应当通过听证会、论证会等形式广泛听取意见,并向制定机关作出书面说明。地方性法规报送备案时,应当说明补充设定行政处罚的情况。"

② 参见许安标主编:《〈中华人民共和国行政处罚法〉释义》,中国民主法制出版社2021年版,第59~60页。

二是规章上位法没有规定违法的情况。《立法法》第 80 条第 2 款、《规章制定程序条例》第 3 条第 2 款均对部门规章设定权作出限制[①],尽管新《行政处罚法》第 13 条第 2 款与《立法法》第 80 条第 2 款存在一定的法律冲突,但可以通过上位法授权来解决。[②] 如果规章的上位法没有规定某种行为违法,规章当然不能创制性规定违法行为并设定警告、通报批评或者一定数额罚款的行政处罚。

上述两种情况下部门规章的处罚设定不具合法性,足以说明,"尚未制定法律、行政法规"是指某行政管理领域(或者较大范围事项)的法律、行政法规尚未制定,处于空白状态,不能理解为法律、行政法规已经制定但未对违法行为作出规定,更不能理解为法律、行政法规已经规定违法但未设定行政处罚。根据《立法法》《行政处罚法》,部门规章在某行政管理领域(或者较大范围事项)的法律、行政法规尚未制定的情况下,要设定警告、通报批评或者一定数额罚款的行政处罚,只有在已有国务院的决定、命令的依据时才能作出。

(三)由最高人民法院指导案例窥见审判机关观点

最高人民法院发布的 5 号指导案例[③]中,苏州盐务局根据《江苏省〈盐业管理条例〉实施办法》的规定,认定鲁潍公司未经批准购买、运输工业盐违法,并对鲁潍公司作出行政处罚。《江苏省〈盐业管理条例〉实施办法》系省政府规章,但其上位法国务院的《盐业管理条例》并没有规定此类违法行为的处罚。对此,法院认为,依照《行政处罚法》相关规定,在行政法规《盐业管理条例》已经制定的情况下,地方政府规章只能在上位法规定的给予行政处罚的行为、种类和幅度内作出具体

① 《立法法》第 80 条第 2 款和《规章制定程序条例》第 3 条第 2 款均规定,没有法律或者国务院的行政法规、决定、命令的依据,部门规章不得设定减损公民、法人和其他组织权利或者增加其义务的规范,不得增加本部门的权力或者减少本部门的法定职责。

② 参见刘绍明:《地方政府规章"义务创制立法"的困境与出路——以〈立法法〉修改为视角》,载《黑龙江省政法管理干部学院学报》2018 年第 3 期。

③ 参见鲁潍(福建)盐业进出口有限公司苏州分公司诉江苏省苏州市盐务管理局盐业行政处罚案。

规定,而上位法未对该案所涉违法行为设定行政处罚,因此地方政府规章不能对该行为设定行政处罚,因此苏州盐务局依据《江苏省〈盐业管理条例〉实施办法》对当事人作出的行政处罚,属于适用法律错误,依法应予撤销。①

虽然此指导案例适用的是 1996 年《行政处罚法》第 13 条关于地方政府规章的处罚规定权和设定权的规定,但是该法第 12 条关于部门规章处罚设定权的规定与第 13 条均使用了"尚未制定"的适用前提表述,且至今没有变化,因此,此指导案例对于涉及部门规章处罚设定权的情形同样具有现实指导作用。也就是说,如果某行政管理领域的法律、行政法规没有针对违法行为设定行政处罚,那么作为下位法的部门规章,无权对该行为另行设定行政处罚。由最高人民法院 5 号指导案例可以看出,法院对待没有法律、行政法规规定而依据规章处罚的裁判观点。执法实践中,如果缺少法律、行政法规的依据而仅依据部门规章就作出行政处罚决定,可能会面临败诉风险。

三、审视海关规章行政处罚设定权存在的问题

目前,海关的法律、行政法规基本完备,海关立法考虑更多的是修订问题,基本不存在"尚未制定法律、行政法规"的情况。依照新《行政处罚法》第 13 条第 2 款的规定,需要重新审视海关规章行政处罚设定权的合法性问题。

以《海关进出口货物减免税管理办法》(以下简称《海关减免税办

---

① 参见最高人民法院指导案例 5 号(2012)中"鲁潍(福建)盐业进出口有限公司苏州分公司诉江苏省苏州市盐务管理局盐业行政处罚案":"在已经制定行政法规的情况下,地方政府规章只能在行政法规规定的给予行政处罚的行为、种类和幅度内作出具体规定,《盐业管理条例》对盐业公司之外的其他企业经营盐的批发业务没有设定行政处罚,地方政府规章不能对该行为设定行政处罚。""苏州盐务局在依职权对鲁潍公司作出行政处罚时,虽然适用了《江苏省〈盐业管理条例〉实施办法》,但是未遵循《立法法》第七十九条关于法律效力等级的规定,未依照《行政许可法》和《行政处罚法》的相关规定,属于适用法律错误,依法应予撤销。"

法》)第34条[①]为例,该条对当事人未按照有关规定向海关报告主体变更或者终止情形以及有关减免税货物情况的违法行为设定了警告、罚款的行政处罚。依照新《行政处罚法》第13条第2款的规定予以分析:在海关关税征管领域,《海关减免税办法》的上位法是《海关法》《进出口关税条例》《海关稽查条例》等,涉及对违法行为处罚的上位法还有《行政处罚法》《海关行政处罚实施条例》等,但这些法律、行政法规等没有规定与《海关减免税办法》第34条针对的违法行为相关的处罚条款,只有《海关行政处罚实施条例》第18条第1款第8项规定[②]稍可牵强,但其罚则是"处货物价值5%以上30%以下罚款",与《海关减免税办法》第34条的罚则"海关予以警告,责令其改正,可以处1万元以下罚款"区别较大。

上述分析意味着:一是《海关减免税办法》第34条不是在上位法规定的给予行政处罚的行为、种类和幅度的范围内作出的具体规定,而是针对违法行为新设立的行政处罚,不符合"尚未制定法律、行政法规"的法定前提,违反了《行政处罚法》第13条的规定。如果依据《海关减免税办法》第34条作出的行政处罚被提起行政诉讼,可能出现法院不参照该规章裁判的情况。二是根据《立法法》第80条第2款、《规章制定程序条例》第3条第2款以及第2条第2款[③]的规定,《海关减免税办法》第34条在没有上位法依据的情况下,所设定的减损相对人权益的行政处罚的条款是无效的。

存在类似问题的规定,还有《海关对保税仓库及所存货物的管理

---

① 《海关减免税办法》第34条规定:"在海关监管年限内,减免税申请人发生分立、合并、股东变更、改制等主体变更情形的,或者因破产、撤销、解散、改制或者其他情形导致其终止的,当事人未按照有关规定,向原减免税申请人的主管海关报告主体变更或者终止情形以及有关减免税货物的情况的,海关予以警告,责令其改正,可以处1万元以下罚款。"

② 《海关行政处罚实施条例》第18条第1款规定,"有下列行为之一的,处货物价值5%以上30%以下罚款,有违法所得的,没收违法所得……(八)有违反海关监管规定的其他行为,致使海关不能或者中断对进出口货物实施监管的"。

③ 《规章制定程序条例》第2条第2款规定:"违反本条例规定制定的规章无效。"

规定》第29条[①]、《海关报关单位备案管理规定》第14条[②]等,在海关监管领域没有上位法规定与其针对的违法行为相关的处罚条款,属于违反《行政处罚法》第13条规定的情形。检验检疫领域就不同商品而制定单行规章较多,此方面问题更多,涉及《进口可用作原料的固体废物检验检疫监督管理办法》《进出口商品数量重量检验鉴定管理办法》《出入境人员携带物检疫管理办法》等十余部规章近20个行政处罚条款,理应引起海关立法者高度重视。

四、海关行政处罚立法的对策思路

(一)规范现行海关规章的行政处罚设定

新《行政处罚法》增加了行政处罚实施评估制度[③],海关应当积极予以落实。鉴于《海关法》修法正在争取列入下一个五年立法规划,海关总署层面可以立足于海关立法的长期性和复杂性,针对海关规章存在的处罚设定权问题,结合新《行政处罚法》实施,对涉及处罚设定的现行海关规章进行全面的评估和清理,对于海关法律、行政法规没有设定的行政处罚事项及种类、罚款数额而海关规章自行设定的,及时予以修改或废止;对于执行层面需要进一步明确的,可以在法律、行政法规规定的给予行政处罚的行为、种类和幅度的范围内细化相关具体

---

① 《海关对保税仓库及所存货物的管理规定》第29条规定:"保税仓库经营企业有下列行为之一的,海关责令其改正,可以给予警告,或者处1万元以下的罚款;有违法所得的,处违法所得3倍以下的罚款,但最高不得超过3万元:(一)未经海关批准,在保税仓库擅自存放非保税货物的;(二)私自设立保税仓库分库的;(三)保税货物管理混乱,账目不清的;(四)经营事项发生变更,未按第十七条规定办理海关手续的。"

② 《海关报关单位备案管理规定》第14条规定:"报关单位有下列情形之一的,海关责令其改正,拒不改正的,海关可以处1万元以下罚款:(一)报关单位名称、市场主体类型、住所(主要经营场所)、法定代表人(负责人)、报关人员等发生变更,未按照规定向海关办理变更的;(二)向海关提交的备案信息隐瞒真实情况、弄虚作假的;(三)拒不配合海关监督和实地检查的。"

③ 《行政处罚法》第15条规定:"国务院部门和省、自治区、直辖市人民政府及其有关部门应当定期组织评估行政处罚的实施情况和必要性,对不适当的行政处罚事项及种类、罚款数额等,应当提出修改或者废止的建议。"

规定,确保海关规章符合上位法规定。

(二)利用好法律授权的行政处罚规定权

新《行政处罚法》一个亮点是在持续推进“放管服”改革形势下适度“放权”,扩张了部门规章的规定权,如在违法所得的计算、从轻减轻处罚、办案期限、应当听证的其他情形等方面,授予部门规章另行规定的权力。目前海关总署已经整合了走私违规、检验检疫以及知识产权三类行政处罚案件程序,出台了《海关办理行政处罚案件程序规定》,但是基于新《行政处罚法》实施后的执法需求,尚需利用好新《行政处罚法》的法律赋权和立法留白,结合机构改革、业务改革和缉私部门管理体制改革等,重点围绕行政处罚“力度”和“温度”两个方面,大力推行“柔性执法”,出台落实新《行政处罚法》的有关细化规定,如包容免罚清单、违法所得认定标准、立案标准、证据规则、处罚裁量基准等。同时,坚持处罚与教育相结合,广泛运用说服教育、劝导示范、警示告诫等方式,对于一些程序性违法或者危害后果不大的违法行为,推行“先责令改正,拒不改正或者逾期改正再处罚”的包容审慎执法方式。

(三)助推海关行政处罚法律法规修订

尽管规定行政处罚程序的海关规章可以依据新《行政处罚法》先行修改,但是新《行政处罚法》并未授予部门规章规定权的,必须要推动法律、行政法规的修改,如新《行政处罚法》第 13 条第 2 款新增了部门规章可以设定“通报批评”的处罚种类,但只有在相关法律、行政法规等修改后,部门规章才可能增加“通报批评”处罚规定。《进出境动植物检疫法实施条例》等存在不能满足机构改革需要、适用范围较窄、处罚力度不够、企业违法成本较低等问题,可以利用新《行政处罚法》实施契机推动相关行政法规修订,细化海关行政处罚具体规定或者补充设定行政处罚,为应对进出境监管各类安全挑战提供法治保障;对于关检融合以来急需在法律层面明确的问题,总结固化执法实践成果,不断积累立法经验,为《海关法》等修法做好水到渠成之准备。

(四)做好行政处罚机制创新的立法保障

随着数字化时代的到来,行政执法的电子化、移动化亦是大势所趋。《法治政府建设实施纲要(2021—2025年)》提出,“全面建设数字法治政府”“深入推进‘互联网+’监管执法”“推行行政执法APP掌上执法”等。在落实新《行政处罚法》过程中,海关要加强政企沟通,增强立法预期度和稳定性,海关规章、规范性文件出台要为市场主体留出必要的适应调整期,避免出现“突袭式”现象;学习借鉴法院等先进理念和做法,加大非现场执法在海关监管领域的应用力度,推行网上执法、移动执法,完善电子送达规则;在确保合法性前提下,加大高新技术在海关执法领域的应用力度,为应用电子文书、电子证据、电子公证等提供相关立法保障,推动主动披露制度在关检业务领域全面应用,做到宽严相济、法理相融,提高执法效率,努力打造新时代海关执法新形象。

Analysis of the Problems and Ways of Dealing with the Legitimacy about Setting of Administrative Penalties in the Customs Regulations

WANG Hongbo

[**Abstract**] According to the Administrative Punishment Law, there is a precondition to set the administrative penalties in the ministerial rules of the State Council. But it is often ignored because of misunderstanding about the legislative practice of the Customs. It is essential to clarify the misunderstanding by means of research on the original intention, comparison of old and new laws and the related case analysis, and to resolve the related problems by means of regulating the setting of administrative penalties, dealing with application of legal authorization, promoting the revision of laws and improving the innovation of Customs rules.

[**Key words**] Customs regulations; setting of administrative penalties; legislation

海关法评论(第11卷)

海关刑事法律问题

Customs Criminal Law Issues

从刑事一体化看党的十九大以来我国走私犯罪的刑事策略

陈 晖*

［摘 要］ 党的十九大以来，我国走私犯罪总体形势依然严峻，海上走私、“水客”走私、“套代购”走私突出。为打击走私犯罪，采取了“宽严相济”、以严为主、严中有宽的刑事政策，体现在中央领导高度重视，打私体制机制不断完善，海关缉私能力不断提升，综合治理效能不断加强，认罪认罚制度得到充分运用。刑事法律上，在走私特定对象和购买私货罪名认定、走私犯罪工具处置、“蚂蚁走私”入刑等方面，有针对性地进行立法和司法完善。犯罪学上，重点围绕走私犯罪前、犯罪中和犯罪后开展走私犯罪预防。党的十九大以来我国走私犯罪刑事策略充分体现了党对打私工作的集中统一领导、总体国家安全观、以人民为中心、依法打私和刑事一体化的思想，形成了从犯罪现象分析→刑事政策指导→犯罪侦查→刑法适用→犯罪预防的刑事一体化闭环系统。

［关键词］ 刑事一体化；党的十九大；走私犯罪；刑事策略

走私犯罪是一个复杂的社会问题，涉及历史学、经济学、法学、社会学等诸多学科专业领域，其中，处理走私犯罪问题直接涉及的是刑

* 陈晖，中国海关管理干部学院院长，教授，上海市法学会海关法研究会会长。

事法律,而走私犯罪刑事法律又涉及刑法、刑事诉讼法、刑事政策、刑事侦查学、犯罪学等诸多刑事法律下属学科专业。通过客观现象或事实,把握规律,遏制或减少走私犯罪给社会经济带来的负面影响,是刑事法律学科的任务和使命。而要掌握走私犯罪的规律,发挥刑事法律学科专业的综合作用,刑事一体化是重要的指导思想和方法。从刑事一体化分析走私犯罪现象或经验,把握走私犯罪规律和特点,可以发挥抓住"牛鼻子"、事半功倍的作用,有效遏制走私犯罪,有效控制和减少走私犯罪对社会经济的破坏。

一、党的十九大以来我国走私犯罪的形势分析

1. 走私犯罪总体形势依然严峻

据统计,2017~2021年全国海关立案侦办的走私犯罪案件数、案值呈增长的趋势。2017年案件数3260起,涉税走私犯罪案值359.9亿元;2018年案件数3601起,涉税走私犯罪案值451.2亿元;2019年案件数4198起,涉税走私犯罪案值781.6亿元;2020年案件数4061起,涉税走私犯罪案值927.3亿元;2021年案件数4259起。

2. "洋垃圾"、象牙等濒危物种制品走私得到有效遏制

通过严厉打击"洋垃圾"走私、象牙等濒危物种制品走私,案件数量明显下降。2021年查证走私"洋垃圾"4.2万吨,同比下降97.4%,全国海关退运固体废物42.2万吨。查获走私象牙从2019年的9.2吨下降到2021年的68公斤,海关总署缉私局和福州、厦门、广州、黄埔、南宁海关缉私局先后获得联合国环境署、国际CITES组织授予的亚洲环境执法奖、克拉克·巴文野生动物执法奖。

3. 海上走私、水客走私、"套代购"走私突出

随着国家对"洋垃圾"、象牙等濒危物种制品走私的严厉打击,以及国家进出口管制和贸易政策的调整,走私犯罪的地域和渠道发生漂移,当前海上、水上、旅检、货运、跨境电商渠道走私呈现多头并进态势,粤港澳海上跨境走私、珠澳口岸"水客"走私、海南离岛免税"套代购"走私突出。海上成品油走私严重,近几年成品油走私规模持续保

持高位,2019 年,全国海关缉私部门立案侦办成品油走私犯罪案件 342 起,案值 148.1 亿元。

二、党的十九大以来我国走私犯罪的刑事政策

我国走私犯罪的刑事政策总的来说是“宽严相济”、以严为主、严中有宽。以严为主,体现在国家高度重视打击走私,国家打击走私体制机制不断完善,海关缉私能力不断提升,综合治理效能不断加强。严中有宽,体现在认罪认罚制度在走私犯罪司法处理中得到充分运用。

1. 中央领导高度重视

习近平总书记高度重视走私犯罪问题,党的十九大以来多次对打击走私作出重要批示。此外,中央领导还高度关注“水客”走私、粤港澳海上跨境走私等,作出重要指示批示。

2. “打私”体制机制不断完善

2007 年国务院同意海关总署的请示,建立全国打私综合治理部际联席会议制度。在国务院领导下,研究拟订反走私工作的重大政策措施,向国务院提出建议;协调解决反走私工作中的重大问题;指导、督促、检查各省、自治区、直辖市反走私综合治理工作。该联席会议原则上每年召开一次例会,根据工作需要召开全国打私工作座谈会;每年召开全国海关缉私工作会议暨打私办主任会议。国务院起草了《关于反走私综合治理的若干规定》,出台了《关于加强新形势下打击冻肉走私工作的意见》《“三无船舶”联合认定办法》。海关总署坚决贯彻落实党中央海关缉私部门管理体制调整重大决策部署,进一步加强打击走私工作,出台“1+6”文件。

3. 综合治理成效明显

党的十八大以后,进一步明确地方各级政府是本地区反走私综合治理的责任主体,重点市县打私办“实体化运作、实体化管理”,主体责任进一步加强。广西建立“大协同多锁链”反走私综合治理体系,浙江出台“反走私综合治理工作方案”,云南所有州市设立打私办,广东理顺海防打私体制机制等,全国打私办修订“反走私综合治理工作检查

考核标准”,加强对地方的考核指导。党的十九大以后,地方政府组织领导更加有力,浙江、广东、福建、广西、海南、山东、辽宁、上海、河南、新疆等地打私办实体化运作成效明显,广东、辽宁、浙江、海南等地方性法规规章陆续出台,广西、云南等边境地区人防、物防、技防建设持续推进,广东、浙江、福建等地“智慧综治”效果明显。各地无走私村示范点建设持续深入,基层治理效果进一步显现。

4. 海关缉私能力不断提升

党的十八大以后,海关缉私走专业化发展道路,改革创新,“智慧缉私”见成效,缉私能力不断提升。海关总署、全国打私办先后组织了“国门之盾”“绿篱”“春雷”“国门利剑”“蓝天”等16次大规模打击走私专项斗争和联合行动,国际合作拓展到30多个国家和地区。党的十九大以后,全力构建“智慧缉私”,打造“主动查发、精准打击、规范执法”的缉私业务体系,缉私能力和水平显著提升,打击方式更加先进、作战模式更加高效、执法办案更加规范、基础保障更加有力。

5. 认罪认罚制度得到充分运用

2018年我国《刑事诉讼法》第三次修改,将认罪认罚从宽规定作为一项重要的制度,2019年“两高三部”《关于适用认罪认罚从宽制度的指导意见》进一步规范了认罪认罚制度的运用。认罪认罚制度是宽严相济刑事政策在刑事司法中的具体体现,在走私罪中也得到积极运用。例如,自2018年10月新《刑事诉讼法》实施至2020年5月,上海市某人民检察院共办理运用认罪认罚从宽制度的走私犯罪案件99件131个人26个单位,其中,提起公诉63件92个人22个单位,相对不起诉36件39个人4个单位,罪名主要涉及走私普通货物、物品罪,走私国家禁止进出口的货物罪,走私珍贵动物制品罪,走私废物罪等。从适用效果看,确定刑量刑建议比例不断提升,法院采纳率高,适用缓刑率高,用好羁押必要性审查和起诉裁量权有利于社会矛盾化解①。

---

① 聂文峰、刘阿华:《认罪认罚从宽制度在走私犯罪案件适用中存在的问题及解决思路》,载陈晖主编:《海关法评论》第10卷,法律出版社2021年版,第179~187页。

三、党的十九大以来我国走私犯罪的刑事法律对策

1. 党的十九大以来刑事立法和司法解释情况

我国《刑法》分则第三章第二节对走私罪进行了具体规定,《刑法修正案》《刑法修正案(四)》《刑法修正案(七)》《刑法修正案(八)》《刑法修正案(九)》分别就走私废物罪、走私珍稀植物及其制品罪,以及走私罪的死刑存废等进行了修改,2020 年《刑法修正案(十一)》考虑国家生物安全的保护需要,在《刑法》第 334 条增加走私人类遗传资源材料罪。

在司法解释方面,我国 1997 年《刑法》颁布后,先后于 2000 年、2006 年颁布了《最高人民法院关于审理走私刑事案件具体应用法律若干问题的解释》(法释〔2000〕30 号)、《最高人民法院关于审理走私刑事案件具体应用法律若干问题的解释(二)》(法释〔2006〕9 号)。2014 年最高人民法院、最高人民检察院颁布《关于办理走私刑事案件适用法律若干问题的解释》,以上两个司法解释因此废止。2021 年最高人民法院、最高人民检察院、海关总署、公安部、中国海警局联合制定了《关于打击粤港澳海上跨境走私犯罪适用法律若干问题的指导意见》。

此外,2019 年最高人民法院、最高人民检察院、海关总署发布《打击非设关地成品油走私专题研讨会会议纪要》(署缉发〔2019〕210 号),该纪要是海关总署与最高人民法院、最高人民检察院联合发布的规范性司法文件①,对司法实践具有指导作用。

2. 刑事立法和司法解释修改完善的重点内容

(1)利用他人许可证件走私限制进口废物,以走私国家禁止进出口的货物、物品罪处理。"洋垃圾"走私一度十分严重,由于废物进出口国家实行许可证制度,利用他人许可证走私固体废物的行为十分突

---

① 郭慧等:《〈打击非设关地成品油走私专题研讨会会议纪要〉的理解与适用》,载中华人民共和国最高人民法院刑事审判第一、二、三、四、五庭主办:《刑事审判参考》总第 124 集,法律出版社 2020 年版,第 214 页。

出,根据最高人民法院和最高人民检察院《关于办理走私刑事案件适用法律若干问题的解释》第21条的规定,租用、借用或者使用购买的他人许可证,进出口国家限制进出口的货物、物品的,以走私国家禁止进出口的货物、物品罪等罪名定罪处罚;偷逃应缴税额,同时又构成走私普通货物、物品罪的,依照处罚较重的规定定罪处罚。这样便有力打击了此类利用他人许可证走私固体废物的行为,此类案件明显减少。

(2)走私成品油以走私普通货物、物品罪处理。成品油走私一直是走私重点对象,特别是海上成品油走私,走私规模很大,此外,货运渠道、边境"蚂蚁搬家"式成品油走私屡打不绝。2019年3月27日,最高人民法院、最高人民检察院、海关总署召开非设关地成品油走私专题研讨会,形成了《打击非设关地成品油走私专题研讨会会议纪要》,专门就非设关地成品油走私问题作出规定,明确走私成品油适用普通税率,以走私普通货物罪定罪处罚。该纪要还对走私故意认定,收购走私成品油行为、犯罪数额的认定,证据的收集,涉案货物、财产及运输工具的处置,专属经济区或者公海走私成品油的查处等问题进行了明确。

(3)走私未取得检验检疫证书的冻品以走私国家禁止进出口货物罪处理。粤港澳海上跨境走私冻品等犯罪频发,为严厉打击粤港澳海上跨境走私,2021年12月14日最高人民法院、最高人民检察院、海关总署、公安部、中国海警局联合制定了《关于打击粤港澳海上跨境走私犯罪适用法律若干问题的指导意见》。该指导意见指出,非设关地走私进口未取得国家检验检疫准入证书的冻品,应认定为国家禁止进口的货物,构成犯罪的,按走私国家禁止进出口的货物罪定罪处罚。同时规定,走私犯罪分子在实施走私犯罪或者逃避追缉过程中,实施碰撞、挤别、抛撒障碍物、超高速行驶、强光照射驾驶人员等危险行为,危害公共安全的,以走私罪和以危险方法危害公共安全罪数罪并罚。该指导意见还对用于运输走私冻品等货物的船舶、车辆的处置进行了原则性规定。

(4)向非直接走私人购买走私货物、物品,区分情况,按照洗钱罪或掩饰、隐瞒犯罪所得犯罪所得收益罪处理。为打击流通渠道购买私货,堵塞走私货物物品流入市场的渠道,《打击非设关地成品油走私专题研讨会会议纪要》规定:直接向走私人购买走私的成品油,数额较大的,以走私罪论处;向非直接走私人购买走私的成品油的,根据其主观故意,分别按照洗钱罪或者掩饰、隐瞒犯罪所得、犯罪所得收益罪定罪处罚。行为人在销售的成品油中掺杂、掺假,以假充真,以次充好或者以不合格油品冒充合格油品,构成犯罪的,以生产、销售伪劣产品罪定罪处罚。

(5)对用于运输走私的船舶、车辆的处置。为了防止走私犯罪分子重复使用用于运输走私的船舶、车辆,《关于打击粤港澳海上跨境走私犯罪适用法律若干问题的指导意见》和《打击非设关地成品油走私专题研讨会会议纪要》对用于运输走私的船舶、车辆,规定按照以下原则处置:①对"三无"船舶,无法提供有效证书的船舶、车辆,依法予以没收、收缴或者移交主管机关依法处置;②对走私犯罪分子自有的船舶、车辆或者假挂靠、长期不作登记、虚假登记等而实为走私分子所有的船舶、车辆,作为犯罪工具依法没收;③对所有人明知或者应当知道他人实施走私冻品等犯罪而出租、出借的船舶、车辆,依法予以没收。"明知或者应当知道他人实施违法犯罪",规定了5种情形作为判断的依据。

(6)"水客走私"三次入刑司法实践中充分运用。"水客"走私一直是口岸走私的顽疾,随着海南自由贸易港的建设,海南"离岛免税"水客走私又开始泛滥。为有力打击"蚂蚁搬家式"水客走私,《刑法修正案(八)》将《刑法》第153条走私普通货物物品罪数额犯修改为数额+情节犯,规定"走私货物、物品偷逃应缴税额较大或者一年内曾因走私被给予二次行政处罚后又走私的,处三年以下有期徒刑或者拘役,并处偷逃应缴税额一倍以上五倍以下罚金"。最高人民法院和最高人民检察院《关于办理走私刑事案件适用法律若干问题的解释》对"一年内曾因走私被给予二次行政处罚后又走私"中的"一年内""被给予二次行政处罚""又走私"进行了解释。在打击"水客"走私的专项行动中,上述《刑法》规定和司法解释得到了充分运用。

四、党的十九大以来我国走私犯罪的犯罪学对策

犯罪由复杂的犯罪原因和要素构成,按照犯罪因素对犯罪结果的原因力大小可以区分为犯罪根源、犯罪原因、犯罪条件和犯罪相关因素等。由于走私犯罪具有复杂的政治、经济、社会、法律等原因或要素,在短时间内要消除走私犯罪的根源或原因是不现实的,现阶段更多的是在走私犯罪条件和走私犯罪相关因素上采取针对性措施,给走私犯罪的实现制造困难或障碍,从犯罪条件和相关因素上遏制走私犯罪。

1. 对走私犯罪犯罪前预防对策

对走私犯罪犯罪前预防对策,主要是针对走私行为、走私货物物品和边境走私环境的预防上。在对走私物的预防方面,为打击"洋垃圾"走私,我国深化与联合国环境署、巴塞尔公约秘书处等国际组织的合作,打击固体废物走私,与欧盟以及新加坡、马来西亚等国家和地区共同开展打击固体废物走私联合行动,有效堵塞境外固体废物走私入境渠道;在对走私人的预防方面,加强对重点人群的管控。例如,中资(澳门)职业介绍所协会积极配合海关,组织10万余名赴澳劳务人员签署《进出境旅客海关监管规定告知书》,明确告知旅客海关监管规定和走私需要承担的法律责任,督促赴澳劳务人员遵纪守法、诚信通关。边检、出入境管理部门布列边控对象,对频繁活动与珠澳口岸的重点"水客"采取限制签注措施。在边境走私环境预防方面,一是我国充分发挥双边国际合作作用,2017年11月,习近平总书记对越南进行国事访问,在与越南国家领导人共同发表的《中越联合声明》中,专门提出"商讨规范边境地区设关活动,防范打击走私等各类违法犯罪活动"。中央、地方公安、商务、海关各部门共同开展工作,敦促越方规范设关行为、加强边境管控。二是调整贸易政策,让走私物失去价值。2017年3月,我国将澳大利亚冷冻肉准入对象从之前的11家企业扩大到所有合格的出口商;5月,我国与美国谈判通过《中美贸易百日计划》,

时隔14年之后我国再次允许美国牛肉进口;12月,我国对部分消费品进口关税进行调整,范围覆盖奶粉、尿不湿、冷冻海鲜等国内需求旺盛商品,平均税率从17.3%下降至7.7%,肉类、奶粉等国内需求旺盛的商品正常进口规模持续扩大,压缩了此类商品的走私价值空间。2017年年底我国禁止4类24种固体废物进口,2019年全面禁止固体废物进口,利用他人许可证进口固体废物的行为因为贸易政策的变化已不复存在,此类走私行为几乎杜绝。

2. 对走私犯罪犯罪中预防对策

对于着手实施过程中的走私犯罪,有效的预防对策包括边境基础设施建设、通过"智慧缉私"建立进出境旅客数据库、提高查获率等。在边境基础设施建设方面,加强基础设施的建设,从物理空间上增加走私的难度,这是从犯罪条件上预防走私犯罪的发生。例如,中央支持广西边境基础设施建设3年规划,加强广西、云南边海防基础设施建设,广西新建一批边境管控护栏、执勤哨所。在通过"智慧缉私"建立进出境旅客数据库、提高查获率方面,海关缉私部门建立走私基础数据库,通过大数据分析,实现从"事后打击"到"事先预警+事中拦截"的转变。海关缉私部门在确保办案查证率的基础上提高案件查获率,并最大限度查扣、追缴走私货物及资金,提高违法成本,让走私分子无利可图,最大限度挤压走私获利空间。海关"洋垃圾"查获率和成品油查获率大幅度提升,象牙等濒危物种制品、武器弹药、毒品等涉案物品基本实现应扣尽扣、应缴尽缴。2021年上半年海关对"水客走私"的严肃查处,导致"水客"损失惨重,部分走私组织者要求"水客"自行承担贵重商品被查扣的损失。查获率的提升,走私犯罪案数的下降,有效地发挥了犯罪行为实施中的预防作用。

3. 对走私犯罪犯罪后预防对策

对走私犯罪犯罪后的预防,主要体现在对流通领域的治理上。广东、广西、云南、湖北、湖南、河南等省区开展运输环节联合执法,加大对高速公路私开道口行为的整治力度,切断私货运输链条。对私货集散地和市场开展集中清理整顿,严肃查处私货交易行为,进一步规范市场秩序。为打击“水客走私”市场,广东省及深圳、珠海市打私办组织协调海关、公安、市场监管等部门整肃市场,在珠海开展“敲门”行动,进行地毯式清查,关闭揽货点,对重点区域开展滚动巡查。2020年12月底,海关缉私部门和深圳当地警方联合对涉嫌通过跨境电商平台走私的团伙开展集中打击行动,对华强北曼哈美妆交易中心等多个商场内的涉嫌走私店铺进行查缉。犯罪团伙涉嫌走私货物价值超6亿元,涉私店铺、仓库纷纷关闭,这次查缉被网络和媒体评价为“十几年来罕见的严查”。对流通领域的清理和整顿,堵住了私货销售渠道,从犯罪后预防了走私犯罪的发生。

五、对党的十九大以来我国走私犯罪刑事策略的经验总结

1. 坚持党对打私工作的集中统一领导

走私犯罪是跨境犯罪,也是行政犯罪、经济犯罪,涉及的地理空间广、行为链条长、对象包罗万象且翻新快,走私犯罪违反的国家行政法律法规也多,牵涉的国家、地方部门多,因此要有效打击走私,必须坚持党的集中统一领导,动员全社会力量,共同发力,这样才能遏制走私和有效预防走私的发生。全国建立打击走私综合治理部际联席会议制度,全面落实中央决策部署,研究解决走私突出问题。国务院召开全国打私工作座谈会、部际联席会议,地方政府承担反走私综合治理主体责任,发挥地方政府打击走私基础作用,地方打击走私工作机制形成,无走私村示范点建设持续深入,象牙、“洋垃圾”走私明显减少,成品油、“水客”走私得到有效遏制。

2. 坚持以总体国家安全观指导打私工作

坚持总体国家安全观是习近平新时代中国特色社会主义思想的重要内容,我国打私工作充分体现了以总体国家安全观为指导。国家安全是安邦定国的重要基石,维护国家安全是国家和人民的根本利益所在。打私工作和国家安全休戚相关,走私一旦泛滥,会从传统的侵蚀财税安全,扩展到危害政治、经济、社会、文化、生态安全等诸多领域,形成区域性、系统性风险,直至危及整体国家安全。我国打私工作

始终牢固树立总体国家安全观，坚持国家利益至上，坚持专项治理与源头治理、系统治理、依法治理、综合治理相结合，将反走私工作纳入社会治安综合治理统筹推进，打造共建共治共享的社会治理格局，有效打击了各类走私违法犯罪活动，特别是遏制了个别突出走私犯罪，防止了系统性危害国家安全犯罪的发生。

3. 打私工作充分体现了以人民为中心的发展思想

以人民为中心是习近平法治思想"十一个坚持"的重要内容，打私工作充分体现了这一思想。在反走私综合治理工作中，紧紧抓住人民最关心最直接最现实的利益问题，聚焦人民群众反映最强烈的"洋垃圾"、象牙、食糖、大米等突出走私问题，坚决予以打击整治，将危害人民群众财产安全的有害物质拒之于国门之外，更好地满足了人民群众对安全食品、清洁空气、绿色家园的期待。

4. 依法打私

全面依法治国的总目标是建设中国特色社会主义法治体系，建设社会主义法治国家。我国打私工作始终坚持依法打击走私，依法综合治理，加强反走私法治建设，建立、完善打击走私的法治体系。一是开展打击走私的专门立法。海关总署起草了《反走私工作条例（征求意见稿）》，2017 年 5 月 18 日国务院法制办向全社会征求意见，该项打击走私的专门立法（名称改为《国务院关于反走私综合治理的若干规定》）已进入立法程序的最后阶段，专门立法将进一步促进形成依法打击走私的法治体系。二是完善打击走私的刑事法律体系。我国《刑法》分则规定"走私罪"专门一节外，《刑法修正案》《刑法修正案（四）》《刑法修正案（七）》《刑法修正案（八）》《刑法修正案（九）》《刑法修正案（十一）》先后对走私罪进行了修改完善，《关于办理走私刑事案件适用法律若干问题的解释》《关于打击粤港澳海上跨境走私犯罪适用法律若干问题的指导意见》《打击非设关地成品油走私专题研讨会会议纪要》等司法解释或解释性文件发挥司法指导作用。三是完善打击走私的行政法律体系。除修改完善《海关法》《人民警察法》《海关行政处罚实施条例》之外，出台了《关于加强新形势下打击冻肉走私工作的意见》《“三无船舶”联合认定办法》等文件。四是开展打击走私的地方立法活动。广东省、辽宁省、深圳经济特区先后制定《反走私综合治理条例》,浙江省制定《反走私综合治理规定》,海南省制定《反走私暂行条例》等。

5. 刑事一体化思想在打私工作中得到了充分体现

在我国打私工作中,综合运用刑事多学科打击走私犯罪,遏制走私犯罪个罪高发,预防甚至消除某类走私犯罪个罪的刑事一体化思想得到充分运用。其基本逻辑是,通过犯罪学分析研判走私犯罪现象,用宽严相济的刑事政策指导刑事司法活动,通过专项行动,提高查获率,通过司法解释,进一步明确《刑法》规定,严厉打击高发走私犯罪个罪,充分发挥反走私综合治理机制作用,预防和遏制走私犯罪的发生,由此形成了从犯罪现象分析→刑事政策指导→犯罪侦查→刑法适用→犯罪预防的闭环系统,从犯罪学→刑事政策学→犯罪侦查学→刑法学→犯罪学的刑事一体化思想得到充分体现。以“洋垃圾”走私为例,党的十九大前后,我国“洋垃圾”走私一度猖獗,利用他人许可证走私“洋垃圾”占了案件的绝大部分,“洋垃圾”走私引起了习近平总书记的高度重视,司法部门将打击“洋垃圾”走私作为生态文明建设的标志性举措,最高人民法院和最高人民检察院作出司法解释,对利用他人许可证件走私限制进口废物以走私国家禁止进出口的货物、物品罪处理,海关持续开展专项行动,对查获的“洋垃圾”实行退运。2019年国家全面禁止“洋垃圾”进口,“洋垃圾”走私案件大幅度下降,利用他人许可证走私“洋垃圾”现象消失。刑事一体化思想在打私工作中的运用,在冻品走私、成品油走私、“水客”走私防范、打击中得到进一步的证明。

On the Criminal Strategies against Smuggling Crime in China since the 19th National Congress of the Communist Party of China from the Perspective of Criminal Integration

CHEN Hui

[**Abstract**] Since the 19th National Congress of the Communist Party of China, maritime smuggling, smuggling by "parallel importers" and smuggling through "Daigou" has grownrampant, imposing severe challenges on China. In order to combat smuggling crimes, China adopted criminal policies combining leniency with strictness, giving priority to the strictness and showing leniency in strictness. Thanks to the attention paid by the central government, the anti-smuggling systems and mechanisms in China have been improved constantly, with the anti-smuggling capabilities of the customs improved, comprehensive governance efficiency improved and the confession system fully applied. In terms of criminal law, judicial and legislative improvements have been made regarding the conviction of charges against smuggling specific objects and purchasing smuggled goods, disposal of smuggling tools, and criminalization of "ant smuggling". Looking from the perspective of criminology, measures have been taken to prevent smuggling crimes before, during, and after the crime. Since the 19th National Congress of the Communist Party of China, the criminal strategies against smuggling crimes in China have fully demonstrated the philosophy of putting the people first to combat smuggling and realize criminal integration under the centralized leadership of the Communist Party of China and the guidance of the overall national security outlook, forming a closed-loop system of criminal integration of criminal phenomenon analysis → criminal policy guidance → criminal investigation → application of criminal law → crime prevention.

[**Key words**] criminal integration; the 19th National Congress of the Communist Party of China; smuggling crime; criminal strategy

走私人类遗传资源材料罪若干问题初探

张严锋*

[摘　要]　我国《生物安全法》生效实施的背景之下,生物安全被明确纳入国家安全监管体系,人类遗传资源管理作为生物安全监管体系的重要一环受到广泛关注。走私人类遗传资源材料罪设定为情节犯,在其所保护的法益遭受实害或者存在实害危险的情况下予以保护,体现了刑法对人类遗传资源安全的保障。刑法不仅仅是基本法,更是一种保障法,应当寻求实现保障生物安全和技术发展之间的价值平衡,但这种保障平衡的实现,仅仅靠刑法是不能顺利完成的,应当结合其他法律法规,充分发挥法律体系的价值和功能。走私人类遗传资源材料的当事人虽然违反了前置法,但是违法并不等同于对相关刑法所调整的法益造成侵害,应当从形式、实质等全面判断是否确实存在法益侵害性;若没有,就完全没有必要给予刑事惩罚,如此可以体现刑法作为保障法的谦抑性。

[关键词]　生物安全;走私人类遗传资源材料罪

随着中国生物科技行业的发展,一方面,要加强人们对自身遗传资源的认识。另一方面,这又牵涉我国的生物安全防范工作,尤其是

* 张严锋,上海峰京律师事务所律师。

在出口领域,因此对于国门的生物安全防护工作,必须提出更高要求。例如,“生物安全第一案”镇江海关缉私局办理的某企业走私人类遗传资源材料案,①把生物安全问题带入了民众视线。

但是,目前关于人体遗传资源走私在法律层面的讨论相对较少。而在《生物安全法》生效实施的背景之下,生物安全被明确纳入国家安全监管体系,人类遗传资源管理作为生物安全监管体系的重要一环受到广泛关注。为了保护公共卫生安全,也为了总结梳理近年来新冠肺炎疫情的有效防控经验与需要,与《生物安全法》相衔接,维护国家安全和生物安全,防范生物威胁,2021 年 3 月 1 日起施行的《刑法修正案(十一)》第 38 条规定了非法采集人类遗传资源、走私人类遗传资源材料罪。既有非法采集行为,又有非法运送、邮寄、携带出境行为且情节严重的,则适用完整罪名即非法采集人类遗传资源、走私人类遗传资源材料罪,而不是构成两个罪数罪并罚。鉴于此,非法采集人类遗传资源、走私人类遗传资源材料罪是选择性罪名,笔者仅讨论走私人类遗传资源材料罪相关问题。

一、关于走私人类遗传资源材料罪的前置法问题

人类遗传资源类犯罪,属于一个全新的领域,《刑法修正案(十一)》中所规定的几组定义,从现阶段的法律来看,都是完全依赖于前置法的一些规定,故有必要首先厘清走私人类遗传资源材料罪前置法的相关范畴。

在法治体系当中,刑法与行政法有很大不同之处,刑法更加注重对行为人主观罪责进行评价,如危险犯、中止犯、预备犯等概念,就是在行为人具有主观罪责的情况下进行刑事惩罚。而行政法一般情况下不太注重对行为人的主观谴责,只要有证据表明行为人在客观上存在违法行为,即可进行行政处罚等制裁措施。总体而言,走私人类遗

---

① 参见克里斯(Chriss):《生物安全第一案!金斯瑞原董事长疑涉走私人类遗传资源》,载凤凰网 2020 年 11 月 23 日,http://finance.ifeng.com/c/81djlNUfn5F。

传资源材料罪是刑法中的行政犯,都有一定的前置法。一般来讲,对于前置法中正当合法的行为,刑法是不可能将其认定为犯罪的;但前置法规定为违法的行为,刑法也并不一定认定为犯罪。由于我国立法已经制定颁布了相关人类遗传资源监管的法律法规,能够作为前置法,所以走私人类遗传资源材料罪的构成要件中有“违反国家有关规定”。

(一)我国人类遗传资源立法历程

1998年6月我国颁布《人类遗传资源管理暂行办法》(国办发〔1998〕36号),正式开启保护、利用人类遗传资源的制度化时代;2019年5月,国务院颁布了《人类遗传资源管理条例》。2020年10月17日,第十三届全国人大常委会第二十二次会议表决通过了《生物安全法》,该法2021年4月15日起施行,就“人类遗传资源与生物资源安全”专辟一章,37次提及人类遗传资源。有关人类遗传资源立法,从《人类遗传资源管理暂行办法》、《人类遗传资源管理条例》再到《生物安全法》,等级不断上升,管理日趋严格和成熟。

(二)我国人类遗传资源监管体制逐步趋于完善

2020年后,由于新冠肺炎疫情等影响,生物安全不仅单独立法,还被提高到了国家安全体系的高度。而之前,2013年科技部发布《关于进一步加强人类遗传资源保护管理工作的通知》(国科发社〔2013〕615号,已失效);2015年科技部公布《人类遗传资源采集、收集、买卖、出口、出境审批行政许可事项服务指南》,进一步明确“分级管理、统一审批”的监管体制。

目前,走私人类遗传资源材料罪的前置法至少有《人类遗传资源管理暂行办法》《人类遗传资源管理条例》《生物安全法》,认定是否构成走私行为还要依据《海关法》和《海关行政处罚实施条例》。《刑法修正案(十一)》与《人类遗传资源管理暂行办法》《人类遗传资源管理条例》《生物安全法》《海关法》衔接并有效保持了高度一致性。人类遗传资源相关问题,不仅涉及生物与科技之间的问题,还事关人类身体健康、公共利益,甚至涉及伦理与道德之间的关系。

二、我国人类遗传资源的内涵与外延

作为走私人类遗传资源材料罪对象的人类遗传资源材料，到底包括哪些，对于最后认定是否构成走私犯罪具有重要意义。生物技术日新月异，未来其外延还可能继续扩大。

(一)人类遗传资源材料的理解

“遗传资源”是指任何含有遗传功能单位的材料。鉴于在生物研究实务领域对人类遗传资源材料的分类等具有生物技术专业性，《人类遗传资源管理暂行办法》对遗传资源进行了详细的规定：“是指含有人体基因组、基因及其产物的器官、组织、细胞、血液、制备物、重组脱氧核糖核酸(DNA)构建体等遗传材料及相关的信息资料。”《人类遗传资源管理条例》则进行了细化，人类遗传资源包括人类遗传资源材料和人类遗传资源信息。人类遗传资源材料是指含有人体基因组、基因等遗传物质的器官、组织、细胞等遗传材料。一般包括：(1)器官(包括心、肝、脾、肺、肾、血管、胰、脑、骨髓等)；(2)组织(包括皮肤、角膜、组织标本、手术样本等)；(3)细胞(包括各种细胞)；(4)制备物(包括DNA、mRNA、基因组DNA)；(5)重组DNA构建体，如重组DNA、文库及克隆；(6)血液(包括血细胞及全血样品)。人类遗传资源信息，是指利用人类遗传资源材料产生的数据等信息资料。①《生物安全法》对人类遗传资源的定义和《人类遗传资源管理条例》所规定的是完全一致的。正如前述，此概念项下的定义分为人类遗传资源材料和人类遗传资源信息这两种，对于人类遗传资源材料和人类遗传资源信息是区别管理的，可以称为“材料归材料，数据归数据”。

就社会公共利益角度而言，家族性、群体性谱系资源包括并不限于遗传性疾病或特定体质特征，是遗传资源中最具有研究价值的信息，由此可见，人类遗产资源材料具有非常明显的社会公共属性；就国家角度而言，当研究机构或者少数研究者掌握了大量的人类遗传资源

① 参见海关总署2011年2月15日发布的《海关贸易管制工作办事指南》。

的时候,其所创造的影响与价值将极大地超过采集时所能够预期的,且这种影响与价值具有非常大的不确定性。综上,此类研究开发必然涉及国家生物安全和核心竞争力,为维护国家生物安全,国家采取公权力予以法制保护成为必要。

走私人类遗传资源材料罪的对象是我国人类遗传资源材料,而不包含人类遗传资源信息。非法传递我国人类遗传资源信息到境外的,不构成本罪,但可以予以行政处罚①。该罪保护的是我国的人类遗传资源,如果人类遗传资源材料不是我国的,如外国的孕妇采集血样后拿到境外去鉴别,则不构成该罪。相关材料中不含有遗传资源的,也不构成该罪。

(二)人类遗传资源材料属于限制进出口货物、物品

在我国海关进出口监管制度中,实施普通货品(货物、物品)与特殊货品(禁止、限制进出口)分类管理。其中进出口许可管理制度的管理范围包括禁止进出口货品、限制进出口货品和部分实行自动进出口许可管理的自由进出口货品,其中以限制进出口货品为主体。对于属于限制进出口的货品,国家通过相关目录来划定或调整这类货品的具体范围。《人类遗传资源管理条例》规定将我国人类遗传资源材料运送、邮寄、携带出境的,应当取得国务院科学技术行政部门出具的人类遗传资源材料出境证明②。科技部和原卫生部共同负责管理全国人类遗传资源,联合成立中国人类遗传资源管理办公室负责发证及日常工作。该办公室是中国生物技术发展中心的下设单位。

人类遗传资源材料出口或出境管理,是指国务院科技部和原卫生部为有效保护和合理利用我国人类遗传资源,进一步加强人类基因的研究与开发,在平等互利的基础上促进国际合作和交流,依法对出口或出境含有人体遗传材料及相关的信息资料签发准予出口(出境)的

---

① 参见中华人民共和国科技部行政处罚决定书,国科罚〔2015〕1号。

② 《人类遗传资源管理条例》第27条规定,利用我国人类遗传资源开展国际合作科学研究,或者因其他特殊情况确需将我国人类遗传资源材料运送、邮寄、携带出境的,应当取得国务院科学技术行政部门出具的人类遗传资源材料出境证明。

批准文件,海关依法对人类遗传资源材料出口(出境)实施监管。

海关总署于 2013 年发文规定人类遗传资源材料属于我国《限制进出境物品表》所列“海关限制进境的其他物品”“海关限制出境的其他物品”。[①] 海关总署、科技部关于实施《人类遗传资源材料出口、出境证明》联网核查的公告,自 2018 年 11 月 1 日起,海关总署、科技部共同对人类遗传资源材料启动《人类遗传资源材料出口、出境证明》电子数据与出口货物报关单电子数据的联网核查工作。海关总署公告 2020 年第 46 号(关于公布《特殊物品海关商品编号和检验检疫名称对应表》的公告)及其附件也将人类遗传资源材料归入特殊物品海关商品编号和检验检疫名称对应表内。因此具体到海关的管理规定,出境货品涉及人类遗传资源管理范畴的,应当提供中国人类遗传资源管理办公室出具的批准文件。[②] 总结以上规定可知,中国人类遗传资源材料属于限制出境的货品,实行许可证件管理制度。

(三)人类遗传资源材料司法实务中认定的问题

如镇江海关缉私局某公司走私人类遗传资源材料一案,即涉案出境人类排泄物尿液是否属于人类遗传资源材料的问题。按照海关总署发布的《出入境特殊物品卫生检疫管理规定》的规定,分泌物、排泄物属于人体组织[③]。是否属于走私人类遗传资源材料罪的犯罪对象值得探讨。《特殊物品海关商品编号和检验检疫名称对应表》(已失效)中含人类遗传资源的人类腺体、器官及其分泌物的提取物归入税号 3001200021;其他人类的腺体、器官及其分泌物的提取物归入税号 3001200029;人类腺体、器官、组织(其他)归入税号 3001909092,由此

---

① 参见海关总署 2013 年第 46 号《关于〈中华人民共和国禁止进出境物品表〉和〈中华人民共和国限制进出境物品表〉有关问题解释的公告》。

② 参见《出入境特殊物品卫生检疫管理规定》第 9 条第 6 项规定,“出境特殊物品涉及人类遗传资源管理范畴的,应当取得人类遗传资源管理部门出具的批准文件,海关对有关批准文件电子数据进行系统自动比对验核”。

③ 参见《出入境特殊物品卫生检疫管理规定》第 32 条规定,人体组织是指人体细胞、细胞系、胚胎、器官、组织、骨髓、分泌物、排泄物等。

可见,作为人体组织的尿液并不一定属于人类遗传资源材料。如果尿液不属于遗传资源资料,则不属于走私人类遗传资源材料罪的犯罪对象,但具体是否属于人类遗传资源材料是个科学问题而非法律问题。但司法实践中却遇到无法鉴定或认定的实际困难,现阶段仅是采用相关领域的专家予以说明的方式认定。这也是涉及走私人类遗传资源材料罪亟待解决的问题。

三、关于走私人类遗传资源材料罪涉及的几个问题

走私罪的罪状属于空白罪状,也就是对走私认定的具体行为方式没作具体表述。故在适用中,《海关法》是相关走私行为的具体法律依据。《海关法》对于走私行为有着明确的定义:"违反本法及有关法律、行政法规,逃避海关监管,逃避国家有关进出境的禁止性或者限制性管理"。走私人类遗传资源材料罪规定"非法运送、邮寄、携带"是"逃避海关监管"的典型行为方式。尽管该条具备了完整的罪状表述,但其实质还是属于走私罪。另外,走私人类遗传资源材料罪的"违反国家有关规定"与《海关法》的"违反本法及有关法律、行政法规"有相通之处,根据前置法,人类遗传资源材料属于国家限制进出境的物品;一旦逃避国家对此的管理,就构成了走私行为。因此该罪仍应当依据《海关法》予以认定。

从《刑法》第334条文字表述来看,走私人类遗传资源材料罪对主体身份没有特殊规定,达到刑事责任年龄的自然人,无论是本国人还是外国人,均可构成该罪,故其犯罪主体没有特殊性,为一般主体。犯罪客体方面,该罪属于复杂客体,即破坏了我国人类遗传资源管理秩序,危害到社会公共利益,同时还侵害了海关监督管理制度。在犯罪主观方面,只能是故意,即明知运送、邮寄、携带我国人类遗传资源材料出境违反国家相关规定,仍然希望或者放任这种危害结果的发生。这里的故意,既包括直接故意,也包括间接故意。在犯罪客观方面,该罪成立的前提条件是"违反国家有关规定",包括《人类遗传资源管理条例》《生物安全法》《海关法》《海关行政处罚实施条例》等。犯罪对象是"我国人类遗

传资源材料”;本罪属于情节犯,犯罪结果要求达到“情节严重”;其行为方式是运送、邮寄、携带我国人类遗传资源材料出境。

(一)关于走私人类遗传资源材料罪的单位主体及外方单位的理解问题

有人以走私人类遗传资源材料罪未提及单位犯罪,且从该罪名所属第六章第六节的末尾并无“单位犯本节之罪的处罚”为由,认为本罪犯罪主体不包括单位;如果单位实施走私人类遗传资源材料行为,只对其主管负责人和直接责任人员追究刑事责任,对单位则可以根据人类遗传资源管理相关的法律法规进行行政处罚。

此观点是值得商榷的。首先,犯罪主体是否包括单位,必须依据前置法《人类遗传资源管理暂行办法》《人类遗传资源管理条例》《生物安全法》的相关规定来确认。其次,结合科技部相关行政处罚信息,科技部公布的六宗涉及人类遗传资源材料非法出境的行政处罚决定均为单位。如果该罪犯罪主体仅为自然人而不包括单位,那将大大缩小走私人类遗传资源材料罪刑事处罚的范围,与该罪的立法目的不符、也与前置法的相互衔接要求、客观实际不符。另外,人类遗传资源材料属于国家限制进出境的特殊物品,逃避海关监管出境,就构成了走私行为,符合《海关法》对单位犯罪的认定。而且在司法实务中,也是将单位作为犯罪主体,如镇江海关缉私局某公司走私人类遗传资源材料案,即是将该公司作为犯罪主体。

走私人类遗传资源材料罪前置法规定了一类特殊主体“外方单位”。究竟如何准确理解外方单位的定义?外方单位是否构成走私人类遗传资源材料罪的主体。根据《人类遗传资源管理条例》第21条,外方单位是指“外国组织及外国组织、个人设立或者实际控制的机构”。港澳台组织及港澳台组织、个人设立或者实际控制的机构参照外方单位进行管理。中国境内经登记注册设立的外商投资企业,非在中国境内登记注册设立的企业或其他实体,如国外的学术研究机构,虽不是外商投资企业,却属于外方单位的范畴。外方单位是否能与境外总部进行人类遗传资源材料共享,此类人类遗传资源材料走私出境,外方单位能否构成该罪的犯罪主体,也是值得探讨的问题。我们期待司法解释对外方单位的认定问题作出进一步规定。

(二)关于走私人类遗传资源材料罪“违反国家有关规定”问题

走私人类遗传资源材料罪构成要件里有“违反国家有关规定”。所谓“国家有关规定”是一个不确定法律概念,顾名思义,应当是指体现国家意志的调整某一方面事项的管制规范。这里的“国家有关规定”如何理解?“国家有关规定”具体包含哪些规范规定,实践中也就有了困惑与争议。《刑法》仅对“违反国家规定”的含义作出了解释,是指违反全国人大及其常委会制定的法律和决定,国务院制定的行政法规、规定的行政措施、发布的决定和命令。“国务院规定的行政措施”应当由国务院决定,通常以行政法规或者国务院其他制发文件的形式加以规定。由此可见,违反地方性法规、部门规章不得认定为“违反国家规定”。对被告人的行为是否“违反国家规定”存在争议的,应当作为法律适用问题,逐级向最高人民法院请示。①

迄今为止对“国家有关规定”最为明确的司法解释是《最高人民法院、最高人民检察院关于办理侵犯公民个人信息刑事案件适用法律若干问题的解释》,明确违反国家有关规定是指违反法律、行政法规、部门规章。

考虑到人类遗传资源材料采集、收集、买卖、出口、出境实行“分级管理、统一审批”的监管体制,涉及人类遗传资源材料采集、收集、买卖、出口、出境的地方性法规和海关总署规章是否属于“国家有关规定”?如果地方性法规和海关总署规章为执行法律、行政法规的规定,根据本行政区域或管理范围内的实际情况作出具体规定的事项,则属于法律、行政法规的具体化、细化规定,本质上仍是法律、行政法规的规定,也是国家意志的体现,这部分的地方性法规和海关总署规章应当归入“国家有关规定”的范畴,否则,应当予以排除。

---

① 参见《最高人民法院关于准确理解和适用刑法中“国家规定”的有关问题的通知》。

(三)关于走私人类遗传资源材料罪“情节严重”和“情节特别严重”问题

我国《刑法》是将走私人类遗传资源材料罪作为情节犯来设定,从其罪状表述来看,该罪名规定了危害公共健康或者社会公共利益“情节严重”和“情节特别严重”两种情形,那么怎样在司法实践中界定这个情节问题?

判断情节严重的重要标准有很多,包括犯罪行为是否着手,着手后进行到哪一阶段,是否多次实施走私行为,走私行为是否已经产生了《刑法》所调整的实质性的危害结果,甚至包括行为人的犯罪动机和犯罪目的。由此可见,情节严重的判断不仅包括行为人的客观行为,还要判断主观意思表示,应当遵从主客观相一致的判断标准。走私人类遗传资料材料罪规定了危害公共健康或者社会公共利益的情节。需要讨论的是,该罪的“情节严重”不仅指危害公共健康和社会公共利益,还应当包括海关的监管制度。这涉及刑法中集体法益或者公法益的认定问题,该罪名的保护法益即公共健康、社会公共利益和海关的监管制度,具有集体法益或者公法益性质。根据“法益还原论”的观点,张明楷教授认为,只有当某种公法益与个人法益具有同质性,能够分解或还原为个人法益,是促进人类发展的条件且具有重要价值时,才是值得刑法保护的法益。概言之,行为侵害行政管理秩序时,即使在行政法上被认为是侵害了公法益,但没有最终侵害个人法益,就只能是行政违法行为,而非犯罪行为①。故走私人类遗传资源材料行为“情节严重”的认定在行政法与刑法程序上的衔接,应当依赖于对人类遗传物质严格的行政审查制度;在审查过程中,若发现违法行为“情节严重”涉嫌构成犯罪,应当立即移交司法机关处理。

将来司法解释在设定“情节严重”具体标准时,要注重其行为对公民个人或者不特定多人所造成的实际健康损害。另外,集体法益或公

---

① 参见张明楷:《避免将行政违法认定为刑事犯罪:理念、方法与路径》,载《中国法学》2017年第4期。

法益具有双重性,对它的认定需要综合考量,不能仅以个人法益为基准,还应当考虑到对海关监管制度的侵害。严格说,依据《海关法》,只要违反海关法律法规,逃避海关监管,运送、邮寄、携带我国人类遗传资源材料出境,具备这三个条件,即构成走私行为;达到情节严重的程度,即构成走私人类遗传资源材料罪。

如何区分具体行为是行政违法行为即走私行为还是涉嫌走私犯罪呢?何种情况下认定为"情节严重",何种情况属于"情节特别严重"呢?这些问题只能通过司法解释予以解决。行刑程序衔接一般会涉及两个问题,一方面是实体认定,另一方面是程序衔接。一般情况下,实体认定有两种方式,一种以犯罪分子实施犯罪的次数作为衡量标准。如果实行了多次走私行为,即可认定为情节严重。另一种以是否在实质上造成严重后果作为标准。如走私多少血清构成"情节严重",走私多少细胞构成"情节特别严重",这需要众多生物技术方面的专家介入,才能制定出一部科学、合理、平衡、可操作性强的司法解释,以便能够正确分清走私行为行政责任与走私犯罪刑事责任的界限,明确两种情节的具体标准,规范执法、司法。

(四)关于走私人类遗传资源材料罪"非法入境"问题

走私人类遗传资源材料罪所针对的行为特指"出境"行为,包括非法运送、邮寄、携带人类遗传资源材料。由此可见,"入境"不可能构成此罪的行为模式。

我国目前对于人类遗传资源材料的出境,具有较为完备的规范体系。但是对于人类遗传资源的入境,相关规定非常少。对于非法运送、邮寄、携带人类遗传资源材料"入境"的行为如何定性呢?既然《刑法》对于"非法入境"行为未予规制,就应该认为"非法入境"行为不构成走私人类遗传资源材料罪。

有观点认为,非法运送、邮寄、携带人类遗传资源材料"入境"的行为既不构成走私人类遗传资源材料罪,也不构成走私国家禁止进出口货物、物品罪。人类遗传资源材料入境,没有侵害法益。如果对"非法入境"行为要进行刑法规制,立法者可以将"出境"改为"出入境"。人类遗传资源材料并非走私国家禁止进出口货物、物品罪的犯罪对象。因此,即使“非法入境”,最多也就构成走私行为,作行政处罚处理,而不能作刑事处理。这样理解是值得商榷的,此种观点完全割裂了走私犯罪侵犯的法益是国家的货品出入境监管和关税制度。人类遗传资源材料是生物医药和生命科学研究过程中的基础材料,也属于《国境卫生检疫法实施细则》规定的货品。此类特殊货品在运输方式和使用过程中均有严格生物安全要求,未经检疫的特殊货品可能携带病原体等微生物,存在生物安全风险,进口相关货品需事先获得海关等相关机构的许可,近年某海关缉私局侦办的走私247支人体细胞入境①,也可以印证上述观点。因此,非法运送、邮寄、携带人类遗传资源材料“入境”构成犯罪的,应当构成走私国家禁止进出口货物、物品罪。

(五)关于走私人类遗传资源材料罪“我国”的内涵与外延问题

人类遗传资源材料的出境针对的是我国人类遗传资源,那么,具体如何理解“我国”呢?从生物意义上还是国别意义上,甚至是地理意义上还是政治意义上对人类遗传资源材料进行区分,直接关系到走私对象的外延,也就是关系到行为人行为的罪与非罪的定性。如果源于境外的细胞再出境或者在我国进行处理后再出境,显然就不属于《人类遗传资源管理条例》的管制范畴,也不属于本罪的走私对象。也就是说,行为人即使违反国家规定,逃避了海关监管,运送、邮寄、携带其出境也不可能构成该罪。

(六)关于本罪的溯及力及“从旧兼从轻原则”适用问题

按照刑法溯及力原则,《刑法修正案(十一)》是在2021年3月1日开始生效实施,那么对此之前实施的非法运送、邮寄、携带我国人类遗传资源材料出境,危害公众健康或者社会公共利益,情节严重的行为,能否按该修正案定罪量刑?司法实践中,存在不少将违规运送孕

---

① 参见郭剑烽:《上海海关截获夹藏走私进境的“人体细胞”247支》,载百度网2021年5月10日,https://baijiahao.baidu.com/s?id=1699329482308781273&wfr=spider&for=pc。

妇血样至关境外进行相关鉴定的行为定性为非法行医罪的案例,如黄某某、林某某非法行医案,被告人黄某某负责将血样送给在我国香港特区的杨某某①,如果仅是单纯的非法运送、邮寄、携带行为,认定为非法行医行为,显然超出了非法行医的解释范畴。笔者认为,应当依据走私国家禁止进出口货物、物品罪定罪。

《刑法修正案(十一)》2021年3月1日开始生效实施,对于此前走私人类遗传资源材料已经立案尚未判决的如何处理呢?应当适用走私国家禁止进出口货物、物品罪,还是适用走私人类遗传资源材料罪定罪?从刑期规定来看,走私国家禁止进出口货物、物品罪处5年以上10年以下有期徒刑,并处罚金;情节较轻的,处5年以下有期徒刑,并处罚金。走私人类遗传资源材料情节严重的,处3年以下有期徒刑、拘役或者管制,并处或者单处罚金;情节特别严重的,处3年以上7年以下有期徒刑,并处罚金。当时的法律和新法律都认为是犯罪,尚未超过追诉时效的,如果新法律处刑较轻,按新法律追究刑事责任。故此种情况适用走私人类遗传资源材料罪定罪量刑,但如果超过了追诉时效除外,镇江海关缉私局办理的走私人类遗传资源材料案即属于这种情况。

综上所述,此罪的前置法相较于刑法来说比较完善,所以仅针对罪名而言,尽管在法条中规定了侵害法益的范围,即公众健康或社会公共利益,但对于情节轻重的判断并不明晰。如此一来,建议尽可能快地通过各级部门立法和独立的司法解释厘清与此相关的概念和定义,明确容易混淆的类似概念,明确其范围,确定其内涵和外延,加大科学技术行政部门配合海关开展人类遗传资源材料鉴定或认定等执法协助工作力度。与此同时,应当尽快引入专业的鉴定机构及专业人民陪审员,在审理与此相关的案件时,尽量组成7人合议庭来审判,尽可能多地让技术专业方面的陪审员进行梳理、认定,如此一来,即可准确认定和处理相关犯罪案件。除此之外,还应当通过示范性司法案例、判例进一步明确走私人类遗传资源材料罪的诉讼程序以及入罪标

---

① 参见石狮市人民法院刑事判决书,(2017)闽0581刑初922号。

准,进一步完善司法适用。

A Probe into Problems of Smuggling Human Genetic Resources

ZHANG Yanfeng

[**Abstract**] Under the background of the effective implementation of the Biosafety Law, biosafety has been explicitly incorporated into the national security supervision system, and human genetic resources management, as an important part of the biosafety supervision system, has been a wide concern. The crime of smuggling human genetic resources is set as a plot crime, and the protection of the legal interests it protects reflects the guarantee of the safety of human genetic resources under the criminal law when there is real harm or danger of real harm. Criminal law is not only a basic law, but also a kind of guarantee law, which should seek to achieve the value balance between guaranteeing biosafety and technological development. However, the guarantee balance cannot be achieved by criminal law alone. It should combine with other laws and regulations to give full play to the value and function of the legal system. In such cases, although the party concerned violated the prior law, the violation is not equivalent to the infringement on legal interest protected by the criminal law. It should be determined from form and substance to decide whether the infringement has really occurred. If not, criminal punishment should not be imposed, which can reflect the tolerance principle of the criminal law as a guarantee law.

[**Key words**] biological safety; smuggling of human genetic resources

走私犯罪所得的界定及关联问题研究

周宜俊*

[摘　要]　走私犯罪所得就是指实施走私犯罪的违法所得。从违法所得源于犯罪行为、有别于其他涉案财物以及走私犯罪的经营型犯罪特征、法定犯属性等角度分析,可以得出走私犯罪的违法所得既不是走私的货物、物品,也不是走私偷逃的税款,而是走私犯罪所获取的非法利润。走私犯罪源起于购进走私货物,终于销售走私货物。因此,销售走私货物是走私行为人获取违法所得的必然行为,不构成掩饰、隐瞒走私犯罪所得的洗钱犯罪。但在销售走私货物的过程中提供资金账户,或者帮助转账、支付结算或者跨境转移资产,若是犯罪所得产生后的掩饰、隐瞒行为,有可能构成洗钱犯罪。既与走私行为人通谋参与走私犯罪,又掩饰、隐瞒走私犯罪所得,同时构成走私罪和洗钱罪的,应当数罪并罚。在自洗钱入罪的背景下,帮助洗钱者与走私行为人可能构成洗钱罪的共犯,应结合其地位作用、非法获利等情况准确区分主从犯。

[关键词]　走私犯罪;违法所得;走私货物;偷逃税款;非法获利

走私犯罪作为一种跨境犯罪、牟利型犯罪,犯罪数额通常较大;行为人实施走私犯罪、非法牟利后,为了逃避司法机关的追查,通常会采

---

* 周宜俊,上海市委政法委法治处处长。

取各种手段掩饰、隐瞒走私犯罪所得及其收益的来源及性质,该行为则可能构成洗钱罪。因此,在依法严惩走私犯罪的同时,对与之相伴相生的洗钱犯罪予以同步侦查和打击,不仅有利于斩断走私犯罪资金链、追缴犯罪所得,而且有助于遏制走私犯罪多发态势,维护国家金融安全和秩序。随着《刑法修正案(十一)》的正式实施,洗钱罪的犯罪主体进一步扩大,洗钱的行为方式亦有所调整,因此,准确把握洗钱犯罪的行为特征,精准识别走私犯罪关联的洗钱行为,严格依法认定涉走私洗钱犯罪,其重要性不言而喻。

涉走私洗钱犯罪掩饰、隐瞒的是走私犯罪所得及其收益的来源和性质。因此,合理界定走私犯罪所得及其收益,是准确认定洗钱罪的前提和基础。因为犯罪所得收益是上游犯罪行为人将犯罪所得投入生产、经营活动而产生的收益,对走私及其他各上游犯罪而言并没有实质性差异,所以,笔者仅重点论述走私犯罪所得的界定及关联的洗钱犯罪认定问题。

一、关于走私犯罪所得的主要观点

关于如何合理界定走私犯罪的违法所得,司法实务界及理论界存在较大争议,主要有以下几种观点:

第一种观点认为,在走私犯罪中,违法所得就是指走私的货物、物品,走私的货物、物品是行为人违法犯罪的直接所得。向非直接走私人购买走私的货物、物品的行为,符合《刑法》第191条"将财产转换为现金、金融票据、有价证券"的规定,应当认定为洗钱罪。关于走私犯罪的多项规范性文件持该种观点。如《最高人民法院、最高人民检察院、海关总署打击非设关地成品油走私专题研讨会会议纪要》(以下简称《成品油走私纪要》)规定,向非直接走私人购买走私的成品油的,如果行为人主观上明知系走私入境的成品油,可以依照《刑法》第191条规定的洗钱罪定罪处罚。显然,《成品油走私纪要》将走私的货物视作走私犯罪所得,作为洗钱罪的对象予以规制和打击。此外,《最高人民法院、最高人民检察院、海关总署关于办理走私刑事案件适用法律若干问题的意见》(以下简称《走私意见》)第24条规定,"在办理走私普通货物、物品犯罪案件中,对于走私货物、物品因流入国内市场或者投入使用,致使走私货物、物品无法扣押或者不便扣押的,应当按照走私货物、物品的进出口完税价格认定违法所得予以追缴"。应当说《成品油走私纪要》与《走私意见》在走私犯罪所得的界定上是一脉相承的。

第二种观点认为,应区分走私犯罪的不同对象,分别认定走私犯罪的违法所得。该观点认为,若走私的是普通货物、物品,则应将行为人偷逃的应缴税额作为犯罪所得;若走私的是伪造的货币、淫秽物品、毒品等违禁品,或者国家禁止出口的文物、黄金等贵重金属,或者珍贵动物及其制品、珍稀植物及其制品等禁限类货物、物品,因为行为人不可能通过正常的合法途径获得上述货物、物品,这些货物、物品本身即是走私犯罪的违法所得。①

第三种观点认为,走私犯罪所获取的非法利润才是走私犯罪的违法所得。该观点认为,《海关法》即将走私货物、物品与违法所得相提并论的,违法所得是指违法行为人实施走私行为所获得的违法收益,不包括走私货物、物品的等值价款。② 多项司法解释亦持该种观点。如《最高人民法院关于审理非法出版物刑事案件具体应用法律若干问题的解释》第17条规定,"本解释所称'违法所得数额',是指获利数额";《最高人民法院、最高人民检察院关于办理内幕交易、泄露内幕信息刑事案件具体应用法律若干问题的解释》第10条规定,刑法第180条第1款规定的"违法所得"是指通过内幕交易行为所获利益或者避免的损失;已于2013年1月失效的《最高人民法院关于审理生产、销售伪劣产品刑事案件如何认定"违法所得数额"的批复》亦规定"违法所得数额"是指生产、销售伪劣产品获利的数额。

---

① 参见赵拥军:《涉走私犯罪的"自洗钱"行为认定》,载《人民法院报》2021年4月1日,第5版。

② 参见周宜俊:《涉走私洗钱犯罪司法适用问题研究》,载《青少年犯罪问题》2022年第1期。

二、对上述各种观点的学理分析

(一)不能将先于犯罪取得的财物认定为违法所得

对行为人的违法所得予以追缴没收的法理基础在于"任何人不应从犯罪中获益"。因此,对于行为人在犯罪之前即已通过买卖等合法手段取得的财物,就不应认定为违法所得予以追缴、没收。在很多走私案件中,行为人往往先于走私行为而获得走私的货物、物品,如行为人在境外采购大批货物,采用低报价格或者伪报品名的方式走私入境。其走私行为虽然构成犯罪,但行为人通过买卖等形式在境外取得货物的所有权是合法的,因此,对这些货物不能认定为违法所得。需要注意的是,虽然从海关监管的角度而言,有些货物、物品是禁止进出口的,但海关法意义上的禁限类货物并不等同于违禁品,不能混为一谈。部分禁限类货物,完全可能是某国范围内允许合法交易的物品,如黄金等贵金属虽然我国禁止出口,但国内是允许买卖的,并非违禁品。

实际上,我国相关法律和司法解释明确将走私货物、物品排除在违法所得之外。如《海关法》第82条规定,有走私行为,尚不构成犯罪的,由海关没收走私货物、物品及违法所得,可以并处罚款;专门或者多次用于掩护走私的货物、物品,专门或多次用于走私的运输工具,予以没收,藏匿走私货物、物品的特制设备,责令拆毁或者没收。《走私意见》第23条规定,在办理走私犯罪案件过程中,对发现的走私货物、物品,走私违法所得以及属于走私犯罪分子所有的犯罪工具,走私犯罪侦查机关应当及时追缴,依法予以查扣、冻结。有人认为,《走私意见》第24条规定,按照走私货物、物品的进出口完税价格认定违法所得予以追缴,即证明走私的货物、物品就是犯罪所得。但笔者认为,该条表述的核心意思在于追缴、没收相当于走私货物、物品价值的财产,实际上是一种"价值没收"①。当然,该条规定按照走私货物、物品的

---

① 参见李长坤:《刑事涉案财物处理制度研究》,上海交通大学出版社2012年版,第96页。

进出口完税价格认定违法所得,确实引人误解,有所不妥。

(二)不应将刑法上没收之物均认定为违法所得

刑法上应没收之物并不是仅有违法所得,还包括以下几类:供犯罪所用之物,如专门用于犯罪的汽车、船舶等交通工具;违禁品,如枪支弹药、毒品、淫秽物品等;组成犯罪之物,如走私犯罪中的走私货物;违法所得的天然孳息、法定孳息以及利用违法所得投资经营获得的财物等犯罪收益。① 因此,不能将应当没收之物均视为违法所得。

违禁品的没收、供犯罪所用之物的没收、组成犯罪之物的没收与违法所得的没收,均有着不同的法理基础,不可混为一谈。几者之间虽有交织,但亦有着明显的区分。违禁品因其本身对社会的危害性须严加管制,禁止一般社会公众持有,无论其来源及用途、归何人所有,均应当予以没收。供犯罪所用之物为犯罪的滋生、蔓延提供了条件和便利,但在没收时应参酌比例原则,不能不考虑罪行轻重、是否专门用于犯罪等而一律、全部予以没收。从某种意义上说,供犯罪所用之物系犯罪成本,行为人为了获取更多的非法利益而投入一定的资金或其他财物,这是行为人犯罪的工具或手段,而违法所得是行为人违法犯罪所要获取的目的所在。② 因此,违法所得与供犯罪所用之物在某种程度上呈现一种对立关系。正如张明楷教授所言,“没收违法所得与没收供犯罪所用的本人财物虽然都不是刑罚,但多少有些性质上的区别。就没收违法所得而言,只能采取纯益主义。而其中用于犯罪的成本,则属于供犯罪所用的本人财物,应根据其是否属于与违禁品相当的财物作出是否没收的判断”③。

(三)应区分行为类型和违法属性来认定违法所得

经过梳理,不难发现,产生违法所得的犯罪主要是财产性和经济性犯罪,从违法所得来源看,可将产生违法所得的犯罪分为取得利益

---

① 参见李长坤:《刑事涉案财物处理制度研究》,上海交通大学出版社 2012 年版,第 9~10 页。

② 参见竹莹莹:《违法所得问题研究》,载《西南政法大学学报》2005 年第 1 期。

③ 张明楷:《论刑法中的没收》,载《法学家》2012 年第 3 期。

型犯罪(如盗窃罪、贪污罪、受贿罪等)和经营利益型犯罪(如非法经营罪、销售假冒注册商标的商品罪等)。[①]

在取得利益型犯罪中,行为人取得财产与被害人遭受损失之间具有直接对应性,被害人损失数额即为行为人违法所得数额。在经营利益型犯罪中,行为人取得财产与被害人损失之间并不具有直接相关性,行为人的违法所得与被害人的损失之间往往存在很多其他非犯罪性介入因素。如知识产权犯罪中,行为人侵害了权利人的知识产权并从中获得违法所得,但该违法所得并不是直接源于权利人,而是通过将相关侵权盗版产品销售给消费者从而获得违法所得,行为人的违法所得与权利人的损失之间没有直接对应性,违法所得数额既有可能高于权利人的损失数额,也有可能低于权利人的损失数额,二者之间也未必具有正相关关系。

从违法所得产生的角度来看,走私犯罪应归属于经营利益型犯罪。在走私普通货物犯罪中,行为人为了牟取非法利益而偷逃税款,因而造成国家的税款损失,但偷逃的税款并不能直接转化为行为人的非法利益,"少缴"并不一定能够"多得",其间不仅有国内销售环节的市场因素,还有海关监管的税收政策因素,并非每一次走私都一定能够牟取到非法利益。行为人偷逃税款仅仅为其牟取非法利益创造了条件,从实际情况看,行为人非法获利通常要小于其偷逃的税额。比如,在走私壁挂炉案件中,虽然行为人偷逃的税额较高,但因劣币驱逐良币,行业内走私者均低价倾销,行为人实际违法所得远低于其偷逃的应缴税额;在走私钻石案件中,因合法进口钻石能够享受"即征即退"优惠政策,实际税负并不高,以法定税率计核出的行为人偷逃的税额往往数倍于其违法所得。因此,如以偷逃的应缴税额来追缴行为人的违法所得,可能会使没收犯罪所得演变为一种事实上的刑罚,这与我国《刑法》关于没收违法所得的定位是不相符的。从我国《刑法》第

---

① 参见李长坤:《刑事涉案财物处理制度研究》,上海交通大学出版社2012年版,第97页。

64 条的规定看,涉案财物的处理并不是一种刑罚,而是量刑应考虑的因素之一。

此外,还应当关注走私等经营利益型犯罪与取得利益型犯罪违法性方面存在的明显差异。取得利益型犯罪如盗窃、诈骗犯罪,其违法性在于"取得"行为违法,更类似于"实体违法或者实质违法";而经营利益型犯罪的违法性并不在于"取得"行为违法,如前所述,走私犯罪行为人取得走私的货物可能完全是合法的,其违法性主要体现在进出口环节违反海关监管法规、逃避海关监管上,如将不得进口的货物、物品进口入境,或者在进出口环节偷逃应缴税额,更类似于"程序违法"。两种类型犯罪的严重程度不同,其应受到的惩罚自然应有所区别。针对前一种类型犯罪,直接将犯罪所得予以没收完全具有正当性基础,而不加区分地将后一种类型犯罪所涉财物一律予以没收,则可能意味着事实上对行为人的双重处罚,在正当性和合理性上都难免引发质疑。

(四)认定走私违法所得还应关注走私犯罪的法定犯属性

通说认为,走私犯罪属于法定犯,具有二次违法性特征,在认定相关犯罪、界定相关概念时应基于法秩序统一原理注重行刑衔接。前已述及,《海关法》是明确区分走私货物、物品与违法所得的。从海关行政处罚的角度,没收走私货物、物品是居于第一顺位的,追缴违法所得是居于第二顺位的,前者是必然性处罚,后者是或然性处罚,仅在行为人通过销售走私货物、物品非法获利时,即销售价格高于计税价格时,对高出部分作为走私违法所得予以没收。如《海关总署关于贯彻实施〈中华人民共和国海关行政处罚实施条例〉若干问题的意见》第 3 条"关于违法所得的认定问题"明确,违法所得是指违法行为人实施走私行为、违反海关监管规定的行为,以及其他应由海关予以行政处罚的行为所获得的违法收益,不包括走私货物、物品的等值价款。在行政处罚时,没收走私行为的违法所得应当扣除走私货物、物品的等值价款,在刑事处罚上更加没有理由将走私货物、物品直接认定为违法所得,或者将走私货物、物品的等值价款计入走私违法所得。

因此,综合上述分析,笔者认为,走私的货物、物品,无论是普通货物、物品,还是违禁品,抑或禁止进出口的货物、物品,均属供犯罪所用的本人财物,是走私犯罪的成本,而不是走私犯罪的违法所得,在认定犯罪所得时应当予以扣除。至于走私犯罪偷逃的应缴税额,则是走私犯罪造成的国家税款损失,与走私犯罪所得不具有直接对应性,且没有现实地转化为"所得",不可能成为洗钱罪的对象,不能认定为走私犯罪所得。因此,笔者同意第三种观点,即走私犯罪违法所得应为走私犯罪所获取的非法利润。

三、掩饰、隐瞒走私犯罪所得关联问题分析

(一)走私犯罪所涉财物与犯罪所得的关系

虽然笔者赞成将走私犯罪所得界定为走私犯罪所获利润,但犯罪所得并不是独立存在的,而是经常与各种不同性质的涉案财物混杂在一起的。只有准确把握它们之间的关系,才能科学界定违法所得的范围。结合我国《刑法》第64条的规定,笔者将走私犯罪案件可能涉及的财物梳理如下:专门供走私所用的船只、车辆;为购买走私货物、物品支付的价款;走私犯罪中运输人赚取的运费、包税走私团伙赚取的佣金等非法报酬;走私普通货物、物品或者限制进口的货物、物品偷逃的税款;走私的货物、物品,既包括普通货物、物品,也包括国家禁止或者限制进口的货物,以及枪支、弹药、淫秽物品、毒品等违禁品;销售走私货物、物品收取的价款;销售走私货物后赚取的非法利润;走私获利后分得的赃款。

其中,供走私所用的船只等系走私犯罪的作案工具,自然不是违法所得。为购买走私货物、物品支付的价款,是走私行为人支出的犯罪成本,亦非犯罪所得。走私犯罪链条各中间环节行为人获取的非法报酬,系中间环节行为人参与犯罪的对价,系各参与走私人的违法所得,与走私获利后分得的赃款并无实质差别,均源于走私犯罪的违法所得,只是并非走私犯罪违法所得的全部。走私涉税货物、物品偷逃的税款与走私违法所得具有紧密联系,但与走私违法所得不具直接对

应性,不能直接以偷逃税额认定违法所得。走私的货物、物品系走私犯罪的对象,也系走私犯罪行为的组成之物,上文已论述其并非犯罪所得。销售走私货物、物品收取的价款,是行为人违法所得的来源,但因为其中购买走私货物、物品的价款还应当予以扣除,故不能将其全部认定为违法所得。笔者认为,销售走私货物、物品赚取的利润,即扣除购买走私货物、物品所支付的价款、通关走私所支付的税费后所赚取的利润,才是真正意义上的走私犯罪违法所得。

(二)购销走私货物不构成洗钱罪

在获得走私违法所得之后,采用《刑法》第191条所规定的各种手段掩饰、隐瞒走私犯罪所得的来源和性质,无论是走私行为人自洗钱,还是他人帮助洗钱,构成洗钱犯罪以及对自洗钱的走私行为人以洗钱罪和走私罪予以数罪并罚,当无争议。主要争议在于走私行为实施过程中的相关行为,如销售、收购走私的货物、物品,提供资金账户用于收支钱款,在收支走私款项过程中通过转账或者其他支付结算方式转移资金,或者跨境转移资金,是否构成洗钱犯罪。

笔者认为,单纯地销售、收购走私的货物、物品不构成洗钱犯罪,因为走私的货物、物品并非走私犯罪的违法所得,走私行为人销售走私货物、物品是其走私犯罪的自然延续,也可以说是走私行为人获取违法所得的必经环节。正是因为走私的货物、物品不是走私犯罪的违法所得,因而走私人销售走私的货物、物品不构成自洗钱犯罪,他人向走私人收购走私货物、物品,不属于协助走私人将财产转换为现金的行为,不能认定为洗钱罪,对后者只能依照《刑法》第155条的规定认定为间接走私,如果是向非直接走私人购私的,则应当认定为掩饰、隐瞒犯罪所得罪。

(三)收支走私货款可能构成洗钱罪

对提供资金账户等其他三类掩饰、隐瞒犯罪所得来源及性质的行为是否构成洗钱犯罪,则需要坚持主客观相一致原则,即行为人主观上具有明知,客观上确实实施了掩饰、隐瞒走私犯罪所得的来源及性质的行为,这样才能认定为洗钱罪,具体可以从以下几个方面予以考量:

第一,看行为发生的环节,即其掩饰、隐瞒的是不是走私犯罪的违法所得。如果提供资金账户是帮助支付购货款、支付走私各项费用,即便是向境外支付货款,亦不可能构成洗钱犯罪。但如果提供资金账户或者通过转账或其他支付结算方式帮助收取售货款,或者帮助跨境转移上述款项,虽然上述款项并不直接是违法所得,但其中包含了违法所得,实施上述行为有可能构成洗钱犯罪。在具体认定时,可以犯罪所得的产生时间作为界分走私罪与洗钱罪的界限。犯罪所得的产生是洗钱罪成立的前提条件,上游犯罪违法所得尚未产生,则不可能构成洗钱犯罪。

第二,看行为发挥的作用,即是否发挥了掩饰、隐瞒走私犯罪违法所得来源及性质的作用。如果行为人提供资金账户用于收取售货款,但并未用作资金频繁转移、多级账户拆分转账、提现等切断资金与上游走私犯罪之间关联性等用途,其来源和去向清晰,并未起到"清洗"犯罪所得以使之合法化的效果,则不能认定为洗钱犯罪。反之,如果其行为达到掩饰、隐瞒走私犯罪所得的来源及性质的程度,则可能构成洗钱犯罪。正如王新教授所言:"在这种情况下,法定七类犯罪的所得和收益是处于上游犯罪实施后的'物理反应'之自然延伸状态,本犯并没有对其实施动态的'漂白'行为,这符合传统赃物犯罪的特征,属于'不可罚的事后行为'。"①

第三,看行为人的主观明知程度,即是否明知是犯罪所得而掩饰、隐瞒其来源及性质。认定主观明知须区分不同洗钱行为类型。对于自洗钱行为而言,因洗钱行为人即是上游犯罪的本犯,其对上游犯罪的明知是不证自明的,无须在认定洗钱犯罪时予以重复证明;但对于他洗钱行为人而言,如果其确实不明知是走私等七类犯罪所得则不能作为洗钱犯罪处理。在洗钱罪认定过程中,"明知"实际上发挥了限制入罪的功能,否则,将难以实现处罚的合理性,无法做到精准发力和精

---

① 王新:《自洗钱入罪的意义与司法适用》,载《检察日报》2021年3月25日,第3版。

准打击。[①] 当然,这里的明知并不需要行为人确切知道走私行为人使用其提供的资金账户的具体用途,或者其帮助转账、支付结算或者跨境转移的资金是走私犯罪所得,只要行为人大体知道其帮助的对象是走私犯罪分子,其是在帮助走私犯罪分子转移资金即可。

(四)同时构成走私罪与洗钱罪的应当数罪并罚

对自洗钱而言,行为人既实施了走私行为,又实施了洗钱行为,如果同时构成走私罪与洗钱罪,应当予以数罪并罚。因为,首先,走私罪不能充分评价走私后的洗钱行为。走私犯罪后掩饰、隐瞒犯罪所得的来源及性质,已非走私犯罪之自然延续,并非走私犯罪之事后不可罚行为,而是与走私相独立的他行为,具有评价为数罪的行为基础。其次,洗钱犯罪侵害了新的法益,洗钱行为在当今所展现的危害性已非传统掩饰、隐瞒类犯罪可以比拟,它不仅扰乱金融管理秩序,而且威胁国家经济安全,在一定程度上甚至超越了上游犯罪本身。[②] 此外,走私行为与洗钱行为之间并不具有内在的、必然的、通常的联系,不是典型的牵连关系,不应认定为牵连犯从一重处罚。

对他洗钱而言,若他洗钱行为人与上游走私行为人无走私犯罪之通谋,未参与实施上游走私行为,仅是帮助洗钱,则只能对其以洗钱罪一罪论处。如果他洗钱行为人在实施洗钱行为之外,还与走私行为人具有走私犯罪之通谋,且客观上有参与、帮助走私之行为,则应认定其构成走私共犯,并与洗钱罪予以数罪并罚。

(五)帮助洗钱者并非一定是从犯

在自洗钱入罪的情形之下,所有他洗钱行为人都有可能与走私行为人构成洗钱罪的共犯,而且,他洗钱行为很可能系因走私行为人之收买、唆使而参与洗钱犯罪,有认定洗钱共同犯罪之从犯的可能性。当然,帮助洗钱者并非一定是从犯,应当结合行为人是不是犯意提起

---

① 参见刘艳红:《洗钱罪删除"明知"要件后的理解与适用》,载《当代法学》2021年第4期。

② 参见王新:《自洗钱入罪后的司法适用问题》,载《政治与法律》2021年第11期。

者、在共同洗钱犯罪中的具体地位作用、是不是职业洗钱者以及非法获利情况等予以综合判定,不可一概而论。

A Study on the Definition and Related Problems of the Proceeds from Smuggling Crime

ZHOU Yijun

[**Abstract**] The proceeds from smuggling crime refers to the illegal gains from smuggling crime. From the perspective of the illegal gains derived from criminal acts, differences from other property involved, the characteristics of business-oriented crime and the attributes of legal offenders of smuggling crime, it can be concluded that the illegal gains from smuggling crime is neither smuggled goods and articles, nor taxes evaded by smuggling, but the illegal profits obtained by smuggling crime. The crime of smuggling originates from the purchase of smuggled goods and finally the sale of smuggled goods. Therefore, selling smuggled goods is an inevitable act for smugglers to obtain illegal income, which does not constitute the crime of money laundering to cover up and conceal the proceeds of smuggling crime. However, the smuggler provides a capital account in the process of selling smuggled goods, or helps with transfer, payment and settlement or cross-border transfer of assets, the concealment or concealment of the proceeds of crime may constitute a crime of money laundering. Whoever not only conspires with the smuggler to participate in the smuggling crime, but also conceals and conceals the proceeds of the smuggling crime, which constitutes the crime of smuggling and the crime of money laundering, shall be punished for several crimes. In the context of self laundering, helping money launderers and smugglers may constitute accomplices in the crime of money laundering. We should accurately distinguish the principal and accessory offenders in combination with their status, role and illegal profits.

[**Key words**] smuggling crime; criminal proceeds; smuggling goods; tax evasion; illegal profit

走私犯罪视域下洗钱罪的认定要素分析

姜康康　刘　勇*

［**摘　要**］　走私犯罪是洗钱罪的七类上游犯罪之一，这与走私犯罪的暴利性是直接相关的。对走私洗钱的认定既要关注走私犯罪的特殊性，将直接走私的货物、物品排除出犯罪所得的范畴，同时根据走私对象的不同分别认定走私犯罪所得，突出犯罪所得取得过程的违法性和与走私行为的关联性；又要兼顾洗钱罪的构成要件，特别是对掩饰隐瞒犯罪所得及其收益来源和性质这一主观超过要素的把握。

［**关键词**］　走私犯罪；洗钱罪；犯罪所得

前言

近年来，随着反洗钱被纳入国家安全体系和金融行动特别工作组（Financial Action Task Force，FATF）对我国反洗钱工作提出更高要求，反洗钱成为理论界和实务界关注的焦点问题，特别是《刑法修正案（十一）》将自洗钱入罪，引起了各界的广泛探讨。理论界关于洗钱罪的研究如雨后春笋般不断涌现，如北京大学王新教授的《〈刑法修正案

* 姜康康，北京市人民检察院第四分院检察官助理；刘勇，北京市人民检察院第四分院检察官。

(十一)〉对洗钱罪的立法发展和辐射影响》《自洗钱入罪的意义与司法适用》,从洗钱罪的立法演进、修订内容及意义、司法适用等方面进行了阐述;中国政法大学刘艳红教授的《洗钱罪删除"明知"要件后的理解与适用》,对《刑法修正案(十一)》出台后洗钱罪的主观认定进行了全面系统的阐释;上海政法学院卫磊副教授的《〈刑法修正案(十一)〉对洗钱犯罪刑法规制的新发展》,对《刑法修正案(十一)》对洗钱罪的修改及司法适用进行了重点论述。尽管关于洗钱罪的理论研究成果丰硕,但有一个问题是我们不得不面对的:立法层面的完善不意味着司法层面的进展,理论成果的丰硕不代表司法实践的跟进。这就要求我们回归到司法实践探究洗钱罪的具体认定,让"静态"的立法"动起来",让"死板"的理论"活起来"。

回顾我国洗钱罪的刑事立法演进,我国洗钱罪名经历了"从无到有""单独设罪""三次修订"的发展过程①,其中规定的上游犯罪范围由"毒品犯罪"(1990年)扩展到"毒品犯罪、黑社会性质的组织犯罪、走私犯罪"(1997年)再到"毒品犯罪、黑社会性质的组织犯罪、恐怖活动犯罪、走私犯罪"(2001年)最后到现在的"毒品犯罪、黑社会性质的组织犯罪、恐怖活动犯罪、走私犯罪、贪污贿赂犯罪、破坏金融管理秩序犯罪、金融诈骗犯罪"(2006年)。由此可以看出,走私犯罪是初期洗钱罪的三个上游犯罪之一,那么走私犯罪为什么能有如此"待遇"呢?从国际视角来看,FATF《四十条建议》提到"应将一切涉及庞大收益的犯罪纳入上游犯罪";从我国规定的七类上游犯罪来看,这七类上游犯罪均具有"非法暴利性、清洗的必要性、与洗钱的关联性、极大的危害性与立法的紧迫性、明确的法定性"②。而走私犯罪通常是与牟取暴利紧密结合在一起的,正如马克思所言"一旦有适当的利润,资本就大胆起来……有50%的利润,它就铤而走险。有了100%的利润,它就

① 参见王新:《〈刑法修正案(十一)〉对洗钱罪的立法发展和辐射影响》,载《中国刑事法杂志》2021年第2期。

② 蒋羽扬:《论洗钱罪的上游犯罪——以世界反洗钱法律规范为视角》,载《武汉理工大学学报(社会科学版)》2006年第6期。

敢践踏人间的法律;有300%的利润,它就敢犯任何罪行,甚至冒绞首的危险……走私和贩卖奴隶就是证明"①。由于各国(地区)之间的商品价格存在一定差距,甚至较大差距;又由于对外贸易要受国家的控制,为了获取高额利润,就会有人逃避管制,进行走私活动。② 如1999年震惊全国的厦门远华特大走私案中,远华集团累计偷逃税款300亿元人民币,如此巨额的利润背后是不可避免的洗钱行为。正是由于走私犯罪所得暴利需要洗钱行为予以掩饰隐瞒,才有了二者的紧密关联,这也是走私犯罪较早成为洗钱罪上游犯罪的根本原因。

虽然走私犯罪较早成为洗钱罪的上游犯罪之一,但司法实践中以走私犯罪为上游犯罪的洗钱案件比较少,即使在近年来高度重视反洗钱工作的大背景下,与其他上游犯罪相比,以走私犯罪为上游犯罪的洗钱案件仍处于"偏少"之列。究其原因,尚未厘清洗钱罪的构成要素是很重要的一方面,鉴于此,本文拟从认定洗钱罪的各要素入手,对以走私犯罪为上游犯罪的洗钱罪进行全面剖析。

一、对象要素:走私犯罪所得

根据《刑法》第191条的规定,洗钱罪中掩饰隐瞒的对象为犯罪所得及其产生的收益,明确犯罪所得可以说是洗钱罪认定的第一步。与贪污贿赂、金融诈骗等犯罪所得比较容易区分不同,走私犯罪所得在认定中存在一定的争议,造成了司法实践中认定的混乱。

有的法院以获得利润或分红认定违法所得,如(2016)津刑终80号案件中"张某为牟取非法利益,在明知实际成交价格的情况下,采用指使他人制作虚假单据及提供虚假车窗纸的方式向天津海关低价申报进口,共计走私进口宝马汽车40辆。为此,某公司支付给张某人民币128,000元。经天津海关关税部门计核,涉嫌走私的货物、物品应缴税款人民币10,637,589.40元,核定偷逃税款人民币1,337,853.42

---

① 《马克思恩格斯全集》第1卷,人民日报出版社2016年版,第705页。

② 参见张大春:《走私罪研究》(第2版),中国海关出版社2013年版,第13页。

元。判决违法所得人民币128,000元依法没收”。有的法院将偷逃税额认定为违法所得,如(2020)京04刑初27号案件中“金某公司在进口原产于印度的辣椒干过程中,采取制作虚假单证伪报原产地,采用边境小额贸易和边民互市的方式走私入境,经计核,金某公司偷逃应缴税额共计人民币5,483,726.83元……(四)继续追缴被告单位金某公司违法所得5,483,726.83元,予以补缴税款,上缴国库”。还有的法院将走私货物物品的完税价格认定为违法所得,如(2018)粤20刑初146号案件中“经拱北海关计核,本案涉嫌走私的货物、物品偷逃税款共计人民币836,116.54元。走私货物按完税价格计算金某某违法所得为人民币1,433,094.91元……对在被告人老某某处扣押的违法所得人民币1,433,094.91元予以追缴”。鉴于上述认定的争议,有必要在厘清犯罪所得概念和认定标准的基础上,明确走私犯罪所得。

（一）犯罪所得的刑事法含义

严格意义而言,犯罪所得并非《刑法》中的术语,《刑法》中的表述为“违法所得”,我国《刑法》第64条规定“犯罪分子违法所得的一切财物,应当予以追缴或者责令退赔”,另外我国《刑事诉讼法》第五编第四章规定了犯罪嫌疑人、被告人逃匿、死亡案件违法所得的没收程序,因而有论者提出刑事法中的违法所得与犯罪所得是同一概念,笔者也持该观点,因为刑事法专门针对的是犯罪行为,一般违法行为由行政或民事法规予以规制,不可能出现在刑事法中,这也是我国各部门法独立价值的体现。

2003年《联合国反腐败公约》第2条提到“违法所得是指通过实施犯罪直接或间接获得的任何财产”①,其法理基础是“任何人不应自犯罪得利”。上述规定直接影响了我国相关规定对犯罪所得的界定:最高人民法院和最高人民检察院2017年出台的《关于适用犯罪嫌疑人、被告人逃匿、死亡案件违法所得没收程序若干问题的规定》第6条明确:“通过实施犯罪直接或者间接产生、获得的任何财产,应当认定

① 李长坤:《论违法所得及其他涉案财物的界定——兼论对没收程序司法解释第6条的理解》,载《法律适用》2017年第13期。

为刑事诉讼法第二百八十条第一款规定的'违法所得'";最高人民法院和最高人民检察院《关于办理掩饰、隐瞒犯罪所得、犯罪所得收益刑事案件适用法律若干问题的解释》(征求意见稿)也提到"刑法第312条规定的'犯罪所得'是指行为人通过犯罪直接得到的赃款、赃物"。另外,我国台湾地区"刑法"将违法所得界定为"因犯罪所生或所得之物";《日本刑法典》则规定违法所得是指"犯罪行为所产生或者因犯罪行为获得之物,以及作为犯罪行为报酬所得之物";《元照英美法词典》中将"所得"解释为"因出售财产或从事商业活动得到的收益"。

通过上述关于犯罪所得的界定,可以总结出认定犯罪所得的两个关键要素:一是取得过程的违法性,即必须是在犯罪过程中获得;二是获得途径的因果性,即强调所得与犯罪行为的关联性。[①] 如实践中常见的盗窃之物、诈骗之物、受贿款等直接获取之物均可以认定为犯罪所得,另外因参与或帮助实施相关犯罪行为而间接获得的报酬也可以认定为犯罪所得。

(二)走私犯罪(直接走私[②])所得应排除走私对象

关于走私犯罪所得范围,争议的焦点为走私对象是否属于走私犯罪所得,有观点认为应根据走私对象进行区分,对武器、弹药、珍贵动物及其制品等国家禁止进口的货物、物品,走私的这些禁止进口的货物、物品就是犯罪所得,对于普通货物、物品,行为人偷逃的税款就是犯罪所得;[③]也有观点认为走私的货物属于犯罪对象,不属于洗钱罪中的违法所得,理由有二:一是对走私对象的处置属于上游犯罪的延续,无法独立评价;二是洗钱罪侵犯的法益是金融管理秩序,其罪质表现

① 参见何鑫:《刑事违法所得数额的司法认定问题研究——以特别没收为视角》,载《法律适用》2020年第11期。

② 走私有直接走私和间接走私之分,直接走私是指《刑法》第151条、第152条和第153条规定的内容,间接走私主要是指《刑法》第155条的情形,鉴于两种走私形式不同,该部分仅讨论直接走私,间接走私在下文另行讨论。

③ 参见赵拥军:《直接销售走私犯罪之"物"的"自洗钱"行为及其罪数认定》,载《中国检察官》2021年第9期。

为使赃款合法化。[①] 另外,《打击非设关地成品油走私专题研讨会会议纪要》第1条规定"向非直接走私人购买走私的成品油的,根据其主观故意,分别依照刑法第一百九十一条规定的洗钱罪或者第三百一十二条规定的掩饰、隐瞒犯罪所得、犯罪所得收益罪定罪处罚",走私的普通货物也可以认定为犯罪所得,但该规定在实践中引起了较大的争议。

要准确认定走私犯罪所得必须要回归犯罪所得本质。如上文所言,犯罪所得必须是通过犯罪行为获取的,若非通过犯罪行为即获得的则不能认定。因而,要认定走私对象为走私犯罪所得,就应该确定走私对象是否是通过走私行为获得的。在实践中,无论是国家禁止进口的货物、物品还是国家允许进口的普通货物、物品,在货物、物品入境前,行为人实际上已经控制或取得了货物、物品,如办案中常见的走私珍贵动物制品案中,珍贵动物制品一般是行为人在国外购得或捡拾的;走私普通货物、物品案中,拟进境的货物、物品也是行为人支付价款购得的。也就是说在行为人实施走私行为前即已经获得了货物、物品,而之后才实施的逃避海关监管入境的走私行为,走私行为在其中起到跨境转移的作用,并未改变货物、物品的获得途径,因而货物、物品并非由走私行为获得。这与盗窃罪、贪污罪、受贿罪等取得利益型犯罪[②]中犯罪行为直接作用的犯罪对象可以认定为实施犯罪过程中的所得,因而可以直接认定为犯罪所得不同。而且,走私犯罪中除走私文物、贵重金属和废物系单向行为外,其他均为双向行为,上述第一种观点仅针对进口型走私,但对于出口型走私而言,行为人在实施出口行为前也已经取得了货物、物品,而非通过走私行为获得因而不能认定为走私犯罪所得。这种认定思路也得到了司法实践和专家学者的认可,如徐某某、姜某某、赵某某等人滥伐林木案中,江苏省盐城市中级人民法院认为"首先,《刑法》第64条规定的违法所得是指行为人因

① 参见刘晓光、金华捷:《〈刑修(十一)〉背景下洗钱罪在走私犯罪中的适用》,载《上海法治报》2021年3月24日,B05版。

② 参见时延安、刘伟:《违法所得和违法收益的界定》,载《中国检察官》2007年第2期。

实施违反刑事法律的行为,而取得的全部财物及其孳息。其重要的特征是该财物的来源必须违反刑事法律。其次,依据《刑法》第64条规定,不得因追缴或者责令退赔违法所得而导致行为人双重受罚。对行为人尚未实施违反刑事法律的行为即已依法取得的财物,不能界定为违法所得而进行追缴或者责令退赔……综上,滥伐林木罪中的林木,不是行为人实施违反刑事法律行为而取得的财物,不能界定为违法所得"①。张明楷教授认可该判决理由,并提到"滥伐行为只是侵害了国家森林资源,而非侵害国家财产,行为人的违法行为只是使国家森林资源遭受破坏,而不是使国家财产遭受损失,故不能认为其所滥伐的林木属于违法所得"②。

另外,从与走私相关的法律法规来看,《海关法》《海关行政处罚实施条例》③均将走私货物、物品与走私违法所得并列,《办理走私刑事案件适用法律若干问题的意见》(以下简称《2002年走私意见》)第23条也将走私货物、物品和走私违法所得并列表述,也就是说走私货物、物品和走私违法所得是并列关系,不存在包含与被包含的关系。

在排除了走私对象可以成为走私犯罪所得的情况下,走私犯罪所得应如何认定?笔者认为,应将走私对象区分为涉税型和非涉税型货物、物品进行分别考量。

对走私涉税货物、物品而言,无论是通关走私、绕关走私还是保税货物走私,行为人通过走私行为追求和最终获得的是应缴税款和已缴税款之间的差额,即偷逃的应缴税额,该部分所得是在走私行为过程中实现的,与走私行为有直接的关联,因而可以认定为走私犯罪所得。

---

① 参见江苏省盐城市中级人民法院刑事裁定书,(2017)苏09刑终307号。

② 张明楷:《盗伐、滥伐林木罪的重要问题》,载《上海政法学院学报(法治论丛)》2021年第5期。

③ 《海关法》第82条规定,有前款所列行为之一,尚不构成犯罪的,由海关没收走私货物、物品及违法所得,可以并处罚款。《海关行政处罚实施条例》第9条规定,偷逃应纳税款但未逃避许可证件管理,走私依法应当缴纳税款的货物、物品的,没收走私货物、物品及违法所得……

对此,有观点认为偷逃的税额不能客观反映走私获利情况,理由是诸多司法解释均以获利数额(毛利或纯利均有)作为违法所得数额,这也是最能反映客观事实的。笔者认为将偷逃的应缴数额作为违法所得既能体现法益侵害又便于实践操作,理由是偷逃的应缴税额是客观的,直接产生于走私环节,最能体现走私犯罪的社会危害性,这也是《刑法》以偷逃应缴税额作为走私普通货物、物品罪定罪量刑标准的直接原因;而获利数额是相对主观的,是对走私之后国内流通环节的体现,具体定价情况是由行为人确定的,因而才会出现获利数额可能大于偷逃应缴税额,也可能小于偷逃应缴税额的情况。另外,《2002 年走私意见》第 24 条①规定可以将走私的普通货物、物品的完税价格或实际销售价格,作为违法所得予以追缴。有观点据此认为走私的普通货物、物品可以认定为犯罪所得,笔者认为该条并没有区分犯罪所得与合法财产,这也是该条在实践中很少被适用的重要原因,虽然普通货物、物品被冠以走私之名,但走私行为人也为此支付了对价,该部分无疑应认定为走私行为人的合法财产,若不加区分地按该条予以认定,会造成违法所得与合法财产处理的混乱。还有一点需要补充说明的是,该条针对的是走私的货物、物品不在案的情况,而对于在案扣押的货物、物品,法院是以"其他涉案财产"予以没收的,笔者认为该条的本意想与这种情况保持一致,但笼统地使用了违法所得的表述。

对走私非涉税货物、物品而言,只有该货物、物品进入流通领域才具有在洗钱罪的层面讨论的意义,因为单纯为收藏、自用等非流通领域目的走私入境的行为不涉及后续所谓的"清洗"行为,也就不存在洗钱罪的认定问题。而进入流通领域就会涉及该类货物、物品的变现问题,才会有"清洗"的可能和必要,而变现后的财物就是犯罪所得。需

---

① 《2002 年走私意见》第 24 条规定:"在办理走私普通货物、物品犯罪案件中,对于走私货物、物品因流入国内市场或者投入使用,致使走私货物、物品无法扣押或者不便扣押的,应当按照走私货物、物品的进出口完税价格认定违法所得予以追缴;走私货物、物品实际销售价格高于进出口完税价格的,应当按照实际销售价格认定违法所得予以追缴。"

要厘清的一点是,这里的犯罪所得是源自走私行为还是销售行为,看似源自销售行为,但实际也离不开走私行为,这也是将这类货物置于流通领域讨论的原因。对这类非涉税的货物、物品而言,走私入境的目的是销售,走私行为和销售行为是牵连行为,二者是一整体,无法区分,故而可以将销售所得认定为走私和销售行为的共同结果。如云南省开远市中级人民法院审理的李某某洗钱案[(2020)云 2502 刑初 204 号]就是将销售所得认定为犯罪所得,“刘某 1、黄某等人通过数次将走私入境的冻品鸡脚运输到昆明市进行出售,所得人民币 1,627,443 元。其间,被告人李某某在明知刘某 1、黄某、王某某等人实施走私的情况下,仍然为刘某 1、王某某、黄某等人的走私犯罪行为提供银行卡账户进行走私转账、取款。经查,李某某提供的银行卡账户为刘某 1 等人进行转账洗钱金额共计人民币 1,227,800 元”。

这里有一个无法回避的问题,在销售行为单独构罪的情况下,走私犯罪与其实际上是牵连犯,根据牵连犯“择一重处”的规则,若最终认定为非走私犯罪,能否认定洗钱罪?答案是肯定,根据 2009 年《最高人民法院关于审理洗钱等刑事案件具体应用法律若干问题的解释》第 4 条第 3 款的规定,上游犯罪事实可以确认,依法以其他罪名定罪处罚的,不影响洗钱罪的认定。

二、行为要素:洗钱行为分析

洗钱犯罪的行为本质都是通过隐匿资金流转关系,掩饰、隐瞒犯罪所得及收益的来源和性质,《刑法》第 191 条和《关于审理洗钱等刑事案件具体应用法律若干问题的解释》均对具体的洗钱行为作出了规定,虽然洗钱罪的行为方式变化多样,但无论如何变化目的都是掩饰隐瞒上游犯罪所得的来源和性质,把握住了这点方能“以不变应万变”,实践中比照认定即可。具体到走私洗钱中,有以下几个问题需要明确。

(一)走私行为人的售私行为能否认定为自洗钱

2021 年 3 月 1 日实施的《刑法修正案(十一)》将自洗钱纳入洗钱罪的范畴,自此上游犯罪本犯实施的掩饰隐瞒犯罪所得来源和性质的行为可以被认定为洗钱罪，该部分内容的修订突破了传统赃物犯罪“不可罚事后行为”和“禁止双重评价”原则。对此，王新教授认为洗钱罪所侵害法益的新型特征并不能为上游犯罪所覆盖和全面评价，而且洗钱行为切断了源自上游犯罪的犯罪所得和犯罪收益之来源和性质，已经不再是上游犯罪的自然延伸。[①] 售私行为，顾名思义，就是出售走私货物、物品的行为，而该行为通常由走私行为人完成。在自洗钱入罪的背景下，对走私行为人的该行为能否认定为洗钱行为？答案是否定的，理由主要有三点：

一是洗钱罪的对象为走私犯罪所得，上文对此已经重点论述，走私的货物、物品不能认定为犯罪所得，因而不能认定为洗钱对象。

二是走私行为的贸易性决定了对走私货物、物品的处置属于走私行为的自然延伸。正如前文提到的走私的暴利性，实际上就是走私的贸易属性的直接表现。售私行为可谓是走私行为的延续，可以在走私行为中一体评价，故而可以认定为是一种“事后不可罚”行为，进而不能再对其单独评价，否则就违反“禁止双重评价”原则。

三是销售诸如珍贵动物制品、淫秽物品、毒品等国家禁止进出口物品的行为，我国《刑法》均以单独的罪名予以了规制，在这种情况下洗钱罪与这些罪名就形成了一般规定与特别规定的关系，最终适用的是特别规定，没有了洗钱罪的适用空间。这也是不将走私货物、物品认定为走私犯罪所得的重要原因。

(二)购私行为能否认定为洗钱行为

所谓的购私行为就是购买走私货物、物品的行为，《刑法》第155条[②]

---

① 参见王新：《〈刑法修正案(十一)〉对洗钱罪的立法发展和辐射影响》，载《中国刑事法杂志》2021年第2期。

② 《刑法》第155条规定：“下列行为，以走私罪论处，依照本节的有关规定处罚：(一)直接向走私人非法收购国家禁止进口物品的，或直接向走私人非法收购走私进口的其他货物、物品，数额较大的；(二)在内海、领海、界河、界湖运输、收购、贩卖国家禁止进出口物品的，或者运输、收购、贩卖国家限制进出口货物、物品，数额较大，没有合法证明的。”

就是对该行为的规制,这里的购私是直接向走私人购买,即一手购私,不包括二手、三手等后续的购私行为。在一手购私中,存在销售和购买这一组对合行为,这种情况下购私人成立洗钱罪的前提是售私人存在洗钱行为,而且购私人的行为成立售私人洗钱行为的帮助行为,即购私人可能成立洗钱帮助犯。但前文已经明确了走私人的售私行为不能认定为洗钱行为,在售私人不成立洗钱正犯的情况下,也无法认定购私人的洗钱帮助犯。因而,在一手购私的情形中,一手购私人不成立洗钱罪,但根据《刑法》第155条的规定,可以认定为相应的走私罪。

二手购私中,也同时存在销售和购买这一组对合行为,这种情况下认定走私行为的前提是确定犯罪所得,即这个阶段的走私货物、物品能否认定为犯罪所得。首先可以肯定的是一手购私人的行为成立走私犯罪,即洗钱罪的七类上游犯罪之一,那么此时的走私货物、物品能认定为该走私犯罪所得吗?笔者认为可以认定,理由如下:与上文提到的直接走私行为人在走私行为实施前即已获得货物、物品不同,一手购私人是通过购买行为获得的货物、物品,而该购买行为已经被《刑法》第155条拟制为了走私行为。故而可以认定系通过走私行为获得,符合犯罪所得取得过程的违法性和获取途径的关联性两个特征,因此可以将一手购私获得的货物、物品认定为犯罪所得。在此前提下,一手购私人销售走私货物、物品的行为符合《刑法》第191条规定的"将财产转换为现金",故可以认定为洗钱行为。司法实践中也有类似的判例,如宁波市北仑区人民法院审理的马某山洗钱案[(2021)浙0206刑初28号],"2019年4月左右,被告人马某山明知马某辉在从事走私活动,仍帮助马某辉将收购的约222吨走私的柴油(价值人民币约166.5万元)通过其所经营的宁波宁振石化有限公司低价销售给宁波锦翔物流有限公司等"。该院认为,被告人马某山明知是走私犯罪所得,为掩饰、隐瞒其来源和性质,仍协助将财产转换为现金,其行为已构成洗钱罪。与此同时,上述洗钱行为并非一手购私人单独完成的,而是由二手购私人的收购行为配合进行的,故二手购私人的行为可以认定为共同的洗钱行为。因此,在二手购私的情况下,存在认定为洗钱行为的可能。

（三）偷逃应缴税款作为犯罪所得的实践应对

走私普通货物、物品案中,偷逃的应缴税款是无法直观体现的,如某走私普通货物案中,行为人以绕关方式走私奢侈品入境销售,偷逃税款 11 万元,这 11 万元虽说是客观存在的,但实际上是通过计算得出的“虚数”,没有具体的“载体”,行为人亦没有实际获得,这就造成了实践中认定洗钱数额的困境。笔者认为,行为人偷逃的税款虽然在走私阶段没有体现,但是是在后续的销售阶段与货物出售后所得的货款一体呈现的,行为人在掩饰、隐瞒货款的同时也处置了偷逃的税款,因而可以从行为人对货款处置的角度入手来确定处置偷逃税款的数额,即洗钱数额。具体方法如下:若行为人对全部货款均进行了《刑法》第 191 条规定的五种行为,则可以将全部的偷逃税款均认定洗钱数额;若仅对部分货款进行了上述操作,则可以按比例认定洗钱数额。如上例中,行为人销售该批奢侈品所得 60 万元,若行为人将这 60 万元均转移至境外,则洗钱数额应认定为 11 万元,若行为人将 30 万元转移至境外,则洗钱数额应认定为 5.5 万元。当然,这只是理想状态下的操作,实践中的情形远比这复杂,但根据存疑有利于被告人的原则和把握好违法所得与合法财产的界限。又如上例中,行为人以转账的方式将货款汇至境外,但该账户在转入 60 万元前,账户有余额,在计算时务必要将这部分余额排除,否则会造成将非犯罪所得认定为犯罪所得的问题。

三、目的要素:掩饰隐瞒来源和性质

《刑法修正案(十一)》删除了洗钱罪原来罪状中的“明知”术语,但这并不意味着洗钱罪不需要明知,删除“明知”是为了让自洗钱入罪,因为对自洗钱行为人而言,上游犯罪是其本人实施,可以直接认定“明知”,对于其他洗钱行为人而言仍然需要明知。《关于审理洗钱等刑事案件具体应用法律若干问题的解释》对明知的认定作出了明确规定,且"明知"的认定主要依靠证据,需要个案具体分析,在此不再赘述。在这里需要说明的是洗钱罪的目的要素,即《刑法》第191条规定的为掩饰、隐瞒(七类上游犯罪)所得及其产生的收益。对于这样的心理愿望,刑法理论称为主观的超过要素①,即"在某些犯罪中,主观要素仅存在于行为人的内心即可,不要求有与之相应的客观事实,目的犯中的目的以及某些犯罪的动机就是如此"②。可以说,这种内心目的的证明难度远比"明知"的证明难度高。为此,2020年11月印发的《关于办理洗钱刑事案件若干问题的意见》中明确"主观上认识到是七类上游犯罪所得及其产生的收益,并实施第191条第1款规定的洗钱行为的,可以认定其具有上述目的",但同时规定"有证据证明不是为掩饰、隐瞒犯罪所得及其收益的来源和性质的除外"。上述规定在很大程度上简化了目的要素的证明过程、降低了证明难度,但具体到个案中仍需注意除外规定。

以走私犯罪案件中最常见的跨境转移资金为例,行为人无论是通过正规渠道还是通过地下钱庄向外商支付货款,都会涉及资金的跨境流转,那能把所有的转移行为均认定为洗钱行为吗?答案显然是否定的。单纯从目的要素的角度来讲,在对外贸易过程中,行为人跨境转移资金的行为更多地体现的是一种买卖双方的贸易行为,转移的资金是支付的货物对价,即使其中存在违法所得的转移,也无法认定具有掩饰隐瞒犯罪所得来源和性质的目的。

四、罪行要素:竞合问题分析

这里的竞合问题源自《刑法》第156条的规定,与走私罪犯通谋,提供账号等行为应认定为走私罪的共犯,而《刑法》第191条洗钱罪的五种行为之一也提到了"提供资金账户"的行为。在《刑法修正案(十

---

① 参见刘艳红:《洗钱罪删除"明知"要件后的理解与适用》,载《当代法学》2021年第4期。

② 张明楷:《刑法学》(第5版),法律出版社2016年版,第298页。

一)》实施之前,区分两种行为的关键在于是否存在事前或事中的通谋,若存在则认定走私共犯,若不存在,则考虑认定洗钱罪。但《刑法修正案(十一)》实施之后,自洗钱入罪,提供资金账户的行为同时构成上游走私犯罪的帮助犯和下游洗钱罪的正犯,系想象竞合,择一重罪处断:首先,提供账号的行为人在与走私行为人存在通谋的情况下,提供账号接收走私款项,符合《刑法》第156条的规定,应认定为走私共犯;其次,行为人提供账号的行为在能起到掩饰隐瞒犯罪所得来源性质的作用的情况下,符合《刑法》第191条的规定,应认定为洗钱罪正犯。司法实践中亦有类似判例,防城港市中级人民法院审理的徐某某洗钱案[(2019)桂06刑初160号]中,该院认为:"关于徐某某构成洗钱罪还是走私共犯的问题。徐某某明知陈某某从事走私犯罪活动,仍提供资金账户,帮助陈某某收取走私冻品货款共计人民币2,434,800元。徐某某提供银行账户为走私分子收取账款,该账户是徐某某用于经营啤酒生意的资金账户,该账户掩盖了赃款持有人的真实身份,使得赃款与赃款持有人在形式上分离,使非法资金混杂于合法的经营生意资金流中,使司法机关难以追查赃款的去向,掩饰、隐瞒走私犯罪的违法所得的性质和来源。徐某某的行为同时触犯刑法第151条、第156条、第191条之规定,构成走私国家禁止进出口的货物、物品罪与洗钱罪的竞合,择一重罪论处,应当以洗钱罪追究其刑事责任。"

需要注意的是,由于提供资金账户是一种中性的金融行为,单纯提供账户的行为很难切断与上游犯罪的关联,因而洗钱罪中提供资金账户的行为必须是足以掩饰、隐瞒犯罪所得及其产生的收益之本质、来源、去向,切断与上游犯罪的关联性的行为。① 若不能满足这个条件,则无法认定洗钱罪,但可以直接认定走私共犯。如东莞市中级人民法院审理的罗某某等走私普通货物案[(2016)粤19刑初307号]中提到"罗某某将银行卡交给袁某2用于走私活动,其主要的目的是帮

① 参见李光林、陶维俊:《提供资金账户式洗钱行为的司法认定》,载《检察日报》2021年7月23日,第3版。

助袁某2更便利地收发犯罪所得货款,而非掩饰、隐瞒其来源和性质,其行为不符合洗钱罪的构成要件,不构成洗钱罪”。

五、结语

理论的研究成果终归是要接受司法实践检验的。当前,洗钱罪的认定是热门话题,但走私犯罪领域洗钱罪的研究稍显冷僻,这与走私犯罪跨境的特殊性和案件规模有直接的关系。走私犯罪所得是走私洗钱认定的基础和核心,但理论众说纷纭、实践乱象丛生,本文也是个人之谈,孰是孰非还有待相关司法解释予以明确。

The Constituent Elements of Money Laundering Crime from the Perspective of Smuggling Activities

JIANG Kangkang　LIU Yong

[**Abstract**] Smuggling crime is one of the seven upstream crimes of money laundering crime, which is directly related to the profiteering of smuggling crime. The identification of smuggling in money laundering should not only focus on the particularity of smuggling crime by excluding directly smuggled goods and articles from the category of criminal income, but also identify the income of smuggling crime according to the different smuggling objects, highlighting the illegality of the acquisition process of criminal income and its relevance to smuggling behavior. The constitutive elements of the crime of money laundering should also be considered, especially the subjective element of concealing the proceeds of the crime and the source and nature of the proceeds.

[**Key words**] smuggling crime; money laundering; proceeds from crime

涉税走私违法所得问题研究

陈鹿林　龚　玲*

［摘　要］　违法所得可以区分为广义违法所得和狭义违法所得、阶段性违法所得和终局性违法所得。涉税走私中，应区分不同功能来理解和把握违法所得的范围。打击洗钱犯罪旨在及时切断上游犯罪资金链，尽量剥夺再犯的可能性，这就需要适度放宽违法所得的范围，对上游犯罪的涉税走私采纳广义违法所得概念更合理，应侧重于从走私过程来把握阶段性违法所得。没收追缴则旨在剥夺行为人从违法犯罪中实际获得的利益，如果一律按走私货物完税价格认定违法所得，不但重复评价实际获利，也会导致罪责刑不相适应，不符合司法实际和大众观念。对此，应从结果角度来把握终局性违法所得，区分不同情形合理确定没收追缴违法所得的范围。

［关键词］　涉税走私；违法所得；洗钱犯罪；没收追缴

一、涉税走私违法所得争议焦点

涉税走私，是指违反海关法规，逃避海关监管，部分或全部偷逃进出口环节应缴税额的走私行为。涉税走私对应我国《刑法》上的罪名为走私普通货物、物品罪。涉税走私的违法所得应当如何界定，理论

* 陈鹿林，浙江省宁波市人民检察院第三检察部副主任，四级高级检察官；龚玲，浙江省宁波市人民检察院四级高级检察官。

界和实务界都有很大争议。目前主要有三种截然不同的观点：

第一种观点为取得说。即违法所得系通过走私行为直接、间接产生、获得的任何财产，无须扣除生产、销售成本包括走私货物（或物品，下同）及销售款。其主要理由在于《刑法》第64条规定，犯罪分子违法所得的一切财物应当予以追缴或者责令退赔。《最高人民法院、最高人民检察院、海关总署关于办理走私刑事案件适用法律若干问题的意见》（以下简称《走私案件意见》）持这种观点。[①]

第二种观点为利润说。即违法所得系收入扣除成本后获得的实际收益。主要理由为涉经济犯罪类规范性文件普遍规定违法所得系扣除成本之后的利润。例如，《最高人民法院关于审理非法出版物刑事案件具体应用法律若干问题的解释》第17条规定，"本解释所称'违法所得数额'，是指获利数额"[②]。涉税走私作为典型的经济犯罪，也应当按上述思路来认定违法所得。

第三种观点为逃税说。即违法所得系因走私行为偷逃进出口环节应缴税款。其主要理由在于涉税走私与非涉税走私犯罪对象和社会危害性不同，违法所得认定思路也有所区别。非涉税走私的对象是国家禁止或限制进出口的货物，这些货物不可能通过合法途径得到，只能通过走私行为而获取，因此走私的货物就是违法所得。而涉税走私则不同，其对象是本身允许进出口的普通货物，刑法只是基于其偷逃应缴税费而予以惩罚。[③]

上述有关涉税走私违法所得范围的不同观点，分别体现了广义违

---

① 该意见第24条规定："在办理走私普通货物、物品犯罪案件中，对于走私货物、物品因流入国内市场或者投入使用，致使走私货物、物品无法扣押或者不便扣押的，应当按照走私货物、物品的进出口完税价格认定违法所得予以追缴；走私货物、物品实际销售价格高于进出口完税价格的，应当按照实际销售价格认定违法所得予以追缴。"

② 再如，《最高人民法院、最高人民检察院关于办理利用未公开信息交易刑事案件适用法律若干问题的解释》第9条规定："本解释所称'违法所得'，是指行为人利用未公开信息从事与该信息相关的证券、期货交易活动所获利益或者避免的损失。"

③ 参见赵拥军：《直接销售走私犯罪之"物"的"自洗钱"行为及其罪数认定》，载《中国检察官》2021年第9期。

法所得和狭义违法所得的概念，主要区别在于是否扣除违法犯罪成本。具体而言，取得说属于广义违法所得范畴，即基于违法犯罪行为所取得的一切财物，不扣除成本；利润说和逃税说则属于狭义违法所得范畴，也就是扣除犯罪成本后获得的利益，其中利润说针对的是积极利益（增加的价值），逃税说针对的是消极利益（减少的支出）。

客观而言，关于广义违法所得和狭义违法所得的争论，不仅在涉税走私中存在，在其他违法犯罪中也存在，只是相对而言涉税走私中分歧更大。对此，有观点提出应区分不同层面来界定和认定"违法所得"概念。"从法律条文关于'违法所得'表述的功能分析，大致可以区分以下三个层面：一是规定'违法所得'旨在为罚金刑提供判罚基数；二是规定'违法所得'旨在提供定罪处罚标准；三是规定'违法所得'旨在明确没收财产的范围。"①借鉴这种根据不同功能来界定违法所得的基本思路，在涉税走私中，也可以区分不同功能来理解和把握违法所得。具体而言，应区分洗钱犯罪层面的涉税走私违法所得和没收追缴层面的涉税走私违法所得。

二、洗钱犯罪层面涉税走私违法所得的界定

（一）作为洗钱罪对象的犯罪所得不应扣除犯罪成本

根据《刑法》第191条的规定，洗钱罪针对的是走私犯罪等七类上游犯罪的所得及其收益。而作为洗钱罪的犯罪对象，采用不扣除犯罪成本的广义违法所得概念更为合理，即凡是通过上游犯罪直接或间接产生的任何财产，都属于洗钱罪犯罪对象。主要理由如下：

首先，投入上游犯罪的成本不具有合法性，法律上应当作出否定性评价。投入一定的犯罪成本，通常是行为人启动犯罪、顺利实施犯罪的必要条件。当这种成本经由具体犯罪行为转化成其他有价值的物品后，对于实施犯罪的人而言，这些物品在整体上有了独立的价值，

① 刘晓虎、赵靓：《"违法所得"概念的界定和司法认定》，载《人民法院报》2018年7月4日。

也使整体利益得以延续,最终实现其犯罪目的。基于任何人不能从违法犯罪中获得利益的基本原理,本应由司法机关追缴这部分财产。但是,由于行为人实施洗钱行为,切断了这些财产的来源信息,严重损害了正常司法活动和金融管理秩序,具有较大社会危害性。因此,有必要将这种包含成本价值在内的所得财物作为洗钱罪犯罪对象予以惩治。

其次,在评价洗钱罪犯罪对象时不将犯罪成本予以扣除,更有利于实现洗钱罪的立法初衷。走私、毒品、贪污贿赂等各类上游犯罪得以存续,其中很大一部分原因在于各类洗钱行为长期存在。一方面,洗钱行为使得违法犯罪过程中必不可少的资金流转环节更加畅通无阻;另一方面,通过洗钱行为"漂白"各类财产,违法犯罪行为人最终获得实质性的经济利益,实现其犯罪目的。与之相反,打击各类洗钱行为,能够延缓甚至切断犯罪过程中的资金流转,增加犯罪暴露的风险,使犯罪收益的取得变得更加困难。而上游犯罪的资金流转,就不能局限于通过上游犯罪增值的部分,还包括实施上游犯罪投入成本之后转化的各种后续财产,这些都应当纳入洗钱罪的打击范围。否则,如果仅将增值部分的利益作为洗钱罪的对象进行考量,那么作为成本的资金仍然得以在持续不断的犯罪中循环流转,显然无法实现洗钱罪切断上游犯罪的立法初衷。

(二)作为洗钱罪犯罪对象的涉税走私违法所得

在涉税走私中,将包括犯罪成本在内的所得财物(包括销售款)纳入洗钱罪犯罪对象更有其必要性,既符合司法实际,也符合人们的一般认识。反之,如果仅仅将偷逃税额或者实际获利作为涉税走私中洗钱罪的对象,既不符合客观实际,也将导致很难惩治涉税走私中的洗钱犯罪。

首先,偷逃应缴税款的特性决定其无法作为洗钱罪的对象被掩饰、隐瞒。偷逃应缴税款只是一种消极利益,税款系行为人进出口货物时本来应承担的纳税义务,只是因走私违法犯罪而减少的支出,但这种消极利益是一种无法特定化的财产。洗钱犯罪针对的只能是具有确定性、能够特定化的财产，而偷逃应缴税款显然不可能被掩饰、隐瞒，如果将其作为洗钱罪对象，那么在涉税走私中就可能不存在洗钱罪的适用空间。

其次，涉税走私中实际获利的特性也会影响洗钱罪的适用范围。从司法实践看，走私案件中多数情况下难以查清实际获利，涉税走私案件更是如此。站在走私行为人的角度来看，其通常也是将实际获利与投入成本混杂在同一批货物或者资金中，两者的界限较为模糊，甚至许多时候可能“亏本”买卖，没有实现整体利益的增值。例如，行为人在走私之初投入自有资金200万元，通过低报价格走私普通货物入境，由于各种原因亏本销售，最终回收的资金只有160万元。此时，如果行为人掩饰、隐瞒这批160万元的走私货物销售款，是否就意味着也不构成洗钱罪呢？站在洗钱行为人的角度来看，其主观上通常是基于认识到哪一批货物或资金系通过某一走私犯罪获得、转化而来，进而掩饰、隐瞒这些财物，但不可能将投入的成本与最终实际获得的利润作出区分后再实施相关洗钱行为。在上述案例中，即便行为人亏本销售160万元，但这160万元已经完全区别于走私之前的合法财产，而是通过走私行为，经由资金投入、走私进口、货物销售、资金回收多道程序转化而来，将销售走私货物回收的这160万元认定为违法所得，符合普通人一般观念。从司法实践看，对于掩饰、隐瞒销售走私货物（包括普通涉税货物）所得款来源和性质的，也普遍被认定为洗钱罪。以黄广锐洗钱案为例，黄某团伙长期绕关走私香烟、柴油等货物入境销售牟利，偷逃应缴税额数亿元。其间，黄广锐明知相关款项系黄某走私香烟、柴油所得，仍提供多张银行卡账户用于接收巨额走私款，并提取现款上亿元交给他人转往黄某团伙所指定的境外账户。法院认定黄广锐构成洗钱罪，判处其有期徒刑5年。[①] 本案中，黄广锐所转移

① 案例素材源于搜狐网和新浪网的两篇新闻报道：《广西犯罪团伙15个月洗钱1.1亿元　获利百万赃款》，载搜狐网2006年12月20日，https://www.sohu.com/a/285422432_120078003；《打击洗钱犯罪8大典型案》，载新浪网，http://news.sina.com.cn/c/2006-12-20/093010818672s.shtml。

的就是黄某团伙走私普通货物入境后境内销售所得款。

综上,作为洗钱犯罪对象,涉税走私采纳广义违法所得概念更为合理,这种违法所得既可能是走私的货物,也可能是走私货物的销售款(资金)。当然,走私包括进口走私与出口走私,不同走私中货物和资金有不同含义。在出口走私中,行为人从国内购进货物,该行为服务于走私过程,是走私的一环,通常情况下货物并非违法所得,只有出口货物后回收的相应货款才属于违法所得。相反,在进口走私中,尽管货物本身允许进口,但由于行为人是通过违法手段走私入境,货物的取得不具有合法性,行为人走私既遂后取得的货物则属于走私违法所得,这是进口走私直接所得;而将走私进口的货物再销售,回收的货款也属于违法所得,只是成为原违法所得(走私货物)的替代物。当然,在低报价格等走私中,由于存在已经缴纳部分税款的情形,“相对偷逃部分而言,缴纳部分是合法的,其相应投入的货物成本也应视为合法,而非犯罪成本,不应作为违法所得的私货处理”①。可见,此类走私中通常是合法行为与违法行为交织在一起,只有偷逃的应缴税款所对应的货物及其货款才是违法所得。

三、没收追缴层面涉税走私违法所得的界定

(一)现行涉税走私违法所得没收标准评析

在涉税走私行政案件或刑事案件中,都涉及没收、追缴违法所得的问题。根据《海关行政处罚实施条例》第 9 条第 1 款、第 56 条的规定,在行政案件中,应当依法没收走私货物、物品及其违法所得,有关货物无法或不便没收的,应当追缴该货物的等值价款。根据《走私案件意见》第 23 条、第 24 条的规定,在刑事案件中,对涉税走私的货物及其违法所得应当及时追缴,走私货物无法扣押或者不便扣押的,按完税价格认定违法所得予以追缴,实际售价更高的,按实际售价认定

---

① 杨义林、闫丽勤:《论走私犯罪所得及其产生的收益》,载《中国检察官》2021 年第 22 期。

违法所得予以追缴。

由此可见,行政法和刑法关于涉税走私的没收标准基本一致,总体上采用广义违法所得概念,即能扣押走私货物的,直接予以没收,否则按完税价格(或等值价款)予以追缴。依此标准没收违法所得,意味着对当事人为进口货物曾经支付的所有货款都予以没收。货款体现为当事人为实施走私所投入的违法成本及其利润,从法理上讲没收违法犯罪成本有一定合理性。但是,违法成本并不等于所有货款。货款往往体现为资金的循环支付,通常行为人在走私之初组织一部分资金投入其中,待走私成功后,销售货物、回收货款,再行投入到下一批次走私犯罪中,如此循环往复。走私次数越多,所形成的货款数额(相当于营业数额)也越大,而且呈几何式增长,虽然偷逃的应缴税款相应增加,但是其犯罪成本还是以走私之初投入的资金为主。案发后,如果按照经资金滚动支付而形成的营业数额没收相应财产,不但远远超出当事人的实际获利,也大大超出为走私所投入的实际资金(初始成本),需要没收的财产数额非常巨大。① 从理论角度讲,这其实是对同一金额的货款因循环支付而予以重复评价,突破了没收违法所得所依据的任何人不能从自己的违法行为中获益的基本原理,也大大超出普通民众的一般认识;从实践角度讲,按上述标准没收,将会导致罪责刑不相适应,造成大量进行涉税走私的企业不堪重负甚至破产,或者因数额巨大难以执行,判决成为一纸空文,有损司法严肃性。②

此外,在非涉税走私中,也存在行为人反复走私国家禁止或限制进出口的货物的情形。但是,《走私案件意见》仅仅针对涉税走私规定

---

① 例如,初次走私时行为人投入50万元采购货物,每次偷逃税款8万元。如果按照同样手法走私、销售循环10次,实际货款为500万元,偷逃税款80万元,但其投入的购货成本仍然为50万元,其取得的利益约为130万元(最后一次价值50万元的货物+偷逃80万元的税款,外加部分利润)。而如果按照全部货款来没收,高达500万元,这与130万元的实际获益相去甚远。

② 参见陈增宝:《经济犯罪疑难问题司法认定与要案判解》,法律出版社2019年版,第138页。

按货物完税价格(与货值、营业数额大体相当)没收违法所得,却没有针对非涉税走私规定类似标准。事实上,在司法实践中,对非涉税走私也从来没有按总货值来没收违法所得,只有实际被扣押的货物及经营利润才会被作为违法所得予以没收。

(二)涉税走私中没收财物的具体思路

可见,无论刑法还是行政法,对涉税走私一律按货物完税价格(或等值价款)追缴违法所得显然很不合理。正因如此,司法实践中的涉税走私案件,除少部分判决书仍然按照走私货物所对应的完税价格没收违法所得外,大量判决书并没有执行上述标准,而是采取其他方式作出判决。目前主要有以下三种:一是按当事人实际获利(利润)认定违法所得予以追缴。例如,在郑某走私案中,郑某伪报品名走私出口货物,偷逃应缴税额2293万余元,直接获利200万元,法院判决追缴200万元违法所得。[①] 二是按偷逃税额认定违法所得予以追缴。例如,在贝宏公司走私案中,该公司低报价格走私进口干果117吨,偷逃应缴税款45.3万余元,法院判决追缴犯罪所得45.3万元。[②] 三是对追缴违法所得不予评判,或者只笼统描述追缴走私货物及所得,对金额不予明确。例如,在周某走私案中,其通过"水客"多次走私进口服饰2800余件,价值260余万元,偷逃税款88万余元,法院判决没收走私货物及所得,但未明确具体金额。[③]

针对司法实践中的不同做法,我们认为有必要合理区分违法所得和供犯罪使用的本人财物,合理区分直接查扣的货物和无法查扣的货物,进一步完善涉税走私案件中没收、追缴相关财物的标准。对于检察机关作出相对不起诉决定后移交行政处罚的,也应依此把握违法所得的没收、追缴标准,以保持法秩序的统一。具体而言,分以下三种情况处理:

---

① 参见福建省泉州市中级人民法院刑事判决书,(2014)泉刑初字第11号。

② 参见浙江省宁波市中级人民法院刑事判决书,(2017)浙02刑初6号。

③ 参见浙江省温州市中级人民法院刑事判决书,(2013)浙温刑初字第152号。

首先,对于涉税走私中偷逃的应缴税额以及走私完成后销售货物所形成的利润,应予以没收。这部分财产是行为人通过走私犯罪直接减少的损失(偷逃的应缴税额),或者直接增加的利益(利润),属于狭义违法所得范畴,也是最为典型的违法所得,均应予以没收。从司法实践看,偷逃的应缴税额最容易确定,依此没收也最具有可操作性。对于销售利润,能查清楚的,也应依法予以没收。

其次,对于涉税走私中被现场查扣的货物,应予以没收。在出口走私中,行为人为了出口先行生产或者采购货物,然后才走私出境,这些货物显然并非走私违法所得,但行为人旨在通过走私这些货物获取非法利益,属于《刑法》第 64 条规定的“供犯罪所用的本人财物”。在进口走私中,现场被扣押的货物系行为人因走私行为而进口并实际获得的财物,属于《刑法》第 64 条规定的“犯罪分子违法所得的一切财物”。因此,无论是进口走私还是出口走私,对现场查扣的货物应予以没收。当然,鉴于低报价格走私的特殊性,其未低报的部分已如实申报并缴纳税款,这部分货物系合法进出口,故应当按照低报价格比例对应的货值确定扣押货物的没收范围。

最后,对于多次走私中客观上已经不存在的走私货物,一般是通过销售后回收货款,作为成本投入下一轮走私中。这部分货款在循环支付中,要么转化为最后案发时被实际查扣的货物,要么犯罪嫌疑人(单位)将最终回收的货款及其收益用于其他开支或转化为其他财产。对于前者,可以直接没收实际查扣的货物;对于后者,能够查明转化的其他财产的,可以追缴这部分财产,但如前所述,不宜按走私货物相应的完税价格直接没收、追缴。

行政处罚和刑事处理中,都涉及没收追缴与罚金(或罚款)。虽然都属于对财产的处置,但没收追缴与罚金(或罚款)所针对的财产有很大区别。没收违法所得的基本法理在于任何人不能从自己的违法行为中获得利益,因此没收所针对的是行为人因违法行为实际获得或者实际增加的利益。在多次走私中货款因循环往复的支付而成倍增长,然而,在案发时这些循环支付所形成的总货款并没有增加行为人的利益,不宜简单地将其全部作为没收对象,需要区别对待。而罚金(罚款)则不同,它是在剥夺行为人上述违法利益之外,剥夺行为人部分合法财产,以达到额外惩罚的效果。因此,实际处理中,对直接查扣的货物和无法查扣的货物的没收情况作适当区分,不一律按照走私货物对应的完税价格追缴所谓"违法所得",并不会导致不公平的处理。在具体案件中,仍然可以根据实际情况,通过不同幅度的罚金(偷逃税款 1 倍至 5 倍)或者罚款(偷逃税款 3 倍以下)等形式剥夺当事人的合法财产,以达到惩治的效果。①

四、余论

前文分别从洗钱犯罪层面和没收追缴层面探讨涉税走私违法所得的界定问题,而且二者有较大区别。总体而言,洗钱犯罪视角下,涉税走私违法所得范围更广,界定标准更宽;而没收追缴视角下,涉税走私违法所得范围更小,界定标准更严。二者并不矛盾,这是由打击洗钱犯罪与没收追缴财物的不同功能所决定的。

就洗钱犯罪而言,合理界定上游犯罪违法所得,其主要目的在于通过对洗钱行为人定罪处罚,及时切断上游犯罪资金链,减缓上游犯罪的完成,增加犯罪暴露的风险,尽量剥夺再犯的可能性。此外,强化打击洗钱犯罪,某种程度上也是履行国际公约的要求。而适度放宽洗钱罪犯罪对象的认定标准,也正契合了国际公约的精神。有学者就认为,"根据国际公约的规定,犯罪所得是指通过实施犯罪而直接或间接产生或者获得的任何财产,这就使得'犯罪所得'的范围十分宽泛"②。就涉税走私而言,只有将包括成本在内的走私所得财物或其销售款作为洗钱罪对象,才能有力打击该领域的洗钱犯罪;否则,如果仅仅将偷逃税款或实际利润作为洗钱罪对象,洗钱罪的适用空间就很窄。从司

---

① 例如,有实际货物扣押的,因为已经直接没收了货物,可以降低判处罚金、罚款的金额;没有实际货物扣押或者扣押较少,也无法追查到走私货物所转化的具体财产的,可以提高判处罚金、罚款的金额。

② 何萍:《自洗钱入罪后的法律适用》,载《人民检察》2021 年第 16 期。

法实践看,大量案件也正是从广义违法所得的视角来把握涉税走私案件中洗钱罪的法律适用的。

就没收追缴而言(包括刑事程序和行政程序),合理界定违法所得,其目的在于剥夺行为人从违法犯罪中实际获得的利益。从中立角度讲,走私是一种国际贸易,而贸易的显著特征是货物与资金之间循环往复。实践中,一个团伙、一起案件的走私犯罪,通常由数次、数十次甚至成百上千次具体走私行为集合而成。每一次走私行为的完成,意味着资金与货物之间的一次循环,意味着行为人获得一批新的货物或者回收一次资金。这体现了走私犯罪的循环特征。在这一过程中,就可以将违法所得区分为阶段性违法所得和终局性违法所得。前者是指在最终案发之前,某一阶段甚至每一次走私犯罪所获得的利益;后者是指案发之时,行为人通过走私最终实际获得的利益(包括实际利润、偷逃的税款总额等)。显然,终局性违法所得通常要小于阶段性违法所得之和。鉴于打击洗钱犯罪的目的在于及时切断上游犯罪资金链,因此有必要从阶段性违法所得的角度来认定洗钱罪的犯罪对象,这样才能更准确、更及时地以洗钱罪定罪处罚;而没收追缴所针对的是最终实际获益,这就不能将循环走私中价值重复的那部分利益计算在内,否则就会导致重复评价,也与最终实际获益不相符。因此,从没收追缴的角度看,应当对涉税走私违法所得进行更加严格的限制,应当在准确区分不法财产与合法财产的基础上,分别适用没收追缴、罚金罚款等措施。

A Study on Illegal Income from Tax-Related Smuggling

CHEN Lulin　GONG Ling

[**Abstract**] Illegal income can be divided into generalized illegal income and narrow illegal income, as well as phased illegal income and final illegal income. In tax-related smuggling, different functions should be distinguished to understand and grasp the scope of illegal income. The purpose of combating money laundering crime is to cut off the capital chain of upstream crime in a timely manner and try to deprive it of the possibility of recidivism. This requires a moderate relaxation of the scope of illegal income, which is more reasonable to adopt the concept of generalized illegal income for tax-related smuggling of upstream crime and should focus on the process of smuggling to grasp the phased illegal income. The purpose of confiscating and recovering is to deprive the actor of the actual benefits obtained from the crime. If the illegal income is determined and recovered according to the dutiable value of the smuggled goods, it will not only repeatedly evaluate the actual benefits obtained from the crime, but also lead to the incompatibility between responsibility, punishment and crime, which is not in line with judicial reality and public view. In this regard, the final illegal income should be grasped from the perspective of result, and the scope of confiscating and recovering illegal income should be reasonably determined according to different situations.

[**Key words**] tax-related smuggling; illegal income; money laundering crime; confiscation and recovery

逃避商检罪的罪状与罪数探析

王祉浩*

[摘　要]　随着“关检融合”新局面的出现，逃避商检罪在实践中的适用问题成为各部门关注的热点问题。然而，由于各方面的原因，实践中对于逃避商检罪的适用几乎处于停滞状态，加之本罪名的罪状相对复杂，若不能厘清本罪的罪状，那么对于本罪在司法实践中的适用是较为不利的。鉴于此，通过重点分析本罪的罪状，尤其是本罪的客体与客观方面之内涵，讨论了“情节严重”在本罪中的定位，试图厘清本罪中较为复杂的罪状。随后，对本罪中进口型犯罪的后续销售、使用引发的同非法经营罪等罪名的罪数问题及是否数罪并罚的问题进行了研究。最后，提出了本罪仍然存在的问题和对未来的展望，旨在为研究逃避商检罪的同人提供一定的理论参考和研究思路。

[关键词]　逃避商检罪；管理秩序；情节犯；法定犯；数罪并罚

2018年3月，关于设立国家市场监督管理总局的改革方案正式对外公布。其中，提出了将出入境检验检疫管理局纳入海关总署的具体改革措施。原本由公安机关管辖的逃避商检案、妨害国境卫生检疫案以及妨害动植物防疫、检疫案这三类案件也被纳入了海关总署缉私局的管辖范围，海关缉私局管辖案件的范围得到了进一步的扩大，“关检

* 王祉浩，上海市人民检察院第三分院检察官助理。

融合”的新局面应运而生。因此,将逃避商检罪的客体方面、客观方面、罪数形态以及并罚情况的各种观点作为本文的研究对象颇具新颖性,同时本文指出了本罪存在的问题并对本罪未来发展进行了展望,以期为各位专家、学者及司法工作者提供一定的思路。

一、逃避商检罪的罪状分析

《刑法》第230条以及第231条对自然人以及单位逃避商检的行为分别作出了相应规定。从中我们可以看出,本罪的主体要件和主观要件较为直观。构成本罪的主体为达到刑事责任年龄,具有刑事责任能力的自然人。同时,在本罪的主观要件方面,仅存在故意犯罪的可能性,而不存在过失犯罪的可能性。而本罪客体的多重性决定了本罪条文中既存在空白罪状的表述方式,又存在叙明罪状的表述方式。基于此,应当认定本罪的罪状属于混合罪状,《刑法》通过混合罪状的方式详细表述了逃避商检罪的基本特征。

(一)本罪的客体要件

关于本罪的客体,即逃避商检罪所保护的法益,目前学界有多种不同观点,仍存在争议,具体包含以下几种。

第一种观点认为,本罪的客体是国家的进出境商品检验制度。①

第二种观点认为,本罪的客体是国家通过设立进出口商品检验制度所维护的正常的进出口贸易秩序。②

第三种观点认为,本罪的客体是国家对进出口商品的管理秩序。③

第四种观点认为,本罪的客体是国家进出口商品检验的管理秩序。④

---

① 参见禹启华等:《浅析违反检验检疫规定的犯罪》,载《湖北检验检疫》2001年第4期。

② 参见李希慧、姚龙兵:《逃避商检罪研究》,载《江淮论坛》2010年第1期。

③ 参见张旭东:《对逃避商检罪犯罪构成的理解——全国逃避商检罪第一案引发的思考》,载《消费导刊》2015年第6期。

④ 参见张军主编:《刑法【分则】及配套规定 新释新解》(第9版),人民法院出版社2016年版,第935页。

第五种观点认为,本罪作为法定犯,在是否侵害法益的问题上其实存在明显的“法益性欠缺”。是否违反商检法规,对于逃避商检罪的成立具有一票否决的作用。①

根据上述几种观点可以看出,学界对于本罪客体的争议存在多个方面,但争议主要集中在“进出口”与“进出境”、“制度”与“秩序”、“管理”与“贸易”以及是否存在“法益性欠缺”等方面。

从本罪所保护的法益范围来看,“进出口”与“进出境”虽仅有一字之差,但其实质存在较大差异。随着我国全面深化改革与扩大开放,越来越多的自贸区、自贸港在全国各地相继落成。然而,尽管部分区域在我国境内,却实际以“境内关外”的独特地位存在,比如部分保税区以及保税仓就可以直接设立在自贸区内,作为特殊区域接受海关的监督和管理。这里的“关”可以作广义理解,并不完全指海关,包括金融、税务等多方面的监管都可以被包含在内。可见对本罪客体的描述中使用“进出口”一词,能更充分地体现法益所保护的范围,也符合未来发展的趋势。

从本罪所保护法益的内涵来看,本罪客体所维护的应当是“秩序”而非“制度”,因为建立制度是手段行为,维护秩序才是最终目的。制度的设立往往具有相当的滞后性,难以跟上社会发展的进程,制度的设立者正是希望通过设立制度维护相应的秩序而非制度本身。此外,从《刑法》的体例设置上来看,本罪隶属于《刑法》分则的第 3 章第 8 节。从第 8 节扰乱市场秩序罪设立的初衷来看,其目的正是对扰乱市场的犯罪行为予以打击,从而保护国内市场秩序的健康稳定发展。因此,将逃避商检罪归在扰乱市场秩序罪一节下,二者保护法益的内涵是一脉相承的。

从本罪所保护法益的方向来看,本罪更注重“管理秩序”而非“贸易秩序”。再次回到《刑法》的体例设置上进行分析,本罪隶属于破坏

---

① 参见刘艳红:《“法益性的欠缺”与法定犯的出罪——以行政要素的双重限缩解释为路径》,载《比较法研究》2019 年第 1 期。

社会主义市场经济秩序罪一章。社会主义市场经济秩序,是指国家通过法律对由市场资源配置的经济运行过程进行调节和实行管理所形成的正常、有序的状态。[①] 可以看出,本章的罪名实际上是侵害了国家层面的利益,其中就包括对市场经济管理方面秩序的侵害。就本罪而言,能够调节和管理商检秩序、法检秩序[②]的法律应当以《进出口商品检验法》以及《进出口商品检验法实施条例》等前置法作为基础,根据法检商品种类的不同,结合相关法律、法规等进行具体分析。通过上述分析可知,将本罪法益所保护的重点理解为贸易秩序实际上是对其法律渊源在认识上产生了偏差,因为除法律外,还有多种能够调整贸易秩序的社会规范,包括行业规范、企业间制订的规范以及企业内部规范等。

上述第五种观点提出了"法益欠缺说",对此可以理解为:无论是否违反国家制定的有关商品检验的法规,逃避商检罪的构成要件以及是否存在违法性的事实均已包含在本罪中。而犯罪主体在违反相应商检法律、法规时是否真正对某种法益产生侵害,在本罪条文的描述中未作要求,对于本罪的设立不产生影响。从第一个层面来看,法定犯并不存在侵害法益的情况,有的只是对行政法规的一种单纯的不服从行为,并非立法者希望保护的所有内容都应当被视同为法益。从第二个层面来看,即使当下学界通说认为法定犯的设立必须以侵害法益为前提,但这更像是为国家行政法规和刑事政策服务不得已而为之的妥协产物。笔者对"法益欠缺说"的观点持保留态度,虽然该种观点在理论上可以自圆其说,但其与法律现实主义的观点相左。否定法定犯法益之存在对于解决实践中法定犯的适用问题并无太大益处,从现实

---

① 参见高铭暄、马克昌主编:《刑法学》(第6版),北京大学出版社、高等教育出版社2014年版,第365页。

② 《进出口商品检验法实施条例》第4条第1款规定:"出入境检验检疫机构对列入目录的进出口商品以及法律、行政法规规定须经出入境检验检疫机构检验的其他进出口商品实施检验(以下称法定检验)。"故根据该条例,"必须经法定检验的商品"以下简称为"法检商品";"法定检验秩序"以下简称为"法检秩序"。

的角度来看,目前“法益欠缺说”依然只是一种理论上的观点,在司法实践层面有待进一步探索。

综上,笔者更加认同上述第四种观点,无论从法益所保护的范围、内涵还是方向等各方面来看,上述第四种观点能够更加全面、准确地展现本罪所保护的法益且符合未来发展的趋势。

(二)本罪的客观要件

本罪的罪状属于混合罪状,其复杂性使得本罪的客观要件被分成三个部分,即违法依据、实行行为与犯罪情节。

第一个部分,从本罪的违法依据方面来看,构成本罪的大前提体现在犯罪主体存在违反国家进出口商品检验法的规定的情形。违反前置法是构成本罪的基础,这里的前置法表述为进出口商品检验法,即本罪系法定犯、行政犯。有一种观点认为,本罪中所描述的进出口商品检验法就应当限定在《进出口商品检验法》所规定的具体条文中的内容。这实际上是对本罪的前置法做了不恰当的限缩解释,应当对上述概念做广义上的理解。《进出口商品检验法》同本罪中的国家进出口商品检验法的概念并非完全一致,前者仅是指该部法律而后者应当是国家关于进出口商品检验相关的法律、法规等规定的总和,可以说前者的范围是完全被后者涵盖在内的。另外,《进出口商品检验法实施条例》第46条的规定中明确了构成犯罪的法律后果,即需要对相关结果追究相应的刑事责任。这一条例明确给出了涉及本罪的指引,证明了本罪的前置法不仅仅局限于《进出口商品检验法》。

第二个部分,从本罪的实行行为方面来看,本罪又分为两种行为构成模式。分别可以归纳为进口型逃避商检行为以及出口型逃避商检行为。《进出口商品检验法实施条例》第4条对法检商品的概念作出了概括性的规定。实际上,法检商品的内涵不仅仅是被列入商品目录的商品,还包含了法律、行政法规等规定的需经出入境检验检疫机构检验的其他进出口商品。例如,上述条例第22条、第23条和第30条中所提及的可以用作原料的固体废物、旧机电以及出口的易腐的变质食品、冻品集装箱、车辆等载具系法检商品;又如,《进口可用作原料的固体废物检验检疫监督管理办法》以及《进口旧机电产品检验监督管理办法》等部门规章中所提及的对某一种类的法检商品的细化、补充规定等。

此外,未将进口的法检商品报经检验还需要完成销售或使用的行为,才能在本罪进口的实行行为评价上形成完整的闭环。有一种观点认为,本罪的核心在于犯罪主体的通关、报检环节,缺少了通关、报检的后续销售或使用行为并不影响本罪的构成,或者说至少不应将后续的销售、使用情况作为确定罪名的依据。虽然采用该种观点能够使司法者在案件办理过程中降低办理难度,有助于节约司法资源。但不能因此就违背本罪构成要件的基本规定,脱离法律条文的基本概念。因为在入罪及出罪层面,都应当严格恪守罪刑法定原则,本罪中销售或使用的行为系构成要件中的关键环节。若实践中出现了进口型逃避商检行为,犯罪主体逃避商检后并未实行销售或使用的行为,根据罪刑法定原则,显然不应当入罪,对于此类行为,能否运用行政手段处理甚至都是一个值得探讨的话题。

第三个部分,从犯罪情节来看,本罪还明确了需要达到"情节严重"的程度,即本罪系情节犯。应当如何理解《刑法》及本罪中的"情节严重"?如何把握其与构成要件的关系?是否应当将"情节严重"纳入犯罪构成的要素?这些问题在学界也有多种观点,主要有以下几种。

第一种观点认为,情节犯的情节属于构成要件,具体说是量的构成要件。①

第二种观点认为,"情节严重"这一因素应当被归入罪量的构成要件中。这是在具备犯罪构成的本体要件的前提下,表明对法益侵害程度的数量要件。②

---

① 参见刘艳红:《情节犯新论》,载《现代法学》2002 年第 5 期。

② 参见陈兴良:《作为犯罪构成要件的罪量要素——立足于中国刑法的探讨》,载《环球法律评论》2003 年第 3 期。

第三种观点认为,可罚的犯罪行为应当是基本行为符合客观构成要件的基本要素后,在此基础上对行为进行整体评价,情节严重属于整体的评价要素。①

第四种观点认为,概括性定罪情节不是脱离四要件之外的第五要件。但它既不等同于决定刑罚量的大小的量刑情节,也不等同于四个构成要件本身。②

通过上述几种观点可以看出,对于“情节严重”能否归入构成要件要素在理论上仍有争议,主要有肯定说、否定说、补充说以及整体说等。如上述第一种、第二种观点就是肯定说,明确指出了“情节严重”应当是构成要件并将其纳入量的构成要件范畴。否定说则与之截然相反,认为“情节严重”不应当属于构成要件要素。第四种观点则否定了“情节严重”成为第五种构成要件的可能性,认为其应当被认定是对于传统犯罪构成四要件的弥补与填充。第三种观点则可以认为是否定说的延伸,认为应当在传统构成要件确定后,再以“情节严重”的具体程度对案件展开整体性评价。

通过上述的观点展示可以看到,“情节严重”这一表述,由于其高度的抽象化与概括性,不宜将其认定为构成要件的一部分。否则,根据犯罪构成的通说,犯罪构成四要件理论将会陷入体系性的错乱,不利于对情节犯的判定。实际上,许多涉及“情节严重”的法条将其与行为模式共同表述的立法模式,是将“情节严重”作为一种整体的评价,反映了法益受到侵害的程度,影响着罪与非罪的边界。这也体现了情节犯的实质内涵——通过高度概括的情节对相应行为的社会危害性进行评价,从而使相应的行为达到刑事可罚的程度。而这种法益受到侵害的程度也并非一成不变,而是能够根据刑事政策调整而改变的。正如立法者设置情节犯的初衷那样,对于那些经验不成熟的,没有把

① 参见张明楷:《犯罪构成体系与构成要件要素》,北京大学出版社2010年版,第239页。

② 参见李翔:《情节犯研究》,上海交通大学出版社2006年版,第112页。

握的,先不给予规定。这正是充分考虑到了情节犯在实践中的“弹性”需求,通过“情节严重”的设置,为后续可能出台的司法解释和司法者的灵活裁判预留了较大的空间。

本罪将“情节严重”作为入罪标准,在积极发挥对逃避商检罪这一侵害商检管理秩序犯罪预防作用的同时,还避免了行为实施完成即构成犯罪的严重后果。一种观点认为,本罪的“情节严重”主要是指造成重大经济损失。[①] 此处的损失通常是指逃避商检的行为直接导致的严重的经济损失,即与案件中的逃避商检的行为间存在直接因果关系,并且由此导致了难以挽回的损失等。在实践中对于这一问题的认定还是应当结合案件的具体情况展开分析。例如,因为出口质量不合格商品导致外商索赔,或进口不合格商品,在未经检验的情况下就流入市场进行销售、使用,致使出现索赔不能的情况等。另一种观点认为,更为具体的认定规则也已经由司法解释予以了确定,即相应的《最高人民检察院、公安部关于公安机关管辖的刑事案件立案追诉标准的规定(二)》[②](以下简称《追诉标准(二)》)。

通过上述分析我们可以看到,第一种观点只是“情节严重”的一个方面,并不能完全涵盖“情节严重”纷繁复杂的多种类型。而第二种观点将追诉标准作为“情节严重”的标准对照执行显然不妥。虽然《追诉标准(二)》对本罪中“情节严重”的情形进行了一定的规范和细化,避免了本罪无据可依的尴尬。然而《追诉标准(二)》在法律定位上严格来看并不属于司法解释,而是一种准司法解释。从我国司法解释的制定主体来看,在很长一段时间里,仅有最高人民法院和最高人民检察

① 参见张军主编:《刑法【分则】及配套规定 新释新解》(第9版),人民法院出版社2016年版,第936页。

② 《最高人民检察院、公安部关于公安机关管辖的刑事案件立案追诉标准的规定(二)》第75条规定了本罪的追诉标准,具体包括以下六种情形:给国家、单位或者个人造成直接经济损失数额在五十万元以上的;逃避商检的进出口货物货值金额在三百万元以上的;导致病疫流行、灾害事故的;多次逃避商检的;引起国际经济贸易纠纷,严重影响国家对外贸易关系,或者严重损害国家声誉的;其他情节严重的情形。

院享有由全国人大授予的这一权利。最高人民法院和最高人民检察院系司法解释制定的适格主体,所以人民法院在判决时才可以直接援引司法解释。而《追诉标准(二)》是由公安部同最高人民检察院联合行文,是以通知的形式下发至各级检察院和公安机关的。该通知的发文字号为公通字〔2010〕23 号,同司法解释所常用的法释〔20××〕××号发文字号的用法也不一致。公安机关并无司法解释权,该《追诉标准(二)》实际上可以理解为针对公、检内部的指导性文件。从《追诉标准(二)》所能够适用的范围来看,其仅能够在案件的立案、批捕、审查起诉等环节适用,作为公安机关、检察机关等单位内部的具有一定参考性意见的规范性文件,其效力同司法解释的普遍性约束力还存在一定差距。换言之,立案追诉标准是公安、检察机关对某一行为启动刑事追诉程序的指示器、信号灯,而非法院定罪量刑的标尺或依据。①

二、罪数问题与并罚问题

在进口型逃避商检罪中,犯罪主体逃避商检后往往会有后续的销售或使用行为,容易引发非法经营罪以及生产、销售伪劣产品罪等下游关联犯罪,那么在罪数的认定环节,必然会引发争议。笔者在研究中发现,关于本罪与非法经营罪等罪名的罪数认定问题,可以参考走私罪与非法经营罪等罪名的罪数问题在理论和实务中的观点。② 具体包括想象竞合论、牵连犯论、不可罚的事后行为论以及数罪并罚论等多种不同观点。作为目前同样归属于海关缉私局管辖的案件,逃避商检罪和走私罪在构成要件上也有一定的类似。

第一种观点认为,应当根据想象竞合犯的理论择一重罪论处,确定相应的罪名。应当对犯罪主体非法经营未经检验合格的法检商品的行为进行整体评价。由于逃避商检罪的关联犯罪涉及的面较广,涵

---

① 参见杨书文:《经济犯罪立案追诉标准的理解与适用》,载《江西警察学院学报》2013 年第 2 期。

② 参见聂文峰、金华捷:《走私香烟入境后又予以销售的罪数认定与职能管辖问题研究》,载《海关与经贸研究》2019 年第 4 期。

盖了进货、仓储、运输、销售等多个环节。进口法检商品、逃避商检的行为可以被视为非法经营中的进货行为,包括后续销售行为在内的多种行为均属于非法经营罪的客观要件。故该种情形属于一行为触犯数罪名的情形,符合想象竞合犯的特征,应当择一重罪论处。

第二种观点认为,应当根据牵连犯择一重处断的原则,确定相应罪名。犯罪主体实施犯罪的手段行为触犯了逃避商检罪,而其实施的目的行为则构成了非法经营罪,符合牵连犯的成立条件,应择一重罪论处。

第三种观点认为,应当根据共罚的事后行为理论,不应再认定非法经营罪。由于本罪的客观要件明确规定了进口型逃避商检行为后续的擅自出售及自用的行为方式,因此逃避商检后的销售行为已经在法条中有所体现。说明犯罪主体在逃避商检后的销售行为是必然发生的,否则也无法构成本罪。同时,这也是法检商品其自身价值所决定的,故后续销售的行为应当综合评价在逃避商检罪中。

第四种观点认为,应当对犯罪主体以逃避商检罪和非法经营罪实施数罪并罚。逃避商检进口未报经检验的法检商品与在境内销售该商品系两个独立行为。且上述两种犯罪行为分别侵犯了不同的法益,故对上述两种犯罪行为应当分别予以评价。

笔者认为,讨论逃避商检罪与非法经营罪的罪数问题之基础在于明确具体案件中逃避商检并销售未经检验的法检商品属于一行为还是多行为。这就需要通过对各罪名的犯罪构成要件进行比较分析来确定行为的个数。由于刑法的目的是保护法益,犯罪的本质是侵犯法益,所以应当根据行为所侵犯的法益数量评价其符合几个犯罪构成或构成几个犯罪。① 具体到逃避商检罪与非法经营罪中的法益来看,虽然二者均属《刑法》分则第3章第8节扰乱市场秩序罪项下的罪名,但其所侵犯的法益却大不相同。如前文所述,逃避商检罪中,逃检后的进口行为所侵害的法益系相应的管理秩序,而后续销售未经检验的商

① 参见张明楷:《刑法学》(第5版),法律出版社2016年版,第457页。

品的非法经营行为，侵害的法益系相应商品的市场准入秩序，两者所侵害的法益显然不同。

首先，若要成立想象竞合，能否将逃避商检后的销售行为包含在非法经营罪的构成要件中至关重要。对非法经营罪中的“经营行为”的概念，在学界尚无定论。部分学者持开放的观点，认为经营行为的外延非常广泛，其对象可以从某些特定领域和商品不断向外延伸，甚至可以涵盖到所有的领域和商品中。具体而言，包括对商品的买卖、销售、运输、加工、贩卖等一系列行为。按照该种观点，对非法经营罪进行认定时，就不应将经营行为局限于销售这一种行为中，应当将上述多种行为都涵盖在内。具体到逃避商检罪中，犯罪主体的销售、仓储、运输等行为均能够被纳入非法经营罪的客观行为中，符合一行为触犯数个罪名的特征。实际上，该种观点对“经营行为”的概念做了不恰当的扩大解释，有将该罪名用作“口袋罪”之嫌。可以预见的是，当某个罪名被冠以“口袋罪”的名号，能够通过该罪名处理大量违法性质不尽相同的罪名时，该罪名的适用必然同罪刑法定原则存在巨大的冲突。因此，在逃避商检罪与非法经营罪这两个罪名间成立想象竞合的观点是不合适的。

其次，若要成立牵连犯，则要对进口未经检验的法检商品的行为与销售相应法检商品的行为间是否具有牵连关系进行评价。判断标准要兼顾行为的客观要素与行为人的主观因素，符合主客观相统一原则。① 在多个行为中，若某一行为能够完全将另一行为包含在内，那么从构成要件来看只能被认定为一个犯罪行为。这种情形下显然无法将被包含的行为单独评价，犯罪主体应当被认定为丧失了牵连犯成立的客观基础。对于逃避商检罪与非法经营罪而言，就应当重点关注非法经营行为是否能够包含逃避商检进口法检商品的行为。若能包含，则构成牵连犯，反之则不构成。显然，非法经营的商品在来源上渠道颇多，不必然包括未经检验进口的法检商品，而未经检验进口的法检

---

① 参见高铭暄、叶良芳：《再论牵连犯》，载《现代法学》2005 年第 2 期。

商品的流向也未必要通过非法经营的方式出售，还包括自用等其他方式。因此，逃避商检罪与非法经营罪之间仅存在牵连犯的基础，却并不存在牵连关系，不构成牵连犯。

最后，若要符合不可罚的事后行为论这一观点，则要厘清有无事后行为对新的法益造成了侵害。张明楷教授认为："共罚的事后行为，之所以并不成立其他犯罪，主要是因为事后行为没有侵犯新的法益，也可能是因为事后行为缺乏期待可能性。"①因而，状态犯的成立系构成共罚的事后行为之前提条件。具体到本罪中，逃避商检、进口未经检验的法检商品的行为已经完成了对国家进出口商品检验的管理秩序的侵害。显然不属于状态犯的范畴，后续销售未经检验的法检商品的行为也并非进口商品的必然结果。应当认定销售行为侵害了新的法益，该行为具有期待可能性，故共罚的事后行为的观点无法成立。

否定了想象竞合论、牵连犯论以及不可罚的事后行为论的观点后，我们运用排除法得到了应当将逃避商检罪与非法经营罪数罪并罚的结论。这一结论也可以同司法实践中为数不多的判例保持一致，具体可以参考上海市高级人民法院公开发布的徐某等人(单位)逃避商检、非法经营案。②

三、存在的问题与展望

相比于其他法定犯、情节犯在司法实践中适用较为频繁，甚至部分法定犯被诟病逐渐沦为"口袋罪"的状况，逃避商检罪并未出现扩张化的倾向。相反，逃避商检罪的适用在司法实践中甚至存在一定的停滞性，原因是多方面的。一方面是因为"关检融合"前，涉嫌构成逃避商检罪的，由公安机关管辖。拥有管辖权的公安机关鲜有机会能够接触到出入境检验检疫业务，相对海关而言缺少办理逃避商检案件的动

① 张明楷:《刑法学》(第5版)，法律出版社2016年版，第480页。

② 徐某等人(单位)逃避商检、非法经营案，上海市浦东新区人民法院(2019)沪0115刑初3213号刑事判决书。

力。而海关虽然承担着进出境检验检疫的监管职能,但由于管辖权的缺失,也难以调动起侦办逃避商检相关案件的热情。如此一来,就造成了一种"恶性循环",不利于逃避商检案件的办理。值得庆幸的是,国家层面通过行政体制改革打造了"关检融合"的新局面,有利于逃避商检罪案件的办理。

另一方面,逃避商检罪的罪状相对复杂,入罪的难度较高,也缺乏相配套的司法解释,司法实务中欠缺操作性,对于该类犯罪打击效果不佳。相较于非法经营罪、走私罪等法定犯有配套的大量司法解释,逃避商检罪甚至没有任何可以用于参考的司法解释,能够适用的恐怕也只有《追诉标准(二)》这一准司法解释中关于本罪的立案标准了。因此,结合本罪中的"情节严重"这一标准,出台相应的司法解释是当务之急。若关于本罪的司法解释一直处于缺位的状态,将会导致司法者处于无据可依的尴尬境地,这对于法秩序的维护以及司法实务中案件的办理都会造成不利的影响。同时,部分涉嫌构成逃避商检罪的案件与走私案件存在竞合关系,这也是实务中面临的主要问题之一,很大程度上降低了逃避商检罪成立的概率。从刑罚上来看,逃避商检罪的法定刑明显低于走私类犯罪的法定刑,按照通说观点,应当择一重罪论处。

可以预见的是,虽然机构改革后的"关检融合"为逃避商检罪的研究和办理提供了强有力的基础,但逃避商检罪在实践中的运用在未来的很长一段时间内仍会存在较多的限制。但即使困难和限制再多,逃避商检罪这一罪名也不应当成为我们批评和嘲笑的对象。"既然信仰法律,就不要随意批评法律,不要随意主张修改法律,而应当对法律进行合理的解释,将'不理想'的法律条文解释为理想的法律规定。"①这就需要我们在相应的司法解释尚未出台时勇于向前一步,做好逃避商检罪等罪名的刑法解释工作,通过每一个个案的办理,积累经验,不断探索,在法治的进程中发挥我们水滴石穿的力量。

---

① 张明楷:《刑法格言的展开》,法律出版社2003年版,第3页。

Analysis on Facts and Quantities about Crimes of Evading Commodity Inspection

WANG Zhihao

[**Abstract**] With the emergence of the new situation after the "integration of customs and CIQ", the application of the crime of evading commodity inspection in practice has recently become a hot issue concerned by various departments. However, due to various reasons, the application of the crime of evading commodity inspection is almost at a standstill in practice. At the same time, the facts about this crime are relatively complex. If we can't clarify the facts about this crime, it is unfavorable for the application of this crime in judicial practice. In view of this, the author focuses on analyzing the facts about this crime, especially the object and objective aspects of this crime, as well as the positioning of "serious circumstances" in this crime, in order to clarify the more complex facts of this crime. Then, the paper studies the quantities of crimes of the subsequent sales of the crime of evading commodity inspection and the crime of illegal business operation, and whether it is a combined punishment for several crimes. Finally, it puts forward the problems existing in this crime and the prospects for the future, in order to provide some theoretical reference and ideas for the study on the crime of evading commodity inspection.

[**Key words**] crime of evading commodity inspection; management order; circumstance crimes; legal crimes; combined punishment for several offenses

间接走私与共同犯罪的思辨

王懿敏*

[摘　要]　间接走私是刑法分则拟制的走私犯罪实行行为。刑法理论上,间接走私犯与直接走私犯属于对合犯。根据刑法分则条文,间接走私行为与直接走私行为适用相同罪名和法定刑,二者属于"同罪同刑"的对合犯类型。而在共同犯罪概念与界定上,大陆法系刑法理论与我国刑法规定、共犯理论存在差异,易引发司法实务中间接走私与共同犯罪的困惑。对此,笔者在分析对合犯与共同犯罪关系的基础上,提出如下法律适用建议:首先,间接走私作为对向性的共同犯罪,其犯罪形态应当按照单方行为的犯罪形态作独立评价;其次,一般情况下,间接走私不能适用刑法总则关于主从犯的规定,特殊情况下,间接走私可以有条件适用刑法总则关于主从犯的规定。

[关键词]　间接走私;共同犯罪;对合犯;法律适用

《刑法》分则中,对于间接走私的界定是"直接向走私人非法收购"或"在内海、领海、界河、界湖运输、收购、贩卖,没有合法证明"之行为,通常以走私犯罪论处。本文在论述间接走私行为时,主要参照的是《刑法》第155条第1项前部分内容,即"直接向走私人非法收购"行为。根据大陆法系刑法理论①,间接走私行为(直接向走私人收购的行

* 王懿敏,上海市第三中级人民法院刑庭法官助理。

① 主要是德日刑法理论。

为)与直接走私行为(违反海关法规的走私行为)形成对合犯,既属于必要共犯,又属于最广义的共同犯罪概念。但上述共同犯罪概念与我国共犯理论和立法并不完全一致,且理论界关于对合犯共同犯罪的性质也未能达成共识。由此,本文将结合不同理论观点和司法实务,就间接走私与共同犯罪的法律适用作相应探讨。

一、间接走私的概念辨析

(一)相关法律规定

依照《刑法》第155条,下列行为,以走私罪论处,依照本节的有关规定处罚:(1)直接向走私人非法收购国家禁止进出口物品的,或者直接向走私人非法收购走私进口的其他货物、物品,数额较大的;(2)在内海、领海、界河、界湖运输、收购、贩卖国家禁止进出口物品的,或者运输、收购、贩卖国家限制进出口货物、物品,数额较大,没有合法证明的。

依照2014年公布的《最高人民法院、最高人民检察院关于办理走私刑事案件适用法律若干问题的解释》第20条,直接向走私人非法收购走私进口的货物、物品,在内海、领海、界河、界湖运输、收购、贩卖国家禁止进出口的物品,或者没有合法证明,在内海、领海、界河、界湖运输、收购、贩卖国家限制进出口的货物、物品,构成犯罪的,应当按照走私货物、物品的种类,分别依照《刑法》第151~153条、第347条、第350条的规定定罪处罚。

依照2002年发布的《最高人民法院、最高人民检察院、海关总署关于办理走私刑事案件适用法律若干问题的意见》第14条,对于间接走私犯罪的运输主体,追责范围一般限于运输工具负责人或者主要负责人。但在事先通谋、集资走私以及使用特殊运输工具进行走私的情况下,追责范围可以扩大到走私活动的其他参与人员。

(二)条文属性辨析

在条文属性上,一般认为《刑法》第155条系法律拟制条款。

法律拟制,是指立法者在面临新问题或新情况时,从法的价值和法的目的角度切入,以现有的法律概念和规范进行解释,将新有事物与旧有事物同等评价或对待,使二者产生相同的法律效果。此种立法技术,不仅能够妥善应对社会发展新需要,还能够维护法的稳定性,彰显法的基本价值。① 法律拟制具有如下特征:第一,将存在差异的行为并入相同行为范畴予以处置(包括将此前不匹配规定的行为也参照该规定统一论处)。法律拟制的实施目的是使一种构成要件能够在对另一种构成要件的规定中得以适用,使两者产生同等之法律效果。第二,法律拟制的应用并不具备普遍意义,其应用范畴仅限于刑法明确列举的情形。对相似情况,如果缺少法律拟制的明确规定,则不能够适用拟比照适用的规定。② 第三,法律拟制必须且只能由立法者设定。法律拟制作为一种对于事实的虚构,背后隐藏着公权力对公民权利义务、社会公共利益的渗透,其天然地具有一种扩张的倾向,③故法律拟制必须受到严格的约束和制约。④ 第四,法律拟制具备立法形式上的合法性,具有当然的法律效力。法律拟制的本质是立法者进行的"类推",但这种"类推"与司法层面的类推解释并不相同。法律拟制作为法律依据之一,不仅具备实质合理性,还具备形式层面的合法性。除非立法者将其废止,否则不能以任何理由予以推翻,更不可以绕过法律拟制选择其他路径而不予适用。第五,法律拟制体现了一定程度的法律政策,也应受到罪责刑相适应等刑法基本原则的规制,不能超过国民的预测可能性。刑法中有必要设置法律拟制条款,其原因有二:一是外在(形式上)的理由,即出于法律经济性的需求,法律拟制能够防止重复立法;二是内在(实质上)的理由,即立法者认为上述两种构成要件对法益的侵害是相同的或者相近似的。⑤

---

① 参见李振林:《刑法中法律拟制论》,法律出版社 2014 年版,第 16 页。

② 参见张明楷:《刑法分则的解释原理》(第 2 版,下册),中国人民大学出版社 2011 年版,第 631 ~632 页。

③ See Patriok Derlin, The Judge, p. 162(1979). 转引自卢鹏:《法律拟制正名》,载《比较法研究》2005 年第 1 期。

④ 卢鹏:《法律拟制正名》,载《比较法研究》2005 年第 1 期。

⑤ 参见张明楷:《刑法分则的解释原理》(第 2 版,下册),中国人民大学出版社 2011 年版,第 632 ~633 页。

法律拟制与注意规定是一对相对应的法律概念。注意规定,即立法者在刑法已有规定的情况下,对司法者以法律规定的方式予以提醒,避免司法者忽视或忽略。相较于法律拟制,注意规定具有如下特点:第一,注意规定是立法者对基本规定的强调和重申,并非改变原有基本规定的内容。即便法律没有设置注意规定,甚至删除该注意规定,司法者仍可以援引基本规定论处。第二,注意规定仅具备提示作用,其内容并非基本规定之外的新内容,所以不会产生不符合条款规定构成要件的行为也按照本条款规定处理的法律效果。[①] 走私犯罪章节中,《刑法》第156条是典型的注意规定。该条提及的与走私罪犯通谋并提供资金、储运条件或者其他方便之行为,与《刑法》总则编中认定共同犯罪的标准是相匹配的,即便《刑法》删除第156条,该行为也可援引《刑法》总则编的规定,以共同犯罪论处。

结合《刑法》第155条,条款内容对于走私犯罪构成要件做了进一步补充,将原本不属于走私犯罪行为的"对走私人进行直接收购"及"无合法证明,在内河、领海、界湖接收、运输、交易"二种行为,与走私行为等同处置。换言之,如果删除《刑法》第155条,该条规定的二种行为更符合《刑法》第312条或第191条规定的构成要件,应以掩饰、隐瞒犯罪所得、犯罪所得收益罪论处,或者以洗钱罪论处。由此可见,《刑法》第155条规定的行为内容,超出了其他法律条文关于走私犯罪罪状的范畴,增设了特殊内容,将不符合走私犯罪构成要件的行为赋予与走私犯罪相同的法律效果,因而系法律拟制。

(三)司法实务问题探析

司法实务中,间接走私主要出现于以海上绕关走私为主的非设关地走私[②]犯罪案件。非设关地走私犯罪往往具有"多环节性操作,多团伙化运营"的特点,往往包括组织货源、偷运过驳、入境装卸、仓储销售

---

① 参见张明楷:《刑法分则的解释原理》(第2版,下册),中国人民大学出版社2011年版,第622~623页。

② 非设关地走私也称绕关走私,指在海关监管区和设立关卡地区范围之外的地点进行的走私活动。

等多个环节。每个环节分别存在组织团伙、偷运团伙、装卸团伙、销售团伙等,均有专人负责。各个团伙内部往往组织严密,相互配合,统一行动;团伙外部则单线联系,分工明确,各自独立。由此导致关于居间买家收购行为定性、买卖双方之间共同犯罪认定、买家与其下家之间罪刑均衡、主从犯认定等一系列法律适用问题。

其中,对于居间买家收购行为的定性,存在两种不同的观点:

第一种观点认为,居间买家明知收购对象系走私货物、物品,且明知交易对方系走私主体,而仍然向走私主体直接收购的,在处置时应援引《刑法》第155条,并根据涉案货物、物品的分类,依照《刑法》第151~153条、第347条、第350条的不同走私罪名对应论处。

第二种观点认为,居间买家属于广义上走私犯罪团伙的一员,应与走私犯罪的具体实施者(往往也是卖家)构成共同犯罪,即直接走私共犯,应适用《刑法》第156条及《刑法》总则编中关于共同犯罪的基本规定,结合走私品的具体类别,按照《刑法》第151~153条、第347条及第350条论处。

司法实务中,对于居间买家收购行为的定性还需要结合当事人供述、证人证言、聊天记录、交易支付记录等相关证据,具体分析居间买家与走私卖家之间的通谋情况、紧密程度等,综合判断属于间接走私还是走私共犯。

另外,居间买家收购行为的认定结果,对于其下家行为的性质判断也会产生巨大影响。如根据上述第一种观点,居间买家收购行为构成间接走私,则其下家的收购行为根据其主观明知的程度,参照《最高人民法院、最高人民检察院、海关总署打击非设关地成品油走私专题研讨会会议纪要》,进行分类讨论:(1)如果下家明知与居间买家交易的货物、物品具有走私属性,由于走私罪属于洗钱罪的上游犯罪,则对下家应援引《刑法》第191条,以洗钱罪论处。(2)如果下家并不明知货物、物品的具体来源,只明知到货物、物品系犯罪所得的程度,则根据主客观相一致原则,对下家应援引《刑法》第312条,以掩饰、隐瞒犯罪所得、犯罪所得收益罪论处。而如根据上述第二种观点,居间买家收购行为构成直接走私共犯,则其下家属于直接向走私人非法收购,构成间接走私,应以《刑法》第155条的规定论处。

实践中的复杂情况更甚,如居间买家的下家同时分别向直接走私卖家、居间买家“包揽”收购所有走私货物、物品。根据上述第一种观点,会导致下家向直接走私卖家收购的行为成立间接走私,而下家向居间买家收购的行为成立洗钱罪或掩饰、隐瞒犯罪所得、犯罪所得收益罪,进而予以数罪并罚。而根据上述第二种观点,下家无论向直接走私卖家还是向居间买家收购,其行为均认定间接走私,不需要数罪并罚。显然,两种不同观点的不同结论容易在定罪量刑上产生不均衡的问题。

二、间接走私与对合犯

(一)对合犯的概念

对合犯,也称对向犯、对应犯等,指犯罪行为的构成,有赖于两个以上行为主体实施了相互对向行为的情形。从法律评价角度予以区分,对合犯可分为三种情形:一是“同罪同刑”,即对向行为认定的罪名、适用的法定刑均一致,如重婚罪,非法买卖危险物质罪,出售、购买假币罪等。二是“异罪异刑”,即对向行为认定的罪名、适用的法定刑均不一致,如行贿罪和受贿罪,收买被拐卖的妇女、儿童罪和拐卖妇女、儿童罪等。三是“只罚一方”,也称片面对合犯,即对向行为中刑法只认定其中一方的行为构成犯罪,如贩卖淫秽物品牟利罪、销售假冒注册商标的商品罪等,刑法仅对贩卖行为予以否定评价,不评价纯粹的购买行为。①

对合犯的特点是:第一,主体复数性,实施行为的主体至少为两人。第二,行为对合性,双方的行为必须是相对的,不能是同向的,且具有一定的相互配合性。第三,至少有一方的行为具有刑事违法性,受到刑法的否定性评价,进而构成犯罪。

---

① 参见张明楷:《刑法学》(第4版),法律出版社2011年版,第350页。

根据上述对合犯的三种情形，学理上关于对合犯的概念界定，存在广义与狭义两种不同观点。狭义观点提出，对合犯仅指对合双方均实施了犯罪行为的情形，即双方行为存在对向性，且对向行为都成立犯罪时，才构成对合犯，比如表述为“对合犯是共同犯罪行为，涉及人员互为犯罪目标”①。广义观点提出，应扩大对合犯的覆盖范围，既包括对合双方均成立犯罪，也包括仅仅一方成立犯罪的情形，认为对合犯的本质是双方行为必须具有对向性，若一方行为缺失，则另一方行为也无法完成，如表述为“对向犯即以二个以上对立指向同一目标为构成要件的犯罪”②。可见，狭义的对合犯与广义的对合犯主要分歧在于“只罚一方”情形是否属于对合犯。

（二）对合犯是否属于共同犯罪

大陆法系刑法理论中，共犯（共同犯罪）具有狭义、广义及最广义三个层面的概念。狭义共犯，与正犯概念相对应，仅限于教唆犯及帮助犯。③ 广义共犯，与任意共犯概念等同，指两个以上行为人共同实施了也可由一人单独实施的犯罪行为。德日刑法将广义共犯（任意共犯）的具体形态予以区分，分为共同正犯、帮助犯、教唆犯。与任意共犯相对应的概念是必要共犯，指刑法分则明确规定的，须两人以上共同实施才得以构成的犯罪。④ 必要共犯又分为众合犯和对合犯。对合犯概念如前文所述，在此不再赘述。众合犯，也称集合犯或多众犯，是多数主体实施了同一方向的行为而成立的犯罪。众合犯概念之下，又可细分出集团犯、聚众犯等子概念。最广义共犯，指两个以上行为主体共同实施的犯罪，涵盖上述所有共犯概念，其重点是主体要件须呈

---

① 陈兴良：《共同犯罪论》，中国社会科学出版社1992年版，第146页。

② ［日］木村龟二主编：《刑法学词典》，顾肖荣等译，上海翻译出版公司1991年版，第345页。

③ 参见［日］大谷实：《刑法讲义总论（新版第2版）》，黎宏译，中国人民大学出版社2008年版，第386页。

④ 参见高铭暄主编：《新编中国刑法学》（上册），中国人民大学出版社1998年版，第236页。

复数性。①

据《刑法》第 25 条,我国刑法理论与实践中,共同犯罪指两个以上行为主体共同故意实施犯罪。此外,《刑法》分则编对聚众犯、集团犯等共同犯罪也做了相应具体规定。相对于大陆法系共犯概念而言,我国的共犯概念具有三个不同特点:第一,我国的共犯概念只表示共同犯罪人的含义,不包括除了犯罪者以外的其他行为人,而大陆法系的共犯概念可以包括不构成犯罪的行为人;第二,我国的共犯概念是在判断是否构成犯罪以后再作出的,是一个实质性概念,而大陆法系的共犯概念是在判断是否构成犯罪之前作出的,更倾向于一种功能性概念;②第三,我国的共犯概念涉及行为人的主观方面,要求故意才能构成,而德日刑法并没有涉及犯罪的主观方面,如根据行为共同说③,过失也可能成立共同犯罪。综上,我国《刑法》中的共同犯罪采取"折中说",与大陆法系刑法理论中的共犯含义存在一定的交叉重合,超出了广义共犯概念的范畴,但又小于最广义的共犯的概念。

在前述对合犯三种法律情形的基础上,结合我国《刑法》关于对合犯相关罪名的具体规定,对于对合犯与共同犯罪的关系,笔者观点如下:第一,"同罪同刑"类型的对合犯,既符合德日刑法理论中犯罪共同说的立场,同时也与我国刑法的共同犯罪立法相契合,可以认定属于共同犯罪的范畴,如《刑法》第 125 条非法买卖枪支、弹药、爆炸物罪。第二,"异罪异刑"类型的对合犯不能适用刑法总则关于共同犯罪的基本规定。"异罪异刑"类型的对合犯是否属于共同犯罪的问题在理论界争议较大。否定说认为其以德日刑法理论上的行为共同说为基础,

---

① 根据大陆法系三阶层犯罪构成说,犯罪构成采用构成要件符合性(该当性)、违法性、有责性的递进式结构,仅仅符合构成要件,并不能得出行为人一定构成犯罪的结论。

② 参见李涛:《必要共犯概念之探讨》,载《法制与社会发展》2002 年第 6 期。

③ 行为共同说要求客观实行行为具有相互协作关系,主观上只需要具有参与意识,故意、过失在所不问。

并不符合我国刑法关于共同犯罪的立法规定和一般理解,[①]不属于共同犯罪;肯定说认为该类对合犯属于刑法分则所规定的必要共犯,[②]属于最广义的共同犯罪。但两种观点都认为,"异罪异刑"类型的对合犯,不能援引刑法总则有关共同犯罪的基本规定。[③] 综合来看,否定说基于刑法总则中共同犯罪通常指任意共犯的现状,基本排除了属于必要共犯的"异罪异刑"类型对合犯的适用空间;而肯定说更偏向于强调共同犯罪理论表面上的完整性。从司法实践角度,"异罪异刑"类型对合犯属于最广义的共同犯罪这一观点,对于指导和应用司法实践并无多大裨益,反而容易导致司法观念和法学理论的冲突,使简单问题复杂化。第三,"只罚一方"类型的对合犯又称片面对合犯,由于立法者已经预设另一方不构成犯罪,故此种对合犯只是一方构成犯罪的条件,实际上并不属于共同犯罪,否则将违反罪刑法定原则的要求。

(三)间接走私是否属于共同犯罪

根据《刑法》第155条及相关司法解释的规定,结合上述关于对合犯、共同犯罪概念的理论分析,笔者认为:第一,间接走私犯与直接走私犯之间买卖走私货物、物品的行为同时具备主体复数性、行为对合性、刑事违法性的特征,理应属于对合犯。第二,间接走私犯与直接走私犯应当按照走私货物、物品的具体种类,依照《刑法》第151~153条、第347条及第350条定罪论处,即所适用的罪名和法定刑通常情况下应当一致,属于对合犯中"同罪同刑"的类型。第三,据《刑法》第155条,间接走私须由收购方、直接走私方两个以上主体共同完成,缺一不可,故属于大陆法系刑法理论的必要共犯,也符合最广义共犯的界定标准。至于间接走私能否进一步适用《刑法》总则编关于共同犯

① 参见陈志军:《对向犯研究》,载赵秉志主编:《刑法论丛》(2013年第1卷),法律出版社2013年版。

② 参见张明楷:《刑法学》(第4版),法律出版社2011年版,第350页。

③ 否定说认为"异罪异刑"对合犯不属于共同犯罪,故而不能适用《刑法》总则编关于共同犯罪的规定。肯定说认为"异罪异刑"对合犯属于必要共犯,但刑法总论一般研究任意共犯,故也不适用《刑法》总则编关于共同犯罪的规定。

罪主从犯等基本规定的问题,笔者将在下文予以重点讨论。

三、间接走私的法律适用

(一)间接走私的犯罪形态

间接走私是《刑法》分则编规定的,与直接走私适用相同罪名和法定刑的对合犯,通常认为属于共同犯罪的范畴。但是相比直接走私犯罪中的共同犯罪,间接走私共同犯罪在犯罪形态层面,产生了如何具体界定的新问题:应该从整体评价角度,运用共同犯罪理论来界定双方的犯罪形态,还是从独立评价角度,就对合犯参与主体双方进行分别评价?

笔者认为,间接走私作为对向性的共同犯罪,其犯罪形态应当按照单方行为的犯罪形态进行独立评价。具体分析如下:

第一,直接走私犯之间的共同犯罪具有同向性,各行为人的犯罪目标一致,其犯罪形态具有从属性,应按照共同犯罪的整体犯罪形态予以认定。如果直接走私共犯已经进入实行阶段,并欲成立中止,必须有效阻止其他正犯实施走私,否则"一人既遂,全体既遂"。简言之,共同犯罪的底层逻辑是"违法层面连带,责任层面个别",此处更体现"违法层面连带"。

第二,间接走私犯与直接走私犯之间的共同犯罪具有对向性或者对应性,间接走私行为的完成需要对方的对向配合,二者缺一不可,应按照单方行为的犯罪形态各自独立评价。也就是说,对间接走私犯(通常为收购方)犯罪形态的认定更应体现"责任是个别的"。如直接走私犯停止出售走私货物、物品给间接走私犯,会导致间接走私犯因为对合行为的停止而无法继续。此时应按间接走私未遂论处,而直接走私犯仍是走私犯罪既遂,除非间接走私犯另寻其他直接走私犯而犯罪既遂,但这属于行为对象的转换,成立另一个走私犯罪行为。

第三,对间接走私犯与直接走私犯的犯罪形态分别进行独立评价,即对一方行为人的行为进行单独评价,如果对合一方中有几个人共同实施同向的走私犯罪,则该一方仍应予以整体评价。

第四,对间接走私犯的犯罪形态进行独立评价,不违反《最高人民法院、最高人民检察院关于办理走私刑事案件适用法律若干问题的解释》第23条。该规定,走私犯罪行为在海关监管现场被查获的,其犯罪形态为犯罪既遂。司法实务中,间接走私犯在与直接走私犯进行交易时被查获的,如果能够查清间接走私犯完成交易或许诺交易的具体数额,一般以犯罪既遂论处。也有学者认为,这种做法实际上扩大了间接走私行为的处罚范围,并提高了间接走私的法定刑幅度。[①] 笔者认为:首先,间接走私犯与直接走私犯之间是相互交易型的对合犯,其既遂标准一般界定为交易双方达成合意且进行交付。其中,交付指买卖双方中任意一方已经履行。既可以交付走私货物、物品,也可以是交付金钱对价,任意一方完成交付即成立犯罪既遂。其次,在间接走私犯仅支付了定金或部分货款,而交易双方在交易过程中被查获的情形下,应首先根据交易合意内容、交易习惯、订金或者货款预付等情况查明间接走私犯许诺交易的具体数额,如果实在无法查清,也可就现场查获的走私货物、物品数额认定犯罪未遂,从而实现罪刑均衡。最后,如果确实存在直接走私犯主动中止出售走私货物、物品的情形,则属于间接走私犯因为意志以外的原因无法完成收购行为,犯罪目的未能得逞,应评价间接走私犯成立犯罪未遂;间接走私犯主动停止收购的,也可评价为犯罪中止,以体现罪责刑相适应原则。

(二)间接走私能否适用刑法总则关于主从犯的规定

如前文所述,间接走私属于对合犯,对合犯又属于必要共犯,属于最广义的共同犯罪的范畴。由此,间接走私犯罪应否援引刑法总则中共同犯罪的基本规定(《刑法》第25~29条)?要回答这个问题,首先要回答对合犯能否适用总则基本规定的问题。在此问题上,理论实务界存在肯定说与否定说两种截然对立的观点。

肯定说提出,刑法总则中关于主从犯、胁从犯、教唆犯等共同犯罪

---

① 参见陈晖:《从"宽严相济"刑事政策看走私罪的法律修正》,载《政治与法律》2009年第1期。

的基本规定,可以适用于对合犯。首先,刑法总则在刑法体系中具有指导引领地位,刑法总则的基本规定是各种犯罪行为的抽象表达,对刑法分则的具体规定始终具有直接指导作用。刑法总则和分则规范在功能层面相互作用,在内容层面相互影响,二者是相互贯通、互为一体的关系,而非分隔对立的关系。其次,对合犯是事实上的共同犯罪,对合犯的成立基础即双方的对向行为。从自然层面分析,对合犯之中必然有两个以上参与主体,主体间有相向依存、缺一不可的关联关系。[①] 因此,处理对合犯时,应当站在实然规范评价立场,结合个案具体情况,适当援引总则中共同犯罪基本规定,以合理确定每一个共同犯罪主体的刑责。[②]

否定说认为,对合犯所属的必要共同犯罪,是刑法分则规定的必须由两人以上共同实施的犯罪,刑法理论上又称为分则性共同犯罪,[③]其并不属于刑法总则所说的共同犯罪,不能适用刑法总则关于共同犯罪的基本规定。必要共犯与任意共犯虽然同属于最广义层面的共同犯罪,但二者援引的处罚依据不同。必要共犯只需援引刑法分则即可实现立法目的。而任意共犯是单一主体即可实施的犯罪,却由两个以上主体共同实施的情形。如果任意共犯仅援引分则规范,会产生个别主体罪责刑不相适应的评价结果,故有必要援引刑法总则,在个案处理中运用共同犯罪理论,对分则条文的评价结果加以修正。具体到对合犯,虽然对合双方的犯罪行为具有互动共生性,但对合行为所反映的社会危害程度或者损害的法益大小可能是不同的,刑法分则基于国家对犯罪行为否定评价和对犯罪人谴责态度的差异,作出了相应的明文规定。所以,站在应然规范评价立场,对合犯属于刑法分则规定的特殊共犯,行为人应各就其行为负责,依照刑法分则的具体规定论处即可。

---

① 参见马克昌:《比较刑法原理》,武汉大学出版社2002年版,第668页。

② 参见姜伟:《犯罪形态通论》,法律出版社1994年版,第229页。

③ 参见陈兴良:《共同犯罪论》,中国社会科学出版社1992年版,第146页。

上述两种观点的分歧主要在于分析的立足点不同,或侧重共同犯罪的事实特征,或侧重共同犯罪的法律评价。就间接走私而言,虽然其行为方式与直接走私有所不同,但根据《刑法》第 155 条之规定,其罪名与法定刑幅度与直接走私相同,属于对合犯中"同罪同刑"类型。相较于差异性更大的"异罪异刑"类型而言,间接走私的法律适用问题值得进一步具体分析。笔者认为,从尊重刑法理论通说,兼顾司法实务个案量刑平衡的角度出发,间接走私应以不能适用刑法总则关于主从犯的规定为原则,以特殊情况下可以偶然适用为例外。

首先,一般情况下,间接走私不能适用刑法总则关于主从犯的规定。第一,大陆法系刑法理论中的必要共犯,与我国刑法理论实务界中的共犯,在概念界定层次上存在差别,只是恰好都用了"共犯"二字,容易引起混淆和误解。大陆法系的必要共犯是前犯罪概念,强调的是行为在自然意义上的主体复数性,而我国的共犯概念是后犯罪概念,是犯罪成立之后犯罪主体的复数性。故间接走私虽然属于最广义的共同犯罪概念,但并不意味着能够当然适用我国《刑法》总则编关于主从犯的规定。第二,间接走私作为纵向对合犯无须作共同犯罪认定。有学者将对合犯区分为纵向对合犯与横向对合犯。所谓纵向对合犯,指对合双方的行为具有逻辑上的先后顺序,如买卖性质的对合犯。所谓横向对合犯,指对合双方的行为是一致的,行为之间不存在逻辑上的先后顺序,①如重婚罪。纵向对合犯之所以无须认定为共同犯罪,是因为我国刑法以实行行为具体判断共犯在犯罪中的作用。② 刑法将间接走私的对合性行为作为走私罪予以认定,说明刑法对于"直接向走私人非法收购"以及"没有合法证明在内海、领海、界河、界湖运输、收购、贩卖"两种行为的评价,在客观方面与直接走私犯罪等同,即实行行为对犯罪结果的原因力、对法益的损害程度基本相当,其作用大小

① 参见李涛:《必要共犯研究》,载吴振兴主编:《犯罪形态研究精要》,法律出版社 2005 年版。

② 参见孙国祥:《对合犯与共同犯罪的关系》,载《人民检察》2012 年第 15 期。

通常难以区分。因此,不宜区分主从犯。第三,可比照毒品犯罪中的有关会议精神[①],确立间接走私案件中"对于仅在客观上相互关联的走私犯罪行为,如间接收购方与直接走私方,不一定构成共犯,但为了诉讼便利可并案审理"的裁判规则。部分采纳否定说的观点,使走私共犯仅限于刑法总则所规定的共同犯罪,而对走私货物、物品的交易双方不一定适用,这也符合司法实务界的一般理解。第四,如前所述,间接走私情形下对合双方的犯罪形态应单独评价,同理,主从犯问题也应在各自一方的范围内予以认定,否则将导致逻辑的错乱。而且刑法对于直接走私行为与间接走私行为的规范评价是"同罪同刑",根据现有法律规定,不能得出直接走私犯起主要作用、间接走私犯起次要或辅助作用的结论。

其次,特殊情况下,间接走私可以有条件地适用刑法总则关于主从犯的规定。第一,刑法总则中并不存在明确排除对合犯(必要共犯)适用总则共犯规定的表述,总则中共犯基本规定也有适用于对合犯的可能性。因此,间接收购方与直接走私方构成共犯关系,并不存在明显的规范阻碍。[②] 第二,间接走私一方存在两人以上共同犯罪的情形下,共同犯罪人之间可能存在分工和作用上的不同,此时,对于单方的共同犯罪人可以适用刑法总则的规定区分主犯、从犯、胁从犯等,以保证准确量刑。第三,对于间接走私中的居间行为,尤其是现场查获三方(卖方、买方、居间方)的情形,也可作为对合犯的帮助犯予以认定,即认定走私罪的共犯,适用刑法总则的基本规定。至于居间行为属于哪一方共犯的问题,根据主客观相一致原则,主要取决于行为人具体帮助的对象,即通过分析居间行为的具体模式、交易习惯、与双方关系的密切程度等,综合判断是受直接走私犯的委托,还是受间接走私犯

---

① 具体指2000年最高人民法院发布的《全国法院审理毒品犯罪案件工作座谈会纪要》"仅在客观上相互关联的毒品犯罪行为,如买卖毒品的双方,不一定构成共犯,但为了诉讼便利可并案审理"。

② 参见张明楷:《对向犯中必要参与行为的处罚范围》,载《比较法研究》2019年第5期。

的委托，根据不同情况进行处理，尽量避免出现因行为定性不同导致法定刑大相径庭的情况。

Thoughts on Indirect Smuggling and Joint Crime

WANG Yimin

[**Abstract**] Indirect smuggling is a criminal act specified in the specific provisions of the criminal law. In criminal law theory, indirect smuggling and direct smuggling belong to the category of opposing offense. Indirect smuggling and direct smuggling are subject to the same charges and statutory penalties, and they belong to the "same crime, same penalty" type of opposing offense. In the concept and definition of joint crime, there are differences between the criminal law theory of the civil law system and China's criminal law provisions and the theory of joint crime, which may lead to confusion between indirect smuggling and joint crime in judicial practice. In this regard, on the basis of the analysis of the relationship between opposing offense and joint crime, the author proposes the following legal application suggestions: Firstly, indirect smuggling, as a joint crime in the opposite direction, should be independently evaluated in accordance with the criminal form of unilateral acts; secondly, in general, indirect smuggling cannot be applied to the provisions of the General Provisions of the Criminal Law on the principal and accessory offender, but under special circumstances, indirect smuggling can be conditionally applied to the General Provisions of the Criminal Law on the provisions of the General Provisions of the Criminal Law on the principal and accessory offender.

[**Key words**] indirect smuggling; joint crime; opposing offense; application of law

粤港澳跨境走私私渡引发新冠疫情传播有关法律问题的思考

广州海关缉私局龙鹏工作室*：
张　鹏　黄跃飞　黄　迪　胡文华　王宇龙**

[摘　要]　2021年，由于香港地区新冠疫情再次暴发，粤港澳跨境走私及私渡引起了社会公众和执法部门的高度关注。跨境走私及私渡人员通过海上通道携带新冠病毒入境，引起新冠疫情在境内的传播和蔓延等风险隐患，使境内“外防输入”“动态清零”的疫情防控政策面临巨大的威胁和挑战。海关缉私等执法部门必须高度重视粤港澳跨境私渡及走私违法现象，积极作为，坚决贯彻落实习近平总书记关于疫情防控以及打击治理粤港澳海上跨境走私的重要指示批示精神，全面落实总体国家安全观；深化对粤港澳跨境走私、私渡以及由此衍生的妨害国境卫生检疫等违法犯罪行为的研究，从法律管辖、法律适用等角度发挥好缉私部门的专业打击优势，进一步加大打击力度；进一步推动建立完善反走私、反私渡综合治理格局，切实封堵新冠疫情非法输入的通道，确保疫情防控大局的稳定，保障人民群众生命健康安全。

[关键词]　粤港澳；跨境走私；私渡；新冠疫情

---

* 龙鹏工作室，广州海关缉私局部分法制、侦查、查私等业务骨干自发成立的，以缉私执法研究为宗旨，定期或不定期开展缉私业务研讨的非官方团队。

** 张鹏，广州海关缉私局法制一处副处长，法学博士；黄跃飞，广州海关缉私局法制一处执法监督科副科长；黄迪，广州海关缉私局法制一处法制科副科长；胡文华，广州海关缉私局法制二处审理一科副科长；王宇龙，广州海关缉私局办公室秘书科科长。

广东沿海地区毗邻港澳，由于特殊的地理位置和区域经济情况，粤港澳跨境走私、私渡现象历来存在，屡打不绝。2022 年 2 月 15 日，湖南省郴州市报告 2 例香港返湘人员新冠肺炎确诊病例，经初步流调判断，该 2 例确诊人员系于 2 月 14 日从香港私渡入境，经广东珠海自驾至湖南郴州。截至 2 月 15 日上午，相关部门已经排查出密切接触者和重点人群逾 800 人。2 月 16 日，湖南省郴州市公安局发布警情通报，对上述两名香港私渡入境人员，以涉嫌妨害传染病防治罪立案侦查。一时间，粤港澳跨境走私及私渡人员经由海上通道携带新冠肺炎病毒入境、向境内输入疫情，扰乱疫情防控大局的现象，引起了公众及媒体极大的担忧和关注。为筑牢常态化疫情防控，有效防范境外疫情输入，珠三角有关地市陆续发布关于反走私反私渡线索举报奖励的通告，广泛动员人民群众积极参与专项治理行动。如惠州大亚湾经济技术开发区公安局悬赏最高 50 万元，征集参与私渡及走私的人员或船只线索。① 如何有效开展反走私反私渡专项治理，筑牢常态化疫情防控"外防输入、内防反弹"的防线，坚决贯彻落实习近平总书记关于疫情防控以及打击治理粤港澳海上跨境走私的重要指示批示精神，及时惩治造成疫情传播或者有严重传播危险的违法犯罪人员，成为当前相关执法部门的一项重要政治任务。

一、粤港澳海上跨境走私及私渡行为极大危害了"外防输入"的境内新冠疫情防控政策，海关缉私等执法部门应主动作为

(一)跨境私渡引发巨大的新冠疫情输入风险隐患

当前，香港疫情持续高发，部分来自疫情高发的国家和地区的人员故意逃避相关医学隔离观察措施，铤而走险采取海上私渡的方式往返粤港两地，甚至向内陆地区流窜，伴随的新冠病毒输入内地的风险

---

① 参见钟宏连、彭文强：《最高奖励 50 万元！惠州大亚湾发布反走私反偷渡线索举报奖励通告》，载微信公众号"广州日报"2022 年 2 月 16 日，https://baijiahao.baidu.com/s?id=1724931700609833405&wfr=spider&for=pc。

隐患大大增强,这些都给境内的疫情防控政策带来了严重的威胁和挑战,境内疫情防控形势非常严峻。此外,粤港澳地区的跨境私渡引发国内新冠疫情传播的现象并非个案,在我国西南陆路边境口岸地区同样突出。以近期疫情较为多发的广西壮族自治区和云南省瑞丽市为例,2021年,广西检察机关起诉妨害国(边)境管理和疫情防控犯罪2613人,云南瑞丽查获偷越国(边)境人员15,837人,多起确诊及密接案例与走私私渡人员相关联。① 由此可见,因私渡引发的疫情防控风险不容忽视,必须引起政府和相关执法部门的高度重视,按照党中央决策部署,严守口岸和国(边)境检疫防线,严厉打击私渡等违法犯罪行为,坚持联防联控,最大限度巩固我国防疫成果,保障人民群众生命健康安全。

(二)海上跨境走私给疫情防控政策同样带来巨大的冲击

根据医学研究,新冠病毒在低温、潮湿、密闭和病毒浓度较高的条件下在物体表面存活的时间可能延长,过去一年多来,我国部分地区曾先后出现新冠病毒通过跨境冷链运输、国际邮包等途径传播的情况。疫情发生以来,粤港澳海上跨境走私频发,走私分子驾驶“大飞”等高速快艇在香港地区装载冻品后闯关进境,走私形势较为严峻,海关监管秩序和正常贸易秩序受到严重挑战。大量未经入境检验检疫的冻品等货物可能携带新冠病毒,密切接触上述货物的走私人员未经任何检测、隔离等措施,并脱离卫生疾控部门的掌控,感染病毒并入境传播的风险极高,境内的疫情防控政策面临巨大的冲击,严重危害公共卫生安全和人民群众生命健康安全。基于此,2021年12月,最高人民法院等五家单位联合下发了《关于打击粤港澳海上跨境走私犯罪适用法律若干问题的指导意见》,严厉打击粤港澳海上跨境走私违法犯罪活动。

---

① 《【新闻发布会】广西:起诉妨害国(边)境管理和疫情防控犯罪2613人》,载微信公众号“最高人民检察院”2022年1月15日,https://mp.weixin.qq.com/s/_ArrV9YOp7XVreBHU6oW-A;《瑞丽:严打“偷引带”,共查获妨害国(边)境管理案件13639起》,载微信公众号“掌上瑞丽”2022年1月4日,https://mp.weixin.qq.com/s/Zb0Go6jvB7Ik_t2H5AAieA。

从执法部门职能管辖分工来看,有着“边防①管人,海关管货”的俗称,海关缉私部门不负责侦办偷越国(边)境案等妨害国(边)境管理犯罪案件,然而实际上人、货、运输工具在逃避口岸边境执法监管的过程中往往互相交织,私渡和走私相互伴随的现象并不鲜见。2020年,海关缉私部门被授予妨害国境卫生检疫案的刑事管辖权②,成为国家“外防输入”疫情管控体系的重要执法力量。无论是根据传统固有职责还是新赋予的管辖分工,无论走私伴随私渡行为,还是单纯私渡行为本身引起新冠疫情传播,海关缉私部门都要主动作为,责无旁贷担负起守卫国门安全的职责使命。

二、缉私部门对偷渡引发的妨害国境卫生检疫行为管辖和法律适用问题分析

(一)偷越国(边)境罪及相关行政处罚对国境卫生检疫违法犯罪行为惩治的局限性

私渡,是指自然人违反国(边)境管理法规,偷越国(边)境的行为。我国《出境入境管理法》第6条规定,国家在对外开放的口岸设立出入境边防检查机关,中国公民、外国人以及交通运输工具应当从对外开放的口岸出境入境并接受边防检查。③

对私渡人员,根据《刑法》及相关司法解释④,只有情节严重的情

---

① 边防(全称边境管理机构),现纳入国家移民管理局,主要职责为实施进出边境管理区人员和交通运输工具检查管理、辖区治安管理、边民往来管理,防范查处非法入出境活动,侦办妨害国(边)境管理犯罪案件等。

② 2020年9月,公安部印发《刑事案件管辖分工规定》(公通字〔2020〕9号),明确海关缉私部门增加管辖逃避商检案、妨害国境卫生检疫案、妨害动植物检疫案等涉检犯罪的权限。

③ 仅在特殊情况下,可以从国务院或者国务院授权的部门批准的地点出境入境。

④ 《关于办理妨害国(边)境管理刑事案件应用法律若干问题的解释》第5条规定:“偷越国(边)境,具有下列情形之一的,应当认定为刑法第三百二十二条规定的‘情节严重’:(一)在境外实施损害国家利益行为的;(二)偷越国(边)境三次以上或者三人以上结伙偷越国(边)境的;(三)拉拢、引诱他人一起偷越国(边)境的;(四)勾结境外组织、人员偷越国(边)境的;(五)因偷越国(边)境被行政处罚后一年内又偷越国(边)境的;(六)其他情节严重的情形。”

形,才构成偷越国(边)境罪。在不构成犯罪的情况下,根据《出境入境管理法》,可“处一千元以上五千元以下罚款;情节严重的,处五日以上十日以下拘留,可以并处二千元以上一万元以下罚款”,根据《治安管理处罚法》,可“处五日以下拘留或者五百元以下罚款”。仅以妨害国(边)境管理所对应的处罚去规制相关行为,并不能完全符合当下的形势要求。

为应对疫情,一些司法机关对私渡行为尝试以危害疫情防控政策作为“情节严重”的认定依据,并以偷越国(边)境罪定罪。虽然《刑法》对私渡的组织者、运送者规定了较高的刑期,但对具体私渡者仅规定了1年以下有期徒刑、拘役或者管制的刑期,是典型的轻刑犯。对私渡者后续引发疫情传播严重风险的,如仅以偷越国(边)境罪进行评价,显然不能涵盖其社会危害性,也不能体现《刑法》的预防和惩治犯罪的功能。因此,当其同时构成其他较重的犯罪时,应择重适用。

(二)妨害传染病防治罪对违反国境卫生检疫犯罪行为惩治的局限性

根据《刑法》第330条的规定,妨害传染病防治罪是指违反传染病防治法的规定,引起甲类传染病及按照甲类传染病管理的传染病传播或者有传播严重危险的行为。根据《刑法》第332条的规定,妨害国境卫生检疫罪是指违反国境卫生检疫规定,引起检疫传染病传播或者有传播严重危险的行为。因此,妨害国境卫生检疫罪与妨害传染病防治罪有相当的类似性,二者均涉及公共卫生领域,规定在《刑法》“危害公共卫生罪”一节中;都是行政犯,以违反特定行政法律法规为前提;都是实害犯和危险犯,必须引起特定传染病传播或者有传播严重危险;均适用于新冠疫情的防控①。

《传染病防治法》第12条规定,在中华人民共和国领域内的一切

① 国家卫生健康委员会2020年第1号公告规定:将新型冠状病毒感染的肺炎纳入《国境卫生检疫法》规定的检疫传染病管理。也将其纳入乙类传染病,并采取甲类传染病的预防、控制措施。

单位和个人,必须接受疾病预防控制机构、医疗机构有关传染病的调查、检验、采集样本、隔离治疗等预防、控制措施,如实提供有关情况。《传染病防治法》对我国公民所负义务的规定限于境内,而妨害国境卫生检疫行为发生在出入境过程中,这是两个行政违法行为乃至罪名的区别之一。同时,妨害传染病防治罪的客观方面主要是《刑法》第330条规定的五种情形:一是供水单位供应的饮用水不符合国家规定的卫生标准的;二是拒绝按照疾病预防控制机构提出的卫生要求,对传染病病原体污染的污水、污物、场所和物品进行消毒处理的;三是准许或者纵容传染病病人、病原携带者和疑似传染病病人从事国务院卫生行政部门规定禁止从事的易使该传染病扩散的工作的;四是出售、运输疫区中被传染病病原体污染或者可能被传染病病原体污染的物品,未进行消毒处理的;五是拒绝执行县级以上人民政府、疾病预防控制机构依照传染病防治法提出的预防、控制措施的。发生在出入国境过程中的违反国境卫生检疫行为,并没有被涵盖在上述五种情形之内。因此,违反国境卫生检疫规定,引起新冠疫情传播或者有传播严重危险的行为,无法适用妨害传染病防治罪予以惩治。

(三)准确适用法律,依法打击妨害国境卫生检疫犯罪行为

1. 私渡人员可以成为妨害国境卫生检疫罪的犯罪主体

有的认为,国境卫生检疫职能只在口岸实施,因此妨害国境卫生检疫罪的犯罪主体只能是在口岸的出入境人员。我们认为,私渡行为侵害了国境卫生检疫管理秩序,逃避了国境卫生检疫,构成违反《国境卫生检疫法》的行为,私渡人员一样可以成为妨害国境卫生检疫罪的犯罪主体。《国境卫生检疫法》第7条规定,入境的交通工具和人员,必须在最先到达的国境口岸的指定地点接受检疫,第20条规定的逃避检疫、未经许可擅自上下交通工具等行为是违反该法的行为构成要素。私渡行为以绕越口岸的形式逃避法律适用,使检疫无法实施,违反了《国境卫生检疫法》的强制性规定,是更加恶劣的逃避手段。因此,私渡人员一样可以成为妨害国境卫生检疫罪的犯罪主体。

2. 私渡行为属于妨害国境卫生检疫的六种违法情形之一

2020 年 3 月 13 日，最高人民法院、最高人民检察院、公安部、司法部、海关总署联合印发《关于进一步加强国境卫生检疫工作 依法惩治妨害国境卫生检疫违法犯罪的意见》(署法发〔2020〕50 号)，以列举形式规定了妨害国境卫生检疫的六种违法行为①，其中第六类违法行为是指："其他拒绝执行海关依照国境卫生检疫法等法律法规提出的检疫措施的。"我们认为，私渡人员不经法定口岸出入境，不可能会执行海关的检疫措施，是严重的逃避海关出入境检疫的违法行为。上述第六种兜底规定，可以涵盖私渡人员未经检疫的偷越国(边)境的违法情形，为法律适用提供了遵循。

3. 粤港澳跨境私渡人员造成新冠肺炎疫情传播或者严重传播危险的，构成妨害国境卫生检疫罪

根据上述的分析，粤港澳跨境私渡人员在入境时违反国境卫生检疫规定，造成新冠疫情传播或严重传播危险的，应当适用妨害国境卫生检疫罪予以惩处，追究其刑事责任。根据公安部的刑事案件管辖分工，妨害国境卫生检疫罪由海关缉私部门管辖。特殊时期，海关缉私部门作为"外防输入"疫情防控体系的重要一环，应坚决贯彻落实习近平总书记关于疫情防控工作的重要指示批示精神，高度关注粤港澳跨境私渡现象，严厉打击妨害国境卫生检疫的犯罪行为，筑牢国境卫生

---

① 六种违法行为是指：1. 检疫传染病染疫人或者染疫嫌疑人拒绝执行海关依照国境卫生检疫法等法律法规提出的健康申报、体温监测、医学巡查、流行病学调查、医学排查、采样等卫生检疫措施，或者隔离、留验、就地诊验、转诊等卫生处理措施的；2. 检疫传染病染疫人或者染疫嫌疑人采取不如实填报健康申明卡等方式隐瞒疫情，或者伪造、涂改检疫单、证等方式伪造情节的；3. 知道或者应当知道实施审批管理的微生物、人体组织、生物制品、血液及其制品等特殊物品可能造成检疫传染病传播，未经审批仍逃避检疫，携运、寄递出入境的；4. 出入境交通工具上发现有检疫传染病染疫人或者染疫嫌疑人，交通工具负责人拒绝接受卫生检疫或者拒不接受卫生处理的；5. 来自检疫传染病流行国家、地区的出入境交通工具上出现非意外伤害死亡且死因不明的人员，交通工具负责人故意隐瞒情况的；6. 其他拒绝执行海关依照国境卫生检疫法等法律法规提出的检疫措施的。

安全防线。

三、缉私部门对与走私相关的私渡、妨害国境卫生检疫行为的管辖和法律适用问题分析

(一)海上跨境走私往往伴随私渡行为

粤港澳海上跨境走私,主要是指走私分子从香港、澳门水域,通过海上非设关地将冻品、海鲜、电子产品等货物偷运进境的行为。在实施走私行为过程中,走私分子往往同时违反了国(边)境管理法规,构成了偷越国(边)境的行为。因而,粤港澳海上跨境走私行为往往会同时触犯《海关法》和《出境入境管理法》的相关规定。走私分子的走私行为构成走私罪的同时,有可能存在一种情形,即伴随的私渡行为也构成了偷越国(边)境罪,这种情况下,该如何定性和适用法律?我们知道,走私分子进出国(边)境的目的是实施走私行为、逃避海关监管走私货物,根据主客观相一致原理,其构成走私罪是毫无疑问的。但是,走私分子的走私行为同时又触犯了《刑法》关于偷越国(边)境罪的规定,包含了偷越国(边)境这个违法事实,这种情况属于典型的想象竞合犯①情形。对于想象竞合犯的处理,一般采取"择一重处"原则,不适用数罪并罚。我国《刑法》对走私罪的处罚重于对偷越国(边)境罪的处罚,因此对上述行为应按照走私罪定罪处罚。这也是海关缉私部门对海上跨境走私分子一般只追究其走私罪的法律责任,对其偷越国(边)境的违法犯罪行为并未予以过多的关注的原因。

当然,如果走私分子的走私行为未达到走私罪的标准,只是构成

---

① 所谓想象竞合,也称观念的竞合,是指一个行为触犯了数个罪名的情况。但行为人只实施了一个行为,故其并非真正的数罪,只是想象的数罪,实则为一罪。而法条竞合,是指法律条文之间的竞合关系,指一个犯罪行为同时触犯两个以上内容有重合或交叉关系的法律条文。想象竞合与法条竞合之间的区别在于,想象竞合是事实的竞合,法条竞合是法律的竞合。法条之间存在重合或者交叉关系的是法条竞合,不存在重合或者交叉关系的是想象竞合。想象竞合所触犯的数个罪名没有必然的联系,法条之间不存在相互包容和交叉的关系。

走私行为的情况下,是否还采取“择一重处”原则只按照走私行为予以处罚就值得商榷。如果按照偷越国(边)境的违法行为进行处罚更重的话,是否应移交边防、移民管理部门按照《出境入境管理法》进行处罚,值得进一步研究探讨。

(二)海上跨境走私分子或走私冻品携带新冠病毒的情形

在查缉海上跨境走私活动中,如果走私分子经核酸检测呈新冠病毒阳性或者确诊了新冠肺炎,或走私的冻品等货物经检测携带有新冠病毒,在这种情形下,走私分子必然违反国家关于国境卫生检疫的规定,如果因走私分子或者携带新冠病毒的走私货物导致了疫情传播或者产生严重传播危险,则走私分子构成妨害国境卫生检疫罪。应当对走私分子按照走私罪和妨害国境卫生检疫罪,分别立案侦查,追究其刑事责任。值得注意的是,因为走私分子的走私行为和妨害国境卫生检疫的行为是不同的违法行为,虽然跨境走私必然会违反国境卫生检疫规定,但不必然会引起疫情的传播或者产生严重传播危险。

因此,海关缉私部门要按照管辖分工,进一步加大打击力度,除走私行为外,对构成妨害国境卫生检疫罪的行为,要同时追究走私分子的刑事责任,最大限度降低走私行为对境内疫情防控政策的冲击和危害。

(三)跨境走私和私渡相互交织的情形

在目前的全球疫情形势下,不排除一些私渡人员从香港、澳门搭乘走私分子的船艇等交通工具私渡至境内。这种情况下,私渡人员没有走私的主观故意,没有参与实施走私行为,并不构成走私罪,应将走私分子和私渡人员区分开来,分别追究法律责任。对走私分子按照走私罪立案侦查,追究刑事责任。按照《出境入境管理法》和《刑法》的规定,私渡人员的相关行为情节严重的,可以按照偷越国(边)境罪追究其刑事责任。达不到情节严重情形的,则按照《出境入境管理法》的规定,追究其行政责任,予以行政处罚。如果私渡人员携带新冠病毒,导致了疫情传播或者产生严重传播危险,则同时构成了妨害国境卫生检疫罪。

综上,如果私渡人员构成妨害国境卫生检疫罪,同时又构成偷越国(边)境罪,则应按照数罪并罚的原则分别立案侦办。由于妨害国境卫生检疫罪属于海关缉私部门管辖,根据2020年9月公安部印发的《刑事案件管辖分工规定》关于并案管辖的相关规定,对私渡人员构成的偷越国(边)境罪海关缉私部门可一并管辖,不用再移交其他主管部门办理。如果私渡人员没有构成妨害国境卫生检疫罪,仅构成偷越国(边)境罪,则应该交由边防或地方公安机关进行管辖,追究其法律责任。

四、关于严厉打击粤港澳跨境私渡及走私行为的措施和对策分析

(一)树立大局意识,加强执法协作,实现联合管控

深刻认识当前形势下粤港澳跨境走私、私渡行为的危害,打击治理粤港澳跨境走私、私渡事关国家安全和社会稳定,事关疫情防控和人民生命安全。在总体国家安全观背景下,海关缉私、移民管理、海警、地方公安等部门更应该强化大局意识,摒弃部门主义,切实履行职责,强化管控合力,对违法犯罪行为严厉打击。

研究把握规律,制定科学管控方案。方案的制定应坚持系统思维,各执法部门应立足职责、结合实际,认真分析粤港澳跨境走私、私渡行为的特点、路线、规律,分析私渡行为全过程中破坏的法益、社会秩序,进而论证各环节、各行为、各主体涉及的违法犯罪行为。在全面调查研究的基础上,制定包括海关缉私、移民管理、海警、地方公安、交通运输、海事等部门在内的联合打击治理方案,迅速组织专项打击治理行动。

强化执法联动。海关缉私部门应主动作为,以打击治理粤港澳海上跨境走私等专项工作为抓手,巩固珠江口水域反走私综合治理成效,有力查缉各类走私、私渡非法船舶,对跨境走私和私渡相互交织的行为一并予以查处、打击。缉私部门应以新增管辖妨害国境卫生检疫罪等罪名为契机,严厉打击私渡行为引发的妨害国境卫生检疫的犯罪行为。同时,积极参与地方政府专项治理行动,加强与移民管理、海

警、地方公安等部门的执法联动,建立反走私、反私渡情况通报、执法配合、案件移交机制,进一步扩大珠江口水域巡航管控,在重点水域、滩涂、码头,制定网格化的巡查办法,筑牢联合防线。

(二)坚持宽严相济刑事政策,准确适用法律

坚持打团伙、破大案,贯彻宽严相济刑事政策①,对于组织私渡的"蛇头"、入境后严重违反防疫措施造成严重后果的人员,应依法从重打击。对于举报其他走私私渡人员、组织人员有功的,依法从轻或减轻处罚。

对粤港澳跨境走私交织私渡行为的,缉私部门在侦办走私案件的同时一并追究私渡行为的法律责任,避免漏罪或罪名适用不当。粤港澳跨境私渡行为情节严重的,构成偷越国(边)境罪,在当前疫情防控背景下,私渡人员入境过程中或入境后实施妨害疫情防控行为的,可能同时构成妨害国境卫生检疫罪或妨害传染病防治罪,应予以数罪并罚,避免漏罪。对于犯罪嫌疑人一个行为触犯多个罪名的竞合情形,应选择量刑更重的罪名立案侦办。

海关缉私、移民管理、海警、地方公安等部门应加强执法协作,理顺相关案件的管辖、移送、并案侦查机制,确保对粤港澳跨境走私、私渡等违法犯罪行为及关联罪名的打击精准、有力。

(三)完善"两法衔接"②机制,对不构成犯罪的违法行为补充以行政制裁

加强行政执法和刑事司法的有效衔接,对构成刑事犯罪的,追究刑事责任,不构成刑事犯罪的,依法进行行政处罚,严惩各类违法犯罪

---

① 参见最高人民法院印发的《关于贯彻宽严相济刑事政策的若干意见》的通知(法发〔2010〕9号)。宽严相济刑事政策,是党中央在构建社会主义和谐社会新形势下提出的一项重要政策,是我国的基本刑事政策。它对于最大限度地预防和减少犯罪、化解社会矛盾、维护社会和谐稳定,具有特别重要的意义。

② 参见秦前红、张鹏:《关于海关"三权衔接"机制的思考》,载《海峡法学》2020年第3期。"两法衔接"机制应是双向衔接,不仅仅指行政执法机关向刑事司法机关移送涉嫌刑事犯罪案件,也包括刑事司法机关向行政执法机关移送不构成刑事犯罪但依法应当给予行政处罚或者行政处分的行政违法案件。

行为。在以往的执法过程中,海关缉私部门对粤港澳海上跨境私渡行为的惩处机制还不够完善,关注的重点在于走私的查缉和惩处。实际上,海上跨境走私很多时候也是私渡行为,由于走私罪的惩处更为严厉,往往忽视了伴随的私渡行为。如果跨境走私行为不构成走私犯罪,但私渡行为构成偷越国(边)境罪的,则应按照偷越国(边)境罪予以打击。如果不构成偷越国(边)境罪,则应比较对走私行为和偷越国(边)境违法行为的行政处罚惩处力度,采用处罚更重的行政处罚手段更为合适。这需要海关缉私部门与边防、移民管理部门沟通协调,做好执法衔接工作,防止出现对走私及私渡违法行为打击不力的现象。

加大对运输工具和涉案财物的处理。对于载运走私私渡人员的运输工具,如属三无船舶,依法予以没收或收缴;对于将船舶、汽车进行改装、改造,或者非法载运的,应由海事部门或交通运输主管部门对运输工具的所有人或运营人进行处罚。总之,在打击走私私渡活动中,对于提供便利的运输工具的所有人或者运营人,要用足资格罚、财产罚等行政处罚手段,予以严厉惩戒。

(四)群防群控,标本兼治

坚持打防并举的理念。当前粤港澳跨境走私私渡多发,存在多方面的原因:香港疫情暴发是近期诱因,粤港澳沿海沿边关境管控难为走私私渡创造了条件,各相关部门分段管控、惩治没有形成合力,使得违法代价较轻,不利于形成威慑,沿海沿边群众法治意识淡薄是该类违法活动生存的土壤。因此,在严厉打击的同时,更应注重预防,堵塞管控漏洞、制度漏洞、法律漏洞,实现标本兼治。

加强宣传和法治教育。相关职能部门应在重点码头、边(关)境、农村、社区、行业组织开展更为广泛、深刻的宣传,使群众深刻认识到走私私渡行为的危害、走私私渡行为对国内疫情防控良好局面带来的影响、私渡行为造成疫情传播带来的巨大社会管控成本、相应的法律责任等,让人民群众自觉抵制走私私渡。

推行举报奖励制度。各地方政府根据当地情况,制定举报走私私渡的奖励措施和办法,设立举报中心、举报热线,扩宽渠道,对举报有功人员做好保护,予以重奖。在群防群控体系下,形成对粤港澳跨境走私、私渡行为"人人喊打、露头就打"的管控格局,实现管控效果。

Legal Issues on the Spread of COVID-19 Caused by Cross-Border Smuggling of Goods and People in Guangdong, Hong Kong and Macao

Guangzhou Customs Anti-smuggling Bureau Longpeng Studio
ZHANG Peng HUANG Yuefei HUANG Di
HU Wenhua WANG Yulong

[**Abstract**] The cross-border smuggling of goods and people in Guangdong, Hong Kong and Macao have aroused great concern of the public and the law enforcement authorities due to the new outbreak of COVID-19 in Hong Kong in 2021. There exist risks of bringing coronavirus into the territory by smugglers and thus causing the spread of the epidemic in the mainland, which poses great threats and challenges to the epidemic prevention and control policies such as "defending externally against importation" and "dynamic zero-COVID policy". The customs anti-smuggling and other law enforcement departments must attach great importance to the illegal cross-border smuggling between Guangdong, Hong Kong and Macao, and take active actions. We will resolutely implement the spirit of General Secretary Xi Jinping's important directives on the prevention and control of the epidemic and on combating and controlling cross-border smuggling by sea between Guangdong, Hong Kong and Macao, and fully implement the overall national security concept. We will also deepen the study of cross-border smuggling and other illegal and criminal acts jeopardizing the health and quarantine of

Guangdong, Hong Kong and Macao, so as to give full play to the operations of the anti-smuggling department in terms of the jurisdiction and application of the law. Besides, we will step up our efforts to crack down on the epidemic, further promote the establishment and improvement of a comprehensive anti-smuggling and anti-smuggling strategy, and effectively block the channels through which new cases of COVID-19 are illegally imported, so as to ensure the overall prevention and control of the epidemic as well as the safety and health of people.

[**Key words**] Guangdong, Hong Kong and Macao; cross-border smuggling; people smuggling; COVID-19

海关法评论(第11卷)

国际与外国海关法

International and Foreign Customs Law

对标世行测评谈构建法治化“跨境贸易”营商环境的路径

徐珊珊*

［摘　要］　世行营商环境报告对我国“跨境贸易”指标进行打分排名，并给出了改善建议。经合组织贸易便利化指标也监测和衡量了我国在贸易便利化方面的表现。从两项测评中均可以看出“法治化”是跨境贸易营商环境的重要方面。作为路径探讨，以“知法合规”及“守法容错”作为制度设计理念来审视甚至重新安排我国的各项跨境贸易的措施，可以明显改进我国法治化营商环境在“公平、透明、可预测”方面的商界体验。

［关键词］　营商环境；跨境贸易；法治化；知法合规；守法容错

一、世行“跨境贸易”指标排名与我国改革措施

（一）世行的测评与中国的排名变化

世行“跨境贸易”指标主要用于衡量进出口贸易边境合规、单证合规方面所需要花费的时间和成本。其中边境合规主要包括海关清关、检验检疫和安全检查等，单证合规是指运输、检查及清关过程中对各项单证的审查。

---

* 徐珊珊，中伦律师事务所合伙人，法学博士，美国法硕士（LLM）。

世行营商环境(Doing Business,DB)2015年报告中,我国此项指标得分为71.7分,排名第98位;DB 2016年报告中,我国此项指标得分为69.1分,排名第96位;DB 2017年报告中,我国此项指标得分为69.1分,排名第96位;DB 2018年报告中,我国此项指标得分为69.9分,排名第97位;DB 2019年报告中,我国此项指标得分为82.6分,排名第65位;DB 2020年报告中,我国此项指标得分为86.5分,排名第56位。具体的数据见表1。

表1 2016~2020年中国跨境贸易指标数据

跨境贸易指标项目	2016年	2017年	2018年	2019年	2020年
出口单证合规耗时/小时	21.2	21.2	21.2	8.6	9.0
出口边境合规耗时/小时	25.9	25.9	25.9	25.9	21.0
出口单证合规成本/美元	84.6	84.6	84.6	73.6	74.0
出口边境合规成本/美元	522.4	522.4	484.1	314.0	256.0
进口单证合规耗时/小时	65.7	65.7	65.7	24.0	13.0
进口边境合规耗时/小时	92.3	92.3	92.3	48.0	36.0
进口单证合规成本/美元	170.9	170.9	170.9	122.3	77.0
进口边境合规成本/美元	776.6	776.6	745.0	326.0	241.0
跨境贸易得分	69.1	69.1	69.9	82.6	86.5

数据来源:世行营商环境报告。

对比可知,2018年以来中国在进口环节的耗时与成本方面都有较大缩减,并因此在跨境贸易方面的营商环境排名取得了较大的提升。进一步对比可发现,2018年之后中美的排名差距明显缩小,美国在DB 2019年报告、DB 2020年报告的“跨境贸易”排名是36和39。中美排名的差距为29和17。历年中美排名最小差距也在44名。具体的变化与对比如图1所示。

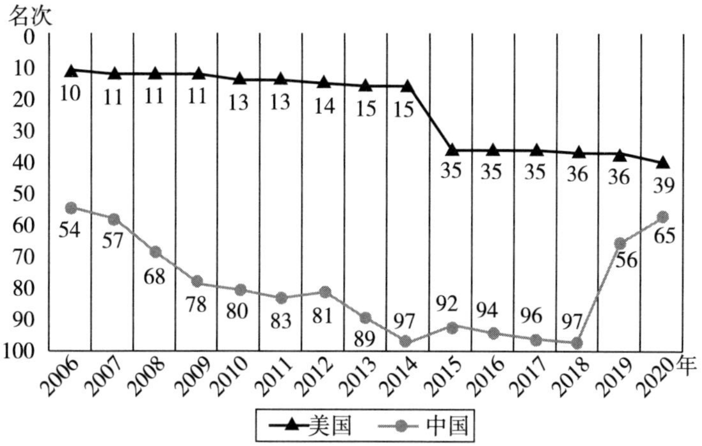

图1　世行营商环境报告中美“跨境贸易”指标排名比较

数据来源:世界银行官网。

注:2015 年起,世界银行对指标的计算方法做出了调整。

(二)中国的改革措施

可见,自 2018 年以来在“跨境贸易”指标方面中国取得了长足的进步。对此,世行在《2019 年营商环境报告:强化培训,促进改革》一文中解释道,为了促进跨境贸易,中国进行了改革,实施了国家贸易单一窗口,将海关和税务局、港口当局、商务部以及其他参与进出口过程的机构联系起来。在 2020 年度报告中世行又总结指出,中国实施了提前申报、升级了口岸的基础设施、优化了海关的行政管理、公布了收费清单,这些措施在北京与上海同步实施,使进出口变得更加便捷。

事实上,中国为提高“跨境贸易”的排名进行了系统性的改革。2018 年 10 月 13 日国务院在《优化口岸营商环境促进跨境贸易便利化工作方案》中提出“到 2021 年年底,整体通关时间比 2017 年压缩一半,世界银行跨境贸易便利化指标排名提升 30 位”。为实现这一目标,国务院明确了 20 条具体措施。大体围绕“减单证、优流程、信息化、降成本”四个方面,具体归纳摘要如下。

1. 减单证

2018年11月1日前需在进出口环节验核的监管证件减至48种;实现网上申报、网上办理。

2. 优流程

深化全国通关一体化改革,推进海关、边检、海事一次性联合检查,海关直接使用市场监管、商务等部门的数据办理进出口货物收发货人注册登记。加强关铁信息共享,推进铁路运输货物无纸化通关。2018年年底前,海关与检验检疫业务全面融合,统一申报单证、统一作业系统、统一风险研判、统一指令下达、统一现场执法。加强国际贸易"单一窗口"建设,2018年年底前,主要业务(货物、舱单、运输工具申报)应用率达到80%;2020年年底前,达到100%;2021年年底前,除安全保密需要等特殊情况外,"单一窗口"功能覆盖国际贸易管理全链条,打造"一站式"贸易服务平台。推广应用"提前申报"模式,非布控查验货物抵达口岸后即可放行提离。加强口岸通关和运输国际合作,2020年年底前,与"一带一路"国家海关实现AEO互认。重点推进与欧盟签署电子证书合作协议,2021年年底前,与所有已签署电子证书合作协议且建有信息系统的国家实现联网核查。创新边境口岸通关管理模式,在毗邻港澳口岸实施更便利的通关措施,在有条件的口岸推广粤港澳"客、货车一站式通关"模式。加快鲜活商品通关速度,与毗邻国家确定鲜活农副产品目录清单,加快开通农副产品快速通关"绿色通道"。创新海关税收征管模式,全面创新多元化税收担保方式,推进关税保证保险改革,探索实施企业集团财务公司、融资担保公司担保改革试点。全面推广财关库银横向联网,加快推进税单无纸化改革。优化检验检疫作业,减少双边协议出口商品装运前的检验数量。推行进口矿产品等大宗资源性商品"先验放后检测"的检验监管方式。应用现场快速检测技术,进一步缩短检验检疫周期。发挥社会检验检测机构作用,在进出口环节推广第三方检验检测结果采信制度。

3. 信息化

推进口岸物流信息电子化。2019年6月底前,实现内外贸集装箱堆场的电子化海关监管。2019年年底前,在主要远洋航线实现海关与企业间的海运提单、提货单、装箱单等信息电子化流转。2019年年底前,沿海及长江干线主要港口实现铁水联运信息交换和共享。2020年年底前,基本建成多式联运公共信息平台。信息平台推送查验通知,增强通关时效的可预期性。进境运输工具到港前,口岸查验单位对申报的电子数据实施在线审核并及时向车站、码头及船舶代理反馈。提升口岸查验智能化水平,2021年年底前,全部实现大型集装箱检查设备联网集中审像。

4. 降成本

鼓励竞争,破除垄断,推动降低报关、货代、船代、物流、仓储、港口服务等环节经营服务性收费。实行口岸收费目录清单制度。公开通关流程及物流作业时限。公布口岸查验单位通关服务热线,畅通意见投诉反馈渠道。

为进一步落实《优化口岸营商环境促进跨境贸易便利化工作方案》,各级海关及相关部委、各地方也进一步出台了细化的各项改革措施。

(三)世行对中国的改善建议

短期建议:第一,评估用户使用情况,并推广中国上海国际贸易单一窗口3.0和中国北京国际贸易单一窗口的所有功能。在上海进行国际贸易的私营企业中,单一窗口3.0的认知度很高,但功能似乎并没有得到充分的利用。而2016年推出的中国北京国际贸易单一窗口,则私营企业似乎对其的认知仍然有限。建议可以对其有效地执行和使用,并进行监测。第二,确保与商界就国家通关一体化机制进行有效沟通。海关总署宣布了在全国范围内实施国家通关一体化制度。确保企业了解新的功能和规则,可以支持其被有效地实施和快速地采用。可能采取的措施包括开展宣传活动,使人们能够在广泛使用的网上贸易门户和网站上轻易获取信息,并向注册用户定期发送有关进出口的新程序、法规和相关法律的最新信息。第三,对进出口单证要求进行评估,取消不必要的过时要求,简化其他要求。例如,中国是少数几个需要商务部门颁发进口许可证才能进口机电产品的经济体之一。全球只有30多个国家需要进口许可证才能进口机动车零部件和辅件类商品。可以评估精简这些文件的理由和相应处理时间减少的潜力。第四,确保所有关区海关法律法规和流程的统一性。私营部门代表表示地方一级对中央法律法规的解释缺乏明确性和一致性。一项可能的措施是,在包括私营部门代表在内的海关协商机构的协助下,对即将实施的法律法规的变化进行充分和深入地讨论。第五,改善海关放行时间,公布货物平均放行时间。物流绩效指标显示中国在海关通关效率和边境管理通关效率上得分较低。根据《贸易便利化协定》的实施要求,中国尚未履行有关衡量和发布平均放行时间的承诺。虽然各成员方有权决定这类研究的范围和方法,但应鼓励它们以一贯的方式定期统计和公布货物平均所需的放行时间。此外,还应鼓励各成员方向世界贸易组织贸易便利化委员会分享这些措施和经验,例如澳大利亚在过去七年中每年都在对此进行研究。第六,对问题及时响应,并进行监督和报告,增加海关的官方工作时间。为了提高货物清关放行效率,海关可以延长工作时间,特别是在北京和天津地区。在北京,虽然大多数贸易商通过电子方式提交关税申报书,但海关关员通常只在上午9时至12时,下午1时30分至4时审阅报告书。第七,提高信息的可获得性,使海关和港口费用信息便于获取。海关网站可以改进,使收费、时间信息更容易获得,并改善搜索功能,可以更容易地找到适用不同类别货物的规则,方便所有参与该过程的实体获取信息,包括海关港口码头以及其他政府收费信息,使进出口商能够预测成本并减少不可预测性。

中长期建议:评估并提升当前的单一窗口。

对比前文中国采取的措施与此处世行的建议可以看到,中国目前并未采纳世行提出的全部建议,而主要在以上有下划线的那些政策上发力。这些措施均关乎直接提升口岸通关速度和降低相关成本,提高打分。对于以上加粗部分,这些更关乎政府执法的"公平""透明""可预测"的方面,中国并没有明显的改革措施出台。

(四)对世行测评指标的评价

中国改革举措效果明显,自2018年以来中国在世行的营商环境报告中排名提升迅速。但有业内人士指出世行的测评并不能准确评价跨境贸易营商环境,该测评在许多方面都存在不科学的地方,比如运输方式的分类单一、答卷人的选择不专业、计分项目的概念界定不明确等。更重要的,提升口岸营商环境还应当关注成本与耗时以外的内容。"高档饭店的菜价和上菜速度都不占优势,但能说就比大排档差吗?是否还应关注一下用餐环境和服务态度?"①

尽管有以上批评之声,但如果对比世行的评分与世行的建议,我们会发现虽然世行的指标(成本和时间)是客观的,评分是数值化的,但世行的建议却关注了很多商界的主观感受。世行所给的有些建议与提高效率和打分直接相关,但另一些建议并非如此,而是关注公平执法环境的改进,如确保与商界就国家通关一体化机制进行"有效沟通"的建议。显然,这关注到了商界的感受。本文第三部分的一些内容也体现出了全国通关一体化改革带来的关企沟通的困难。"有效沟通"这一需要是切实存在的。比如,"确保所有关区海关法律法规和流程的统一性"的建议,在这一建议下世行反馈,私营部门代表表示地方政府对中央法律法规的解释缺乏明确性和一致性。显然,世行在此超越了对"效率"的直接追求,而关注了"公平"。这一现象说明了世行对于自身指标的观察是多角度的,体现了世行对营商环境的理解并非单一地追求"菜价"和"上菜速度"。但世行建议的一项措施是,在包括私营部门代表在内的海关协商机构的协助下,对即将实施的法律法规的变化进行充分和深入地讨论。显然,这一措施的价值更多地在于保障商界的参与,达成实施法律"统一性"效果并非直接目标。

---

① 江小平:《世行〈营商环境报告〉有哪些缺陷?》,载微信公众号"平说关事"2019年6月3日,https://mp.weixin.qq.com/s/t_h6wQRnLa54dI4zHH9X3w。

二、《贸易便利化协定》与经合组织贸易便利化指标

(一)经合组织贸易便利化指标设定的逻辑与方法

与世行不同,经合组织深入分析了《贸易便利化协定》的各个组成部分,开展了更广泛的考察,包括信息的可获得性、贸易商的参与、预裁定、上诉程序、规费和费用、单证类手续、自动化手续、程序性手续、边境机构合作(内部)、边境机构合作(外部)、管理与公正性 11 个方面。为量化考核结果,经合组织将 11 个复合方面分别的子变量聚合得到贸易便利化指标(TFIs)。TFIs 反映了《贸易便利化协定》第一节即"贸易便利化措施"涵盖的实质性条款,包括《贸易便利化协定》第 1 条至第 12 条。仅增加了一个超出《贸易便利化协定》范围的指标,以反映"边境的良好管理和公正"。这些指标及其构成变量是经合组织在 2010 年至 2013 年制定的,并在 2014 年至 2016 年进行了进一步微调,以更好地反映实施中的挑战和全球最佳实践。

对比世行的测评,TFIs 更全面地反映了人们在跨境贸易营商环境方面的共识,包括"效率"和"公平"两个方面。第一,应改善不那么明显但往往同样代价高昂的边境措施,这些措施包括程序、文书工作和行政手续,以免货物越境时层层增加不必要的额外成本。第二,应提高透明度、可预见性并简化贸易程序以助于消除腐败的动机和机会,降低贸易成本和提高经济效率。

之所以进行这一评测,2018 年经合组织在《贸易便利与全球经济》一书中进行了解释:"所有国家都有兴趣促进良好的治理和有效的边境程序,无论它们是为了出口传统农产品、参与高科技制造业的价值链,还是通过在线贸易措施扩大其全球存在。认识到这种强烈的共同利益,以及所有国家共同行动所取得的额外成果,导致了世界贸易组织《贸易便利化协定》谈判的成功。由于其独特的结构,将执行协议与发展中国家和最不发达国家的能力联系起来,《贸易便利化协定》正在逐步得到执行,世界各国执行了协定的不同部分。这就要求更好地了解贸易便利化的实际情况。经合组织的 TFIs 是目前存在的最精确

的目标工具,用于监测和衡量各国在贸易便利化方面的表现。TFIs 为 160 多个国家的贸易便利化状况、关键进展和挑战提供了监测未来进展的基础。TFIs 可以帮助确定技术援助和能力建设努力的优先次序,并支持为贸易便利化改革提供支持的倡导努力。"

具体地,11 个复合方面共包括 133 项变量指标。在一个复合指标之中,各变量的权重相等。每个指标由若干具体、精确和基于事实的变量组成,这些变量与现有的与贸易有关的政策和法规及其在实践中的实施有关。TFIs 评分的方法是将定性的监管信息转换成一个多重二进制模式,其中最高的分数对应于最佳性能:11 个聚合 TFIs 中的每个度量的变量都用 0、1 或 2 编码。这些努力不仅反映有关国家的管理框架,而且在可能的范围内深入统计。当变量依赖于数值答案时,这些变量被分解为使用 0/1/2 分数的阈值,并根据某种性能指标来分配离散数值的评分系统需要确定的最佳、最差或介于两者之间的阈值。在大多数情况下,TFIs 有自然的阈值,例如对于一个变量,如建立一个国家海关网站。因此,没有海关网站的国家将被判 0 分;一个有海关网站的国家将被判定为 1 分;如果一个国家的海关网站以世界贸易组织的一种官方语言提供与进出口程序有关的最低限度的信息,那么这个国家将获得 2 分。在无法确定自然阈值的情况下,为了使贸易便利化政策和实施的复杂性与多重二元记分制度相协调,将非二元措施分解为多重阈值:如果变量在本质上是数值,分数可以由其百分等级(如低于 30 百分位的样本、30 至 70 百分位的样本、超过第 70 百分位的国家样本)来确认。

TFIs 的计算包含实施《贸易便利化协定》条款的两种情况:(1)全面实施情况,即实施协议中包含的所有选项的成员;(2)有限的执行情况,即只承诺执行协定中所载的强制性规定。实际上有些有限执行的成员已经全面执行了协议规定的最佳努力措施,这两种情况提供了实施《贸易便利化协定》可能实现的潜在贸易成本削减的上限和下限,故两种情况一并纳入指标进行分析。

(二)中国与美国的 TFIs 测评表现(更新至 2017 年)

根据经合组织的评估,中国在信息可获得性、贸易界的参与、预先裁定、费用和收费、程序、内部边境机构合作和治理以及公正性方面的表现最接近样本中的最佳水平。2015 年至 2017 年,在信息可获得性、申诉程序、文件、治理和公正方面的表现有所改善。中国在其他 TFIs 领域的表现是稳定的,但商界的参与除外,这方面中国失去了得分基础。另外,在上诉程序、文件、自动化和外部合作方面的表现低于最佳做法。

美国在所有 TFIs 领域的表现都达到了样本的最佳水平。2015 年至 2017 年,美国在信息可获得性、文件和简化程序方面的表现有所改善。美国在其他 TFIs 领域的表现是稳定的,除了预先裁定,美国在这方面失去了一些基础的分数,而样本中的其他经济体在此方面取得了进展。

(三)对测评的评价与睿库的修正

尽管从考评指标全面性的角度讲,经合组织的 TFIs 不失为目前存在的用于监测和衡量各国在贸易便利化方面表现得最精确的工具,但有业内人士对 TFIs 的一些数据从感受性角度提出了质疑,如对中美在预裁定方面的得分接近不令人信服。显然,TFIs 用数据表现来衡量一些制度的运行质量存在不精确性。如上所述,在无法确定自然阈值的情况下,为了使贸易便利化政策和实施的复杂性与二元记分制度相协调,经合组织将非二元措施分解为多重阈值:变量数值化(如预先裁决的数量),分数可以用百分等级来确认(如分为三段为打分,即低于 30 百分位的样本、30 至 70 百分位的样本、超过第 70 百分位的样本)。

了解到 TFIs 的不精准性之后,我们在运用经合组织的评价结果时应特别注重挖掘一些得分高的项目,以了解是否仍有质量改进的空间从而进一步提升营商环境。北京睿库贸易安全及便利化研究中心就中国实施《贸易便利化协定》的情况进行了跟踪和评价,已经发布了四期《中国贸易便利化年度报告》,该机构主要通过收集中国颁布的相关法律法规,并以问卷调查等方法对这些实施情况的效果进行了解、收集评价并提出建议。2017 年《贸易便利化协定》逐项参照评议情况汇总见表 2。

表 2 2017 年《贸易便利化协定》逐项参照评议情况汇总

条数	实施条款	总体评价	建议
第 1 条	信息的公布与可获取性	海关和检验检疫: 进步明显,实施较为充分	无
第 2 条	评论机会、生效前信息及磋商	无	无
第 3 条	预裁定	总体而言,进出口商最为关切的商品归类、价格以及原产地等事项,中国海关均制定了相应的预裁定法律法规。但综合分析,目前有关预裁定方面的法律制度框架结构不简洁,相互之间,特别是预裁定管理办法和预归类、预审价以及原产地预确定的法律法规之间缺乏整体协调,流程及要求不够规范统一。 法律法规已经制定,但制度本身不尽完善,实施不充分,不过能够看出中国海关近年来在这方面的努力	1. 对现有的行政裁定以及“三预”制度进行全面梳理,按《贸易便利化协定》要求完善预裁定法律法规; 2. 采取必要措施,确保预裁定制度的充分实施
第 4 条	上诉或审查程序	海关和检验检疫: 行政诉讼以及复议制度已经得到较充分的实施	无
第 5 条	增强公正性、非歧视性及透明度的其他措施	海关和检验检疫: 本条款在中国得到了充分实施	无

续表

条数	实施条款	总体评价	建议
第6条	关于对进出口征收或与进出口和处罚相关的规费和费用的纪律	1. 最近数年间,海关及质检机构在减少收费项目、公布收费信息方面做出了努力并取得显著成效; 2. 此条款各相关要求在中国海关得到较为充分的实施; 3. 商界普遍反映质检机构收费范围进一步减少; 4. 对涉及海关及质检机构的事业性收费以及通过附属于上述机构的第三方机构实施的服务性收费得以进一步清理和规范; 5. 检验检疫部门2017年4月1日起全面停征出入境检验检疫费,以前受理的出入境人员、货物、运输工具、集装箱及其他法定检验检疫物,仍需按照原来的规定交费,尤其是那些周期较长的业务,如进口成套设备检验、进境苗木检验检疫处理等	无
第7条	货物放行与结关	制度完备,但实施不充分	无
第8条	边境机构合作	国内边境机构合作逐步加强	对目前海关、质检两个机构分别实施各自独立的通关作业制度从机构设置角度进行研究,参考发达国家相应的机构改革经验,启动中国边境管理机构体制改革

续表

条数	实施条款	总体评价	建议
第9条	受海关监管的进口货物的移动	充分实施	无
第10条	与进口、出口和过境相关的手续	制度较为完备、清晰	无
第11条	过境自由	充分实施	无

数据来源：北京睿库贸易安全及便利化研究中心。

此外，北京睿库贸易安全及便利化研究中心还调整了经合组织的TFIs指标和权重，如预裁定的评分，内容包括原产地预确定等，尝试由21位专家依据经验和主观感受，从定性的角度来打分。根据评估，贸易界的参与、预先裁定、上诉程序、治理和公正方面是中国仍需要改进的方面。

三、上海市跨境贸易营商环境问卷调查

为了解各界对于目前我国改进跨境贸易营商环境的各项举措的反馈，以及提升法治化跨境贸易营商环境的需求所在，我们评题组针对在上海口岸从事进出口的企业、提供相关服务的第三方、海关方向专业律师，以及海关一线关员开展了一次问卷调查。

问卷一共八题，两组。分别从“公平”“效率”两个角度来考察我国跨境贸易的营商环境。结合主笔的阅读与经验，问卷纳入了提升世行评分的改革措施、通关一体化改革、中国实施《贸易便利化协定》的重点措施，以期对我国的跨境贸易营商环境展开综合性评价，尤其是就“公平、透明、可预测”的法治价值进行评价。问卷中还借鉴了《美国海关现代化法案》中体现的“知法合规”（Informed Compliance）、“责任分担”（Shared Responsibility）的理念和措施，按此来分类中国海关的相应做法，然后评价它们在“公平、透明、可预测”等法治价值方面的得失。

(一)各界对有关“效率”的跨境贸易营商环境举措的评价

第五至第八题为一组,要求答卷人从正反两方面评价直接与世行评分相关的影响“成本”和“时间”的措施。

其中,第五和第六题评价“缩时间”的改革措施。问卷收集了十三项措施,包括:两步申报、国际贸易单一窗口建设、无纸化作业、跨部门共享企业信用信息、自报自缴、报关报检并联作业、制定查验等作业时限、在特殊监管区分送集报货物状态分类监管、取消汽车零部件自动许可减少相关证件、原产地证自动打印、关税保证保险等税收担保措施、边境地区绿色通道、全国通关一体化。询问效果最优及最令人质疑的三项。

根据调查,效果最优得票最高的三项改革措施是:全国通关一体化(61.68%)、国际贸易单一窗口建设(58.88%)、无纸化作业(57.94%)。效果最令人质疑的三项措施是:两步申报(43.93%)、自报自缴(26.17%)、跨部门共享企业信用信息等级(21.5%)。引人注意的是,在世行的报告中“两步申报”是作为有效提升中国评分的改革措施加以举例的,而调查显示业内人士对此措施意见不少,比如:进行提前申报的要求太高、现行的信用体系下难以开展、受众少;提前申报之后的正式申报允许改变的数据太少、增加了后续事务和不确定性。由此以小见大,就提升效率的措施而言,如果未顾及该措施的法律效力及相应后果的设计,则可能负面影响措施的实施效果。

第七和第八题请答卷人评价“降成本”的改革措施。根据调查,得票最高效果最优的改革措施是公布各操作阶段的收费指引(71.03%)。此外,查处违规收费的得票也较高(65.42%),但批评教育的效果不理想。业内人士建议的其他“降成本”措施主要是:限制国有企业等码头公司垄断以及与监管部门的裙带关系,引入第三方良性竞争;两步申报要求关税担保,增加了企业的保险成本。这里值得注意的是反垄断、实现市场化定价的呼声,这与目前的政府明确限价的改进思路明显不同。

（二）各界对有关“公平”的跨境贸易营商环境举措的评价

第一题至第四题为另一组，要求答卷人从正反两方面评价间接与世行评分相关，但体现世行的建议并直接影响“透明度”“可预测”“统一实施”等营商环境法治化的措施。

其中，第一题与第二题旨在了解商界对“透明度”的感受与期待。问卷列举了五项有关“知法合规”的措施，根据调查，得票从高到低依次为归类先例辅助系统（72.9%）、预裁定（68.22%）、法律法规及时上网与公布（64.49%）、海关行政处罚决定书公开上网（55.14%）、海关热线（36.45%）。与此同时，被调查人对一些措施也提出了意见、建议和批评。比如，对于“海关热线”提出的批评（39.25%）主要包括：解答不了、不准、笼统、没有效力。对“预裁定”的保留意见（36.45%）主要是不公开、对认定结果不信服、受理标准不明确、价格预裁定的申请表格脱离实际。而对海关行政处罚决定书公开上网（30.84%）则担心：细节不公布、太笼统、案件处理存在不一、披露了企业信息会影响其声誉。此外，在“其他”选项，业内人士认为有效合规措施还有：线下的、现场的即时沟通，沟通结果的可依赖，公开海关的内部规定，海关依法行政。

这一调查结果反映了商界对实现“知法合规”所必需的信息公开对称、获取信息渠道充分、有效及时沟通的切实需求，佐证了前文提及的世行的“有效沟通”和“充分公布”的建议具有扎实的基础。特别值得关注的是，答卷人保留意见较多的三项措施正反映了提升“透明度”的改革方向，如就“预裁定”应当鼓励关企之间的面对面沟通，提供复议和司法复审渠道以获得公正结果。就海关行政处罚决定书公开上网，应当至少提供与案件处理结果有关的事实描述，并提供多角度的检索，通过“阳光化”来促进执法的统一。

第三题旨在了解通关一体化改革中的核心措施“税管中心”（由税管局对估价、归类、原产地等征税事项按税则章节进行集中管理）带给商界的“法治化”体验。根据答卷，有 60.75% 的受访者认为“税管中心”便于海关政策的统一实施，有 34.58% 的受访者认为此项改革可以提高政策的可预期性和透明度;同时也有45.79%的受访者认为集中管理导致了与海关的沟通成本的提高,37.78%的受访者认为此举将导致权力集中和武断。

第四题则在于测试体现法治化营商环境“公平”“可预测”价值的“守法容错”“责任分担”的措施。根据调查,认为应当获得执法宽容的情形得票从高到低依次为“进行自我披露的企业”(80.37%)、“所争议的问题属于技术性比较强的事项”(68.22%)、“内部海关/贸易合规制度比较健全的企业”(44.86%)、“AEO的认证企业”(42.06%)。答卷人作出选择的主要理由是:对有诚信的企业以及守法难度高的情形应有区别地加以考虑,给予宽容,而海关也承担相应的责任。

四、结论与建议

从世行给中国的建议以及经合组织的TFIs的测评框架均可以看出“法治化”是跨境贸易营商环境的重要方面。为尽快提升世行测评的排名,我国目前采取的改革措施主要是“减单证、优流程、信息化、降成本”等直接增速和减费的便利化措施,而对这些措施的法律效力及后果并未充分考虑。

对于如何改进执法措施,实现“公平、透明、可预测”的法治化跨境贸易营商环境,我国尚未充分发力。TFIs指数及睿库的修正指标所提出的法治化有待改进的贸易界的参与、预先裁定、上诉程序、治理和公正等,可以作为我国提升跨境贸易营商环境的具体参照;进一步地,以“知法合规”及“守法容错”作为制度设计理念来审视甚至重新安排我国的各项跨境贸易的措施,可以明显改进我国法治化营商环境在“公平、透明、可预测”方面的商界体验。

作为路径探讨,此处仅以“知法合规”“守法容错”理念来尝试改进目前已实施的相关具体措施。

具体地,在“知法合规”方面,应当让商界有充分渠道知道和运用相关执法依据,了解海关的执法实情,并有合理的机会向执法部门进行沟通和解释,对于不服的执法结果有渠道进行救济。比如,目前的

"预裁定"可以改进的方面包括:估价、归类、原产地等有关关税的重要技术项目均应开展预裁定,如何设置预裁定申请表格,应当与商界/专业机构充分沟通;裁定过程中应当给予当事人听证等与海关交流的机会;海关是否受理预裁定的理由应当及时向当事人公开并可对其进行复议和诉讼;裁定的结果除非特例,应当及时公开;对于预裁定的结果可以复议和诉讼。"海关作出的行政处罚决定书公开"应当在隐去客户的相关信息以后上网,并且提供事实描述。类案处理的时候,对当事人援引的对其有利的行政处罚决定应当充分考虑。"归类先例辅助系统"应当加大宣传的力度,并且确认与系统中的先例相同或具有相同归类要素的商品当事人可具有信赖利益。如存在冲突的案例,也应作出对进出口商有利的推定。"法律法规的及时上网公布"应特别注意公开具有内部指导意义又对当事人的权利义务产生重要影响的一些执法依据,比如海关总署(司)局函监管函[2014]92 号等。"海关热线"逐步不再由资历浅的海关官员进行简单粗略的回答,而应当增加第三方专业机构进行的线上和线下志愿服务,并由商界进行评分,对商界公布。对于参与志愿服务的第三方机构海关应当提供在不造成泄密的情形下的充分的信息支持。对于由"税管中心"分章节统一全国的关税管理的安排,应做到权责相配,依据税管中心的意见作出的《缴税通知书》可由当事人选择对通知书签发机构或者是税管中心进行复议或诉讼。商界应当有适当、及时的渠道在税管中心作出决定前与其进行直接沟通等。

在"守法宽容"方面,目前对于进行自我披露的企业,对于争议的技术性比较强的事项,超过 6 成和 8 成的专业被访者认为在出现差错时应当获得宽容。而对于企业内部海关贸易合规制度比较健全的企业,以及对于通过 AEO 认证的企业,4 成以上的专业受访者认为应当进行不同程度的宽容。笔者建议,具体宽容的尺度可以在个案中由办案部门以及评估专家来共同决定,并公开案例结果,接受社会监督。实践中具体的守法表现应该还有其他的形式,如允许企业在具体的案件处理中邀请第三方专家进行评估,评估的结果也作为案件处理的考量依据之一,形成商界守法文化。

The Path of Constructing the Business Environment of "Cross-Border Trade" Under the Rule of Law Based on the Doing Business Report of the World Bank

XU Shanshan

[**Abstract**] In the Doing Business report, the World Bank has graded and ranked China according to index of "cross-border trade" and provided some suggestions regarding the improvement. OECD Trade Facilitation Indicators (TFIs) has also monitored and measured China's performance in trade facilitation. Both evaluation reports show that "Rule of Law" is a significant aspect of the business environment of cross-border trade. China's cross-border trade measures can be examined and rearranged with "informed compliance" and "law abiding with fault-tolerance" as the concept of institutional design, which can improve the traders' experience of China's business environment under the rule of law in terms of "fairness, transparency and predictability".

[**Key words**] business environment; cross-border trade; rule of law; informed compliance; law abiding with fault-tolerance

“一带一路”：海关特殊监管区域的国际合作

万曙春*

［摘　要］　“一带一路”沿线有些国家已设立与我国海关特殊监管区域相类似的自由贸易园区，有些国家虽未设立但有潜在需求。依托我国境外经贸合作区以及沿线国家自建的各类产业园区，推动海关特殊监管区域合作，可以借鉴与发挥我国海关特殊监管区域发展经验，应提升海关的参与程度，加强海关监管，促进可持续安全发展，以助力沿线国家互联互通，服务“一带一路”高质量建设。

［关键词］　“一带一路”；海关特殊监管区域；国际合作

“一带一路”，是“丝绸之路经济带”和“21 世纪海上丝绸之路”的简称。2013 年 9 月和 10 月国家主席习近平分别提出建设“丝绸之路经济带”和“21 世纪海上丝绸之路”的合作倡议。① “一带一路”，通过建设广泛的陆地基础设施，通过铁路即丝绸之路经济带，以及海上丝绸之路，连接起中国、欧洲、非洲和拉丁美洲。“一带一路”倡议是用一种新的形式来推动全球化，通过“一带一路”区域间的自由贸易协定，

---

* 万曙春，上海海关学院海关法律系教授、法学专业负责人。

① 2013 年 9 月 7 日，国家主席习近平在哈萨克斯坦纳扎尔巴耶夫大学发表演讲，提出了共同建设“丝绸之路经济带”的畅想。同年 10 月 3 日，习近平在印度尼西亚国会发表演讲，提出共同建设“21 世纪海上丝绸之路”。

积极发展经济合作伙伴关系,共同打造政治互信、经济融合、文化包容的利益共同体、命运共同体和责任共同体。

海关特殊监管区域是促进投资贸易便利化的重要平台,在我国开放型经济发展中发挥着重要作用。"一带一路"沿线国家有些已设立多种类型的、与我国海关特殊监管区域相类似的自由贸易园区或港区;有些虽未设立类似的区域,但存在设立需求和潜力。借鉴发挥我国海关特殊监管区域发展经验,依托我国境外经贸合作区以及沿线国家自建的各类产业园区,建设海关特殊监管区域,有助于推动"一带一路"沿线国家互联互通、共建共赢的合作,服务"一带一路"建设高质量发展。

一、我国海关特殊监管区域概况

(一)海关特殊监管区域的发展

我国先后设立了6类海关特殊监管区域。1990年,上海外高桥保税区设立,配合国家沿海城市对外开放的政策,在引进资金、设备、管理方面发挥了重要作用;2000年,出口加工区的设立配合了扩大出口的现实需要;2003年,保税物流园区的设立,促进了与保税区的区港联动;2005年,为配合建设国际航运中心设立了保税港区;2006年,为优化出口加工区功能,设立了综合保税区;2003年设立跨境工业区,以适应国家周边地区发展。自1990年上海外高桥保税区设立以来,截至2022年9月底,中国31个省、市、自治区共设立海关特殊监管区域168个。其中,综合保税区155个,保税区9个,保税港区2个,出口加工区1个,珠澳跨境工业区(珠海园区)1个。①

2015年8月,国务院印发的《加快海关特殊监管区域整合优化方案》提出"加快海关特殊监管区域整合优化",原有的各类区域逐步整

① 参见自贸区和特殊区域发展司:截至2022年9月底全国海关特殊监管区域情况,2022年10月12日发布,载中华人民共和国海关总署网,http://zms.customs.gov.cn/zms/hgtsjgqy0/hgtsjgqyndqk/4614982/index.html,2022年11月5日访问。

合为综合保税区,新设立的海关特殊监管区域统一命名为综合保税区。“综合保税区被赋予加快创新升级、打造对外开放新高地的历史使命。”[①]2022年1月1日,海关总署发布《综合保税区管理办法》(海关总署第256号令),自2022年4月1日起施行。该办法集中体现了散落在各规范性文件中的监管政策措施。

(二)海关特殊监管区域的概念与特征

海关特殊监管区域是经国务院批准,设立在中华人民共和国关境内,实行特殊的税收政策和进出口管理政策,具有加工制造、国际贸易、物流分拨、保税仓储、检测维修、研发设计、商品展示等功能,由海关按照国家有关规定实施监管的经济功能区。[②]

我国海关特殊监管区域借鉴了世界海关组织的《关于简化和协调海关业务制度的国际公约》(以下简称《京都公约》),其中专项附约4第2章中自由区的定义,以及世界上其他国家对自由区的发展管理经验。《京都公约》是全面规范海关制度标准化的国际性法律文件,它是自由区制度的国际通行标准,也是各国建立自由区的重要依据。“自由区”专项附约包括17条标准条款和4条建议条款。根据《京都公约》关于自由区的附约的规定,即自由区不仅就进口税和其他各税而言,被认为是在关境之外,通常还免于实施惯常的其他海关监管制度。具体就是指在一国境内开辟出一个由海关监管的专门区域,货物从这个区域通过海关关口进入国内企业就视同进口,而国内企业的货物通过海关关口进入这个区域就视同出口。

我国海关特殊监管区域,设置符合海关监管要求的卡口、围网设施及视频监控设备等基础设施和监管设施,实施封闭管理。海关特殊区域与非特殊区域之间设置不间断全封闭式隔离设施。进出特殊区域的卡口,分别设置进区货车通道、出区货车通道、客车及人员通道;

① 海关总署:《解读〈中华人民共和国海关综合保税区管理办法〉》,2022年3月14日发布,载中华人民共和国海关总署网,http://www.customs.gov.cn//customs/302249/302270/302272/4223331/index.html,2022年11月5日访问。

② 参见2021年全国海关初任公务员培训教材。

货物通道设置检查卡口,在卡口附近设置验货专用场地和监管仓库;区内沿隔离围墙设有供海关监管、巡逻的专用通道,设置视频监控系统和报警系统。这样,海关特殊监管区域与国境外形成“一线”,与境内区外形成“二线”。货物经“一线”实行备案制,货物经“二线”实行报关制,海关按照进出口货物的有关规定实施监管。

“海关特殊监管”中的“特殊”,是相较于“一般进出口环节的海关监管”而言的,主要表现在:(1)实行特别贸易管制。除法律、行政法规和规章另有规定外,海关特殊监管区域与国境外之间往来(简称“一线”)货物,不实行进出口配额和许可证管理。海关特殊监管区域与境内区外之间往来(简称“二线”)货物按国家进出口政策管理。海关特殊监管区域内货物可以自由流转。(2)实行特殊税收和外汇政策。这些税收政策主要有:一是保税或免税,即除法律、法规另有规定外,境外货物入区保税(暂缓缴纳进口环节税)或符合免税条件的予以免税。① 二是出区征税,海关特殊监管区域内的货物进入国内市场则视同进口,货物出区进入境内区外销售,按货物进口的有关规定办理报关手续,并按货物实际状态征税,其中区内生产加工的货物可按其对应进口料件征收关税。三是入区退税,即境内区外货物入区视同出口,目前除了保税区实行离境退税外,境内区外货物进入出口加工区、保税物流园区、保税港区、综合保税区、跨境工业区等海关特殊监管区域,均视为出口,实行出口退(免)税的政策。四是在外汇政策上,海关特殊监管区内与境内区外之间货物贸易项下的交易,以及区内机构之间的交易,可以以人民币或外币计价结算。

---

① 如:除法律、行政法规另有规定外,对区内生产性的基础设施建设项目所需的机器、设备和建设生产厂房、仓储设施所需的基建物资,区内企业生产所需的机器、设备、模具及其维修用零配件,区内企业和行政管理机构自用合理数量的办公用品免征其进口关税和进口环节税收。免征部分国内税收。海关特殊监管区域内加工企业生产的产品,不征收国内环节增值税、消费税。海关特殊监管区域内企业之间,区内企业与其他海关特殊监管区域、保税监管场所之间企业的货物交易、流转不征收国内环节增值税、消费税。

(三)海关特殊监管区域的政策功能

海关特殊监管区域的设立过程中,对其审核的过程是优中选优,以符合国家规划和地方经济发展需求。海关特殊监管区域的设立与各地区经济社会发展实际相结合,主要以各省(自治区、直辖市)年度外贸进出口和加工贸易进出口的发展情况以及各省(自治区、直辖市)已有的海关特殊监管区域建设与发展水平为参考,入区项目须符合区域发展目标和政策功能定位等要求。[①] 海关特殊监管区域的审批,属国务院事权,由海关总署牵头,会同发展改革委、财政部等有关部门,负责对海关特殊监管区域的设立审核、政策研究及事中事后监督等工作。

为促进产业与贸易、货物贸易与服务贸易协调发展,区内可以开展保税加工、保税物流、国际中转、国际采购、国际分销、国际配送、国际结算、转口贸易、保税研发、检测维修、跨境贸易电子商务、融资租赁、国际航行船舶保税登记、期货保税交割、保税展示交易、文化保税等业务。海关建立了一套通关监管、保税监管、统计、风险监控、稽核查等针对海关特殊监管区域的监管模式。

海关特殊监管区建立特殊区域的辅助管理信息化系统,对区内企业及进出区货物实施信息化监管。例如,海关对海关特殊监管区域内企业实行计算机联网管理和电子账册管理,这些电子账册包括保税加工电子账册(H 账册)、保税物流电子账册(TW 账册)、减免税货物电子账册(TD 账册)。区内企业应按照《会计法》及有关法律法规的规定,设置符合海关监管要求的账簿、报表,记录本企业的财务状况和有关进出口货物或物品的进口、出口、库存、转让、转移、销售、加工、使用等情况。海关依法对区内企业开展核查、稽查。海关特殊监管区域的稽查管理模式与区外基本一致。在规定期限内,对被稽查人的会计账

---

① 海关特殊监管区域建立了较为完善的管理体系,国务院下发了《关于促进海关特殊监管区域科学发展的指导意见》(国发〔2012〕58 号),海关总署会同相关部委积极推动制度建设,并先后出台了《海关特殊监管区域设立审核办法(试行)》《海关特殊监管区域退出管理办法(试行)》《海关特殊监管区域适合入区项目指引》。

簿、会计凭证、报关单证以及其他有关资料、单证和有关进出口货物进行核查,监督被稽查人进出口活动的真实性和合法性。

二、"一带一路":海关特殊监管区域合作加深经济一体化

2017年1月,美国退出《跨太平洋伙伴关系协定》(Trans-Pacific Partnership Agreement, TPP),为我国推动与亚太地区的国家缔结自由贸易协定,留下了空间。2018年5月17日,中国与由俄罗斯、哈萨克斯坦、吉尔吉斯斯坦、白俄罗斯和亚美尼亚所组成的欧亚经济联盟的各成员国,签署了经贸合作协定。2020年11月15日亚太15国签署了《区域全面经济伙伴关系协定》(Regional Comprehensive Economic Partnership, RCEP),这项协议是推行多边主义和自由贸易的积极例证。它由20章、17个附件和54个承诺清单组成,对知识产权、投资、电子商务、公平竞争以及中小企业、市场准入和经济技术合作等均作出了规定。从降低关税的目标来看,该协议将惠及该地区65%的贸易产品,其平均关税水平约为2.3%,协议同时取消了配额,海关手续也得以简化,协调原产地规则,几乎在整个亚洲仅需签署一份原产地证书,商品估价受到的行政牵制也将减少。2022年1月1日,RCEP正式生效,首批生效的国家包括文莱、柬埔寨、老挝、新加坡、泰国、越南东盟6国和中国、日本、新西兰、澳大利亚非东盟4国。该协定的目标,是在遭受包括新冠肺炎危机等负面影响后,恢复该区域内的投资。这样,我国在促进"一带一路"倡议下已达成的协议的实施外,还将加强与RCEP各签署国之间的联系。

(一)"一带一路":海关特殊监管区域合作的基础

"一带一路"几乎穿过世界上所有的地区。中美洲①、南美洲的一些国家②已是签署国,亚洲地区③的国家本身就是首选的合作伙伴,还

① 例如,巴拿马和哥斯达黎加。

② 例如,秘鲁、智利、委内瑞拉。

③ 中亚(哈萨克斯坦)、东亚(韩国)、西亚(黎巴嫩)、南亚(巴基斯坦)、东南亚(印度尼西亚)。

有高加索地区也是如此[1]。再加上欧洲地区[2]各国,它们之间彼此关联;大洋洲[3]和非洲地区[4]也是丝绸之路穿过的地区。在“一带一路”沿线国家中,有些国家已建有多种形式的自由区或产业园区:东南亚有马来西亚、印度尼西亚、新加坡、泰国、越南、缅甸、老挝和柬埔寨8国;俄罗斯、蒙古和中东欧(白俄罗斯、德国、荷兰、波兰)合计6国;西亚和东北非有伊朗、土耳其、沙特、阿曼、也门、埃及6国;中亚有哈萨克斯坦、塔吉克斯坦、吉尔吉斯斯坦、乌兹别克斯坦、土库曼斯坦5国;南亚有巴基斯坦、印度、孟加拉国、斯里兰卡4国。各国对“自由区”的模式和名称略有差异,但这些区域有共同的特征和相似的内涵,如具备自由贸易和免于监管的特征。比如马来西亚的“自由区”,主要是指保税区和经济走廊,1990年马来西亚出台了保税区法案,保税区主要包括两种,即商业保税区和工业保税区;2006年以来,马来西亚政府再陆续推出5个区域经济走廊。而新加坡的“自由区”主要是指毗邻港口和机场的8个自贸区。德国、荷兰因欧洲一体化等原因,无自由区、出口加工区等相关保税或减免关税的区域经济政策;德国汉堡自由港于2013年1月1日将总长约20公里的围栏全部拆除,9个进出关口全部取消。

我国与“一带一路”沿线国家和其他发展中国家已建立多个境外经济贸易合作区。2013年中国与马来西亚共同建成中马钦州产业园和马中关丹产业园区,形成“两国双园”的模式,马中关丹产业园区是中国在马来西亚设立的第一个国家级产业园区。江苏红豆集团与柬埔寨国际投资开发集团合资建立的西哈努克港经济特区,是我国首批通过商务部、财政部考核确认的境外经贸合作区之一。

---

① 例如,格鲁吉亚、亚美尼亚。

② 北欧(拉脱维亚),东欧(俄罗斯、波兰、乌克兰),西欧(卢森堡、奥地利),南欧(希腊、克罗地亚、马耳他)。

③ 例如,新西兰、斐济、瓦努阿图。

④ 西非(塞内加尔、马里、佛得角)、东非(苏丹、吉布提、塞吉尔)、中非(乍得、加蓬、喀麦隆)和南部非洲(南非、马达加斯加、莫桑比克)。

还有越南龙江工业园、中国—印尼经贸合作区、埃及苏伊士经贸合作区等。在经贸合作区(工业/产业园区)中嵌入海关特殊监管区域的,例如中新苏州工业园区中设有苏州工业园区综合保税区,它是中国与新加坡两国政府间的一个重要合作项目,工业园区中综合保税区面积为5.28平方公里,占园区总面积的6.6%。新疆华凌工贸(集团)有限公司在格鲁吉亚投资"华凌国际经济特区"项目,格鲁吉亚政府给予项目建设方10年内免收一切税收的优惠政策,并允许在工业园区内设立保税区,区内企业所需的加工设备、机械、用品及材料免征进口关税和增值税。① 这些具备保税功能的合作项目,促进了"一带一路"的发展。"截至2021年年底,中国企业在共建国家建设的境外经贸合作园区累计投资超过430亿美元,为当地创造了34万多个就业岗位。"②

(二)"一带一路":海关特殊监管区域的作用

1. 促进贸易便利化水平提高

贸易畅通,就是要提高投资和贸易便利化水平,消除投资和贸易壁垒,构建良好的营商环境,这也是"一带一路"的重点合作内容。海关促进贸易安全与便利,加强海关间的合作是互联互通的重要条件与支撑。我国海关已与100多个国家和地区的海关建立合作关系,签署双边合作文件。例如,建设中国—中东欧国家海关信息中心,受理互动交流咨询,助力中国企业"走出去";建立"中欧陆海快线沿线国家通关协调咨询点",推动中欧陆海快线通关便利化合作持续发展;推动世界海关组织《全球贸易安全与便利标准框架》的"安智贸"(全称"中欧安全智能贸易航线试点计划",英文简称SSTL)国际合作项目。截至2022年7月,我国海关已与22个经济体覆盖48个国家(地区)签署AEO互认。其中,包括32个共建"一带一路"国家,5个RCEP成员国

① 参见《华凌国际经济特区项目》,载新疆华凌工贸(集团)有限公司网,http://www.hualing.cn/article/53.html,2022年3月11日访问。

② 汪文斌:《九年来"一带一路"建设取得实打实、沉甸甸的成就》,载中国"一带一路"网2022年10月19日,https://mp.weixin.qq.com/s/UkS3Ht92jb8W25OkzJJaHQ。

和13个中东欧国家。

海关特殊监管区域属于世界海关组织框架内的海关监管制度范畴,不需要进行烦琐复杂的双边多边贸易谈判。对还没有签订自贸区协定的国家和地区,开展海关特殊监管区域合作,可以达到与自贸区协定相同的效果;与经贸合作条件好、海关合作意愿强的国家开展海关特殊监管区域合作,便于发展保税加工、保税物流和保税服务;在规则相近、企业资信程度高、监管设施完善和风险可控的海关特殊监管区域内,通过实现数据互换,统一信息共享平台建设标准等尝试,可以实现海关特殊监管区域联动发展,为共建自由贸易区打下良好基础。

2. 网络化发展模式下产业平台搭建

"一带一路"各种基础建设和海陆空统筹联动,形成网络化发展格局,为境内外海关特殊监管区域合作,促进贸易交流提供了的条件。2021年1月1日,中国和毛里求斯签订的自由贸易协定生效,这是中国与非洲国家签署的第一个自由贸易协定。在货物贸易领域,实现零关税的产品将惠及两国之间约93%的贸易总量,我国对其出口的钢铁制品、纺织品和其他制成品将从中受益,毛里求斯的特种糖,8年间将获得50万吨的配额,可以逐步进入中国市场。毛里求斯在交通、卫生和教育等领域对我国开放,为吸引资本投入给予税收制度的优惠。① 促进毛里求斯的发展过程,也促进了中非经济融入,对其基础设施的融资,有利于在非洲的全面发展。我国对公路、铁路、海运和航空运输网络进行投资,在提高服务质量的同时,也能降低货物运输和流通所需的时间。海运当然是最常用的一种运输方式,而铁路运输目前也成为一个重要选项"一带一路",需要依靠铁路网的发展。进入欧洲的中欧班列共有西、中、东三条运输通道,西通道(West Routes)主要运行线路,第一条设计路线是由吐尔尕特(伊尔克什坦)与中吉乌铁路等连

---

① 参见《中国与毛里求斯签署自由贸易协定》,载商务部新闻办公室2019年10月17日,http://www.mofcom.gov.cn/article/ae/ai/201910/20191002905159.shtml。

接,通过吉尔吉斯斯坦、乌兹别克斯坦、塔吉克斯坦、土库曼斯坦、伊朗和土耳其等国,通达欧洲各国(Torugart/Irkeshtam-Kyrghyzstan-Uzbekistan-Turkmenistan-Iran-Turkey...)。第二条路线是经新疆霍尔果斯(阿拉山口)口岸出境,经哈萨克斯坦与俄罗斯西伯利亚铁路相连,途经白俄罗斯、波兰、德国等,通达欧洲其他各国(Alataw Pass/Khorgos-Kazakhstan-Russia-Belarus-Poland-Germany...)。第三条路线是由霍尔果斯(阿拉山口)口岸出境,经哈萨克斯坦、土库曼斯坦、伊朗、土耳其等国,通达欧洲各国(Alataw Pass/Khorgos-Kazakhstan-Turkmenistan-Iran-Turkey...)。2014年11月18日,首趟中欧班列(义乌—马德里)开行,从义乌出发,经过中亚,全程13,052公里,在21天后抵达西班牙马德里。从2015年开始,荷兰鹿特丹和南昌之间就已经开通了货物班列,运行时间17天,其途经俄罗斯、白俄罗斯、波兰和德国。自2016年以来,我国和德国之间,铁路运输只需12天。在新冠肺炎疫情暴发之际,2020年6月4日,一列载运着医疗设备(口罩、手套、防护用品等)的特别列车,从南昌出发,开往巴黎,在三周时间内穿越7个国家,行程14,000公里。① 在疫情时期,铁路的货运的优势还在于不需实施检疫隔离。到2022年8月,中欧班列已铺化了82条运行线路,运行穿过欧洲24个国家200个城市。密集的铁路运输网,对促进中国和欧洲国家间的经贸合作起到了至关重要的作用。铁路货运有利于所有合作伙伴,也关系到进口商和出口商,因为这关涉控制成本,同时也避免了过度发展公路、航空或海上运输。

《加快海关特殊监管区域整合优化方案》(国办发〔2015〕66号)要求海关特殊监管区域服务"一带一路"重大国家战略实施,促进区域经济协调发展;优化产业结构,鼓励辐射带动能力强的大型项目入区发展。海关特殊监管区域可以吸引跨国公司入驻,"全球约80%的个人

---

① 《中远海运中欧班列开出首列中国发往法国的防疫物资专列》,2020年6月5日,载新浪财经,http://finance.sina.com.cn/enterprise/central/2020-06-05/doc-iircuyvi6918827.shtml。

计算机、65%以上的智能手机和彩电在国内生产”①,这些产业较多集中在海关特殊监管区域。例如,在重庆,5家笔记本电脑品牌商入驻海关特殊监管区域,这些品牌商带动配套企业布局在区外,形成高端加工制造集群。“2021年,重庆笔记本电脑、燃油摩托车出口值居全国第一。其中,笔记本电脑出口值2000.9亿元,连续3年居全国第一位;集成电路、平板电脑分别出口365亿元、227.9亿元,分别增长54.4%、52.6%”②。国际产业转移能够促进国际产业分工与合作,通过加强海关特殊监管区域的合作,有利于促进沿线国家发展产业体系,培育产业集群。“一带一路”各国间的海关合作,是“一带一路”互联互通的关键。在国内“一带一路”沿线地区,如新疆、甘肃、西安、重庆、成都、福建等地已形成海关特殊监管区域和保税监管场所,通过这些区域推动在沿线国家建设海关特殊监管区域,形成区区联动,实现互联互通,将有效降低贸易壁垒,促进跨国产业链延伸。

三、“一带一路”:海关特殊监管区域合作面临的困难

(一)稳定投资环境方面的需求

在境外建立的国家级经贸合作区、省级经贸合作区等多种经贸合作区,能帮助我国企业“走出去”。但经贸合作区运作模式以市场化为原则,来自企业方的诉求应当得以关切。由于合作区建设投入大,收益时间长且收益的渠道狭窄,并且在招商方面,往往基于社会信用、基础设施等软硬件不完善等现实条件,令企业经营成本和投资风险增大,导致企业不愿进区投资设厂;如果没有关税互惠制度的支撑,在关税水平较高(如越南为9.5%,俄罗斯为9.7%,泰国为11.4%,印度为

---

① 参见《工信部:全球约80%个人计算机、65%以上智能手机在我国生产》,载封面新闻2022年9月20日,https://baijiahao.baidu.com/s?id=1744484406569483333&wfr=spider&for=pc。

② 《海关特殊监管区域贡献近七成!重庆外贸进出口首次超8000亿元》,2022年1月18日,中国重庆自由贸易试验区,载http://sww.cq.gov.cn/zymyq/ywxx/dtyw/202201/t20220118_10309994.html。

13.5%)的沿线国家,要进行国际分工和产业合作就会存在一定障碍。此外,还存在的困难是,我国企业对外投资的东道国多为发展中国家,融资渠道、融资工具有限,且贷款成本较高。如埃及的商业银行贷款利率为13%~14%,再加上全球通系统不完善,国内银行对境外资产难以认定等,贷款困难都会影响合作区的后续发展。企业对外投资,往往是考虑东道国优惠税收政策、低人工成本和资源优势,如果东道国的政治、政策、环境等不稳定,跨国投资风险就不可控。在境外经贸合作区内嵌入海关特殊监管区域,实施类似我国海关特殊监管区域模式的政策制度,通过叠加优惠政策,并有相应政策和协议做保障,就可以维护一个安全透明、稳定可期、低成本、高效率的投资运营环境,从而大幅促进境外经贸合作区的发展,推动沿线国家间经贸往来。

(二)境外关务不畅问题有待解决

在经济全球化的大背景下,资源配置呈现全球化趋势,企业有跨地区、跨国家建立产业链的需求。但有时候因为在不同国家与地区间在税收政策、通关时效、关务成本、支付汇结算、终端配送等方面的不畅通,我国企业面临着规模化出口的难题。有些企业在国内国外建厂,以出境加工的方式,形成了上下游产业关系,境外园区与境内园区间的物流畅通就需要在"一带一路"沿线国家间有良好的互联互通的关务合作机制进行保障。通过我国海关特殊监管区域模式向"一带一路"沿线国家复制推广,建立起与"一带一路"沿线国家的合作机制,能解决境外关务不畅的难题。

四、"一带一路":海关特殊监管区域合作展望

从我国海关特殊监管区域的发展历程来看,一个发展成功的海关特殊监管区域可以发挥良好的示范、辐射和带动作用。

(一)全球视野下的观察

"一带一路"倡议,随着加入世界贸易组织的政策制定,通过签署大量双边或多边协议,来降低普遍的关税水平,标志着全球化发展的

一个新阶段。

而中欧班列沿线国家,可以成为与境外海关特殊监管区域合作的优先方向。在中欧铁路贸易大通道沿线布局海关特殊监管区域,有利于促进境外海关特殊监管区域与中欧班列互动发展。

此外,“一带一路”倡议不仅是陆地、海上或空中的,还可以是数字化的。“一带一路”倡议包括在参加该项目的国家的领土上建设光纤网络。华为、中兴、中国电信、中国联通和中国移动已经获得了在缅甸、孟加拉国、柬埔寨、吉尔吉斯、尼泊尔设立办事处的合同。还有几家中国企业,已经与相关国家所设机构,如民政部下属的中国友好协会等,签订了合同,将在已加入“一带一路”倡议的国家生产其产品。数字化的“丝绸之路”,通过创建新的数据传输轴,能够将那些网络连接不佳的国家联接起来。

海关特殊监管区域的合作,可以在“一带一路”沿线国家之间双边、区域、多边的合作机制框架下,与“一带一路”沿线国家共同制定特殊监管区域联动规则,统一区域建设标准、区域功能和管理模式。实现海关特殊监管区域间各类要素有序自由流动、实现投资和贸易便利化,共同打造开放、包容、均衡、普惠的区域经济合作架构。

(二)海关的角色与参与程度

海关特殊监管区域以通关便利为核心实现制度创新,贸易自由化发展对海关监管要求不断推动,对海关也提出了更多挑战。在海关特殊监管区域,并非完全放松海关监管,而是应进一步提升海关的参与程度,加强海关监管,从而促进自由区的可持续安全发展。① 为实现可持续发展的目标,就应该确保海关的参与度,提升海关特殊监管区域

---

① 2020年12月14日,世界海关组织(WCO)在比利时布鲁塞尔举行全球自由区大会(线上会议)。会议主题为“实现可持续发展目标——确保海关参与度,提升自由区的竞争力、安全性和可持续性”。WCO自2018年以来着手《京都公约》修订工作,其中关于自由区专项附约的修订,WCO形成了自由区研究报告(“Extraterritoriality” of Free Zones: The Necessity for Enhanced Customs Involvement),并在此基础上出台了《自由区实用指南》(Practical Guidance on Free Zones)。

的竞争力、安全性和可持续性。海关特殊监管区域建立把海关机构从边境沿线延绵到国民经济命脉中心。海关建立和推广新的海关监管制度的创新,海关与企业间建立起一种新型的关系,促使海关找到适当的法律手段,来帮助企业进行工业、贸易和运输活动。海关可以通过:(1)兑现贸易便利化承诺增强投资信心;(2)最大限度地利用信息资源和先进分析技术顺应物流领域数字化发展的趋势;(3)尽早介入特殊区域的批准和建立、日常营运和管理各环节,设计和维护合理的特殊监管区域治理框架。在不牺牲贸易安全和保障的前提下,保障海关特殊监管区域经济收益的实现。

海关特殊监管区域是顺应经济发展主体需求发展起来的制度,加强海关特殊监管区域的国际合作,能更好地发挥其引导和促进的独特作用,推动"一带一路"倡议的高质量发展。

"The Belt and Road Initiative": International Cooperation among Special Control Areas

WAN Shuchun

[**Abstract**] Some countries along the Belt and Road have set up various types of free zones similar to China's special customs supervision zones. Some countries have not yet established such similar areas, but there is a potential need. The special customs supervision area is a cooperation platform and a path to promote the connectivity and mutual benefits among the countries along the Belt and Road. The international cooperation in special customs supervision areas has a foundation which was built on the guarantee of the international rules. Improving the participation degree of the customs, strengthening the supervision of the customs and promoting the sustainable security development of special customs supervision area could be a way to enhance the construction of BRI.

[**Key words**] Belt and Road Initiative (BRI); special customs supervision area; international cooperation

我国海关行政互助协查现状及推进的路径

祝少春　黄雅理*

[摘　要]　行政互助协查是海关国际合作非常重要的组成部分。在贸易便利化的背景下，我国海关行政互助协查在数量上有显著的提高，也存在着值得关注的问题，如没有依据《贸易便利化协定》提出的协查请求、我方接收和提出的协查请求数量失衡等。究其原因，一是《贸易便利化协定》中关于海关合作的条款欠缺国内法的转化规定且条款的过渡期刚结束，二是现有的协议基本上支撑了海关行政互助的开展，三是沿边省级政府、直属海关与境外地方政府、海关之间的合作成为海关行政互助的重要组成部分。为此，完成机构整合后我国行政互助履约主体的对外告知、重新界定海关行政互助的范围、开发一个行之有效的海关行政互助协查系统、加强海关行政互助协查在海关缉私国际执法合作中的作用是推进我国海关行政互助协查的可选路径。

[关键词]　贸易便利化协定；海关行政互助；协查

随着全球对贸易安全与便利的日益重视，不同国家（地区）海关之间的合作也日益受到重视。一方面，从全球商界角度来说，普遍希望

---

*　祝少春，上海海关学院海关法律系副主任、副教授；黄雅理，海关总署国际检验检疫标准与技术法规研究中心工作人员。

减少货物进出口的海关手续与通关时间，进一步简化通关所需的各种重叠繁琐的单证，从而降低国际贸易成本。另一方面，从全球海关角度来说，为了优化海关监管，防范和打击手段诡谲的违反海关法规的行为，需开展深层次的海关国际合作，[①]其中，海关行政互助协查是非常重要的内容和实现途径。

在海关总署“十四五”规划中，海关国际合作是一个重要的组成部分。逐步构建海关大外事工作格局，积极参与全球经济治理，在推动构建新型国际关系和人类命运共同体中体现我国海关的责任担当是海关总署“十四五”规划的重要目的。因此，如何继续推进海关行政互助协查是一个重要的命题。

《贸易便利化协定》第 12 条是关于海关合作的规定，主要规定了成员方的海关应就交换海关申报信息开展合作，以便海关对申报信息的核实。而申报信息交换的内容主要是进口或出口申报中所列具体信息，包括主要的随附单证，诸如发票、装箱单、原产地证书以及提单等。

一、“行政互助”“执法互助”概念之辨析

在海关国际合作中，“行政互助”与“执法互助”是较为常见的两个概念，正确界定二者，对于《贸易便利化协定》背景下海关行政互助协查机制研究具有重要的意义。

“行政互助”一词在国内法及国际法中使用频率较高。如 1999 年 6 月 29 日，原对外贸易经济合作部、海关总署就发挥各自优势，打击对外贸易中的违法活动，加强对外贸易管理方面的合作，发布了《关于打击走私违法活动行政互助协议》。而我国与国外海关签署的有关海关国际合作的协议、谅解备忘录中，相当比例的协议、谅解备忘录名称中包含“行政互助”一词。

---

① 参见马骊：《中国海关国际合作模式与实践研究》，辽宁大学 2014 年博士学位论文。

根据《海关总署国际司关于印发〈海关国际合作相关概念的解释〉的函》,行政互助(Mutual Administrative Assistance)是指为了保证有效实施海关法律法规,防范、打击违反海关相关法律法规的行为,维护正常贸易秩序,两国(地区)海关依据双方的协议或基于对等互惠的原则,在法定权限内相互为对方提供多种形式协助的活动。而执法互助(Mutual Enforcement Assistance)则是指为了执行海关法和其他有关法律法规,有效打击进出境环节的商业瞒骗、走私、进出口侵犯知识产权的货物等违法违规行为,维护正常贸易秩序,两国(地区)海关在各自法定权限内,依据双方的协议或基于对等互惠的原则,通过行使执法权实施的协助配合活动。执法互助通常包括情报交换、单证核查、与进出境环节商业瞒骗有关的贸易调查或稽查、案件协查、联合执法行动等。①

可见,行政互助与执法互助两个概念的内涵和外延有所不同。但是,从内容和逻辑关系来说,行政互助与执法互助是包含与被包含的关系,执法互助是行政互助的重要部分。除执法互助的主要工作内容之外,行政互助通常还包括海关之间互相承认监管结果、业务信息交换等内容。

二、《贸易便利化协定》背景下我国海关行政互助协查现状分析

根据海关总署国际检验检疫标准与技术法规研究中心(以下简称标法中心)的统计,2020年1~6月标法中心共接收来自28个国家的协查请求319件1192票,对外发出协查请求2件13票。通过对上述数据及相关请求的分析,可以发现行政互助协查有两个显著的特点:一是协查请求依然依据双边协议提出,还未收到根据《贸易便利化协议》相关条款提出的协查;二是对外发出的协查请求有突破,但绝对数量仍偏少,也就是说我方接收和发出的协查请求数量相差悬殊。究其

① 《海关总署国际司关于印发〈海关国际合作相关概念的解释〉的函》(国际函〔2011〕4号)。

原因,主要在于以下几个方面。

(一)《贸易便利化协定》中关于海关合作的条款欠缺国内法的转化规定且过渡期刚结束

我国在国际条约、国际法规范和国内法的关系问题上,一直没有采取统一的或者单一的模式。我国《宪法》对条约的法律地位及其适用问题没有作出明确的规定,《宪法》仅原则性地、简单地规定了国务院的缔约权及全国人大常委会的决定批准与废除权。[①] 关于条约在中国的适用,学者认为我国的适用方式是混合式,即直接适用兼采转化适用。《贸易便利化协定》中关于海关合作的条款在我国如何适用尚待研究和实际落实。

此外,我国未收到根据《贸易便利化协定》相关条款提出的协查请求,与《贸易便利化协定》生效后"海关合作"条款在我国处于过渡期有关。《贸易便利化协定》将相关的措施分为 A 类措施与 B 类措施。A 类措施在《贸易便利化协定》生效后立即执行,而 B 类措施的生效有一过渡期。我国将包括"海关合作"在内的四项措施列为 B 类,即相关条款需要经过一定过渡期后再予以全面实施,也就是说在《贸易便利化协定》生效时,中国暂不受该条款的约束。之所以做出如此选择,与中国海关货物通关数量以及海关执法工作压力有关,虽然中国通过双边协定建立了一些海关合作制度,但要完全达到《贸易便利化协定》的要求,尚无法实现。[②]

2019 年 12 月 30 日,"海关合作"B 类措施的过渡期刚刚结束。[③] 因此,2020 年 1 ~ 6 月的统计数据,甚至 2020 年全年的统计数据中,都

---

① 《明确国际条约在我国的适用》,载中国人大网,http://www.npc.gov.cn/zgrdw/npc/cwhhy/12jcwh/2014-11/24/content_1886934.htm。

② 参见余丽:《〈贸易便利化协定〉在我国的实施研究》,载陈安主编:《国际经济法学刊》(第 22 卷第 3 期),北京大学出版社 2016 年版。

③ B 类措施的结束时间成员国可以自行指定,也可以提前结束。如 2019 年 8 月,中国向世界贸易组织通报《贸易便利化协定》B 类措施补充情况,将原先承诺的单一窗口条款实施日期由 2020 年 2 月 22 日改为 2019 年 7 月 19 日。

没有其他国家(地区)海关根据《贸易便利化协定》相关条款向我方提出协查请求,属于阶段性的现象,亦属正常。

(二)现有的协议有效支撑了海关行政互助的开展

我国除了批准《贸易便利化协定》之外,还通过中央政府层面、海关总署层面的行政互助条约、议定书等形式,积极推进海关国际合作,推动海关行政互助协查工作。

截至2021年6月,我国与国外海关机构签署的涉及行政互助内容的协议、谅解备忘录等文件共有74份,适用于90多个国家和地区。这些协议、谅解备忘录等,有效支撑起了我国的海关行政互助协查工作。据标法中心统计,我国海关每年接收的协查请求有1000余件,涉及超过2000票货物,且有逐年增多的趋势,中方的协查请求数量也有了明显的增长。

(三)沿边省级政府、直属海关与境外地方政府、海关当局之间的合作成为海关行政互助的重要组成部分

我国一些沿边的省区与邻国毗邻我国的境外地方政府建立了多层次、多形式、多领域的合作机制。如广西壮族自治区与越南广宁、谅山、高平、河江四省建立的党委书记新春会晤联谊暨联合工作委员会(2008~2017年为联合工作委员会,2018年以来为新春会晤联谊暨联合工作委员会会议)。该联谊暨联工委会议每年春节后召开,由中越双方轮流主办(2021年通过视频形式),截至2021年共召开12次。广西壮族自治区党委书记与越南边境四省党委书记的会晤中,南宁海关每年均派关领导参加,其中议题包括广西与越南经贸合作、互联互通、口岸升格开放、口岸通关便利化、中越边界管理等,中方与越方深入开展磋商和合作,形成会议纪要,积极推动落实。[①] 作为沿边省份,黑龙江省与俄罗斯滨海边疆区也有类似的合作机制。

此外,我国沿边海关也与邻国毗邻我国的海关当局建立了行之有效的行政互助合作机制。以南宁海关为例,该海关与越南毗邻省份海

---

① 摘自全国反走私调查研究中心提供的研究资料。

关的合作渠道包括:第一,“两国四方”会谈渠道。该渠道由南宁海关联合越南广宁、谅山、高平三省海关局,在中越海关《关于合作与互助的协议》《关于缉私合作的协议》框架下建立。会谈每年轮流由中方、越方主办,主要议题涉及行政互助与协作、口岸通关便利化、跨境缉私合作等,截至 2019 年 12 月,共开展“两国四方”会谈 6 次(2020 年、2021 年因疫情原因未开展)。在此框架下,为进一步增进中越海关双方了解、发展双边友好关系,推进中越边境海关在贸易便利化、打击走私、行政互助等方面开展深度合作互助,自 2016 年 11 月起,南宁海关建立了常态化对越反走私工作交流机制,从直属海关和沿边隶属海关两个层面,每季度分别将辖区总体反走私工作开展情况、辖区走私态势、对越合作需求通报越南对应边境海关,如遇个案性、临时性行政执法互助需求,则通过专门致函的方式向越方提出。此外,南宁海关边境隶属海关及海关缉私分局不定期通过边境 0 公里会晤交流、开展双方互访及工作会谈等形式,就具体行政互助事项与越方进行协调对接。第二,其他渠道。广西壮族自治区公安厅与越南边境四省公安厅建立了“1 +5”执法合作机制。经过南宁海关积极推动,2016 年 12 月,广西壮族自治区公安厅在中越边境五省(区)警务执法合作第一次会议上,首次将缉私执法纳入中越跨境警务合作平台议题,明确在自治区公安厅与越南边境四省公安厅建立的“1 +5”执法合作机制框架下,建立“中越跨境缉私警务执法合作机制”,推进中越跨境缉私执法不断深化。此外,广西壮族自治区公安厅刑侦、禁毒、边防等部门和边境县市公安、边防机构对南宁海关缉私执法予以支持,通过中越边境联合扫毒行动合作平台和国际司法合作机制等渠道,协调越方公安、边防等相关执法部门,协助抓捕遣返潜逃犯罪嫌疑人。

可见,我国沿边省级政府、直属海关与境外政府、海关之间的合作成为海关行政互助的重要组成部分。目前,此类行政互助协查并没有纳入标法中心年度统计范围。

三、新阶段推进海关行政互助协查的主要举措

(一)完成机构整合后行政互助履约主体的对外告知

2018年,出入境检验检疫管理职责和队伍划入海关,开启了中国特色社会主义新海关建设的新征程。根据《海关总署职能配置、内设机构和人员编制规定》,海关总署负责海关领域国际合作与交流,即代表国家参加有关国际组织,签署并执行有关国际合作协定、协议和议定书。

为有效承担起出入境检验检疫管理职责划入海关总署之前,我国缔结和加入的、需要由原检验检疫部门履行的国际条约与公约,以及原检验检疫部门与有关国家(地区)职能机关签署的涉及行政互助的议定书等中的职责,建议海关分类处理,以不同的渠道通知外方。第一,对于我国缔结和加入的需要由原检验检疫部门履行的国际条约与公约,可由外交部门通知相关缔约方我方具体履约主体的变更情况。第二,对于原检验检疫部门与有关国家(地区)职能机关签署的有关行政互助的议定书等,可由海关总署通知相关国家(地区)的职能机关我方具体履约主体的变更情况。

(二)重新界定海关行政互助的范围

我国与国外签署的涉及行政互助内容的协议、谅解备忘录等文件中,对海关行政互助范围的确定多采取概括规定加列举相结合的方式。概括规定多为"缔约双方海关当局应通过互相提供适当信息的方式相互协助,以保证有效地实施海关法规以及防止、调查和打击违反海关法规的活动"或近似描述。在概括规定的前提下,通过肯定列举和否定列举相结合的模式,具体确定行政互助的范围。

对"海关法"或"海关法规"的描述,多为:"海关法"系指由双方海关当局执行或实施的关于进口、出口或转运的一切法律和法规,或"海关法规"系指由中华人民共和国或某某国家或地区实施的关于货物进口、出口或转运及其被置于任何其他海关制度或手续下的一切法律、法规或其他有法律约束力的文件,包括禁止、限制和监控措施。

2018 年 4 月,随着国家机构改革,检验检疫职能和队伍整体划入海关。我国海关的职能除传统的监管、征税、统计、缉私职能之外,还增加了商品检验、动植物检疫、国境卫生防疫、进出口食品安全职能;我国的海关法律体系则包括《海关法》《国境卫生检疫法》《进出境动植物检疫法》《进出口商品检验法》《食品安全法》5 部主要法律及行政法规和部门规章,以及我国参加的相关国际条约与公约,成为一个国内法和国际法互融、海关行政法和其他部门法交叉、综合性的涉外法律体系。①

因此,在海关总署职能配置、内设机构调整之后,有必要重新界定海关行政互助的范围,将商品检验、动植物检疫、国境卫生防疫、进出口食品安全领域的国际合作纳入行政互助的范围当中,并注意和国务院其他部委在履职中的分工和配合。②

(三)开发一个行之有效的海关行政互助协查系统

根据《贸易便利化协定》以及我国与其他国家(地区)签署的海关行政互助合作协议、议定书等,我国海关和国外海关以及其他国家机关在职权和资源范围内有义务通过信息交换等方式相互提供协助。

但是,现阶段海关行政互助协查工作主要由人工操作,所需人力资源多、耗时长、不易查询并反馈信息、不能形成系统化流程、不能对风险信息提出预警。其工作方式及工作效率无法适应我国海关行政互助协查工作的需要,与我国“智慧海关、智能边境、智享联通”的建设目标也不相匹配。因此,开发一个行之有效的海关行政互助协查系统有其必要性。

拟开发的海关行政互助协查系统对内应能满足海关总署各业务司局及各直属海关对外提出行政互助协查的需要,呈现“一对多”的功

---

① 参见陈晖:《完善国门生物安全立法刻不容缓》,载“澎湃新闻 · 澎湃号 · 政务”2020 年 2 月 18 日,https://www.thepaper.cn/newsDetail_forward_6084559。

② 如在国际合作方面与农业农村部的有关职责分工。农业农村部负责签署政府间动植物检疫协议、协定;海关总署负责签署与实施与政府间动植物检疫协议、协定有关的协议和议定书,以及动植物检疫部门间的协议等。

能设计;对外应能满足其他国家(地区)的海关及有关职能机关向我方提出行政互助协查之需要,呈现出"多对一"的功能设计。①

(四)加强海关行政互助协查在海关缉私国际执法合作中的作用

海关缉私部门开展国际执法合作的渠道主要有外交渠道、刑事司法协助和警务合作渠道、国际刑警组织渠道、国际海关合作渠道,以及其他非政府国际组织合作渠道等。其中,海关缉私的刑事执法(走私犯罪案件侦查)中,刑事司法协助和警务合作渠道、国际刑警组织渠道是主要的合作渠道。

此外,无论是从案件的数量还是案值的角度,行政执法均是海关缉私非常重要的组成部分。因此,高度重视海关缉私行政执法中海关行政互助协查的作用,对于行政执法,尤其是走私案件的调查和处理非常有价值。

The Status Quo of Customs Mutual Administrative Assistance for Detection and Investigation in China and Pathways of Pressing It Ahead

ZHU Shaochun　HUANG Yali

[**Abstract**] Mutual Administrative Assistance for detection and investigation is a very important part of customs international cooperation. In the background of trade facilitation, the number of requests for detection and investigation under Customs mutual administrative assistance (CMAA) has significantly increased, and there are also noteworthy emerging characteristics, such as requests presented against the provisions

① 此处的海关行政互助协查亦包括出入境检验检疫管理职责划入海关总署之前,我国缔结和加入的需要由原检验检疫部门履行的国际条约与公约,以及原检验检疫部门与有关国家(地区)职能机关签署的有关行政互助的议定书等确定的行政互助协查。

of the Trade Facilitation Agreement (TFA) , and the imbalance in the number of requests received and presented by our side. The reasons are concluded as follows: firstly, the provisions on customs cooperation in TFA have not been internalized and the transition period of the provisions has just ended; secondly, the existing agreement can basically support CMAA operations; thirdly, the cooperation between the provincial governments along the border and the regional customs and the foreign local governments and customs has become an important part of CMAA. Therefore, after the completion of structural integration, the pathways to promote our CMAA for detection and investigation include: the communication of the body responsible for CMAA, redefinition of the scope of CMAA, development of an effective CMAA system, and promotion of the role of CMAA for detection and investigation in the international law enforcement cooperation of Customs anti-smuggling.

[**Key words**] Trade Facilitation Agreement; Customs Mutual Administrative Assistance (CMAA); assistance in detection and investigation

研究综述

Research Overview

入世20年特许权使用费估价立法与实践之回顾与展望

林　弘　严晓莉*

[摘　要]　中国入世20年,涉及知识产权的国际贸易已然成为常态,进口货物的特许权使用费自然成为海关估价的重点对象。通过回顾20年来我国特许权使用费估价立法的变迁和实践的发展,着重剖析全通一体化改革背景下进口货物特许权使用费海关估价的改革及目前面临的难题,对完善、创新特许权使用费估价技术、管理制度和模式进行具体分析,并提出相关建议。

[关键词]　特许权使用费;海关估价;展望

2021年是中国入世20周年,中国的对外开放达到了一个新高度,目前已成为世界第二大经济实体。20年来,伴随无形知识产权进口的货物贸易持续快速增长,对海关特许权使用费估价及管理提出了新挑战。由于其多样性和复杂性的特点,进口货物的特许权使用费估价成为世界海关共同的难题。经过20年探索,中国海关建立了与国际估价法规相适应的特许权使用费估价制度,并形成了较为完善的价格管理体系。本文对入世20年海关特许权使用费估价立法与实践进行回

* 林弘,上海海关学院海关与公共管理学院副教授;严晓莉,宁波海关隶属海曙海关四级高级主办。

顾,并进行前瞻。

一、我国特许权使用费估价立法沿革

上述变迁与我国改革开放政策和社会经济发展同步,法律法规经历了从无到有、从简单到具体、与国际通行规则接轨并逐步完善的过程,大致可分为三个阶段。

(一)国家恢复关税单独计征到入世前的过渡阶段(1980~2000年)

20世纪90年代之前,我国关税征收对象以进口初级原材料为主,工业制成品的比例呈逐年增长趋势,彼时知识产权和技术贸易尚未成为进口征税关注焦点,在立法上几乎没有体现。20世纪90年代后,随着对外贸易进一步扩大,知识产权和技术贸易征免税无法可依的问题逐渐凸显。1992年3月,国务院第二次修订发布《进出口关税条例》(以下简称《关税条例》),首次明确"进口货物的完税价格"应当包括"与该进口货物有关的专利、商标、著作权以及专有技术、计算机软件和资料等费用"(第15条)。1993年1月,海关发布《关于进口货物软件费征免税暂行办法》(署税〔1993〕15号),首次系统完整地明确了"进口货物软件费"的概念范围、征免税条件、申报规定和罚则等内容。该暂行办法根据当时贸易实际,作出关于软件费征免税的细化规定,为保证国家税收安全发挥了积极作用。

(二)与国际估价法规接轨转化阶段(2001~2013年)

2001年12月,中国成为世界贸易组织(World Trade Organization,WTO)正式成员,全面履行入世承诺,对外开放步入新轨。在这个阶段,特许权使用费估价的立法层级从规范性文件上升到法律法规层面,与国际估价法规——《WTO估价协定》全面接轨,并独具中国特色,较好地指导了实践。笔者以时间线作一梳理。

2002年1月,正式实施的《海关审定进出口货物完税价格办法》(海关总署令第95号,以下简称《审价办法》)对成交价格定义、价格调整因素等重要内容根据《WTO估价协定》进行了立法转化。其中第4条第1款第3项首次明确"特许权使用费"作为进口货物"完税价格"

的调整因素,对其计入条件作了原则规定。但当时的《审价办法》并未完整吸纳转化《WTO估价协定》附件及部长级决定等内容,在过渡性审议(TRM)时受到部分成员国的质疑。

2003年5月,海关总署以署令第102号发布《关于进口货物特许权使用费估价办法》,前述《关于进口货物软件费征免税暂行办法》废止。该办法细化了特许权使用费的具体指向,着重明确了该费用计入海关完税价格需满足的两个条件,即"与进口货物有关"和"构成销售条件"。该办法的颁布,是入世规则转化的需要,更是适应入世后我国进口货物特许权使用费估价工作,解决海关与企业之间争议的需要,其实施对海关依法征税、企业依法纳税、保障国家财政收入具有重要意义。

2003年11月,国务院修订并公布《关税条例》并于次年1月正式实施。新《关税条例》把"特许权使用费"作为"进口货物完税价格"调整因素并将其计入条件纳入第19条第5项中,解决了下位法(《审价办法》)与上位法(《关税条例》)规定不一致的立法冲突问题,从而为海关估价提供了法律保障。

2006年3月,新《审价办法》(海关总署第148号令)发布。此次修订再次统一了估价法规和部门规章的差异,积极应对成员国对我方的过渡性审议,结合入世五年的估价工作经验,并以法规固化来指导新实践。其中一项重大变化就是完整吸纳《关于进口货物特许权使用费估价办法》的内容,分别成为2006年《审价办法》第11条第1款第3项、第13条和第14条,并充分借鉴国际海关的立法技巧,明确纳税义务人对特许权使用费的举证责任,提高了进口货物特许权使用费估价的可操作性。

为规范进出口申报行为,海关总署发布2009年第49号公告,明确了对涉及进出口货物的价格、归类、原产地的补充申报要求。值得注意的是,公告规定,在海关审核或已放行核实时,收发货人、报关企业对相关涉税要素"应当主动申报";收发货人、报关企业递交报关单时"可以主动……补充申报"。从上述表述可知,虽然特许权使用费是进口货物成交价格的法定调整项目,但在该公告被废止前,纳税义务人在进口环节并未承担特许权使用费申报或补充申报义务。

(三)海关全面深化改革背景下特许权使用费规范申报制度逐步完善(2014 年至今)

党的十八大以来,在海关深入推进海关治理体系和治理能力现代化建设的背景下,2014 年《海关全面深化改革总体方案》出台,海关进入全面深化改革新阶段。2017 年,以“两中心三制度”为结构支撑,海关全面推广全通一体化改革,实施货物通关“一次申报、分步处置”,着力提升把关服务效能。这一阶段,在“法治化”原则指导下,税收征管立法改革着重于科学界定海关和纳税义务人的征纳权责,在此基础上强化纳税义务人如实申报、依法纳税的责任,从而推动企业真正做到守法自律。与此同时,应税特许权使用费的申报规范经历了“补充申报、法定申报、申报纳税”的重大变化,成为税收征管法治化改革的鲜活注脚。

2016 年,海关总署第 20 号公告修订报关单填制规范。“支付特许权使用费确认”首次作为填制规范项目之一,纳税义务人必须在报关单的相关栏目申报是否支付特许权使用费。这意味着“特许权使用费”无论是否应税,只要发生了费用支付,就成为纳税义务人的法定申报义务,但上述规定并未提供具体费用的申报方式和途径。

2019 年,根据海关总署第 20 号公告,新增代码为“9500”的海关监管方式(“特许权使用费后续征税”),适用于纳税义务人在货物进口后支付特许权使用费并及时申报纳税的情形。随后,海关总署又发布第 58 号公告(《关于特许权使用费申报纳税手续有关问题的公告》),该公告的实施意味着特许权使用费从“补充申报”进入“主动申报纳税”的新阶段,具有重要意义:(1)明确了以填制报关单的方式进行特许权使用费的主动申报缴税原则。(2)明确了特许权使用费的申报时点,计征税、汇率及滞纳金计征标准,使得特许权使用费的申报、缴纳和征管更加规范和统一。

至此,应税特许权使用费的申报纳税制度基本建立。

二、入世20年特许权使用费估价实践和目前存在的问题

入世20年,海关查获大量特许权使用费案件,追补税款数百亿元,海关对特许权使用费的估价从工作经验到作业模式和管理架构,经历了不断提高和完善的过程。

早期由于企业主动申报意识不足,通关环节较难发现应税特许权使用费,往往是在海关价格核查或稽查时才发现相关线索。如2003~2009年,全国海关先后查获多起涉及特许权使用费少报、漏报的案件,主要商品有手机、手机集成电路、品牌服务、药品、化妆品等,涉及的特许权利包括商标、专利和专有技术等,追补税款数亿元。中期,随着对特许权使用费了解的深入,从企业到行业,关税、稽查两部门联合或单独开展专项行动,关税部门发挥估价技术优势,稽查部门发挥见人见账的优势,在案件线索查发、两个应税条件的认定及费用分摊上积累了丰富经验。如2017年全国海关稽查部门在多个工业领域开展专项稽查,查发涉及特许权使用费问题的企业1901家,稽查追补税款40.46亿元,移交缉私部门线索274条。后期,进入全通一体化集约化验估模式,税管局着重于重大税收风险防控,直属海关发挥自主验估优势,错位风险防控,也取得了较好成效。2020年,全国海关通过税管局下达指令查发特许权补税10.09亿元,长三角区域内五个海关自主查发特许权补税5.35亿元。

在预裁定工作方面也取得进展。如2019年第58号特许权使用费申报纳税公告发布后,部分海关积极推广价格预裁定,从纳税义务人普遍关注的特许权使用费等疑难问题入手,了解诉求,主动提供配套价格预裁定服务。

综上,经过20年探索发展,海关在特许权使用费估价立法上已完成由价格审核制到申报纳税制的转变,在征管模式上建立了以事前预裁定为辅,事中自主申报为主,事后专业化复审为支撑,后续稽查有效监管为保障的闭环式管理模式。作为税收征管改革重要内容的属地纳税人管理,也正在部分区域海关试点推进,其中“双特”(特殊关系和特许权使用费)台账管理则是针对特许权使用费延续性

补税的探索。

在海关审核制转变为申报纳税制过程中,特许权使用费估价仍存在以下问题和困难有待解决。

(一)特许权使用费申报纳税配套制度有待完善

申报纳税制度的核心是由企业自主申报应税费用。但目前特许权使用费的认定尤其是特许权使用费的分摊尚未细化,企业自主确定其支付的费用是否应税以及准确申报应税费用仍是技术难点。在后续监管和补税环节,由于分摊、分割的自由裁量权,容易导致特许权使用费金额成为行政争议的业务风险点。

(二)价格预裁定服务通关便利化功能有待拓展

这主要体现在:(1)价格预裁定"定性不定量"的结果无法满足纳税义务人自主申报应税特许权使用费的需求,不能实现成本预期的准确核算。(2)申请价格预裁定限制条件多、审核时限长,影响纳税义务人提出申请的积极性。(3)价格预裁定平台信息化不够完善,尚未实现全国信息化平台共享。

(三)属地纳税人管理框架下特许权使用费征管及稽查有待加强

特许权使用费的支付常常与货款相分离,具有隐蔽性、滞后性和延续性。此外,延续性的特许权使用费通常以产品销售额(或利润)为计提基础,以财务周期为结算和支付时间节点。这些都使得海关对特许权使用费的税收风险防控变得困难而复杂。根据当前的属地纳税人管理试点经验,"双特"台账的管理内容、形式和范围显然有待深化。以口岸海关为主体的税收风险联防联控以及以属地海关为主体的专项稽查有待进一步加强。

三、进口货物特许权使用费海关估价前瞻

在深化属地纳税人管理、推动构建新型关企征纳关系、提升纳税遵从度的目标指导下,新型价格管理架构将在较长一段时期内运行,因此,应进一步完善、创新特许权使用费估价技术、管理制度和模式。为此提出如下具体建议。

(一)细化特许权使用费的申报纳税相关规定,尤其应明确特许权使用费分摊标准,增强可操作性

为完善我国特许权使用费申报纳税,首先,在立法上应考虑解决目前法规规定的应税条件过于原则的问题,应从操作层面进一步明确应税特许权使用费的申报条件,增强其可操作性。比如,细化规定时应强调进口人向第三方支付的特许权使用费若符合计入完税价格的条件,则上述费用同样应计入成交价格,以增强规定的可操作性。[①] 其次,《审价办法》应明确规定特许权使用费具体的分摊原则和有可操作性的分摊方法。在上述基础上,还可对利用第三方组织如会计师事务所和税务师事务所提供专业技术支持协助完成计入进口货物完税价格的相关特许权使用费的分摊、核算,作出具体规定。

(二)完善价格预裁定制度和积极推动相关税务代理试点相结合,为顺利实施海关对特许权使用费的估价打下扎实基础

关于价格预裁定制度的完善,具体包括以下方面。

1. 适当放宽价格预裁定申请条件限制,更加体现便利化要求。如一般性价格预裁定申请可以放宽到进口前30天或更短,而特许权使用费等复杂问题的预裁定可以放宽到进口前60天。

2. 海关可以根据企业请求出具定性定量的价格预裁定意见。如针对企业提出的特许权使用费等估价疑难问题的预裁定申请,海关可以出具定性并定量的专业认定意见,满足企业准确申报、准确预估成本核算的需求。

3. 完善价格预裁定信息化平台。打造归类、价格和原产地"三预合一"的统一信息化平台,借鉴归类平台的建设经验,优化价格预裁定系统。从发起申请、接受申请到审批应用,能够实现关区内外预裁定决定信息共享和数据查询。[②]

在此基础上,笔者认为海关可将特许权使用费作为试点,推动相

---

① 参见林弘主编:《海关估价》(第2版),中国海关出版社2018年版,第66页。

② 参见价格预裁定研究课题组:《属地纳税人管理背景下完善海关价格预裁定制度研究》,载《海关审价》2021年第2期。

关的税务代理,以适应形势发展的需要。具体而言,经审核的税务师事务所和会计师事务所作为税务代理的主体可从事如下业务:(1)特许权使用费的咨询;(2)为客户代理申报;(3)特许权使用费确定、分摊的相关工作;(4)出具具有法律效力的审计报告。建议在审价相关规章中对此作出具体规定。

(三)完善属地纳税人管理模式下特许权使用费专项管理,并以服务促管理,引导依法纳税

1. 以"双特"台账试点管理为契机,完善特许权使用费台账管理。做到查清存量、深挖增量,梳理并汇总关税、稽查和缉私等条线三年内属地企业发生的特许权使用费补税案例及线索,做好存量台账。在此基础上,对新增特许权实行归口管理,力争做到全覆盖、无遗漏。

2. 进一步完善属地纳税人关税协管员制度,为属地纳税人提供相应特许权使用费认定及分摊等疑难问题的专项咨询服务,并为有针对性地获取估价所需资料打下基础。

3. 在相关法规中明确规定属地纳税人管理的价格管理和服务职责,以服务促管理,引导纳税人完整履行法定申报义务和举证义务,并主动依法纳税。

Legislation and Practices of Customs Valuation Concerning Royalties and License Fees over the Past 2 Decades Since China's Entry into the WTO: Retrospect and Prospects

LIN Hong　YAN Xiaoli

[**Abstract**]　During recent 2 decades since China's accession to the World Trade Organization (WTO), the international trade involving intellectual property rights has become common and, royalties and license fees involved in the imported goods have naturally become a priority of customs valuation. The paper reviews the evolution of legislation and practice on Customs valuation concerning royalties and license fees in China over the past 2 decades, and digs into the current problems of customs valuation on royalties and license fees involved in the imported goods under the background of the integrated Customs Clearance. Furthermore, the paper makes a specific analysis on the improvement and innovation of customs valuation techniques, management system and mode and finally proposes the relevant suggestions.

[**Key words**] royalties and license fees; Customs valuation; prospect

有关信用监管的期刊文献综述

杨　旭*

［摘　要］　习近平总书记指出，社会主义市场经济是信用经济、法治经济。良好的社会信用环境是建立社会主义市场经济的基本前提。当前期刊文献从发展过程、总结阐释、诚信分类、诚信与法治的关系等方面对习近平诚信思想进行了研究。在社会信用治理领域的众多文献中，以“信用监管”主题为观察样本，现有研究主要包括经济学视角、管理学视角和法治视角三个方面。在海关“信用管理”制度建设的专门性研究领域方面，2000 年前后，我国提出了社会信用体系的概念，海关的信用管理理念开始成型；2021 年颁布实施的《海关注册登记和备案企业信用管理办法》，进一步推动对海关信用管理制度的研究进入又一高潮。近二十年间，除了对新规出台的解读类文献外，国内公开发表的海关信用管理方面的文献主要包括理论或宏观政策、具体剖析海关信用管理存在的问题及其改进建议、企业信用管理方面实现关检融合的建议、将海关企业信用管理与相关业务或行业相结合的研究、针对跨境电商信用治理的难点和特殊性的研究、从新技术新方法的角度讨论 AEO 制度的运用、比较研究和域外制度介绍、AEO 互认研究八个方面。当前研究多较为宏观、较为宽泛，研究的量化程度与深度不足、精准性有所欠缺。一方面表现为现有文献对规则阐述总结较

* 杨旭，海关总署企业管理和稽查司信用管理处处长、一级调研员。

多,与习近平法治思想中关于“诚信”“信用管理”的重要论述相结合的理论探索较少;另一方面表现为对于实务有借鉴意义的深度创新性研究和政策建议不足。鉴于海关“十四五”规划中明确提出了“AEO国际互认”等涉及信用管理的预期性指标,但与之相应的系统性顶层设计方面的研究很少。期待今后增加对于“十四五”期间海关信用管理体系构建、推动治理体系和治理能力现代化等方面的研究。

[**关键词**] 诚信;社会信用治理;海关信用管理;AEO

一、与信用监管相关的习近平法治思想研究现状

诚信是新时代中国社会治理的核心价值之一。① 在治国理政的实践中,习近平就诚信问题发表了一系列重要讲话,围绕诚信建设进行了理论探索和实践创新。② 当前各类研究从不同角度援引或阐释了习近平法治思想中关于“诚信”“信用管理”的重要论述,强调了诚信的价值,如诚信是人们安身立足的准则,是市场经济的内在要求。诚信是市场经济的道德灵魂和生命线。市场经济是信用经济,良好的社会信用环境是建立社会主义市场经济的基本前提。③

对于习近平围绕诚信这一主题做出的系列重要论述的总结方面,邓安能(2017)研究了党的十八大以来习近平总书记提出的一些新思想,提出其理论特色与意义在于实现了诚信文化的传统与现代的结合,诚信价值由国内拓展至国际,诚信建设由治标转向标本兼治,丰富了中国特色社会主义文化理论,助推了中国梦的实现,提高了我国诚信文化建设水平和国民的诚信道德素质,具有重要的理论价值和现实意义。④

---

① 参见张文显:《新时代中国社会治理的理论、制度和实践创新》,载《法商研究》2020 年第 2 期。

② 参见李平、张芳霖:《论习近平诚信观:渊源·内涵·特点》,载《江西财经大学学报》2020 年第 5 期。

③ 参见张家惠:《习近平诚信思想述评》,载《新疆社科论坛》2017 年第 1 期。

④ 参见邓安能:《论习近平的诚信思想》,载《学习论坛》2017 年第 7 期。

对于习近平法治思想中关于“诚信”“信用管理”的重要论述的发展过程方面,有文献研究梳理了从党的十八大提出的“加强政务诚信、商务诚信、社会诚信和司法公信建设”开始,党的十八届三中全会提出“建立健全社会征信体系,褒奖诚信,惩戒失信”,《中共中央、国务院关于加强和创新社会管理的意见》提出的“建立健全社会诚信制度”。党的十八届四中全会《中共中央关于全面推进依法治国若干重大问题的决定》指出,加强社会诚信建设,健全公民和组织守法信用记录,完善守法诚信褒奖机制和违法失信行为惩戒机制,使尊法守法成为全体人民共同追求和自觉行动。习近平在中央全面深化改革领导小组第23次会议,审议通过《关于建立完善守信联合激励和失信联合惩戒制度加快推进社会诚信建设的指导意见》时专门强调,“要建立健全跨部门协同监管和联合惩戒机制……构建‘一处失信,处处受限’的信用惩戒大格局,让失信者寸步难行”。直至2020年,中央全面依法治国工作会议提出“习近平法治思想”,进一步对社会信用建设提出了新的论断。与此同时,《法治社会建设实施纲要(2020—2025年)》将推进社会诚信建设纳入其中,将其提高到健全社会领域制度规范的高度。①

有的文献根据系列重要文件的表述,对诚信进行了分类。有的研究从社会诚信的三大领域,即政治、经济和文化等不同层面来阐述习近平法治思想中关于“诚信”“信用管理”的重要论述。有的研究阐述了党的十八大提出的“加强政务诚信、商务诚信、社会诚信和司法公信建设”。

对于诚信与法治的关系,有的文献提出应准确把握社会信用体系建设中的“诚信”与“法治”的关系。有的文献提炼了习近平关于“诚信”“信用管理”的重要论述中深刻揭示市场经济、诚信与法治的内在关系的相关论断。② 例如,2020年7月,在企业家座谈会上,习近平总

① 参见谭波、刘昭辰:《习近平法治思想对社会信用体系的理论支撑及指引》,载《河南财经政法大学学报》2021年第3期。

② 参见王艺霖:《在习近平法治思想指引下营造公平有序的经济发展法治环境》,载《中国纪检监察》2021年第8期。

书记进一步强调,社会主义市场经济是信用经济、法治经济。① 也有文献从关于全民守法的拓展深化的视角阐述了完善守法诚信褒奖机制和违法失信行为惩戒机制的必要性。②

二、有关社会信用治理领域的研究现状

(一)研究的总体状况

社会信用管理是社会治理的重要方式之一。对于社会信用的研究主要集中于管理学、经济学、法学等学科领域。这些研究分别从社会主体、管理主体的视角,聚焦于不同行业或业态(如物流行业③或跨境电商业态)与不同制度领域(如商事制度④),涉及信用指标体系、量化的信用风险分析、区块链等新兴技术手段,研究了社会信用体系下的治理机制的发展、外部合规、内部管理等主题。随着跨境电商的发展和海南自贸港新调整的旅客离岛免税政策的实施所引起的自然人纳税诚信问题,自然人的信用管理⑤也开始进入学者的研究领域。其中,信用监管是推进国家治理体系与治理能力现代化的利器。⑥ 从管

---

① 参见习近平:《在企业家座谈会上的讲话》,载《共产党员》2020 年第 16 期。

② 参见江必新:《习近平全面依法治国新理念新思想新战略对法治理论的发展》,载《法学杂志》2020 年第 5 期。

③ 参见徐朦、郑凯:《我国物流企业信用监管难点分析:基于产业经济学的视角》,载《特区经济》2014 年第 12 期。

④ 参见石珍、杨海军:《构建商事信用监管体系的若干思考》,载《特区实践与理论》2020 年第 5 期;王湘军:《商事登记制度改革背景下我国市场监管根本转型探论》,载《政法论坛》2018 年第 2 期;王大树、郑明堃:《商事制度改革和信用监管》,载《中国市场监管研究》2016 年第 12 期;湛中乐、赵玄:《信用监管的法治理想与现实——兼论〈企业信息公示暂行条例〉的实施要点》,载《中国工商管理研究》2015 年第 5 期;童军辉:《强化信用监管推进商事制度改革——兼论基于"大数据"背景的企业诚信制度构建》,载《中国工商管理研究》2015 年第 3 期;丁玲等:《数字时代的商务信用体系创新研究》,载《征信》2021 年第 9 期。

⑤ 参见葛立宇:《自然人纳税信用管理的国际比较与启示》,载《财会月刊》2021 年第 15 期。

⑥ 参见肖振宇等:《多元全程信用监管机制构建研究——以服务型政府建设为视角》,载《征信》2020 年第 8 期。

理主体的角度,对"信用监管"主题的研究,对海关尤其具有借鉴参考意义。因此,社会信用治理领域的文献众多,以"信用监管"这一主题为观察样本,发文趋势如图1所示:

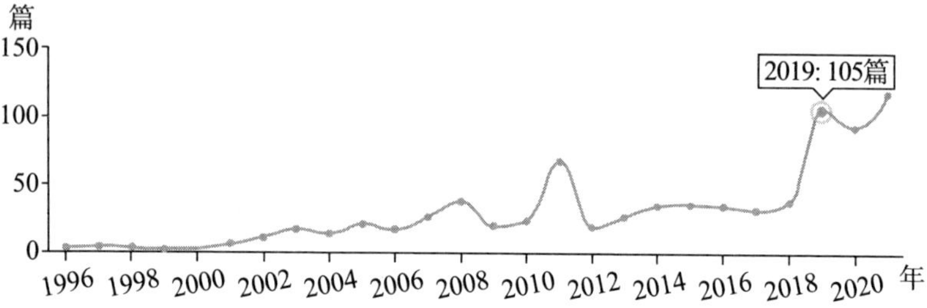

图1 社会信用治理领域公开文献年度发文趋势

注:本趋势图是由中国知网可视化分析功能生成的(图2同)。

上述趋势显示了国家政策与学术研究的相互促进作用。随着《社会信用体系建设规划纲要(2014—2020年)》(国发〔2014〕21号)的制定发布,我国的信用建设真正进入快车道。近年来,"信用监管"领域的研究激增。2019年《国务院办公厅关于加快推进社会信用体系建设构建以信用为基础的新型监管机制的指导意见》(国办发〔2019〕35号)发布时,相关研究到达25年来的最高峰。其中,典型作者韩家平是商务部国际贸易经济合作研究院信用研究所所长,其在社会信用治理研究方面成果突出,发文量在百篇左右。

(二)研究的主要观点

1. 我国社会信用体系建设和信用监管概况与发展沿革

韩家平总结了我国信用体系构建和信用监管的演进过程。我国于2000年前后提出了社会信用体系的概念,并将其作为整顿和规范市场经济秩序的治本之策。2014年,我国处于经济换挡期,此时《社会信用体系建设规划纲要(2014—2020年)》的出台,是我国社会信用体系建设史上重要的里程碑。① 2020年12月18日,国务院办公厅印发

① 参见韩家平:《我国社会信用体系建设进入新阶段》,载《小康》2014年第12期。

《关于进一步完善失信约束制度　构建诚信建设长效机制的指导意见》推动信用建设进入法治化规范化新阶段。[①] 其中,“信用监管”是我国社会信用体系建设和行政管理体制改革创新的重要成果。韩家平提炼了信用监管的六大特点和五大实现路径,并对市场监管、海关、交通运输等信用监管目前主要的应用领域及其成效进行分析,指出信用监管面临的主要挑战,提出完善信用监管机制的政策建议。[②]

2. 管理学视角下研究文献的现状

对于我国信用体系存在的问题及其完善方面,林浩鼎认为,目前我国信用体系地方割据与行业垄断并存,“信息孤岛”“数据烟囱”相生,全国性的信用信息体系和平台建设面临诸多阻力,进展极为缓慢[③]。因此,王静、高宇等提出,为了实现我国社会信用管理体系可持续发展,应当全面深化改革、打破行业堡垒、统筹社会资源;建立奖惩联动信用保障机制,守信奖励和失信惩戒并举;广泛推广在行政事项和经济活动中建立信用信息与报告的共享制度,通过制度设计使可持续发展机理得以发挥作用。[④]

在新方法论方面,刘泽黎认为,在信用制度通过与互联网结合的新发展背景下,有必要从马克思信用理论出发,以生产力与生产关系之间的相互作用为研究起点,探讨互联网信用制度的新特征和新作用,并分

---

① 参见韩家平:《推动信用建设进入法治化规范化新阶段》,载《中国信用》2021年第2期;韩家平:《推动信用建设进入法治化规范化新阶段——解读〈国务院办公厅关于进一步完善失信约束制度　构建诚信建设长效机制的指导意见〉》,载《中国经贸导刊》2021年第1期。

② 参见韩家平:《信用监管的演进、界定、主要挑战及政策建议》,载《征信》2021年第5期。

③ 参见林浩鼎:《信用监管视角下的我国信用体系完善研究》,载《哈尔滨师范大学社会科学学报》2019年第10期。

④ 参见王静:《我国社会信用管理体系可持续发展模式与路径研究》,载《经济问题》2016年第8期;高宇:《我国社会信用管理体系可持续发展模式与路径研究》,载《知识经济》2019年第30期。

析信用制度与互联网结合的新信用制度形式在风险防控中的困境。[①]同时,为了进一步完善对企业的科学管理,不同文献分别从特定的方法,如基于熵权法[②]、区块链技术[③]等构建科学的企业信用管理机制或评价指标,也有文献认为制定一套适用于中小企业的诚信评价体系的需求也十分紧迫。[④] 从宏观视角看,企业信用指数的发布为政府有关部门加强行业信用建设和企业诚信建设领域的动态监管、决策规范、行业指导提供依据参考。因此,企业、行业信用指数的构建与变动趋势分析以及企业信用指数与重要经济指数相关性的研究成为促进企业可持续发展、营造优良营商环境的重要参考。[⑤]

在疫情背景下,有研究将信用监管与公共突发事件的管理相结合,肖荣辉等提出,在公共突发事件背景下,存在地域发展不平衡、信用监管工作落实不到位、信用监管制度欠完善等问题。建议完善社会信用体系监管制度,出台公共突发事件专项信用监管办法,明确社会主体失信行为边界,注重激励措施的落实,完善信用豁免机制。[⑥]

3. 法治视角下研究文献的现状

法治视角的研究多为行政法方向的文献。郝静认为,当行政机关频频采用“信用”进行监管之时,以公权力领域中的正当程序检视该机制,存在国家立法缺失、规则与信息不公开、评价主体不中立、保障性程序权利设置缺失等问题。因此,应通过完善立法、公开监管过程、评

---

① 参见刘泽黎:《互联网背景下信用制度的演进和风险管理》,载《经济学家》2020年第1期。

② 参见唐叶云:《基于熵权法的物流企业诚信评价指标体系研究》,载《中国物流与采购》2020年第21期。

③ 参见罗娟娟:《基于区块链技术的物流企业诚信机制构建》,载《物流科技》2021年第8期。

④ 参见王春和、李林炫:《中小企业诚信评价体系构建》,载《经济与管理》2021年第6期。

⑤ 参见马超:《2020年企业信用指数研究》,载《企业管理》2021年第6期。

⑥ 参见肖荣辉、曾光辉:《信用监管在公共突发事件中的作用研究——以新冠肺炎疫情防控为例》,载《征信》2020年第9期。

价主体保持中立以及完备保障性程序设置加以完善。[①] 肖振宇等回溯了我国行政审批制改革的历程与存在的问题,结合建设服务型政府的背景,提出基于大数据、区块链等新技术的多元全程信用监管框架。[②] 在知识产权领域,我国主要以行政和司法这两股力量为主导自上而下推动知识产权领域信用体系建设,可以从社会信用法和知识产权法这两重框架内进行立法上的完善。[③]

信用惩戒与信用修复制度是近年的研究热点。对于信用惩戒,梁尧认为,从行政法角度反思信用惩戒,其面临着失信信息归集标准不一、评价功能异化、公布条件不明以及制裁措施适用失范等方面的问题,所以对其进行法治化改造势在必行。[④] 徐嫣等则研究了失信联合惩戒视野下社会组织信用监管制度的构建。[⑤] 对于信用修复,我国可借鉴他山之石,如分析借鉴美国信用修复市场的监管框架及对信用服务市场的影响。[⑥] 对于我国信用修复制度的现状,张俊慈认为,当前纳税信用修复因立法位阶较低、实体和程序条件亟待规范而严重阻碍其功能优势的发挥。今后需遵循全面修复原则,以提升立法位阶、规范实体和程序条件为抓手进行制度建构,最终实现信用修复从"部门治税"向"多元共治"的模式转变。[⑦]

---

① 参见郝静:《论行政法视域下正当程序对信用监管机制的规制》,载《河北青年管理干部学院学报》2020 年第 5 期。

② 参见肖振宇等:《多元全程信用监管机制构建研究——以服务型政府建设为视角》,载《征信》2020 年第 8 期。

③ 参见柯林霞、张毅:《知识产权领域信用惩戒:域外经验与立法完善》,载《电子知识产权》2020 年第 8 期;何玲、岁正阳:《知产保护"信"动能——我国知识产权领域信用体系建设扫描》,载《中国信用》2021 年第 5 期。

④ 参见梁尧:《信用惩戒实践的行政法治逻辑:反思与完善》,载《苏州大学学报(法学版)》2021 年第 1 期。

⑤ 参见徐嫣、王博:《论失信联合惩戒视野下社会组织信用监管制度的构建》,载《法律适用》2017 年第 5 期。

⑥ 参见漆世濠:《多元化信用服务市场发展与信息主体权益保护的权衡——美国信用修复市场监管的矛盾与启示》,载《征信》2018 年第 5 期。

⑦ 参见张俊慈:《信用监管视域下纳税信用修复的功能优势及制度建构》,载《征信》2020 年第 4 期。

三、海关"信用管理"制度建设的专门性领域的研究现状

(一)近二十年国内公开发表研究成果趋势

截至2022年9月,与海关企业信用管理和AEO制度密切相关的公开的中文研究文献共计二百余篇。① 2000年前后我国提出了社会信用体系的概念,海关的信用管理理念开始成型,相关研究与社会信用治理领域的一般研究同期起步。自2014年起,研究数量与质量有明显提升,在2018~2020年到达研究数量的高峰。该发展趋势一方面与社会信用治理和信用监管的总体研究趋势一致;另一方面,也可部分归因于海关领域中的具体事件和专业因素的影响,如"9·11"事件之后,在美国的推动下,世界海关组织推出了SAFE标准框架,其中AEO制度所承载着海关与企业合作以确保供应链安全的理念首现国际舞台。同时,我国于2000年前后就提出了社会信用体系的概念,并将其作为整顿和规范市场经济秩序的治本之策。② 在此国际国内形势下,我国海关的AEO制度建立并于2014年进行大幅修改,修改后的国内法与国际规则基本接轨。同期,国内的研究也在质量与数量上有了明显提升。2021年9月13日,海关总署公布新的海关企业管理制度,即《海关注册登记和备案企业信用管理办法》(海关总署第251号令),已推动有关海关信用管理制度的研究在2022年进入又一高潮。

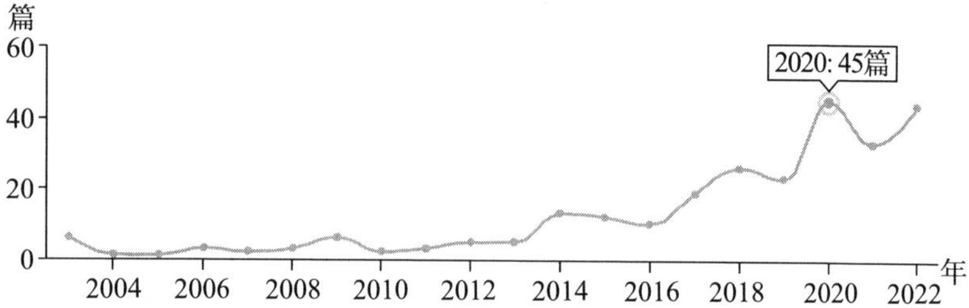

图2 海关企业信用管理相关领域公开文献年度发文趋势

---

① 初步筛选采用检索式为:(TI = AEO + 企业管理 + 信用) And FT = 海关 $6。为保证检索文献与本主题密切相关,因此设置了较高的词频。

② 参见韩家平:《信用监管的演进、界定、主要挑战及政策建议》,载《征信》2021年第5期。

在海关信用管理研究领域，海关系统所主办的《中国海关》《海关与经贸研究》《中国检验检疫》，以及中国人民银行郑州培训学院主办的《征信》是海关信用管理类研究成果的主要刊物载体。排名前三的研究机构分别是上海海关学院、海关总署和深圳海关。

（二）文献研究视角

除了新规出台后的解读类文献外，现有期刊类成果主要从八个方面进行了研究：

一是理论或宏观政策层面的研究成果。王瑜与黄胜强从海关与企业关系着手进行理论分析，并提出不完全信息静态博弈下海关与企业间关系的选择策略，提出可以通过加大对企业违法走私的惩罚力度，降低企业走私的净收益，降低海关的监管成本，以信用监管理念引导企业守法合规等路径优化海关与企业间的关系构建。[①] 王玫黎、叶芷禄提出，我国需加快推进 AEO 制度在“陆海新通道”沿线的落实，以充分发挥其通道效应，保障贸易安全与便利化，并相应提出了具体落实的建议。[②] 在英文文献中，早期有 Carsten Weerth 对当时全球各国主要的 AEO 项目和互认项目进行的综述总结。[③] Matheus Leite Campos、Cristiano Morini 等将 AEO 作为样例，对公私伙伴关系的绩效模型进行了研究。[④] Lars Karlsson 则基于合规管理理论分析了 AEO 未能最大化发挥其效能的原因，继而提出了未来海关可以优化全球供应链的 AEO 新范式。[⑤]

---

① 参见王瑜、黄胜强：《海关与企业间关系：内涵、模式与路径构建》，载《海关与经贸研究》2021 年第 1 期。

② 参见王玫黎、叶芷禄：《AEO 制度在“陆海新通道”落实路径研究》，载施伟东主编：《上海法学研究》集刊 2021 年第 2 卷。

③ See Carsten Weerth, *Authorized Economic Operator (AEO) in the World*, Global Trade and Customs Journal, Vol. 6, Issue 7/8 (2011).

④ See Matheus Leite Campos, Cristiano Morin et al., *A Performance Model for Public-Private Partnerships: The Authorized Economic Operator as an Example*, RAUSP Management Journal, Vol. 53, Issue 2 (2018).

⑤ See Lars Karlsson, *Back to the future of Customs: A New AEO Paradigm will Transform the Global Supply Chain for the Better*, World Customs Journal, Vol. 11, No. 1 (2017).

二是具体剖析海关信用管理存在的问题并提出改进建议。早期有胡绪华等对企业通关信用评价系统构建的探讨。① 近期,杜玉琼认为,全面推进AEO制度的实施还存在诸如制度设计、监管手段、信息质量、合作机制等方面的问题。② 陈隆提出,海关应在通关改革、信用培育、国际合作等方面推进进出口信用体系建设,全力构建以信用为核心的新型市场监管体制。③ 商载悦则受"芝麻信用"、信用卡额度设置及积分兑换等理念启发,提出了海关信用货币体系的设想和思路。④ 王伟等建议从采取跨部门合作、实施企业单一信用身份认证、评估AEO信用制度建设效果等方面加以改进。⑤

三是在企业信用管理方面实现关检融合的建议。在关检融合后,梁惠其等和沈立等分别研究了海关与原质检总局企业信用管理内容差异,分析了新海关企业信用管理融合发展面临的主要困难和问题,继而从创新海关企业信用管理制度、推进国家社会信用体系建设、加大企业评信结果在全国通关一体化改革中的应用,以及保障企业信用管理工作的平稳过渡等四个方面提出了建议。⑥ 王进基于新冠肺炎疫情对AEO企业的影响提出了实务的应对建议。⑦ Varun Gupta从企业

① 参见胡绪华、陈丽珍:《企业通关信用评价系统的构建》,载《中国管理信息化(综合版)》2006年第7期。

② 参见杜玉琼:《我国海关AEO制度实施的困境与路径》,载《四川大学学报(哲学社会科学版)》2018年第6期。

③ 参见陈隆:《中国海关进出口信用体系建设成效分析与关键问题研究》,载《海关与经贸研究》2017年第5期。

④ 参见商载悦:《海关信用货币体系的设想和思路》,载《海关与经贸研究》2018年第3期。

⑤ 参见王伟、孙希:《供应链安全与便利视域下中国海关AEO信用制度建设的新思考》,载《征信》2020年第1期。

⑥ 参见梁惠其等:《新海关企业信用管理融合发展的思路和对策》,载《海关与经贸研究》2019年第1期;沈立等:《新海关企业信用管理融合发展思路探讨》,载《中国管理信息化》2021年第13期。

⑦ 参见王进:《新冠肺炎疫情对AEO企业的影响及其应对》,载《中国海关》2020年第2期。

的视角,对美国 C-TPAT 项目的动力、障碍和公司规模进行了案例和量化研究。①

四是将海关企业信用管理与相关业务或行业相结合的研究。相关研究或从特定行业合规(如报关②、服装③、保税物流④)的角度进行研究,或从供应链与 AEO 制度相结合的角度进行研究,如李红霞⑤、王伟⑥等分别对于守法便利视角下的企业管理、AEO 制度对供应链安全与便利的影响及对策等进行了研究。此外,还有学者对 AEO 制度与其他海关业务的关系与影响进行了思考。⑦

五是针对跨境电商信用治理的难点和特殊性的研究。马述忠在对 AEO 制度进行研究的基础上,结合跨境零售电商行业的特点,提出创新跨境零售电商信用管理模式——经认证的跨境零售电商经营者(ACEO)动态认证体系。该认证体系基于大数据技术,根据跨境零售

---

① See Varun Gupta, Xin (David) Ding & Taryn M. Testa, *A Case Study of Drivers, Barriers, and Company Size Associated with C-TPAT Program*, Supply Chain Forum: An International Journal, Vol. 20, Issue 4 (2019).

② 参见李宏刚:《报关企业在信用体系建设中的问题和对策》,载《上海商业》2019 年第 7 期;苏颖:《海关信用体系下出口报关难点分析》,载《现代经济信息》2019 年第 4 期;黄克兴:《海关信用体系下出口报关难点分析》,载《国际工程与劳务》2018 年第 11 期;黄敏、苏正建:《基于国际互认和供应链视角的报关企业 AEO 运作机制构想》,载《上海海关学院学报》2013 年第 4 期。

③ 参见肖文陵等:《我国服装制造厂商的 C-TPAT 表现研究》,载《北京服装学院学报(自然科学版)》2008 年第 1 期。

④ 参见双海军等:《AEO 制度对保税物流企业的影响及对策》,载《物流技术》2018 年第 6 期。

⑤ 参见李红霞等:《守法便利视角下的海关对企业管理研究》,载《上海海关学院学报》2011 年第 3 期。

⑥ 参见王伟、孙希:《供应链安全与便利视域下中国海关 AEO 信用制度建设的新思考》,载《征信》2020 年第 1 期;王伟:《AEO 制度对供应链安全的影响及对策》,载《中国流通经济》2015 年第 10 期;王伟:《AEO 制度对供应链安全的影响探析》,载《物流技术》2015 年第 18 期。

⑦ 参见陈苏明:《AEO 认证对海关稽查的影响——基于风险管理基础稽查的 AEO 认证》,载《上海海关学院学报》2008 年第 1 期。

电商各参与主体的信用情况进行动态认证,并实行差异化的管理方案。[①] 丁婷针对跨境B2C电商市场的网络欺诈、虚假广告、虚假交易等信用问题日益凸显的情况,提出了海关AEO制度下跨境B2C电商企业信用管理模式。[②]

六是从新技术新方法的角度讨论AEO制度的运用。邓福光较早地借鉴数理统计理论,提出将模糊评价法应用到海关企业信用评级的实际工作中。[③] 唐鹏展从企业视角研究了运用内控测评矩阵法,更加强调内部控制的作用,实现海关AEO认证审计,使企业顺利通过并保持AEO资格认证。[④] 黄顺光等提出了区块链和AEO融合的创新思路,建议构建国际贸易区块链平台,带动行业共荣共生;推动贸易单证处理流程自动化、合规化;并基于区块链运用成果,海关创新"信用+"管理,尝试AEO自动认证、海关自动稽查和国际贸易生态圈整体AEO认证。[⑤]

七是比较研究和域外制度介绍。早期研究有周阳等对美国C-TPAT的研究[⑥];邵伟坚[⑦]、王春蕊等[⑧]对欧盟AEO制度的研究,以及Frank A. G. den Butter等对荷兰AEO及其应用信息技术搭建政企信

---

① 参见马述忠等:《跨境零售电商信用管理模式创新研究——基于世界海关组织AEO制度的探索》,载《财贸研究》2018年第1期。

② 参见丁婷:《海关AEO制度下跨境B2C电商企业信用管理模式研究》,载《中国商论》2020年第14期。

③ 参见邓福光:《模糊评价法:企业信用等级评价在海关的运用》,载《开放导报》2008年第5期。

④ 参见唐鹏展:《运用内控测评矩阵法按图索骥实现海关AEO认证审计》,载《现代审计与会计》2020年第4期。

⑤ 参见黄顺光、郑育新:《用区块链技术打造AEO高信用国际贸易生态圈的创新实践》,载《中国海关》2021年第9期。

⑥ 参见周阳:《试论美国海关贸易便利化制度的特点——以美国海关C-TPAT制度为视角》,载《上海海关学院学报》2010年第2期;宏康:《C-TPAT最低安全标准》,载《中国海关》2009年第3期;刘松山等:《C-TPAT安全标准与认证》,载《世界标准化与质量管理》2007年第12期;周阳:《美国海关C—TPAT措施的法律分析》,载《世界贸易组织动态与研究》2004年第7期。

⑦ 参见邵伟坚:《欧盟海关AEO认证及验证稽查》,载《中国海关》2009年第12期。

⑧ 参见王春蕊、朱嘉宁:《欧盟AEO指南详解》,载《中国海关》2012年第12期。

任的研究①。近期海关总署研究中心的国别 AEO 制度研究系列,包括王雅丽对于美国 C-TPAT 制度与我国 AEO 制度对比分析及启示的研究;②刘萃波的欧盟 AEO 制度研究、③中韩 AEO 制度对比分析④等。

八是 AEO 互认研究。在实务领域中,陆大钧等总结了 2008 年至 2011 年在中国境内开展的三次联合验证试点、两次联合验证工作,特别是对 2011 年两次联合验证工作的背景、特点、成效等,提出应积极借鉴美方安全标准,加强我国 AEO 企业后续管理。⑤ 武剑认为,需完善顶层设计,进一步提升企业获得感,提升科技应用能力,通过建立"AEO + 数据信息库"等技术,重视动态评估等新方式,全面把好 AEO 认证质量关。⑥ 同时,学术界也更倾向于对国际互认领域的研究。其中,早期有上海海关学院陈苏明⑦,近期有复旦大学何力⑧以及重庆大学曾文革等⑨对互认规则与新发展进行的阐述。在英文类研究成果中,Chang-Bong Kim 研究了 AEO 互认对于韩国进出口的影响,⑩

---

① 参见 Frank A. G. den Butter, Jianwei Liu, Yao-hua Tan:《AEO:应用信息技术搭建政企信任》,徐伟译,载《中国海关》2013 年第 10 期。

② 参见王雅丽:《美国 C-TPAT 制度与我国 AEO 制度对比分析及启示》,载《中国海关》2021 年第 9 期。

③ 参见刘萃波:《欧盟 AEO 制度什么样》,载《中国海关》2021 年第 10 期。

④ 参见海研 AEO 课题组等:《中韩 AEO 制度对比分析》,载《中国海关》2021 年第 11 期。

⑤ 参见陆大钧等:《中美海关 2011 年度联合认证工作的情况分析及思考》,载《上海海关学院学报》2012 年第 1 期。

⑥ 参见武剑:《治理能力现代化视域下海关 AEO 互认制度研究》,载《中国口岸科学技术》2020 年第 5 期。

⑦ 参见陈苏明:《国际海关 AEO 互认:供应链安全与便利的路径选择》,载《上海海关学院学报》2013 年第 1 期;陈苏明:《AEO 制度及国际海关 AEO 互认研究——基于供应链安全与便利的视角》,载《国际商务研究》2012 年第 5 期。

⑧ 参见何力:《全球化背景下中国 AEO 互认及其国际海关法贡献》,载《海关与经贸研究》2018 年第 1 期。

⑨ 参见曾文革、曾庆玲:《论 AEO 互认规则的新发展、影响及其实施》,载《海关与经贸研究》2018 年第 6 期。

⑩ See Chang-Bong Kim et al. , *Effects of AEO-MRA on the Performance of Exporters and Importers in Korea*, Journal of Korea Trade Vol. 23, No. 3 (2019).

Carsten Weerth 提出在诸多互认协议的基础上可以形成总体的 AEO 协定,[①]Tuan Pham 则对于促进互认磋商的模式提出了建议。[②]

四、研究现状评述与展望

(一)研究现状评述

一是适逢"十四五"开局,海关信用管理工作正处于谋篇布局之时,海关"十四五"规划中明确提出了"AEO 国际互认"等涉及信用管理的预期性指标,但与此相对应的系统性顶层设计方面的研究很少。同时,对于"十四五"期间海关的信用管理体系的构建,推动治理体系和治理能力现代化、促进海关信用管理高质量发展方面的研究不足。

二是从专业性角度看,当前研究较为宽泛,研究的深度不够、精准性有所欠缺。一方面表现为现有研究对规则的阐述总结较多,与习近平法治思想中关于"诚信""信用管理"的重要论述相结合的理论探索较少;另一方面表现为对于实务有借鉴意义的深度创新性研究和政策建议不足。此外,由于《海关注册登记和备案企业信用管理办法》实施不久,对于新办法应用方面的系统性研究尚未跟进或发表。

三是将海关信用管理实务和信用管理基础理论相结合的体系性理论研究不足。对基于社会信用体系建设的海关信用管理发展历程的提炼与总结,分析其演进发展规律的文献较少,因此对于海关信用管理的客观规律的认识不够深入。

四是对于 AEO 认证以及互认的效益的量化研究不足,缺少对中国海关 AEO 企业"获得感"的实证调研分析。

(二)未来研究展望

随着国家优化营商环境和"放管服"改革的深入推进,海关需要进一步健全以信用为基础的新型监管机制,实现新时代海关信用管理的

---

① See Carsten Weerth, *AEO Programmes Worldwide From MRAs to a General AEO Agreement*, Global Trade and Customs Journal, Vol. 10, Issue 6 (2015).

② See Tuan Pham, *Development Model for Facilitating the Negotiation of AEO MRAs*, World Customs Journal, Vol. 15, No. 2 (2021).

高质量发展。在本领域中,期待未来研究能够系统地梳理习近平总书记在地方从政实践以及党的十八大以来关于“诚信”“信用管理”的重要论述,并回顾基于社会信用体系建设的海关信用管理发展历程,通过对中国海关 AEO 企业的实证调研与数据分析,深入剖析中国海关信用管理在高质量发展阶段仍面临的问题。基于习近平法治思想和前述基础性研究,能够提出中国海关在“十四五”时期提升 AEO 国际互认立法层级、扩大 AEO 国际互认国家(地区)范围、构建高效的信用治理体系、巩固亲清的关企合作关系和提升高素质的海关信用管理队伍的路径等方面的建议,从而进一步推动海关信用管理的高质量发展。

Literature Review of Journals on Credit Regulation

YANG Xu

[**Abstract**] General Secretary Xi Jinping pointed out that a socialist market economy is an economy of credit and rule of law. A good social credit environment is a basic prerequisite for the establishment of a socialist market economy. Current journal literature has studied Xi Jinping's integrity thought in terms of the development process, summary and interpretation, classification of integrity, and the relationship between integrity and the rule of law. Among many literatures in the field of social credit governance, the existing research mainly includes three perspectives: economic perspective, management perspective and rule of law perspective, taking the topic of “credit regulation” as a sample. In the area of specialized research on the construction of a customs credit management system, the concept of a social credit system was introduced in China around 2000, and the concept of credit management in customs began to take shape. The promulgation and implementation of the Measures on Credit Management of Enterprises Registered and Recorded by Customs in 2021 further propelled the research on the customs credit management system into another high tide. In the past two decades, apart from the literature on the interpretation of the new regulations after their introduction, domestic published research on customs credit management has mainly focused on theories or macro policies, specific analysis of the problems of customs credit management and its suggestions for improvement, suggestions for realising the integration of customs and inspection and quarantine in terms of enterprise credit management, research on combining customs enterprise credit management with related businesses or industries, research on the difficulties and peculiarities of credit governance for cross-border e-commerce, the study of the application of the AEO system from the perspective of new technologies and methods, comparative study and introduction of extra-territorial systems, and the study of AEO mutual recognition, etc. Most of the current studies are macro and broad, with a lack of quantification and depth, and a lack of precision. On the one hand, there are more summaries of the existing rules, and less theoretical exploration combined with Xi Jinping's integrity thought; on the other hand, there are not enough in-depth and innovative research and policy recommendations that can be useful for practice. The 14th Five-Year Plan of the Customs has clearly put forward the expected targets for credit management such as "AEO international mutual recognition", but there is little research on the corresponding systemic top-level design. It is expected that more research will be conducted on the construction of a credit management system for Customs during the 14th Five-Year Plan period, and on the modernisation of the governance system and governance capacity.

[**Key words**] Credit; Social credit governance; Customs credit management; AEO

判例研究

Case Study

濒危物种边境保护涉《物种证明》监管难题剖析及建议

——从一宗行政复议案件说起

沈红宇　张　心　李　硕*

［摘　要］　打击濒危物种走私违法活动是海关重点执法领域之一，如何在这一领域既保持从严打击高压态势又区分情形准确规范履职，是新时期海关全面提升治理能力和治理水平现代化所面临的考验。近期，一宗行政复议案件反映出海关在实施濒危物种边境保护过程中存在涉及《物种证明》的一系列监管难题，这些难题制约了上述双重目标的实现。经剖析，这些监管难题源于立法、制度、机制等不同层面的缺失。为此，建议在立法层面修订完善“濒危物种”定义并建立诚信通关原则；在制度层面清理不必要的证明事项并明确归类规则；在机制层面建立海关与濒管部门“互联网＋”深度协调联动机制、监管代码及许可证件公布机制，为海关依法加强濒危物种进出境监管、构建法治化营商环境提供保障。

［关键词］　濒危物种监管；物种证明；行政复议；法治化营商环境

＊　沈红宇，深圳海关法规处处长；张心，深圳海关法规处复议应诉科副科长；李硕，深圳海关综合业务处贸易管制科科长。

严厉打击濒危物种走私违法活动是党中央、国务院为保护生物多样性、维护国家生态安全作出的重要战略部署。针对重点执法领域,习近平总书记还曾指出“要提高政府部门履职水平,按照国家宏观调控方向,在安监、环保等领域微观执法过程中避免简单化,坚持实事求是,一切从实际出发,执行政策不能搞‘一刀切’”①。这就要求海关在执法过程中既要保持从严打击高压态势,又要区分情形准确规范履职。然而,近期一宗行政复议案件反映出海关在实施濒危物种边境保护过程中存在涉及《物种证明》的一系列监管难题,这些难题制约了上述双重目标的实现。我们从该宗复议案件出发,通过梳理剖析寻找立法、制度、机制层面存在的问题根源,以期为海关依法加强濒危物种进出境监管、构建法治化营商环境提出可行的意见建议。

一、一宗行政复议案件

背景描述:关于濒危物种进出口,目前海关监管的主要依据有《进出口野生动植物种商品目录》(以下简称《商品目录》)、《濒危野生动植物种国际贸易公约》(以下简称 CITES 公约)及附录、《国家重点保护野生植物名录》(以下简称《植物名录》)及《国家重点保护野生动物名录》(以下简称《动物名录》)。其中,《商品目录》是在海关商品分类的思路下,对后三者所列的野生动植物及其制品按类别进行了归并整合、确定了商品编码。

监管要求:进出口列入《商品目录》中的 CITES 公约限制进出口的濒危野生动植物及其制品、出口列入《商品目录》中的《植物名录》《动物名录》保护的野生动植物及其制品的,须提交国家濒危物种进出口管理办公室及其办事处(以下简称濒管部门)核发的《允许进出口证明书》;不属于应提交《允许进出口证明书》的情形,但进出口列入《商品目录》的野生动植物及其制品的,应提交濒管部门核发的《物种证明》。

① 习近平:《在民营企业座谈会上的讲话》,载央视网 2018 年 11 月 1 日,https://baijiahao.baidu.com/s?id=1615940414816529985&wfr=spider&for=pc。

案件描述:2020 年 12 月 15 日,甲公司以保税电商方式向 A 海关申报进口一批含银杏成分(含量 20%)的营养素,申报商品编码 21069090. 90(其他编号未列名的食品)。A 海关经查验认为:银杏属于《植物名录》内的一级保护野生植物,相关商品应归入 21069090. 19(含濒危动植物成分的其他编号未列名食品),甲公司未能提交《物种证明》,其行为构成商品编码申报不实,影响国家许可证件管理。A 海关按照《海关行政处罚实施条例》(以下简称《海关处罚条例》)第 15 条第 3 项之规定,对甲公司处以罚款人民币 5. 5 万元。甲公司不服,提起行政复议。

复议机关审理认为:本案存在两个争议,一是银杏虽在《植物名录》内,但未列入 CITES 公约附录,且案涉产品为进口,不需提交《允许进出口证明书》。同时,案涉银杏产品是否野生未经查证,是否列入《商品目录》、是否应提交《物种证明》、是否应归入 21069090. 19 存疑。二是《商品目录》中 21069090. 19 项下商品的监管条件为 EF,而 EF 在《监管证件代码表》中指《允许进出口证明书》,不包括《物种证明》,《物种证明》是否属于许可证件存疑。经向濒管部门函询,濒管部门的书面意见为“不属于许可证件”。综上,复议机关认为,A 海关的上述处罚决定认定事实不清、证据不足,适用法律错误。A 海关予以主动纠错,撤销原处罚决定,甲公司撤回行政复议申请。

二、濒危物种进出口监管难题

本案反映出在濒危物种监管领域海关存在一系列普遍性、制度性监管难题,集中体现在:难以判断动植物及其产品是否野生濒危、是否涉及《物种证明》管理、企业是否存在信赖利益、相关行为是否影响国家许可证件管理等,具体如下。

(一)难以准确判断商品是否应属《商品目录》管理范畴

本案中,银杏及其制品是否应属《商品目录》中的 21069090. 19(含濒危动植物成分的其他编号未列名食品)存在争议。意见一认为,《商品目录》对“濒危物种”的解释为“包括 CITES 附录所列物种、国家重点保护野生动物和国家重点保护野生植物”,既然银杏在《植物名录》中,就符合上述定义,应归入21069090.19。意见二认为,根据《野生植物保护条例》,国家重点保护野生植物仅指原生地天然生长来源,不包括人工培植来源。在未查证案涉银杏成分是否为野生的情况下,仅因为《植物名录》中列举了“银杏”这一品名便认定其属于濒危成分,依据不足。同时,濒管部门还指出,进口动植物产品源自境外,不属于我国的“国家重点保护”范畴。据悉,由于《商品目录》中此类“其他濒危”商品不在少数,现场海关面临需要根据“濒危物种”定义来判断商品是否在《商品目录》内的执法困惑与疑难。

(二)难以准确判断企业是否存在过错

在A海关立案调查过程中,甲公司称“《商品目录》中21069090.19(含濒危动植物成分的其他编号未列名食品)的监管条件为EF,而《监管证件代码表》中EF指《允许进出口证明书》。作为未列入CITES公约附录的案涉银杏产品,进口时无须提交《允许进出口证明书》,故不应归入21069090.19”。这里对于企业责任的界定也存在不同意见:意见一认为,《商品目录》对EF的说明是:E代表“监管出口”,F代表“监管进口”,并未特指《允许进出口证明书》;《监管证件代码表》仅出现在《中国海关报关实用手册》中,该手册并非法律文本,企业应对其申报错误承担责任。意见二认为,虽《监管证件代码表》未以公告发布,但《海关进出口货物报关单填制规范》①中规定“随附单证及编号”栏应“根据海关规定的《监管证件代码表》和《随附单据代码表》选择填报”,说明认可《监管证件代码表》的法律效力。《中国海关报关实用手册》由中国海关出版社多次出版,是海关对外发布的权威性通关指引。根据信赖保护原则,相对人基于对该指引的信赖而作出相应申报,不应视为有过错,不应予以处罚。

(三)难以判定《物种证明》是否属于许可证件

假定确属应提交《物种证明》而企业未能提交,是否产生《海关处

① 海关总署2019年第18号公告。

罚条例》第15条第3项“影响国家许可证件管理”的危害后果存在争议。意见一认为,《物种证明》符合《海关处罚条例》第64条关于“许可证件”的定义:“依照国家有关规定,当事人应当事先申领,并由国家有关主管部门颁发的准予进口或者出口的证明、文件”,且属于国务院以发布决定方式保留的行政审批事项(国务院令第412号),应属于许可证件。意见二认为,依据《海关法》第24条“国家限制进出口的货物,没有进出口许可证件的,不予放行”及《对外贸易法》第19条“国家对限制进口或者出口的货物,实行配额、许可证等方式管理”,许可证件是国家针对限制进出口货物的管理措施。《物种证明》的目的是证明相关商品不涉濒危,国家不对其进出口予以限制,故不属于许可证件。本案中复议机关向濒管部门函询,濒管部门明确回复“《物种证明》不符合法律上的许可证概念,其管理的商品不应看作限制类货物”。

通过上述难题可见,海关濒危物种进出口监管实际执法,无论是正面监管还是后续处置过程中,均面临极大困扰。采取意见一可能面临依据不足的复议诉讼风险,采取意见二可能面临监管不力的督审问责风险。

三、监管难原因分析

(一)立法层面“濒危物种”定义存在歧义,实际监管中海关是否需查证野生、是否区分进出口未予明确

关于“濒危物种”,目前在法律、行政法规、规章以及国际公约中均无明确法律定义。虽然《商品目录》中将其解释为“包括CITES附录所列物种、国家重点保护野生动物和国家重点保护野生植物”,但这一定义存在歧义。一是对是否区分野生来源和人工来源未予明确。在《野生动物保护法》和《野生植物保护条例》中,纳入保护范围的动物包括野生来源和部分人工驯养繁殖来源,而植物仅包括野生来源。《商品目录》也仅在部分动物商品的备注栏注明“包括人工驯养、繁殖的”,其余动物商品和所有植物商品无相关备注。直观理解是,《商品

目录》与上位法规定一致,仅在有备注部分包括人工驯养繁殖来源,其余部分仅指野生来源。但作为《商品目录》所适用的监管证件,《物种证明》又将"濒危物种"管理范围扩大到"出口人工培植来源的非CITES公约附录所列、但与国家重点保护同名的野生植物及其产品",将非野生也囊括在内。① 这是否意味着《商品目录》也包括非野生来源?二是针对非公约保护但属国家重点保护的动植物种是否区分进出口未予明确。虽然个案中濒管部门已经明确,此类产品国家只限制出口不限制进口,不属于"国家重点保护"范畴,但这一原则缺乏立法层面的明确规定,海关执法的监管责任并不清晰。

(二)制度层面未对《物种证明》的作用进行明确,涉濒危属性的商品归类缺乏相应的规则

实践中,《物种证明》的证明内容为相关商品不涉濒危,但并无任何规范性文件对《物种证明》的这一作用予以规定,如何区分是否涉及濒危也缺乏相应的商品归类规则。实践中,若濒管部门审查后认为相关动植物产品既不属于《允许进出口证明书》管理范畴,又不属于《物种证明》管理范畴,则向企业出具《不予受理行政许可申请通知书》(以下简称《不予受理通知书》)。据此推论,若濒管部门出具《不予受理通知书》,说明相关商品不需要任何证书,不在《商品目录》内,自然也就应归入非濒危编码;但是否只有凭《不予受理通知书》才能归入非濒危编码,凭《物种证明》能否归入非濒危编码,制度层面缺乏相关规则。

(三)海关与濒管部门的沟通协调机制难以满足执法需要

在立法和制度尚未进一步完善的情况下,如果濒管部门作为主管部门能提供专业性、确定性意见,也不失为海关规范执法、防范风险的有效途径。根据《野生动植物进出口证书管理办法》第37条的规定,海关对货物的濒危属性等情况有疑义的,可由直属海关征求濒管部门意见。但实践中,这一规定由于缺乏配套细化措施,并未发挥预期作

① 国家濒管办、海关总署关于启用新版野生动植物进出口证书的公告。

用，海关与濒管部门间的紧密配合机制也尚未建立。与此同时，随着进出口贸易总额的增大和国内外消费者对动植物源性“天然”成分的青睐升级，通过一般贸易、跨境电商等方式进出口的动植物源性产品总量攀升，势必导致进入“濒危管辖”范畴的海关监管总量随之增加。实践中也体现为涉及“濒危”的执法争议频发，急需建立海关与濒管部门间的深度、实时、紧密联系机制。

（四）监管证件代码、许可证件正面清单公布机制不完善

一是《报关单填制规范》要求“根据海关规定的《监管证件代码表》”填报相关内容，但目前《监管证件代码表》仅以《中国海关报关实用手册》的形式为公众知悉，因缺乏法定的公布机制，而影响其法律效力。二是《商品目录》中对 EF 的说明与《监管证件代码表》中对 EF 的说明不协调，使具体证书种类及名称准确性存疑，会造成对企业的误导，也可能造成海关履职不全面的风险。三是未覆盖关检融合后检验检疫类监管证件以及其他相应监管证件是否属于许可证件的问题。

四、相关建议

（一）修订完善“濒危物种”定义并建立诚信通关原则，为海关依法加强濒危物种边境保护筑牢制度基石

修订完善“濒危物种”定义，将其与《允许进出口证明书》管理范围保持一致，即进出口公约保护物种和出口国家重点保护物种才属于“濒危物种”。同时，目前物种鉴定主要采取形态学方法和分子生物学方法，无法实现对动植物产地、亲本来源、迁徙繁殖过程等重要信息的追溯，通过现有技术手段很难实现对物种是否为野生种的准确鉴定。如果按照传统的“行政机关举证”原则，全部由海关进行查证将造成执法困难，不利于严厉打击濒危物种违法活动。建议将《商品目录》内动植物种的野生属性嵌入申报环节，作为规范申报要素，由企业对人工来源进行举证和说明，举证不能的视同野生，不免除其提交相关许可证件或证明文件的义务。

(二)清理不必要证明事项并明确归类规则,减少制度运行成本和相对人负担

明确《物种证明》的作用是证明相关产品不涉濒危,对于取得《物种证明》的进出口贸易无须提交《允许进出口证明书》;对于进口环节属非公约保护但与国家重点保护名录内物种同名的,不再要求提供《物种证明》。明确涉濒危动植物产品的归类规则,对于已经取得《物种证明》的,相关产品应归入非濒危编码;对于不能取得《物种证明》的在《商品目录》内的动植物产品,应属于《允许进出口证明书》管理范畴,相关产品应归入濒危编码。

(三)依托"互联网+"建立与濒管部门的深度协调联动机制,提升海关履职效能

加强海关与濒管部门之间信息系统的互联互通,开发相应推送反馈渠道,使现场海关能够及时准确地就相关商品的濒危属性征求濒管部门意见,做到全流程"进系统、留痕迹、可追溯"。对于企业未申报《商品目录》内商品编码,但所申报的商品名称或成分中含有公约或国家重点保护野生动植物物种的(后者限出口),海关通过设置参数启动系统自动预警,并联合濒管部门研判是否属于《允许进出口证明书》或《物种证明》管理范畴,深化执法协作,提升履职效能。

(四)建立完善的监管代码、许可证件公布机制,增强制度协同性、稳定性和可预期性

制度的协同、稳定、可预期是法治化营商环境的重要内容。作为跨境贸易监管的重要元素,监管代码和许可证件都应当以部门规章或者部门规范性文件的形式对外公布,并定期动态调整。在具体内容上除增加关检融合后检验检疫相关证书外,还应当注重与各类规章、公告的协同性,提升社会各界对海关监管的稳定预期。条件成熟时可考虑建立监管代码与许可证件的关联,明确所有监管证件中哪些是许可证件,消除执法模糊地带,同步化解执法、管理、廉政风险。

Analysis and Suggestions on the Regulatory Difficulties Regarding "Species Certification" in Border Protection of Endangered Species

—Starting from an Administrative Reconsideration Case

SHEN Hongyu ZHANG Xin LI Shuo

[**Abstract**] Combating the illegal cross-border activities involving endangered species is one of the key areas of Customs enforcement. How to severely crack down this kind of illegal activities while also accurately performing duties according to the situation is a test for China Customs, in the new era which requires comprehensive improvement of governance capability. Recently, an administrative reconsideration case reveals that the Customs have a series of difficulties when regulation involves "Species Certificate", and this restricts the realization of the "severe but accurate" goal. These regulatory difficulties stem from the deficiencies at the legislative, institutional and mechanism levels. Therefore, it is recommended to revise the definition of "endangered species" and to establish the principle of credit-based clearance at the legislative level; to remove unnecessary certification matters and to clarify the classification rules at the institutional level; to establish an "Internet +" in-depth coordination between the Customs and the endangered species authority and to publish regulation codes, and corresponding license requirements through legally binding forms. These measures would feasiblely and practically help China Customs to strengthen the border protection of endangered species under the principle of the rule of law, and to improve the legal business environment.

[**Key words**] border protection of endangered species; species certification; administrative reconsideration; legal business environment

域外视野

Overseas Horizon

世贸组织上诉机构不具合法性?:争端解决体系之危机及世贸组织成员的对策*

弗兰克·阿尔特莫勒**

[摘　要]　没有执行力的国际合约还有哪些实际价值?将来,如果世贸组织的争端解决体系被限制或取消,世界贸易体系中的多边条约还能赢得成员遵守世贸组织条约,相互承认权利,履行义务吗?

乌拉圭回合的一个重要成果在于成员为世界贸易体系设置了一争端解决体系。但这一体系正不断受到越来越多的质疑。2020年12月,美国继续拒绝赞同空缺职位的任命,致使世贸组织的上诉机构无法履行其职责。美国贸易代表的报告试图为此提供正当理由,其核心论点是,上诉机构不具合法性。

本文旨在讨论关于世贸组织争端解决形式的不同观点。作者认为,"抵制"世贸组织争端解决的主要原因不是如一些成员所宣称的在于争端解决体系及其运作中的不足。这一"抵制"应当被看作是争端解决体系之外多种因素导致的结果。在一个政治和贸易政策发生巨

---

* 该文原载 *Global Trade and Customs Journal*, Volume 16, Issue 4。

** 弗兰克·阿尔特莫勒教授目前是德国明斯特大学法学院海关法和国际贸易法系的高级研究员。他通过了瑞士圣加仑大学,经济、法律与社会学以及国际关系、信息学高等学院跨学科博士课程,获得法学博士头衔。

大变化的环境中,有一个观点正不断赢得认可和推崇。该观点认为,当前以多边自由贸易为指导思想的世界贸易体系越来越不能满足重要成员的重要经济利益了。这导致世贸组织获得的支持也越来越少了。但有没有迹象表明,改变多边框架就能适应改变了的环境呢?

[关键词] 世界贸易体系;多边主义;上诉机构;抵制;争端解决机构;争端解决规则与程序

一、引言:美国"抵制"世贸组织争端解决体系

25年前世贸组织的建立有力推动了自由化。除了明确已有的贸易自由化协定——《关税与贸易总协定》(General Agreement on Tariffs and Trade,GATT)(以下简称《关贸总协定》),新制定关于服务自由化的协定——《服务贸易总协定》(General Agreement on Trade in Services,GATS)与其他的重要协定外,还极大扩充了世贸组织争端解决规则。这就表明,成为世界日常经济活动核心规则的世贸组织条约在争端解决框架下能获得比之前更有效的执行。现在,上诉机构的成员可以对争端提出建议。在这之前,这类争端都是通过由强权政治主导的外交交涉来解决或者在外交交涉失败后经由专家组程序审议。这样,世贸组织法律除了有一审程序(专家组审议)之外还增加了上诉程序(上诉机构程序)。

争端解决体系的一个特别之处在于,专家组和上诉机构的建议(专家组和上诉机构的报告)需要得到另一机构,即争端解决机构(Dispute Settlement Body,DSB)的同意。只有在其同意之后,有关建议才能作为相关执行的依据。① 争端解决机构由世贸组织成员的外交代表组成。它被视为一个专项负责解决争端的总理事会的特别组织。在人事上

① 该法律依据是《争端解决规则和程序谅解书》(Understanding on Rules and Procedures Governing the Settlement of Disputes,DSU)第19条第1款规定:"如专家组或上诉机构认定一措施与一适用协定不一致,则应建议有关成员使该措施符合该协定。除其建议外,专家组或上诉机构还可就有关成员如何执行建议提出办法。"

它与总理事会是一致的。[①] 上诉机构的建议对世贸组织成员有很大的影响力:根据 DSU 第 17 条第 14 款第 1 句,争端解决机构应当认可上诉机构的报告。只有当争端解决机构达成一致,认可上诉机构的报告时,才有权拒绝该报告(所谓"反向一致原则"或"否定协商式一致原则")。这一规则对拒绝建议设置了一个极高的门槛并由此极大提高了其实际执行力。

这一极重要的进步正在被质疑:上诉机构最多由 7 位成员组成(上诉机构成员)。每一位成员都由争端解决机构任命(DSU 第 17 条第 1 款)。在过去的几年内,美国一直拒绝在任命问题上予以合作,致使 4 个空缺职位至今仍不能得到补选。目前,由仅剩的 3 位成员签署上诉机构报告(DSU 第 17 条第 1 款)。2019 年 12 月将又有两位成员的任期届满,如果届时仍然没有新成员被任命,仅凭 1 名在职成员,上诉机构将无法开展工作。由此,世贸组织争端解决体系将无法完成其任务(DSU 第 17 条)。[②]

---

① 《马拉喀什建立世界贸易组织协定》(以下简称《马拉喀什协定》)第 4 条第 3 款第 1 句保证了这一点:"总理事会应当在适当时间召开会议,以行使争端解决谅解所规定的争端解决机构的职责。"总理事会由全体世贸组织成员的代表组成(《马拉喀什协定》第 4 条第 2 款第 1 句)。

② 相关讨论:Ernst-Ulrich Petersmann:《世界贸易之新自由主义,国家资本以及有秩序的自由化构想:世界贸易组织争端解决的崛起和衰落》(Neo-Liberal, State-Capitalist and the Ordo-Liberal Conceptions of World Trade: The Rise and Fall of the WTO Dispute Settlement System),发表于 European University Institue Working Papers, LAW 2020/6, Department of Law (2020 年); Arman Sarvarian & Filippo Fontanelli:《美国与在 WTO 的连任:一次"合法性"危机?》(The USA and Re-Appointment at the WTO: A Legitimacy Crisis?),发表于 EJIL: Talk!, Blog of the European Journal of International Law,在线刊物(2016 年 5 月 27 日); World Trade Organization, Appellate Body:《"前所未有的挑战"直面上诉机构》('Unprecedented Challenges' Confront Appellate Body), Cair Warns,在线刊物:(2018 年 6 月 22 日); Joost Pauwelyn:《世界贸易组织 20 年:法制的全球政府或者更倾向于由成员推动的(某些)成员间(某些)贸易争端的解决?》[The WTO 20 Years on: Global Governance by Judiciary or, Rather, Member-Driven Settlement of (Some) Trade Disputes Between (Some) WTO Members?], 27(4) 发表于 Eur. J. Int'l L. 1119 – 1126 以及 WTO Dispute Settlement Post 2019:《接下来是什么?》(What to Expect?), 22(3) 发表于 J. Int'l Econ. L. 297 – 321(2019 年 9 月); Weihuan Zhou & Henry Gao:《"超越职权"

二、关于当前世界贸易组织争端解决讨论的贸易政策性背景

目前的"抵制"能被视为是美国总体策略的一部分吗?这一总体策略旨在挑战多边体系并逐步限制其运作能力。在"冷战"期间和20世纪90年代,尤其是美国在进一步发展多边体系上起到了决定性的推动作用。举例来说,美国在建立和发展世贸组织及其条约,包括现正遭遇危机的争端解决体系上,起到了核心作用。在经过数十年外

或"反应过度"?对上诉机构司法功能与方式的反思》('Overreaching' or 'Overreacting'? Reflections on the Judicial Function and Approaches of the Appellate Body),发表于University of New south Wales Law Research Series,No. 49(2019年);Matteo Fiorini et al.,《世界贸易组织争端解决和上诉机构的危机:内部观点与成员的倾向》(WTO-Dispute Settlement and the Appellate Body Crisis: Insider Perceptions and Members' Revealed Preferences),发表于EUI Working Papers RSCAS 2019/95,Robert Schuman Centre for Advanced Studies,Global Governance Programme-379;Chad Brown:《2018年贸易战与我们所认识的争端解决之终结》(The 2018 Trade War and the End of the Dispute Settlement as We Know It),发表于VOX CEPR Policy Portal(2019年6月13日),Petros C. Mavroidis & André Sapir,《中国与世界贸易组织:相辅相成更上层楼》(China and the World Trade Organization: Toward a Better Fit),发表于Bruegel Working Paper,Issue 6(2019年6月11日);Robert Mc Dougall:《世界贸易组织的危机:重启世界贸易组织争端解决的功能》(Crisis in the WTO: Restoring the WTO Dispute Settlement Function),发表于CIGI Papers No. 194(2018年10月).《一个来自欧盟,中国和印度的致力于延长上诉机构成员的任期、扩大成员人数并设置自动替换程序的提案》(A Proposal from the EU,China and India Aims at Extending the Term of Office of Appellate Body Members, Increasing the Number of Members and Instituting an Automatic Replacement Process)参阅WTO document WT/GC/W/752,2018年11月26日,另参阅Ernst-Ulrich Petersmann:《欧盟及其他世界贸易组织成员应如何应对其世界贸易组织治理及上诉机构危机?》(How Should the EU and Other WTO Members React to Their WTO Governance and WTO Appellate Body Crises?),发表于EUI Working Papers RSCAS 2018/71,Robert Schuman Centre for Advanced Studies,Global Governance Programm-331,at 7 ff。and at 8 fn. 23 and Chad Brown,《能拯救上诉机构吗?》(Can We Save the Appellate Body?),发表于Peterson Institute for International Economics PIIE(2019年3月12日)以及Claus-Dieter Ehlermann & Donald M. McRae,《对世界贸易组织上诉机构的一些思考》Reflections on the Appellate Body of the World Trade Organization (WTO),发表于Cambridge University Press on behalf of the American Society of International Law,97 Proc. Annual Meeting (American Society of International Law) 77 – 92(2003年4月2日至5日)。

交、经济和贸易政策方面清晰的多边主义走向之后,美国迎来了一个越来越明显的策略改变。这一改变在现任美国总统之前即已开始,但毫无疑问,在特朗普总统治下得到了强化。[1] 本文把世贸组织争端解决机制的发展与世界贸易秩序的变化并排来看待:贸易策略的变化似乎是对正在变化中的全球竞争环境的一个对策。在这一变化中,快速上升的国家,尤其是中国,不仅在经济上,而且还在政治上和地缘政治上日益赢得影响力。[2]

在这迅猛发展中,更多更具国际竞争力的产品进入世界市场,给其他商业伙伴带来了压力。西方国家指出,中国通过有目的的、不公平和不透明的补贴来提高市场竞争力,而且还经常不遵守知识产权条约,并且通过策略性的货币贬值来取得竞争优势或者收购重要的基础设施和公司以取得战略性枢纽。在"一带一路"倡议框架下的地缘政治探索也遭到了类似的关注和批评。鉴于中国作为一个越来越强有力的国际竞争者,凭借不断增大的出口机会,正在从多边贸易体系中获得越来越多的利益。就像多边自由化的规则几十年来服务于西方世界的发展,中国现在可以利用这一多边体系,在大规模范围内用廉

---

① Kimberly Ann Elliot:《特朗普要解散世界贸易组织?》(Is Trump About to Bring Down the WTO?),发表于 World Pol. Rev.(2019 年 12 月 3 日);The Guardian:《除非特朗普让步,世界贸易组织面临争端解决机制危机:捍卫美国主权的斗争危及监督世界贸易的能力》(WTO Faces Crisis Over Settlement Disputes Unless Trump Backs Off: Ability to Police Global Trade Could Be Neutered by Battle to Safeguard US Sovereignty)(2019 年 8 月 12 日);Quinn Slobodian:《生活在罗伯特·莱特海兹的世界里:看上去特朗普杂乱无章,但一切都在按照这位贸易沙皇的计划在运作,这一切已经酝酿多年了》(Your Live in Robert Lighthizer's World Now: Trump Might Look Like He's Failing on Trade-but It's All Going According to His Trade Czar's Plan, Which Has Been Years in the Making),发表于 Foreign Policy(Argument)(2018 年 8 月 6 日)。

② See Frank Altemöller:《国际贸易关系中的中国与新兴力量:多边贸易体系的未来,自由贸易协定与新单边主义的角色》(China and the Emerging Powers in International Trade Relations: The Future of the Multilateral Trade System, the Role of Free Trade Agreements and New Unilateralism),发表于 14 Global Trade & Cust. J. 第 528 ~ 537 页(2019 年)。

价、有竞争力的产品对国际开放的市场施加竞争压力。① 这一发展进一步展示了已发生变化的竞争形势。长期以来,这一变化了的竞争形势只是出现在未来预期中,并且经常被低估了。毫无疑问,这一发展动力正在不断加强。由于新兴经济国家竞争力不断增强,工业化国家正在感受到增加的压力,而且不仅仅是从贸易角度。这就导致了新的政策评估和自由化利益的重新定位。这一趋势不仅反映了正在变化中的国际贸易秩序,而且也反映了日益明显的国与国之间关系的同步重构。②

针对这一发展,美国大幅提高关税,采取了比之前任何时期都更为强硬的措施。作为回应,中国推出了相应措施。美国对此又实施了新的对应政策。③ 目前,1/3 美国与中国的贸易受到这些措施的影响。2019 年年末,美中之间签订的协议也不能从根本上清除这些影响。美国认为这些强硬的贸易措施基于"中国的不公平实际行为",因

---

① Chad P. Brown & Soumaya Keynes:《特朗普为何停止世界贸易组织的上诉机构? 关税。》(Why Did Trump End the WTO's Appellate Body? Tariffs),发表于 PIIE Petersen Institute for International Economics, Trade and Investment Policy Watch,在线发表:(2020 年 3 月 4 日);Frank Altemöller:《国际贸易关系中的中国与新兴力量:多边贸易体系的未来,自由贸易协定与新单边主义的角色》(China and the Emerging Powers in International Trade Relations: The Future of the Multilateral Trade System, the Role of Free Trade Agreements and New Unilateralism),发表于 14 Global Trade & Cust. J. 第 528 ~ 537 页(2019 年)。

② Frank Altemöller:《国际贸易关系中的中国与新兴力量:多边贸易体系的未来,自由贸易协定与新单边主义的角色》(China and the Emerging Powers in International Trade Relations: The Future of the Multilateral Trade System, the Role of Free Trade Agreements and New Unilateralism),发表于 14 Global Trade & Cust. J. 第 528 ~ 537 页(2019 年)。

③ See Kevin Rudd:《在习近平主席任期内中国正在变化的世界观》(China's Changing Worldview under President Xi Jinping), the Hon. Kevin Rudd 的演讲,(2018 年 4 月 13 日), Asia Society Policy Institute Publication 2018 年;Ernst-Ulich Petersmann:《2018 年美中贸易战的危机损害世界贸易体系和宪政民主》(The 2018 American and Chinese Trade Wars Risk Undermining the World Trading System and Constitutional Democracies),发表于 European University Institute, EUI Department of Law Research Paper No. 2018/17.

而是必要的对应措施。因此,这些措施在短期内是不太可能被取消的。[1] 美国的关税明显超过了在《关贸总协定》关税条例中规定的关税。从世贸法律的角度看,这违反了《关贸总协定》的第2条第1款。[2] 美国对此辩解道,基于任何规则都有例外的原则,所采取的措施出于国家安全的考虑,是必要的,因此根据《关贸总协定》第21条,这是符合世贸法律的。由于《关贸总协定》第21条含有大量不确定的法律概念,因此对于这一问题,即一个世贸成员在多大范围内可以出于国家安全因素而采取相应措施,有着极大的法律解释空间。由于解释世贸法律的权力被授予了世贸争端解决机构,所以世贸法律及其解释对包括美国在内的世贸成员提供了一个对贸易政策具有重要意义的框架。

三、当前关于国家安全措施世贸法律合法性的裁定案例:"俄罗斯——有关转运交通的措施"

对《关贸总协定》第21条已有多年的争端解决裁判。但最近的一个裁定案例具有重大意义。对这一案例的裁定将变更以国家安全为理由而出台的措施正当化的前提条件。尽管美国的高额关税违反了《关贸总协定》,但已有的裁定定义了在哪些具体条件之下,国家安全措施是正当的。

最近裁定的"俄罗斯——有关转运交通的措施"一案是关于俄罗

---

① 特朗普总统在联合国大会第74次会议上的发言(Remarks by President Trump to the 74th Session of the United Nations General Assembly),联合国总部,2019年9月25日,同时参阅:Robert Lighthizer,美国贸易政策的优先重点,(U. S. Trade Policy Priorities),(访谈)(Interview),Center for Strategic and International Studies(2017年9月18日)。

② 参见第2条第1款b项规定:"与任何缔约方相关的减让表第一部分中所述的,属于其他缔约方领土的产品,在进口至与该减让表相关的领土时……应免征超过其中所列所规定的普遍关税的部分……"

斯阻碍乌克兰货物经俄罗斯转运的一系列规定。① 这些来自乌克兰的货物计划经过转运出口至哈萨克斯坦、吉尔吉斯斯坦和其他国家。俄罗斯联邦制定的“一揽子”措施规定,比如,乌克兰的货物只能通过指定的“检查点”经俄罗斯中转。俄罗斯的这些措施的背景在于围绕2014年“乌克兰亲欧盟示威”事件而产生的政治风波。在当时,乌克兰属于由俄罗斯、白俄罗斯、哈萨克斯坦、吉尔吉斯斯坦、塔吉克斯坦、摩尔多瓦共和国和亚美尼亚共和国组成的自由贸易区。② 俄罗斯有计划建立更深层的经济融合并于2014年与白俄罗斯、哈萨克斯坦、亚美尼亚共和国以及吉尔吉斯斯坦建立了欧亚经济联盟。该联盟于2015年1月1日正式成立。原本乌克兰也计划加入该联盟。基于声势浩大的乌克兰亲欧盟示威运动,乌克兰新政治领袖决定不参与这一欧亚经济联盟。乌克兰转向西方,寻求与欧盟的链接并在2014年签订了结盟协议的政治部分。③ 接着这一政治部分的是结盟协议的经济部分,其目的是在乌克兰和欧盟之间建立自由贸易区。④ 这使乌克兰与俄罗斯之间的矛盾全面暴发。在这一背景下,俄罗斯吞并了克里米亚半岛。西方国家颁布了多项针对俄罗斯的制裁措施作为反击。在这一冲突背景下,俄罗斯采取了上述措施,阻碍乌克兰货物的中转。这些措施最终成为争端的内容。

专家组首先赞同了乌克兰的陈述,结合俄罗斯加入世贸组织的议定书,认为确实存在违反《关贸总协定》第5条(转运自由)和第10条的事实。然而,违反《关贸总协定》并不自动代表绝对违法。相反,《关贸总协定》规定了一系列正当情由,使得妨碍货物流通自由最终能正

---

① 世界贸易组织,“俄罗斯——有关转运交通的措施”(Russia—Measures Concerning Traffic in Transit),专家组报告,WTO-document WT/DS512/R,2019年4月5日。

② 法律依据是“独立国家联合体自由贸易区”(Commonwealth of Independent States Free Trade Area,CIS-FTA)。

③ 参见欧盟及其盟国成员与乌克兰结盟协议。

④ 参见《深入全面的自由贸易协定》(Deep and Comprehensive Free Trade Agreement,DCFTA)。

当化。这其中包括出于国家安全原因而采取的措施(《关贸总协定》第21条“国家安全例外”)。这一例外,尤其是《关贸总协定》第21条b项第3点成为争端的焦点。条文如下:“本协定的任何规定不得解释为……(b)阻止任何缔约方采取其认为对保护其基本国家安全利益所必需的任何行动……(iii)在战时或国际关系中的其他紧急情况下采取的行动。”这一条款之所以备受争议是因为它几乎完全由笼统条文组成。这就顺理成章属于世贸组织争端解决裁判的任务,把法律运用到具体个案中,使得笼统定义的规则具体化。在这一具体案例中专家组承担了这一任务。专家组表示,第21条b款第3点的前提条件成立。作为结果,俄罗斯违规行为是基于正当理由的,因此俄罗斯采取的措施不被视为违反《关贸总协定》,乌克兰的论点不被采纳。在论证过程中,专家组进一步论证了之前有关《关贸总协定》第21条的争端案件:既然违反总协定的行为是基于特别的安全利益而正当化的,那么专家组必须首先确定是否涉及第21条b款第3点意义上的“基本安全利益”。在专家组看来,“基本安全利益”是每一个涉及“国家核心功能”的利益。专家组认为,一个相关的定义在很大程度上是根据具体情况而定的,有变性,与此同时也反映每一个国家的特定认知。基于此,专家组得出了下列观点:“……总体来说,每个国家自主决定,哪些是其基本安全利益。”①“……不但如此,专家组还认为‘它认为’这一特殊用语意味着由成员自主决定其维护自身重大安全利益之行为的‘必要性’。”②

俄罗斯也是持这一观点进行辩护的。但是,如果完全不加保留地赞成这一观点,就有可能导致每个成员在“自主决定”的情况下,以国家安全为正当理由,任意采取措施,而不顾事实上该理由是否成立。这将为违反总协定的行为正当化大开门径,而且无法通过世贸争端解

① 世贸组织,俄罗斯——有关转运交通的措施,专家组报告,世贸组织文件WT/DS512/R,2019年4月5日,第7130~7131页。

② 世贸组织,俄罗斯——有关转运交通的措施,专家组报告,世贸组织文件WT/DS512/R,2019年4月5日,第7146~7147页。

决程序对这些行为进行实质性和法律性的审理。① 因此,专家组面临一个困难的任务,即在成员正当的自主权利和必要的约束之间寻求平衡。在这一点上,专家组的解决方案是有说服力的。一方面,它原则上给与了每个成员自主决定其安全利益的自由。另一方面,在国际贸易的背景下,它限制了成员自我评估其"基本安全利益"的绝对自由。通过制定两个审查标准,专家组把这一限制具体化了:第一,采取措施的成员必须"善意"相信,其"基本安全利益"受到了影响。第二,采取的措施能够"令人信服"地起到保护相关安全利益的作用。专家组确认了这一点并裁定,俄罗斯在"国际关系紧急状态"下"及时"采取这些措施,因而是合理的。专家组进一步强调了政治冲突与采取的措施之间时间上的紧密性。

通过这一审理,专家组延续了《关贸总协定》第21条的争端裁判,但也开创了新的重点并且细化了《关贸总协定》第21条中不明确的笼统表述。在这里被解释的概念,如"基本国家安全""在国际关系的紧急情况下……采取",表明世贸争端裁判一方面保证成员在启用《关贸总协定》第21条时享有很大的自主权来判断自身的情况。但另一方面也限制了滥用这一权利。由此,现有的世贸争端裁判能够在成员的国家安全政策自主权利和国际社会保障一个自由不受阻挠的贸易权利之间作出有区别的权衡。同时,专家组也表明了它无意用自身的

---

① 这一问题深入涉及了整个世贸法律。事实上,大量在不同领域的贸易限制措施都代表了成员的政策。区别对待显得更合理。参阅有关文章:Frank Altemöller:《世贸法律中的贸易与环境》(Handel und Umwelt im Recht der Welthandelsorganisation);WTO:《有关涉及关贸总协定第3条与第20条的环境争端案件裁判》(Umweltrelevante Streitfälle in der Spruchpraxis zu Artikel Ⅲ und ⅩⅩ GATT) Frankfurt a. M.,1998年,第306~397页;《世界贸易秩序与国家环境保护政策相矛盾?在现有关贸总协定以及世贸裁判背景下,未来评估环境保护措施的基本问题与构想》(Welthandelsordnung und einzelstaatliche Umweltschutzpolitik-Ein Widerspruch? Grundlegende Probleme und Ansätze einer zukünftigen Beurteilung umweltpolitischer Maßnahmen vor dem Hintergrund der bisherigen GATT/WTO-Spruchpraxis), Rabels Zeitschrift des Max-Planck-Instituts für ausländisches und internationales Privat-und Wirtschaftsrecht Hamburg, Bd. 64(2000年),第213~255页。

(或许甚至"更好"的)评估来取代成员自行作出的政治性判断。专家组创立了一个法律解释模式。在这一模式下,成员自行作出的国家安全利益判断优先于世贸争端裁判的安全政策利益评估。通过这一方式,这一报告给予了国家安全政治自主权很大的空间。与之相反的做法肯定将被涉及的国家认为是傲慢无礼、超越职权的。专家组把审议局限在"善意"与"令人信服"这两点上并放弃政治性评价,显示了其总体上的中立性,应该赢得成员的广泛尊重。①

在将来,如果更多成员尝试通过《关贸总协定》第21条使违反《关贸总协定》的行为正当化,那在相应的争端解决程序中将会有更多细节具体化。通过这一过程,世贸争端裁判将一步步具体说明,在哪些前提条件下,关税和其他措施,尤其是美国采取的措施可以通过《关贸总协定》第21条借助安全政治原因而正当化。最近,专家组审定,基于301条款的单方行为(《美国1974年贸易法案》)不符合世贸组织的规定且不能根据《关贸总协定》第20条a款出于"公共道德"的理由而被正当化。② 但是,面对"抵制",这一重要案例被堵在了上诉程序上。③

---

① 争端解决机构采用了专家组关于"俄罗斯——有关转运交通的措施"一案的报告,2019年4月26日(世贸组织文件WT/DS512/7,2019年4月29日)。

② 世贸组织,美国——针对某些中国产品的关税措施,(United States-Tariff Measures from Certain Goods from China),专家组报告,世贸组织文件WT/DS543/R,2020年9月15日;Jingyuan(Joey)Zhou:《拒绝单边行为——世贸组织专家组判定基于301条款针对从中国进口的产品之关税不符合世贸组织规定》(No Unilateral Action-WTO Panel Ruled U. S. Section 301 Tariffs on Chinese Imports Inconsistent with WTO Obligation),Insight,24(26)Am. Soc'y Int'l L.(2020年10月5日)。

③ 世贸组织,美国——针对某些中国产品的关税措施,美国根据关于争端解决规则与程序的DSU第16条上诉的通知(United States-Tariff Measures from Certain Goods from China,Notification of an Appeal by the United States Under Article 16 of the Understanding on Rules and Procedures Governing the Settlement of Disputes),世贸组织文件WT/DS543/R,2020年10月27日:"根据关于争端解决规则与程序的DSU第16条,美国在此通知争端解决机构其上诉决定,要求审议专家组关于美国——针对某些中国产品的关税措施一案的报告(WT/DS543/R/Add.1)中有关法律及其解释。根据DSU第17条第1款,本案无法成立上诉机构。美国将与中国商讨如何进一步处理这一争端。"

四、对上诉机构的批评与合法性问题

在众多外交干预之后,美国发表了一份详细的批评上诉机构工作的报告,以证明其“抵制”的合理性。① 美国批评的主导思想在于它认为上诉机构不具备充分的合法性来执行其功能:其裁判以一种不再与成员的意志相符合的方式发展了世贸法律。由此产生的结果是,上诉机构的裁判超过了其被授予的权力,比如DSU第17条的规定。这造成了近几年来对美国的单方面且不合理的损害。美国还进一步补充其论点,指出在世贸争端裁判中,对具有相同或类似法律问题的案件的裁判不一致,有些甚至是自相矛盾的。在一些案件上,裁判的实质性内容不具有说服力。非常明显,根据历史发展和争端解决规则,世贸组织成员并不赞成这一做法。这份报告还进一步详细陈述了所谓的违反争端解决规则的行为。②

这一批评针对上诉机构的多种功能——但在核心上,它触及的是对授予国际组织的主权范围和限度的理解以及对案例法基本功能的理解。因此,在本文的讨论框架下,有必要首先明确案例法的基本任务。法律条文经常包含许多不确定的关于构成要素与法律后果的概念(一般性法律条文)。在这一点上,《关贸总协定》第21条是一个特别突出的例子。在这一条文里,几乎所有的法律概念都是不确定的。

---

① 美国贸易代表、美国总统行政办公室:《关于世贸组织上诉机构的报告》(Report on the Appellate Body of the World Trade Organization)(2020年2月)。

② 美国贸易代表“关于上诉机构的报告”之简介声明:“……尤其是,上诉机构违反世贸法律,增加美国的义务,削弱美国的权利,附加无权附加的观点,采取无权采取的行动并且采用不被世贸协议成员预想的方式解释世贸协议。这一持续的越权行为明显违反了世贸法律规定的上诉机构的有限职权……在一更基本的层面上,这一越权同时也违背了美国政府的基本原则。在我们的民主宪政制度之下,既没有得到美国的同意,又没有得到美国国会的批准,而让国家服从身在日内瓦的三个个人制定的规定,这是毫无合法依据的……”同样持批评观点的:Jorge Miranda & Manuel Sánchez-Miranda:《上诉机构处理世贸组织案例法的方式没有帮助》(The Way the AB Has Approached WTO Case Law Is Not Helping)(第1、2和3部分),Regulating for Globalization Blog,Wolters Kluwer(2019年11月5日至8日)。

争端裁判的任务在于在裁定具体争端案件时,定义不确定的法律概念。定义时采用的是公认的、成熟的法律方法。DSU 第 3 条第 2 款的第 1 和第 2 句具体规定了上诉机构和专家组的这一任务:世贸争端解决体制在为多边贸易体制提供可靠性和可预测性方面是一个重要因素。各成员认识到该体制适于保护各成员在适合协定项下的权利和义务,及依照解释国际公法的惯例澄清这些协定的现有规定。根据 DSU 第 3 条第 2 款第 3 句,“争端解决机构的建议和裁决不能增加或减少适用协定所规定的权利和义务”。

世贸争端裁判与国家层面上的法庭拥有法律解释空间。这并不代表法律解释的权限是任意和不受限制的。法律解释始终是一种实质性的陈述。这一陈述须由公认惯用的法律方法来论证。这一实质性的陈述具体了不确定的概念并给予它们清晰的轮廓,使它们能被运用到具体的待裁定的案件中。一个不确定的概念越经常在裁定中被解释,其具体的实质内涵也就更清晰。这表明,定义不明确的概念必须具体化,然后才能用于解决法律争端。因此,世贸组织争端解决裁判就不可避免地须定义解释世贸法律。因为这一解释使得法律概念的内容进一步明确,所以这必定带来世贸法律的进一步具体化。每一项争端最基本的性质在于不同意见针锋相对。这就促使争端解决机构必须采纳一个超然于上的观点,同时与争议双方提出的观点保持距离。在这一背景之下,上诉机构的任务恰恰在于,针对案件的争议之点提出其建议。① 这意味着,争端解决机构必须能够自由表达其意见,即使这一意见与一成员的意见相左。

通过建立争端解决体系,世贸成员不仅授予了在世贸组织多边层面上组织争端解决程序和裁定一定范围内的争端案件的权利。② 这一

---

① 根据 DSU 第 17 条第 2 款规定:“上诉机构应在上诉程序中处理依照第 6 款提出的每一问题。”第 6 款规定:“上诉应限于专家组报告涉及的法律问题和专家组所作的法律解释。”

② 根据 DSU 第 3 条第 1 款规定:“各成员确认遵守迄今为止根据关贸总协定 1947 年第 22 条和第 23 条实施的管理争端的原则,及在此进一步详述和修改的规则和程序。”

权利移交同时也附带了对适用于争端案例的有关法律概念的必要的法律解释(DSU第17条第12款)。根据DSU第17条第6款,上诉限于专家组报告涉及的法律问题与专家组所作的法律解释。作为乌拉圭回合的一个组成部分,建立巩固世贸组织争端解决机制是进一步发展世贸法律执行的重要一步。对比1947年《关贸总协定》时仅有专家组的决定这一法律状况,现在增加了上诉程序,这就提高了(而不是降低了)正确运用法律条文的质量。只有世贸法律与争端解决机制携手才能保障这一体制的全方位功能。世贸组织成员有义务维护这一机制(DSU第17条第1款)。

据此还可以得出一结论,即通过有关机构与程序得出的结果是有效力的。世贸组织成员在互惠原则概念基础上设立了多边争端解决机制:这一争端解决机制建立在一预期上,即争端解决是依据法律并且"公平"的。每个成员都有可能成为原告或被告。在将来会成为哪一方是不可预计的。具有决定性的是这一预期,即在卷入法律争端后,争端裁定是依据法律而不是成员的个别利益而作出的。把上诉机构的实质性工作与成员的意志更紧密联系起来会威胁到该机构的独立性,增大对该机构干预的可能性。对于世贸组织成员来说,一个独立的争端解决体系的优点正在于可以在相应的机构性保护下,在尽可能避免强权政治利益的影响下,拟定出提交给争端解决机构的法律建议。有些批评怀疑上诉机构的合法性,然而把争端解决与成员的意志捆绑在一起不正在威胁到这一合法性吗?

美国对上诉机构合法性的批评反映了一个冲突:批评对象是根据世贸法律作出的裁定、争端解决机构对世贸法律的解释及其在客观性与规范性上的合法性。但由美国对上诉机构的评判而引起的合法性问题不仅仅局限于质疑通过上述机构程序作出的审议结果的合法性。合法性还代表了信任以及对法律判决的一贯服从。合法性程度越高，对相关决议的民主保障性也就越高。① 尤其是诸如世贸这样的国际组织所作出的决定就更如此了，因为这样的决定通常对成员及其公民影响巨大。因此，从这一角度而言，它反映了一种以国家为基础的主观的对于合法性的观点。国家利益和经济利益或者比如说国内政治的动态可以刻画合法性。作为动员策略的一部分，这一被刻画的合法性似乎是朝着反对国际合作的方向的，它同时动摇了成员已接受的程序。

引人注目的是，美国的批评几乎都集中于对上诉机构本身的工作上，而不是针对专家组的裁定。这单一的集中与其建议取消上诉机构，回到类似于1947年《关贸总协定》时期的争端解决体系是遥相呼应的。作为乌拉圭回合的成果之一，争端解决体系得到了发展扩大，成员赋予了这一体系极大的自主权。任何缔约一方试图拒绝专家组或上诉机构的建议都要面临极高的门槛。只有当成员之间达成共识，不接受上诉机构的报告时（DSU第17条第14款所谓的“反向一致原则”或“否定协商式一致原则”），才能拒绝该报告。在建立世贸组织之前，根据1947年的《关贸总协定》，采取的是相反的方式。那时，专家组的报告须由成员们一致接受（“正面同意”）。这意味着，1947年《关贸总协定》下的争端解决体系带有很大的脆弱性。有人可能会猜测，在那时，每个败诉的成员都会拒绝接受那个报告。然而，败诉成员认识到，从长远角度来看，这是保证这一体制的活力的唯一途径，所

---

① 参阅Yuka Fukunga：《公民社会与世贸组织争端解决体系的合法性》（Civil Society and the Legitimacy of the WTO Disputen Settlement System），34（1）Booklny J. Int'lI. 85－117（2009年）；基本理论参阅Chritian Rauh & Michael Zürn：《权威，政治化与替代性正当化：全球管理中的内在合法性动力》（Authority，Politization and Alternative Justifications：Endogenous Legitimation Dynamics in Global Governance），Rev. Int'l Pol. Economy 583－611（2020年）；Jonas Tallberg & Michael Zürn：《国际组织的合法性与合法化：简介与框架》（The Legitimacy and Legitimation of International Organization：Introduction and Framework），Rev. Int'l Org. 581－606（2019）；Michael Zürn，《全球管理之理论：权威，合法性与辩驳》（A Theory of Global Governance：Authority，Legitimacy and Contestation）62－88（Oxford 2018年）。

以,它们也同意了相关的报告。[①]

针对美国的批评背景,一个新的动力正在形成。这一新的动力提出的问题是:世贸成员是否已作好准备,在自身的期待与国际机构的功能之间达成一个新的平衡,以继续国际合作。

五、"多方临时上诉仲裁安排"

为了克服现有的"封锁"以及继续实施二审争端解决程序,多位世贸成员签订了临时协定。澳大利亚、巴西、加拿大、中国、智利、哥伦比亚、哥斯达黎加、欧盟、危地马拉、中国香港、冰岛、墨西哥、新西兰、挪威、巴基斯坦、新加坡、瑞士、乌克兰与乌拉圭参与了关于"发展,记录与分享处理世贸争端解决的实践与程序机制的声明"。[②] 声明欢迎其他成员随时加入。

这一"声明"的核心是"多方临时上诉仲裁安排"(Multi-party Interim Appeal Arbitration Arrangement,MPIA)。根据DSU第25条[③],该

---

① 参阅世贸组织:《世贸组织争端解决体系的历史发展,在1947年关贸总协定框架下的体系及其发展》(Historic Development of the WTO Dispute Settlement System,The System Under GATT 1947 and Its Evolution Over the Years)(日内瓦2020年);Craig Van Grasstek:《世贸组织的历史与未来》(The History and Future of the World Trade Organization),世贸组织第229~270页(关于专家组与上诉机构参阅自第258页始)(日内瓦2013年)。

② 世贸组织文件JOB/DSB/1/add.12,2020年4月30日。同时参阅世贸组织大会:《世界贸易组织总干事Azevêdo启动解决上诉机构困境之深入磋商》(DG Azevêdo to Launch Intensive Consultations on Resolving Appellate Body Impasse)(日内瓦2019年12月9日);Bashar H. Malkawi:《生于必要:多方临时上诉仲裁安排与世贸组织》(Born out of Necessity: MPIA Arbitration and WTO),Regulating for Globalization Blog(2020年6月16日);Elisa Baroncini:《欧盟克服世贸争端解决真空的方法:谅解书第25条临时上诉仲裁作为处于后世贸组织国际法律秩序中翻新与创新的桥梁》(The EU Approach to Overcome the WTO Dispute Settlement Vacuum: Art. 25 DSU Interim Appeal Arbitration as a Bridge Between Renovation and Innovation,in A post-WTO International Legal Order)第115~132页(Meredith Kolsky Lewis et al. Eds,Cham 2020年)。

③ DSU第25条第1款规定:"世贸组织中的迅速仲裁作为争端解决的一个替代手段,能够便利解决涉及有关双方已明确界定问题的争端。"

安排提供了一个临时的“手段”。该新程序并不计划取代现存的世贸组织争端解决规则(MPIA 第1章)。该新程序可被视为一临时性的平行程序,旨在保障参与的成员之间的二审争端解决程序(MPIA 第2章)。如果一位参与这一安排的世贸组织成员针对专家组报告提出上诉,那就启动了临时程序。尽管这一新程序与专家组报告相连接,但该程序把争议双方带出了世贸组织的框架。为达到这一点,参与成员须保证有一个独立自主的组织性机构。该机构独立于现有世贸组织已有的机构性程序(MPIA 第7章)。由此,对每一项上诉案件,“仲裁员库”中的三位仲裁员承担其仲裁职责(MPIA 第5章)。声明还附带有两章,作为对 MPIA 的补充。这两章更详细地规定了程序规则(附件1)以及选择“仲裁员库”成员的程序(附件2)。[①] 参与声明的成员希望借此强烈表达恢复世贸上诉机构功能的意愿。这一愿望一旦达成,MPIA 即刻失效(MPIA 第15章)。

六、结语

美国对世贸组织争端解决体系的“抵制”似乎是其整体策略的一个组成部分。这一总策略旨在重新调整贸易关系:在特朗普执政期间,更注重于双边协定与单边规定。但在这之前,美国就拒绝提名上诉机构的新成员。双边协定能使那些经济强大的超级大国把特定的政治经济目标与特定国家尽可能紧密结合起来,以符合自身的利益。[②] 单边规定经常被用来保护越来越受到竞争威胁的工业产业。同时,它们也被用来抵制或“惩罚”被认为是“不公平”的行为。高额的、违反世贸法律的关税用来作为谈判筹码,以便获得更有利的

① 世贸组织文件 JOB/DSB/1/add.12,2020年4月30日。

② 详见 Frank Altemöller:《世界贸易体系前景:从多边融合到自由贸易协定》(Perspectives for the World Trade System: From Multilateral Integration to Free Trade Agreements),11(7 & 8) Global Trade & Cust. J. 第320~327页(2016年)。

“交易”。

这一策略有其两面性:美国与其世贸伙伴一样在很大程度上依靠多边体系。其很大一部分经济受益于这一体系。因此,脱离这一多边体系是不可想象的。[①] 双边主义与单边主义可以看作对多边主义的补充,以获得更多的活动自由和可能性。

新保守主义者毫无保留地指出,实现有关国家利益的目标要比遵守国际法重要。[②] 经验表明,美国提高关税,策略上看,在某些领域很有效,并改变了供应链。由此,特定的工业获得了除此之外无法获得的竞争上的优势。但是,这一不合作策略似乎只能在巨大的经济实力背景以及预计的报复性措施有限的情况下才能实施。在这一点上,美国极具吸引力的国内市场扮演着一个重要的稳定性角色。

总结前文,围绕《关贸总协定》第21条的讨论鲜明反映了一点,即世贸法律及其争端解决裁判提供了既发展又限制国家政策可能性的机制,同时还展现了这些机制是如何实现上述功能的。在实质上,这是关于主权的定位问题。从运用《关贸总协定》第21条的成员的角度来看,扩大适用范围,以便让更多的国家行为正当化,显得更有利。然而,这一广泛的运用范围同时也给其他成员带来了更大的负面影响。世贸法律提供了一个实质上的规则,以调整平衡这些贸易关系中的相互牵制的关系。通过世贸争端解决机制,成员们创造一个高效的工具,使得产生的争端能够通过尽可能透明和独立的程序被审理。通过这一方式,成员们做到了尽量让以规则为基础的政治取代以权力为导向的政治。通过“抵制”上诉机构,美国阻止了对潜在的违反世贸法律

---

① 详见 Frank Altemöller:《双边主义与单边主义:国际贸易关系的未来?》(Bilateralism and Unilateralism: The Future of International Trade Relations?), 13 (2) Global Trade & Cust. J. 第62~68页,2018年。

② 参阅 Robert Kagan:《杂草正在重生,美国和我们受到威胁的世界》(The Jungle Grows Back, America and Our Imperiled World)(New York 2018年)。

行为的制裁,致使多边检控与保障能力失效,损害了其他成员的利益。尤其是对中小国家而言,多边体系的有效运行以及遵守国际规则是实现其出口机会的一个重要基础。对国际社会而言极其重要的是,世界贸易体系在将来能继续提供一个论坛,以规则为基础,就事论事对针锋相对的观点进行评估。

将来的发展取决于,拜登的新政府与世贸成员能在多大程度上成功地把充满冲突的保护主义趋势扭转为合作双赢局面。这必然只能通过保证和强化超国家的机构而不是通过分解破坏它们。在这里有必要提及,世贸协定的文本在很大程度上反映了世贸组织在 25 年前成立时的情况。① 世贸成员目前处于的世界是一个充满新兴势力、冲突升级、社会和环境要求紧迫、新技术带来新挑战的世界。在这一环境下,世贸成员面对比之前任何时候都更重要的任务,即寻找方式方法,稳定和进一步发展一个面向国际合作的世界贸易组织并且在这一过程中创立对所有成员都具有吸引力的框架。②

---

① 参阅 Bettelsmann Stiftung (ed.),Bernard Hoekmann:《在世贸组织中重振多边治理》(Revitalizing Multilateral Governance at the World Trade Organization)(Gütersloh 2018 年);Bettelsmann Stiftung (ed.),Robert Mc Dougall:《重振世贸组织,在动荡的多极世界中解决贸易争端》(Revitalizing the WTO, Settling Trade Disputes in a Turbulent Multipolar World)(Gütersloh 2019 年); George Papaconstantinou & Jean Pisani-Ferry:《全球治理:消亡或转型?关于全球治理转型项目 2018 年至 2019 年的项目进展报告》(Global Governance: Demise or Transformation? Progress Report on the Transformation of Global Governance Project 2018 - 2019);European University Institute (2019) and Centre for International Governance Innovation:《国际治理创新中心专家关于世贸组织改革的咨询》(CIGI Expert Consultation on WTO Reform)(特别报告:2019 年春)。

② 本文是基于对《世贸组织上诉机构不具合法性?争端解决体系之危机及世贸组织成员国的对策》一文的更新与扩充而成,原文发表于《新行政法杂志》(Neue Zeitschrift für Veraltungsrecht [NVwZ]),Verlag(C. H. Beck, Munich 2020 年)。

WTO Appellate Body without Legitimacy?: The Criticism of the Dispute Settlement System and the Response of the WTO Member States

Frank Altemöller

[**Abstract**] Is there any practical value to international agreements without enforcement instruments? And can the multilateral rules of the world trade system hold the trust of the Member States, so that they continue to adhere to the mutual benefits and obligations under WTO law-even if the WTO dispute settlement system is totally or even partially incapacitated?

One of the key achievements of the Uruguay Round was that the Member States provided the world trade system with a dispute settlement system. However, this is increasingly being challenged: last December, the USA continued to withhold its consent for the required replacement of vacant positions, thus rendering the WTO Appellate Body indefinitely unable to carry out its function. The report by the US Trade Representative seeks to justify this with a central statement claiming that the Appellate Body lacks legitimacy.

This article discusses the different viewpoints on the future shape of WTO dispute settlement. The author argues that the causes of the "blockade" in WTO dispute settlement are not, as some parties maintain, deficiencies in the dispute settlement system and its practice. Rather, the

"blockade" should be viewed as the result of causes outside of the dispute settlement process itself. In a radically changed political and trade environment, an increasingly important view is becoming established, according to which the current world trade system, with its multilateral.

liberalization concept, is less and less able to satisfy significant economic interests of important Member States. Consequently, the WTO is receiving ever diminishing support-but is there any sign that changing the multilateral framework will allow it to adapt to the changing conditions?

[**Key words**] world trade system; multilateralism; appellate body; blockade; dispute settlement body; rules and procedures governing the settlement of disputes

《海关法评论》稿约

《海关法评论》是上海市法学会海关法研究会与上海海关学院海关法研究中心共同主办,面向国内外公开发行的年度性海关法学类专业学术著作。本评论的宗旨在于推动有关海关法研究的多元学术思维,及时传播海关法领域的创造性研究成果,动态性地反映国内外海关法发展最新动态,为海关法学人和实务工作者之间建立一个交流学术思想、探讨海关法律制度理论与实践的平台。本评论设有"海关法专题研究""国际与外国海关法""判例研究""域外视野"等专题栏目,热忱欢迎所有海关法学研究相关的学者、实务工作者及海关法制发展的关注者赐稿!

本评论采取电子投稿的方式,来稿请以 Word 格式发送至电子邮箱:customslawreview@126.com。来稿字数一般应以 8000 字以上 2 万字以下为宜。译文请附原文稿。本评论的用稿标准是论文的选题具有理论深度或实践价值、内容富有合理创见、分析说理透彻、文字表达通畅、注释和参考文献规范。对决定采用的稿件,本评论在尊重作者观点的前提下有权做技术性修改或处理,不同意者务请声明。本评论已被《中国学术期刊网络出版总库》及 CNKI 系列数据库收录。如作者不同意将文章编入上述网络数据库,请在投稿时向本评论以书面形式明确声明。向上海海关学院海关法研究中心所主办的海关法论坛投稿的同时也视为对本评论的投稿。**本评论尊重作者著作权,但同时反对一稿多投、学术剽窃等学术不道德行为。**

因本评论人手所限,对来稿一律不退,请作者自留底稿或做好备

份。凡投稿3个月内未收到编辑部用稿通知者,可自行处理。同时,有效投稿请作者注意提供如下信息:

(一)中英文对应的论文标题

(二)中英文摘要

摘要应为论文主要内容的浓缩和提炼,要求以"[摘要]"表识,不应使用诸如"本文认为""笔者认为"等评价性语言,字数在300字以内。

(三)中英文关键词

关键词是反映论文主题概念的词或词组,关键词前以"[关键词]"作为标识,一般每篇可选3~8个。

(四)基金项目资助的论文

如果来稿系基金项目资助的论文,请在首页论文题名后以"*"符号标注,并链接至论文首页地脚中表明基金项目的类别、名称、项目编号。

(五)作者简介

对文章主要作者的姓名、出生年、性别、民族(汉族可省略)、籍贯、职称、学位等作出介绍,其前以"[作者简介]"作为标识,排在篇首页地脚,基金项目之下。同一篇文章的其他主要作者简介可在同一"[作者简介]"标识后相继列出,其间以分号隔开。

(六)注释与参考文献

本评论、论文注释一律采用页下脚注,每篇文章注释每页重新编号。正文中标注用①②③等序号标注于相应语句标点后的右上角。脚注内容以小五号宋体排在每页地脚。具体格式为:责任者(责任方式):题名/卷册,出版者及出版时间,页码。责任方式与题名之间一律用冒号。

本评论不实行注释与参考文献分离的论文格式。

1.解释说明类注释

本类注释是对论著正文中某一特定内容的进一步解释或补充说明,或者各种不宜列入参考文献的引文(如档案资料、内部资料)和转引类文献。

2. 引证文献类注释

引证文献类注释作者在正文中直接引用或作为重要参考的文献目录,包括专著、编著、译著、论文集、学位论文、期刊文章、报纸文章、电子文献等。本评论的引证文献类注释采用实引形式,请注明引证文献的具体出处与页码。

3. 注释示例

中文文献类

(1)专著类

陈晖:《近现代法哲学的两次转型及其意义》,中国海关出版社 2009 年版,第 19 页。

(2)主编类

①中国社会科学院语言研究所词典编辑室编:《现代汉语词典》(第 5 版),商务印书馆 2005 年版,第 624 页。

②吕滨主编:《海关缉私业务》,中国海关出版社 2008 年版,第 448 页。

(3)外文译著类

译者作为第二责任者放在作者之后。

[美]乔治·费尼奇:《会展业导论》,王春雷译,重庆大学出版社 2018 年版,第 1 页。

(4)期刊类

①陈晖:《从"宽严相济"刑事政策看走私罪的法律修正》,载《政治与法律》2009 年第 1 期。

②王珉:《国际海关便利通关制度最佳实践经验、发展趋势与中国因应之策》,载《太平洋学报》2017 年第 6 期。

(5)文集析出文献类

朱秋沅:《中美自贸区知识产权边境侵权行为规制比较研究——以美国对外贸易区相关案例为视角》,载陈安主编:《国际经济法学刊》(第 22 卷)(2015 年第 3 期),北京大学出版社 2016 年版。

(6)报纸类

屠新泉:《多哈回合步履蹒跚》,载《国际商报》2005 年 7 月 12 日,第 3 版。

(7)电子文献类

国平:《坚持互利共赢　共走"一带一路"》,载人民网,http://opinion. people. com. cn/n/2015/1022/c1003 -27730031. html。

外文文献类

原则上以该文种通行的引证标注方式为准。英文注释体例如下:

(1)期刊类

Peter K. Yu, *Currents and Crosscurrents in the International Intellectual Property Regime*, 38 Loy. L. A. L. Rev. 323(2004).

或

Kah-Wei Chong, *Legal and Regulatory Aspects of International Single Window Implementation: The ASEAN Experience* (2009) 4, Global Trade and Customs Journal, Issue 6, p. 185 -193.

(2)著作类

Indiar Carr, *International Trade Law* (Fourth edition), Routledge-Cavendish Publishing Limited, 2010, p. 405 -408.

(3)电子文献类

CBP, *C-TPAT 5 Step Risk Assessment Process Guide*, p. 12, http://www. cbp. gov/linkhandler/cgov/trade/cargo_security/ctpat/supply_chain/ctpat_assessment. ctt/ctpat_assessment. pdf, June 2, 2011.

由于本评论脚注实行每页脚注重新编号的编排方式,所以请不要采用"同上注 12"或"super note 12"之类的脚注标注方式。

上海市法学会
海关法研究会介绍

上海市法学会海关法研究会是上海市法学会同意设立的专业研究会。上海市法学会海关法研究会是为推进依法治国、建设社会主义法治国家的进程,充分发挥海关在守护国家政治、经济、文化大门作用、促进外经贸发展、实施国家“一带一路”倡议而设立的。上海市法学会海关法研究会整合了海关法领域的理论及实务专家和学者,通过开展专业研究和学术交流,推动海关法理论与实务水平的提高,为中国自由贸易试验区(上海)和上海科创中心、“四个中心”建设提供法治保障。

上海市法学会海关法研究会在上海市法学会领导下,以中国特色社会主义理论体系为指导,坚持与发展马克思主义法学,通过组织海关法领域的专业研究与学术交流,加强海关法理论与实务的融合和海关法研究成果的及时转化;通过搭建国内外海关法学者研究合作与学术交流的平台,促进海关法的国际与国内相关研究的结合、研究团体的形成和研究能力的全面提升,为我国海关法治的建设做出贡献。

上海市法学会海关法研究会及理事会于2016年12月10日成立,时任上海海关学院副校长陈晖教授被推选为第一届理事会会长。

上海海关学院
海关法研究中心介绍

海关法研究中心是上海海关学院所属的学术研究机构。其宗旨是通过组织海关法领域的学术活动,架起与国内外海关法学者相互沟通的桥梁,创造国内外海关法学者进行学术交流与研究合作的机会和环境,推动海关法研究的深入开展,加强海关法理论与实务的结合,促进中国海关法领域各项法律和制度的健全和完善,为中国法治的发展做贡献。

海关法研究中心主要从事的学术活动有:(1)编辑和出版《海关法评论》;(2)主办《海关法研究》网站;(3)每年定期举办海关法论坛;(4)举办专题性学术沙龙;(5)其他各种形式的学术研讨会。同时,海关法研究中心通过组织研究课题,与国内各有关学术机构和单位开展科研合作;并与国内外学术研究机构、教育机构和其他有关机构开展各种形式的学术交流活动。

海关法研究中心将继续发展同相关研究机构与研究人士的交流与合作。值此,我们也期待着国内外致力于海关法理论与实务研究的人士对中心的关注与参与。